企业生命周期

伊查克·爱迪思◎著
（Ichak Adizes）
王玥◎译

MANAGING CORPORATE LIFECYCLES

中国人民大学出版社
·北 京·

推荐序

在加速衰老的时代破解永葆活力的 DNA

万物皆有生命周期，但人们总是在追寻“长生不老”!

2000 多年前，庄子在《逍遥游》中说：“小知不及大知，小年不及大年。奚以知其然也？朝菌不知晦朔，蟪蛄不知春秋，此小年也。楚之南有冥灵者，以五百岁为春，五百岁为秋；上古有大椿者，以八千岁为春，八千岁为秋。此大年也。而彭祖乃今以久特闻，众人匹之，不亦悲乎！”

庄子描述的世间万物是随自然规律而演化，今天，世界却正在加速从“必然王国”向“自由王国”的发展，人类似乎在改变自然规律。尤其是最近 300 多年，人类创造的公司组织成为推动人类经济、科技和社会发展的最强大力量，成为人类历史上最伟大的发明之一。

放眼世界，每一位企业家都在追求“百年老店”之术，马云也把对阿里巴巴寿命的期望从 80 岁增加到了 102 岁。但世事难料，1886 年成立的道琼斯工业指数选择的十二家优秀的上市公司，今天，只剩下 GE 一家还在榜上，令人叹息不已。

美国著名创业学者斯科特·沙恩根据美国人口普查局的企业信息跟踪研究表明：美国 1996 年新创立 510 654 家企业，到 2002 年，

260 970 家倒闭，占 51.1%，生存下来的企业中销售收入达到一定规模的比例如下：

- 1 亿美元以上的 175 家，3.43‰。
- 5 000 万美元以上 474 家，9.28‰。
- 1 000 万美元以上 3 608 家，7.07‰。
- 500 万美元以上 8154 家，1.6%。
- 100 万美元以上 47140，9.23%。

今天，中国越来越多的优秀企业进入三十而立，企业的创业精神和创新活力日渐衰退，大企业病蔓延，企业的持续增长遇到了前所未有的挑战。同时，移动互联、人工智能等新兴技术带来的挑战却层出不穷，颠覆式创新和指数级发展等正在缩短企业和产品的生命周期，加速企业的老化。虽然不少企业喊出了二次创业的口号，企图重振雄风，却缺乏科学有效的方法体系指导，从而使企业成功迈过发展中的沟沟坎坎，很多企业挣扎在存亡的边缘。

爱迪思教授集 30 年之功打磨的名著《企业生命周期》非常值得中国企业家一读。这本书也是我十多年前在做企业成长核心能力的博士研究过程中，给我深刻启发的一本书。爱迪思是美国加州大学的知名教授，如同吉姆·柯林斯 30 年专注研究"Great Company"（伟大公司）一样，他数十年专注生命周期管理，为全球很多国家和企业提供生命周期管理的咨询和培训，总结出了一整套的激活组织活力、加速企业强盛的有效方法论，还有十分落地的工作坊。

关于本书的主要特点，我总结了几点，与读者探讨：

一是企业拟人化，爱迪思以系统的思维巧妙地把企业视作一个生命体，拥有完整的生命周期，分为十个阶段，即孕育期、婴儿期、学步期、青春期、壮年期、稳定期、贵族期、官僚早期、官僚期、死亡。生动的概括了生命不同阶段的特征和问题，有助于企业家对号入座，有助于企业上下形成共识和共鸣，防范于未然。

二是根据生命周期中每一个阶段的目标，诊断现实企业中的问题，区分出哪些问题是正常问题，哪些问题是异常问题，这一点对于企业家尤其重要。从某种意义上说，是那些异常的重大挑战和挫折造就了卓越企业。企业由于缺乏对异常问题的敏感和应对能力，“黑天鹅”的小概率事件和突发事件往往成为导致企业衰败的主要原因。

三是在企业生命周期理论里，爱迪思创造性地提出了 PEAI 基因，这 4 个基因的有机组合构成了企业的活力强度。这 4 个基因在不同阶段产生不同的影响，构成了不同的问题和价值。Perform，指执行力；Administrate，指制定流程和清晰的职责考核；Entrepreneurship，指创新创业精神；Integrate，指整合资源。

四是在企业发展的各个阶段，恰当的外部干预（顾问、竞争等），打破封闭的系统，激活组织活力，创造“熵减”，是企业保持活力的关键因素之一。在华为 29 年发展历程中，任正非一直非常重视自我批评和外部干预，通过思想批判和组织批判，学习 IBM 等卓越企业先进的管理思想与方法，让数万员工持续聚焦客户需求，从而实现不断成长。

五是爱迪思提出，创业精神是企业活力的源泉，是企业延缓衰老的精神力量。创业精神的核心是梦想、奋斗、创造。

在人工智能时代，你不一定要创业，但一定要有创业精神，这也许是人区别于 AI 的关键要素。

徐中　博士
学堂在线中国创业学院院长

译者序

创业者的舞步

重新拿着沉甸甸的新译中文版爱迪思博士的《企业生命周期》译稿，我的思绪不禁回到了十六年前，当时我作为一名咨询行业的新人，跟着两位“老法师”（我们当时年轻的咨询顾问对公司创始合伙人的尊称）开始自己的战略咨询生涯的第一个项目，他们一位是麦肯锡公司在中国聘用的第一位咨询顾问，一位是罗兰贝格公司中国的第一任首席代表，和他们做项目，真的很受折磨，也很过瘾，让我深深佩服的不仅仅是他们深厚的逻辑思维和商业分析功底，更难得的是，他们好像巫师一般，把客户公司的董事长很多内心深层次的担忧和思考激活，我现在还记得第一次汇报，那个年近花甲的董事长从一开始跷着二郎腿到不停点头、不停拿笔记录的转变，我当时请老法师给我列个书单，让我如何能够学到他们的“法力”，我清楚地记得，那个长长的书单上，第一本书就是《企业生命周期》。

在之后的持续创业生涯里，我和这本书结下了不解之缘，通过和哈佛商学院的战略合作，我有幸和中国各个行业最优秀的企业家合作过，他们和我分享他们创业的历程、内心的困惑、目前的机会和管理的现状，在这个过程中，《企业生命周期》书中提到的不同阶段的企业似乎慢慢都在我眼里鲜活起来，这些年，我转身投入到中国创投服务的大行业中来，在这个历史的大时代，又亲身历见了一个个年轻的创始人，从开始一个“襁褓期”的创业想法，迅速变成一个奔跑的少年企业，甚至很快长成一个独角兽，而他们和我分享的困惑、心路，又一遍一遍验证着爱迪思这个聪明的犹太人在书中写的理论和典型场景。

虽然这本书可以作为一本经典的管理著作，为不同阶段、不同层级的企业人员所用，但是我从内心觉得，这本书是写给创业者的，无论是一个婴儿期的创业者，还是一个上市公司的董事长，都是在企业不同的发展阶段创业，他们的内心都充满改变世界的热情，都充满对无论是2个员工还是2万名员工的一种深深的责任感，同时，内心也充满了孤独。他们在台前或者聚光灯下是商业明星，是充满了自信的领航者，其实内心都充满了困惑，这个产品的方向是否走得通，新来的副总裁是否和自己一起创业的老兄弟们合得来，自己不停给兄弟们释放信号自己要放权，可是每天如果没有人给他提交工作日记就内心发慌，这样的问题正常吗？能够有解决的捷径吗？我把自己在《企业生命周期》中看到的方法，结合自己十几年创业经历融合而来的想法和他们分享，他们把这些见解在自己的企业中实践后发现大多数情况都特别有效，不知不觉十多年后，我似乎有了当年我梦寐以求的“法力”。

我不止一次在公众演讲中赞美《企业生命周期》这本书，同时也提到小小的遗憾，由于这些年中国的商业环境发展之快，当年那本书的翻译语境基础和今天也完全不同，有一次我在人民大学的公开演讲中开玩笑说，以我现在的理解，亲自辅导和操作的案例，应该可以翻译出更好的版本，说者无意，听者有心，坐在下面的中国人民大学出版社的马晓云老师在几个月后找到我，说拿到了《企业生命周期》的重新翻译出版权，问我有没有兴趣重译此书时，我毫不犹豫地答应了。之后的几个月辛苦而快乐，我曾经在我的朋友圈里面晒过我和人大出版社的老师们一起工作的过程稿，每一页上密密麻麻批注的彼此的修改意见（是的，我们选用了最传统的方式，在电脑上初译完后，把每一页打出来，用不同颜色的笔，做二次、三次的修改），一个个我曾经熟悉的企业家、创业者仿佛陆陆续续坐在我的面前，在对话，在倾诉，在和我争论，我一边和他们对话，一边翻着新译的书稿，和他们一起寻找答案。

真正有使命感的创业者，自创业之初，就能理解生命为一件大事而来，我们每个人都是在路上的存在，而这件大事，值得我们承担很多的委屈，经历更多的磨难，一位故去的中国古典舞大师曾经和我说过一句话让我印象深刻，音乐有乐谱，而舞者没有真正的舞谱，每一次舞蹈都是灵魂的重新演绎。这本书禁得住时间的考验，从而证明里面很多帮助企业走向壮年期的方法是有效的，但也不是万能的，更不是简单照着舞谱演绎。

鉴于我们的专业水平依然有限，这次的重译版本难免仍有不少问题，真心欢迎更多朋友不吝指正，我们的不断迭代和完善，能够使本书指引和帮助更多的企业家、更多的创业者。衷心感谢爱迪思先生和爱迪思公司的大力协助，衷心感谢中国人民大学出版社的马晓云老师，衷心感谢创业邦的创始人南立新女士给我们的大力支持，感谢王瑶女士和范海滨先生在本书翻译过程中的辛苦工作，更要感谢我持续创业路上遇到的那些优秀的企业家、创业者朋友们，谨以此书，献给你们的梦想，献给你们的创业之路，献给我们这个伟大的时代！

王　玥

连界资本董事长

目　录

引言 …… 1

第 1 篇　生命周期阶段

第 1 章　变化及其影响 …… 9

问题的永恒性 …… 9

从预测到加速 …… 13

共同的原因 …… 14

生命周期和问题的本质 …… 16

正常问题和异常问题 …… 17

典型路径与最优路径 …… 19

第 2 章　孕育期 …… 27

做出承诺 …… 27

创始人：不仅仅是追求利润 …… 31

正确地做出承诺 …… 35

是真爱还是创业空想 …… 37

孕育期的问题 …… 39

第 3 章　婴儿期 …… 41

以产品为导向 …… 41

领导的转变 …… 44

公司氛围 …… 45

对资金需求估计不足 …… 46
创始人的承诺 …… 48
专制型领导风格 …… 54
婴儿期死亡 …… 57
婴儿期的问题 …… 58
第 4 章　学步期 …… 61
机会成为问题 …… 62
反应性销售 …… 64
环境 …… 65
缺少一致性和聚焦点 …… 73
围绕人组织起来的公司 …… 73
创始人陷阱 …… 75
海鸥综合征 …… 79
由谁来整合 …… 82
学步期的问题 …… 86
第 5 章　再生并开始成熟：青春期 …… 89
授权 …… 90
领导的转变：从创业到专业化管理 …… 92
目标的转换 …… 97
权力斗争导致核心成员流失 …… 100
青春期的问题 …… 105
第 6 章　壮年期 …… 109
壮年早期 …… 110
愿景和价值观 …… 111
制度化的管理流程 …… 113
有控制和被鼓励的创造力 …… 115

综合性目标 …… 116
知轻重，分缓急 …… 117
运转良好的制度和组织结构 …… 118
可预期的卓越表现 …… 119
销售额和边际利润双增长 …… 120
组织繁殖力强 …… 120
公司内外的凝聚力和整合力 …… 121
壮年期的问题 …… 122
壮年晚期/稳定期 …… 124
壮年早期的问题 …… 127
壮年晚期/稳定期的问题 …… 127

第 7 章　衰退的迹象 …… 129

成长阶段与衰退阶段的比较 …… 130
从承担冒险到规避风险 …… 131
从预期超过结果到结果超过预期 …… 133
从资金紧张到资金充裕 …… 137
从强调功能到强调形式 …… 137
从为什么做和做什么到怎样做、谁做过及为什么现在做 …… 140
从贡献到个性 …… 142
从请求原谅到请求准许 …… 143
是问题还是机会 …… 145
从营销和销售到财务和法律 …… 146
从一线部门到行政部门 …… 146
责任与职权 …… 146
谁在管理谁 …… 148
是动力还是惯性 …… 151
改变领导力还是改变体制 …… 151

内部和外部咨询师及冒犯者 …… 154
从销售导向到利润导向 …… 155
从顾客到资本 …… 157
从资金到政治斗争 …… 158

第 8 章　处于衰退中的公司：贵族期 …… 167
着装规则 …… 169
会议室 …… 170
空间的使用 …… 171
彼此如何相称 …… 172
沟通 …… 173
软弱无力的权力中心 …… 175
对冲突和危机的处理 …… 175
兼并和收购 …… 178
暴风雨前的宁静 …… 180
等待什么 …… 182

第 9 章　最后的崩溃：官僚早期、官僚期和死亡 …… 187
官僚早期 …… 187
迫害 …… 187
官僚期：维持生命 …… 190
制度繁多 …… 191
脱节 …… 193
缺少控制意识 …… 194
绕过制度 …… 194
死亡 …… 197
如何确定公司在生命周期曲线上的位置 …… 198

第2篇 分析组织行为

第10章 分析工具 …… 205
起源 …… 206
四大管理功能 …… 208
机械意识与有机意识 …… 221
检验自己的理解 …… 223
功能的不相容性 …… 229
第11章 预测生命周期：舞蹈的节奏 …… 239
舞蹈：典型路径上PAEI功能的发展顺序 …… 241
谁第一个跳 …… 242
谁第二个跳 …… 242
谁第三个跳 …… 245
互相踩脚 …… 247
典型路径上的健康舞蹈 …… 249
加入I达到壮年期 …… 250
稳定期 …… 252
第12章 PAEI与生命周期的各个阶段 …… 255
孕育期：paEi …… 255
婴儿期：Paei …… 257
学步期：PaEi …… 258
青春期：PAei或pAEi …… 260
AE之争 …… 260
自律 …… 264
I的重要性 …… 265
目标 …… 267

壮年早期：PAEi …… 269
稳定期：PAeI …… 272
为什么创业精神会先减少 …… 274
贵族期：pAeI …… 275
官僚早期 0A0i 和官僚期 0A00 …… 276
死亡：0000 …… 278

第 13 章 预测解决问题的能力 …… 281
对问题的感知 …… 281
职权 …… 283
权力 …… 284
影响力 …… 284
权势与 CAPI …… 285
预测控制权掌握在谁手中 …… 288
生命周期中的职权 …… 289
职权和责任 …… 291
生命周期中的权力行为 …… 295
生命周期中的影响力行为 …… 298
生命周期中的 CAPI …… 299

第 14 章 公司衰退的原因 …… 303
典型生命周期中的创业精神 …… 303
影响生命周期中创业精神的因素 …… 308
领导者的心理年龄 …… 309
领导风格的功能性 …… 310
感知到的相对市场份额 …… 326
组织结构的功能性 …… 327

第 15 章 公司衰退的结构因素 …… 331
组织结构的功能性 …… 331
结构决定战略 …… 340
成长阶段与衰退阶段公司的差异 …… 342
组织殖民主义 …… 343
总结 …… 345
生命周期中的 CAPI …… 346

第 3 篇 培育健康的企业

第 16 章 企业诊疗 …… 355
生活和问题的本质 …… 355
正常问题与异常问题 …… 356
变化的本质 …… 358
治疗专家的作用 …… 360
整合的类型 …… 361
组织整合 …… 364
爱迪思方法论 …… 364
成功整合 …… 366
第 17 章 典型路径上的企业治疗：权变方法 …… 371
对待婴儿期公司的方式 …… 371
对待学步期公司的方式 …… 374
对待青春期公司的方式 …… 380
对待壮年期公司的方式 …… 386
对待稳定期公司的方式 …… 392
对待贵族期公司的方式 …… 394
对待官僚早期公司的方式 …… 397

对待官僚期公司的方式 …… 398
时机不当与不必要的手术 …… 398
内部顾问能否完成这项工作 …… 400
第 18 章 最优路径 …… 403
典型路径与最优路径 …… 403
最佳舞蹈：更快的路径 …… 406
典型路径和最优路径的比较 …… 422
总结 …… 429
企业变革法则 …… 429
附录 A 案例分析 …… 431
RR 公司：开始之前 …… 431
达到壮年：ZZ 公司的案例 …… 435
BB 公司：或许已经到了壮年期 …… 438
CC 公司：最优路径上的行为表现 …… 447

引　言

在这本书中，我提出了企业生命周期理论和领导组织变革的原则，这些是我通过过去三十年的研究和实践所提炼出来的。生命周期理论以及组织变革的原则能够帮助我们将公司[①]中的正常问题与异常问题区分开来，并采取适当的干预措施，以引导公司进入全盛的状态。企业生命周期理论及原则解释了：公司为什么会生长、衰老和死亡，以及我们应该如何应对它。这些理论和原则还描述并分析了公司成长过程的通常路径，以及为了避免在生长和衰老过程中会出现的典型问题，而应采取的最优发展路径。

新版中增加的内容

自从我十年前出版了《企业生命周期》之后，这次修订补充了我所出版的另两本书的内容，它们是《追求鼎盛》（*Pursuit of Prime*）和《把握变革》（*Mastering Change*）。《追求鼎盛》讨论的是一个组织应当如何根据其生命周期的不同阶段来加以管理；而《把握变革》则为企业转型（治疗）提供了方法论上的理论基础。因此，对于在《追求鼎盛》和《把握变革》两本书中已更深入、详尽

---

① 本书中，作者大量使用了组织（organization）一词，为适应中国读者的阅读习惯和中国商业环境，我翻译为“公司”。需要说明的是，本书所介绍的方法和概念既适应于企业，也适用于政府、非营利机构等各类组织。——译者注

地探讨过的内容，在《企业生命周期》新版中我便没有再重复。关于进行诊断性组织干预的实务培训，我建议感兴趣的读者去学习爱迪思学院的组织诊断课程，分为学位课程和证书课程。这个项目是从本书出版后就发起并得到许可的。这意味着经过修订后本书更侧重于描述和分析的部分，那些想要更深入学习的读者，可以去读《追求鼎盛》和《把握变革》两本书。

另外，在我写完《企业生命周期》之后，我意识到有什么不对劲的地方。我问自己，如果说公司的整合是如此重要，为什么在成长阶段整合程度很低，而在衰退阶段却很高？当时，我无法回答这个问题。我花了十年来解决这个谜题，而现在，我在这里公布我的发现。我已经明白，创业精神会引发增长，而缺乏创业精神会导致衰老，这一点是没错的，但是，在预测公司成长和衰老的问题上，公司的整合是比创业精神更重要的因素。公司整合能为创业精神创造有益的环境，因此也为公司的发展提供了有益的环境。整合还允许公司更积极主动地处理衰老的问题。由于这个因素极其微妙，因此在追求增长的过程中常常被忽视。而正是对整合的忽视导致公司在生命周期过程中走上了一条典型的、充满各种痛苦的道路。

我的研究还阐明了其他几个因素，它们或者使公司更具有创业精神，或者引发创业精神的消亡。这些因素进一步解释了公司成长过程中的痛苦，以及为什么我们习惯于认为公司的衰老是不可避免的。

一旦我们很好地理解了导致公司成长和衰老的各种因素之间的相互作用，就可以使公司加速达到壮年期——企业生命周期中最令人期待的阶段——并设法使其保持更长时间。十年前，使一个衰老的公司恢复活力，或者至少使它开始向着壮年的状态发展，至少需要三年时间。而如今，借助于本书的指导和说明，公司领导者将对问题有更好的理解，即使是更大规模的公司，也可以在不到一年的时间内达到同样的结果。因此，我发现，公司不需要经历我在本书旧版本中所描述过的那些成长中的痛苦。而是存在一个本书所介绍的最优路径，虽然该路径也会产生其他问题，但它比那些典型路径更为优越，因为它能使公司更快地达到壮年期，并可以使其保持更长时间。此外，这条道路很少产生致命性的问题，即它们不会使公司面临生死存亡的危机。

旧版仅仅描述了典型的公司发展路径，而如何更快地到达壮年期而避免典型路径所带来的问题——通过所谓最优路径——正是新版所给出的新内容。

目的、方法论和内容安排

本书是为所有企业家、创业者及任何关心企业发展规律的人写的。

它不是一本案例集，也没有基于严格的统计分析，它也不是文献调查，尽管本书提供了许多脚注和参考资料。相反，这是我三十年来与公司打交道的经验总结；是我对观察到的公司行为模式以及治疗公司疾病方法的报告。总部位于加利福尼亚州洛杉矶市的爱迪思学院，联系着分布在世界各地的本方法论的全职培训师，本书也反映了他们的经验。

本书中的案例是多年来许多我与之共事过的公司的拼贴画。这些案例中，有些是通过书籍或文章公开发表过的（我会在后面注明曾在哪里发表），因此本方法论的学习者会觉得熟悉。另外，在本书中我隐藏了爱迪思学院的客户的名字。

达美乐比萨饼公司是公众所熟知的例子之一，如汤姆·莫纳汉的书《比萨虎》所述[1]，达美乐公司通过使用本书的方法论，其销售额在七年内从 1.5 亿美元增加到 15 亿美元。另一个比较知名的客户是美国银行，当时它是世界上第二大银行，它拥有 1 200 亿美元资产和 90 000 名员工，它到达了其生命周期的一个拐点，也就是它不再增长，但使用了本方法后又得以重振雄风。[2]

我们也将爱迪思方法运用于非营利组织，如洛杉矶的儿童服务部门，它是世界上最大的儿童福利组织。[3]在加纳卫生部，我帮助建立了卫生交付计划部门，当时，世界卫生组织认为它为第三世界其他国家树立了典范。[4]

我也曾经用我的方法向瑞典、希腊、巴西、马其顿、南斯拉夫、以色列、萨尔瓦多等国的首相、总统提供咨询，主要讲授如何克服政府的官僚主义及恢复政治组织的活力等问题。通过使用这种方法，我和我的同事参与解决了一些如今依然处于保密状态的、敏感的政策问题。

但并非所有的客户都是大公司或政府部门。我们还和教会这样的世界性的关于信仰的组织以及电视频道一起工作。我可以满怀信心地说，爱迪思学院在不同的情境下反复对本方法论进行测试，结果证实，无论组织是何种文化、规模大小如何、所处何种技术领域，我们都可以帮助生成系统性的解决方案。而影响本方法论效果的变量是首席执行官（CEO），他必须承诺致力于实施本方法，并且该 CEO 与领导这项工作的、经过爱迪思学院所认证过的培训师之间，必须有积极的、融洽的互动。

虽然本书主要讨论的是公司，但它还指出了婚姻、个人成长和衰老过程、文明的变化过程、生物系统，甚至是宗教演变过程，都有类似的规律性。显然，这样的比较不免显得有些肤浅，而且我也承认，如果说这种类比完全是错误的，我也不会感到惊讶。但生活教育了我，任何一件事情都与其他的一切紧密相关。如果我们没有看到这种关联性，那只是因为我们还不了解它。不过，至少我们应该想方设法去探索这个宇宙以及支配宇宙的规律。

我把这本书分为三篇来写。第 1 篇描述了一个典型的组织生命周期过程，以及在生命周期各个阶段的典型行为，也就是从孕育期开始，到壮年期，然后衰老直到生命周期结束；同时描述了组织在这个过程中遇到的正常问题和异常问题。第 2 篇是分析部分，提供了解释公司为什么会从增长走向衰老的工具。第 3 篇则是一个简短的描述，说明了使一个组织走向壮年所需要采取的必要干预，《追求鼎盛》和《把握变革》两本书是对这一篇的有力补充，可以结合阅读。这一篇还包括使公司沿着最优、更快道路前进的指导原则，并描述公司在这条道路上应当如何行事。这一篇很简短，因为我们还缺乏走这条路的足够经验。而这正是进一步研究的主题，并将在以后加以公布。

我希望，本书不会很快就遇到这种命运——塞缪尔·约翰逊给一个有文学抱负的人的评论："你的作品是好的，也具有原创性。但是，写得好的部分不是原创性的；而原创的部分则写得不好。"无论如何，我在写作时十分愉悦，也希望你能从阅读本书中得到启发。

三人行，必有我师。我从别人的经验中学习，因此也鼓励你说出自己的见解——无论它是批评性的，还是支持性的，也无论它是理论性的，还是实践性的。通过《爱迪思学院组织转型杂志》（*Adizes Institute Journal for Organizational Transformation*），或直接通过邮箱 Adizes@adizes. com 和我交流，都可以。此外，我也欢迎你访问我们的网站：www. adizes. com。

伊查克·爱迪思博士

美国加利福尼亚州，圣巴巴拉

注 释

1. T. Monaghan，*Pizza Tiger*（New York：Random House，1986）.

2. See M. Johnston, *Roller Coaster: The Bank of America and the Future of American Banking* (New York: Tichnor and Fields, 1990); also, R. Salsman, *Breaking the Bank* (Washington, DC: American Institute for Economic Research, 1990).

3. I. Adizes, R. Chaffee, and Y. Hasenfeld, *Revitalizing Child Protective Services*. School for Social Services (Los Angeles, CA: UCLA, 1988). (Also prepared as Adizes Institute Working Paper #22.)

4. I. Adizes and P. Zukin, "A Management Approach to Health Planning in Developing Countries," *Health Care Management Review* 2, 1 (1997): 19-37.

第 1 篇

生命周期阶段

第 1 章

变化及其影响

改革无先例可循。

尼可罗·马基雅维利

问题的永恒性

如果我说，我们大家都在经历变化，而且，变化是一直存在的现象。你可能觉得这并没有什么新鲜的。

变化所引致的事情可能是机会，也可能是问题。[1]当我们遇到变化时，我们就需要做出决策，并且由于我们又一次面临不同的现象，所以我们需要做出新的决策。想象一下你正在大街上行走，你来到一个十字路口——一个每个人一直都会经历的变化——你就面临一个问题或机会：该向右转，还是向左转？该转身向回走，还是一直向前进？我们需要做出决定，并付诸行动，而无论我们做出何种决定，它本身就是一个必将带来新问题的变化。

由变化所引发的问题或机会都将产生一个解决方案，而该方案将导致更多的变化，从而使我们面临新的现实，以及一系列新的问题或机会。[2]变化和问题的循环如图 1－1 所示。

图 1-1　变化-问题循环

因此，只要有变化，就一定会有机会和问题。

> 万物在变，唯有变化不变。
>
> 赫拉克利特

而这句名言的推论是：

> 变化在，则问题在。永远如此！

当我得到这个结论时，我感到十分惊讶。毕竟，书店里充满了各种各样的书，它们承诺，只要我们遵循这样或那样的成功秘方，公司的问题就会消失。许多政治思想和宗教思想也做出同样的许诺：遵循这些规则吧，你将获得拯救并在天堂赢得一个位置！

我的看法是：这些许诺都无法实现，因为变化就是生活，而只要我们活着，我们就总会遇到问题。

请想想这样的说法："生命烦恼多，至死才了结。"也就是说，我们活得越长，遇到的问题也会越多。

举一个我曾经做过咨询的软件公司的例子。该公司的经理抱怨公司的问题堆积如山，而实际上，该公司在不到两年的时间内，其年收入就从零增长到了 1.8 亿美元。"你的期望是什么？"我问道，

“你什么时候会没有问题？只有当没有变化时，而如果真的没有变化会怎么样呢？”他们知道答案。“当我们死去的时候。”他们回答说。

如果生活就是变化，并且只有在死去后才会没有问题，那么，通过减少变化来减少问题，就等同于自杀。恐龙不能适应变化，许多目前掌控着世界的大公司也不能。它们如果想要活下去，就应该更好地学习如何来管理和领导变化。

有一个老笑话：两个人在徒步旅行，他们看见一头狮子接近他们。其中一个开始穿上他的跑鞋。“没人跑得过狮子。”他的伙伴说。“我不是试图跑得过狮子，”第一个人说，“我需要做的就是跑得过你！”

变化在加快，生存挑战也变得愈加复杂。[3]“谁能幸存下来？”——正是那些能最快速地做出正确决策，并最快实施这些决策的人。[4]

能存活下来的物种，既不是那些最强壮的，

也不是那些最聪明的，而是那些最能适应变化的。

查尔斯·达尔文

迅速地做出错误的决策，并迅速地加以实施，这是制造灾难的处方。最终，你得到的问题要比你正试图解决的问题还糟糕。如果你的竞争对手比你更快地做出正确的决定；或者尽管及时做出了正确的决定，但与竞争对手相比，你花费了更长时间来执行该决策，那么你将不会兴旺发达。

我的观察会让人感到不舒服，但事实是，解决掉一批问题并不意味着今后就能永远一帆风顺地航行。你的解决方案只会导致下一批问题的产生。我不知道你是怎样的，但是我承认我会在午夜扪心自问，什么时候才能把问题都解决掉啊！我知道答案：永远不会。只有当我的生命终止时，我面临的问题才会终止。

成长并不意味着所有的问题都已经解决了，成长只不过意味着你能够处理更大、更复杂的问题。有一次，我向我的客户发去新年贺卡，上面写道："祝你明年遇到更大的问题。"而在卡片的底部，我添加了一行很小的字："你可以轻松应对的大问题。"

每个人都与其所处理和致力于解决的问题相匹配。"小"人处理小问题：拥有什么样的车、邻居厨房壁纸的质量。"大"人则努力面对这样一些问题：孩子的教育质量、身处的环境、社区的生活质量。当几乎没什么问题时，那便不是生活，而是死亡将临。能够面对和解决越来越大的问题，意味着一个人的优势和能力在提升。我们需要从自己的小问题中解放出来，释放出能量来处理更大的问题。

新的情况是什么？并不是变化本身，变化业已存在数十亿年了。新的问题是变化的速度正在加快。[5]我们正在以越来越快的速度面对越来越多的问题。我们可以成为"越来越小"的人，只关注那些越来越微不足道的小事；我们也可以不断成长，去处理那些生活中真正有意义的事。

我参加过许多执行委员会的会议，在会上人们讨论必要的改变，更加常见的情况是，有人会插嘴说："慢一点吧，我们正在跟着太多在空中飞舞的球奔跑。"但是，如果竞争对手正在穿上他们的跑鞋，你们又怎么能慢下来呢？

变化总是会有压力，我们都知道这一点。人们在承受压力，组织在承受压力，社会也在承受压力。心理学家设计了一种方法来测量压力，对各种生活事件设置一定数量的分数：离婚、换工作，甚至度假。[6]在所有这些引起压力的事件中，共同的因素是什么呢？变化。

所以，我们应该让我们自己、我们的公司慢下来吗？

是的，如果所在行业中所有公司都同意慢下来就好了，但即使这样也行不通，除非社会作为一个整体也慢下来，然而这只能使整个世界慢下来才办得到。这种要求太过分了。解决方案不是延缓变化，恐龙或许曾经尝试过那么做。本书的目的不是展示如何延缓变化或如何幸存下来，相反，我的目的是展示如何以最小的压力来加快寻找和实施正确的解决方案。

从预测到加速

能预料者能预防。

查尔斯・梅奥

对于盲人来说，任何一个障碍都是突然袭击。

佚名

从我两个年幼的儿子那里，我学会了如何加速解决问题。在他们小时候，他们会让我带他们去电子游戏厅。一到那里，他们就把大部分时间花在他们最喜欢的游戏——赛车上。让我惊讶不已的是，尽管他们两人在生活中从未开过车，但他们总是能够在游戏比赛中打败我。秘密在于，他们玩过很多次，因此他们记住了计算机程序，他们知道什么时候车能通过，应当在哪儿转弯，所以他们可以主动地提前应对。而我不知道接下来会发生什么，因此每次转弯对我来说都是一场危机。我崩溃了，我受到了重挫。由于不知道前方的道路，我只能在开车时被动地做出反应，所以慢于他们积极主动的开车方式。这个游戏使我明白，当我在一个陌生的城市开车时，我开车比当地人要慢得多，他们不停地按喇叭，对我做出粗鲁的手势。这并不是说他们车开得更好，只是因为他们熟悉前方的道路。他们之所以比外地人开得快，是因为对外地人来说，每个十字路口都是一个危机，需要做出一个新的决定。

当知道前方的道路时，我们就可以开快点，因为这时能主动地去应对。同样，如果我们可以预测变化，就能提前知道公司将面临什么，而出现的问题也不会让我们感到意外。与没能预测到的危机相比，我们能更快地处理它，因为我们已经对这些事件有了计划，并事先做好了准备。[7]

我发现我能预测变化，能预料未来的问题，这很像抚养孩子。对于第一个孩子，每个问题都是危机事件。而第五个孩子的成长过程几乎全靠他自己。由于事先已经知道会出现哪些问题，所以就不会那么担惊受怕。祖父母由于见多识广，往往比父母更从容不迫。"别管他，他自己会解决的。"他们总是这么说。正如那些养育过很多个孩子的祖父母一样，我曾经与几百家公司一起工作过。我同意那些研究动态系统的人的看法，问题会以可预测的模式出现，并有共同的原因。[8]

共同的原因

首先，让我们找出问题的共同模式，随后找出问题的原因，并讨论如何应对。

想想那些可预测的模式。当一辆汽车旧了会怎么样？它会崩溃散架。一所房子老了会怎么样？它会瓦解。一个人老了呢？他的身体会垮掉。

有什么共同点吗？第一，我们应意识到，一个系统并不一定要会"呼吸"才能活着，每个事物都有其生命周期，人、植物，甚至是石头。[9]地质学家会告诉你，这块石头是年轻的，而那块是古老的。天文学家会指出哪颗星是老的，哪颗星是年轻的。诚然，各种事物的生命周期长短不一，一只蝴蝶的生命周期可能只有一天，而星星的生命周期可能会持续几百万年。公司同样也有生命周期：它们出生、成长，除非管理层采取正确的干预，否则它们就会衰老和死亡。

第二个共同点是，随着系统的变化，它们会崩溃，它们会解体。系统不是只有变老才会崩溃和解体。年轻人会自杀，年轻的系统也会解体。无论一个系统是年轻还是年老，导致它崩溃解体的是变化。变化越快，解体也越快，这就体现在我们所说的问题上。

问题就是因变化而引起解体的征兆。[10]

请你考虑一下这件事情：每一个问题——车跑得不好了，卫生间的管道堵塞了，你和老板互相讨厌对方，邻居难以相处，你和你的爱人吵闹不休——我认为都来源于某种分离破碎。对每一个问题的成功诊断就是正确地找出是什么正在分离破碎，而一个成功的处理或治疗方案就是把这些分离破碎的部分整合成一个新的整体。[11]如果新的整体是健康的，其本身能够保持自己结合在一起，那么，当它经历新的变化时，就能够创建一个新的自我。[12]

对我们来说这些都不是什么新东西。当我们担心某个人时，我们说："他垮掉了！他整个人是破碎的！"在更大的范围内，我们会说："这个家庭、社区，乃至国家正在分崩离析。"同样的道理，当我们深受感动时，我们会说："这个人、家庭、国家十分团结一致。"

领导的作用就在于管理好必要的变化——带来新问题的变化，将公司重新整合以解决这些问题，准备好面对新的变化以及新的问题。

任何层面的领导挑战——个人、家庭、公司，乃至社会——都是要持续地改变，然而同时要保证是团结一致的！

防止系统分离破碎的方法就是防止变化的发生，这是一种错误的假设，这种想法无异于自杀。这是最终真正的"分离破碎"。换句话说，如果你不承担起责任，保证系统按照你所希望的方式来分离然后将它重新整合、进入稳定状态，那么，它将以自己的方式发展，状态越来越糟糕。所以不作为救不了你，本来你可以施加干预，却将权力拱手让给了外部力量。保持健康的方法就是通过改变那些需要改变的东西来掌控自己的命运。

应对变化的最好办法就是设法创造变化。

鲍勃·多尔

领导的作用不是防止系统分离崩溃，相反，是去管理那些导致系统分离崩溃的变化，然后将系统重新整合为一个新的整体。

当领导者既不能引起必要的改变，也不能将系统整合在一起时，就是时候求助于那些能提供这种服务的专业人士了。如果一个人知道前方是什么样的道路——会发生什么，哪些问题是正常的、哪些是异常或致命的，是什么原因导致了这些问题，如何处理这些问题，什么时候可以忽略问题——领导就太好当了。

本书所展示的企业生命周期理论，正是为领导组织中变革的人准备的，帮助他们承担起工作的责任。

生命周期和问题的本质

我在上面已经指出，任何一个系统，不管是会呼吸的还是不会呼吸的，都有其生命周期。我们知道，有生命的有机体——植物、动物和人类——都要经历出生、成长、衰老和死亡的过程。公司也是如此。[13]当它们沿着自己的生命周期轨迹发生变化的时候，系统都遵循可预测的行为模式。在每个阶段，系统都会面临某些挣扎——它们必须克服某些困难或过渡期的问题。有时，系统无法自己成功地解决这些问题，它需要外部力量的干预，借助具有不同禀赋的外部能量来使它摆脱困境。

几千年来，医学的发展开发出了诊断和治疗生物系统疾病的工具，诊断和治疗人的心理问题的工具则出现得更晚一些。而诊断和治疗公司行为——改变公司的文化和意识——的工具还处于萌芽期。本书算是我对这个新生领域的一点贡献吧。

正常问题和异常问题

当公司从一个生命周期阶段过渡到下一个阶段时，困难就会出现。为了学习新的行为模式，公司就必须放弃旧模式。当公司花费精力努力从旧的行为模式有效转换到新模式时，这种情况下的问题都是正常问题。但是，如果公司的能量徒劳无益地耗费在试图清除让变化发生的障碍上，那么它就会遭遇异常问题，这时，常常就需要来自外部的干预加以治疗。如果异常问题被长期拖延得不到恰当的干预，公司的生存将受到威胁，这时问题就会成为致命性的，公司就需要不同的干预——不是治疗，实际上是要动大“手术”了。但这种干预已经超出了本书的范畴。

公司可以凭借自己的内部能量来解决正常问题——只要判定出良好运行的流程并做出能够解决问题的决策就可以了。公司无法避免正常问题，因为它需要学习、发展自己的能力，就像蹒跚学步的孩子那样，在一次次摔倒中学会走路。公司还要学会如何配置资源，如何制定制度，如何以及何时做出决策。为了提升自己从而进入生命的下一阶段，它必须具备记忆，记住过去的经历。[14]

许多年轻公司的管理者常常抱怨，在有限的预算框架内行事太困难了。而我则告诉他们，在公司规模还小、公司还年轻时就解决掉这些问题是多么幸运！因为，在这个阶段，犯错误的成本很小，正是学习的好时机。随着公司变大、价值升高，犯错误的成本也会变得很高。一位高管曾把这个过程比作跟踪宇宙空间中某个点运行的轨迹，一开始，小的偏差是无关紧要的，然而，如果你允许偏差继续存在，那么到后面离起点越来越远时，纠错的成本就会变得十分巨大。如果你对童年时的正常问题不管不问，在成年后，它们就会变得不正常，甚至致命。[15]

从本质上看，正常问题是过渡性的：你遇到它们，解决它们，从问题中学习，然后继续前进。而异常问题却是死胡同，就像在环形跑道上开车，不停地在绕圈子，同样的问题一次又一次地重复出现。你不断地遇到你觉得已经解决过的问题，但是它们又在不断地以新的面孔或新的表现形式出现。管理层努力地想要解决它们，却产生了并不希望看到的副作用。异常问题造成不必要的痛苦并使公司发展缓慢，同时阻碍公司能力的发展。它们会使公司受困于生命周期的某个特定阶段，这时的公司就如同带有没有解决好的青春期问题的中年人那样，进入某种陷阱。在异常情况下，管理者会感到没有能力自己解决好这些问题，很无助。很快，整个公司就会失去对领导层的信任。

存在正常问题的公司不需要外部的干预，解决正常问题是公司领导者的工作。然而，存在异常问题的公司，则需要定期的外部干预，从而引领公司进入壮年，并保持在那种状态。有异常问题的公司需要来自外部的训练有素的公司治疗师的干预，他们能帮助公司克服阻碍其发展的重复出现的问题怪圈。

与异常问题不同，致命问题在性质上更加严重，并且久治不愈。这些问题因为没有得到及时治疗，现在已经威胁到公司继续生存下去的能力。最明显的致命问题的例子包括：不可控的负现金流、关键人力资源连续流失、无法解决的质量问题、快速减少的市场份额、公司融资能力的急剧下降等。有这些问题的公司就无法再治疗了，因为治疗需要时间，而面临致命问题的公司已经没有时间这一宝贵资源了。它们所要做的，不是去找公司治疗师，而是应该由董事会聘请一位公司转型专家来暂时担任首席执行官的角色，并实施必要的“手术”。正如我之前所说的，治疗致命问题不属于本书的范畴。

要想成为成功的领导者，必须集中精力来诊断公司疾病，为此，我们必须学会区分正常问题和异常问题，正常问题是公司为了进入生命周期下一个阶段而需要经历的那些过渡性问题，异常问题是公司无须经历的。

典型路径与最优路径

大多数公司都会遵循典型的发展路径。在这条道路上，它们会遇到问题，是因为公司尚未开发出某些能力。在不断解决这些问题的过程中，它们就培养出了沿着生命周期阶段前进所需要的能力。在典型路径（或称为一般路径）上，公司会逐个培养它的能力。我们将讨论这些能力，包括如何培养这些能力、按照什么顺序来培养、它们如何帮助公司解决可预测的问题，这些内容将在本书第 2 篇中进行介绍。

自从十几年前本书的上一版出版，我已经了解到，公司可以走一条更短的路径来到达壮年期，在生命周期的壮年期这个阶段，公司的职能和形式、灵活性和自我控制能力是协调一致的。处于壮年期的公司，可以以可控的方式加以改变，能实现最优结果，并且随着时间的推移而始终保持最优状态。采取这条路径，一个公司就可以也应该同时发展所有的能力。

在本版中，我描述了这两个路径。首先，我给出的是典型路径，分析为什么在生命周期的每个阶段都有问题发生。其次，我将讨论最优路径及其影响。

为了便于说明，我们考虑三个不同的公司问题的例子。

初创公司发现自己缺钱，这是完全正常的事情。它们看到这个问题并能提前预测到这一点。在早期阶段，公司为了发展而需要的资金数量远远超过其自身产生资金的能力，这是典型路径上的正常问题。但如果公司遵循最优路径，这个正常问题是完全可以避免的。通过妥善的财务规划，一个管理良好的公司是能够克服这个问题的。如果公司的商业计划切实可行，公司领导都值得信任和尊重，公司所在行业前景良好，钱就会源源不断地涌入。因此，虽然对于典型路径而言，资金短缺是正常问题，但对于最优路径来说，资金短缺将被看作异常问题，因为它并不是一定会发生。

如果一个公司，因为管理层不知道如何规划资金流，在根本没有预料到的情况下突然发现自己缺钱，又会怎么样呢？这就是典型路径上的异常问题。管理层早就应该预料到这一点的。这时资金短缺被认为是一个致命问题，即便是在公司制定成本控制和资金流规划后，该公司也将很难生存。在这种情况下，治疗干预显得太微不足道，也太迟了。当管理层拒绝承认资金短缺是一个问题时，它也会成为致命问题。

以一家我知道的公司为例，其创始人生活在想象王国里，梦想着什么应该发生。他相信人们会为他的创新想法感到兴奋。他总是说服每个人都相信，资金问题很快就会解决，会从某个愿意出钱的人（还不知道在哪里）那里得到资金的注入。这种致命问题并不罕见。其悲剧就在于：这样的创始人真心地相信自己所说的，甚至到了最后一刻，他们依然不知道发生了什么，不知道为什么公司失败了。有些读者可能会觉得这难以置信，但我多次目睹了这样荒唐的家伙。

专制型管理风格也会将正常问题转化为致命问题。[16]在公司发展早期的幼小阶段，我们经常能看到这种综合征。就如同我在我的另一本书《追求鼎盛》中所讲的那样，在起步阶段，专制型管理是可取的。正如父母要告诉孩子做什么，创始人要对公司全面控制，这样才能保护好公司的利益。但是，如果这种风格不随着公司的发展和成熟而加以改变，那么，控制的管理办法就会变得不对了。当专制型领导者只有两个选择时——要么改变自己的领导风格，要么放弃领导权——问题就变得严重了。当没有力量能够说服他改变管理风格，也不能自动退出时，问题就达到了致命的程度。我曾经遇到过几家公司，在这些公司里，专断、以自我为中心、刚愎自用的领导者没有做出改变，因为所有东西都是他们的：锁、股票、木桶。他们或者不愿意或者没有能力改变自己的风格，即使再不改变就意味着公司的倒闭。

对于一个初创公司来说，创始人是其最大的资产。然而，如果创始人的风格是破坏性的，他就会成为公司最大的负债。事情常常是这样的：创始人死后，公司也就完蛋了；或者，在三代人之内，那个原本拥有该公司的家族就会失去对公司的控制。[17]

现在，让我们考虑公司的衰老问题。你们一定会感到下面叙述的事情很奇妙。我本人也很惊讶，因为与所有人一样，我曾经把衰老看作正常的过程。毕竟，谁又能指望自己永葆青春呢！我们都希望长生不老，几代人都在徒劳地想找到长生不老之药。但是，在我将这套方法论应用于世界各地的公司中时，我发现我能延缓公司的衰老。这让我怀疑人类是否也可以延缓衰老。瑜伽练习者看起来是不会老的，他们不会死于老年病。他们死的时候还很健康。当他们意识到大限将至的时候，就去睡觉，不再醒来。我们之中，又有谁不想死得健康，而不是死于使人痛苦衰弱的老年疾病呢！人们可以延缓衰老过程，公司也可以。那么秘密是什么呢？

在这里，我先不泄露秘密，而是保守这个秘密，将其放到另一章去说。

公司在发展过程中，会遇到正常问题和异常问题。与衰老有关的问题都应该被视为异常，因为通过适当的治疗，公司的衰老就可以避免。扭转致命的老化局面需要做出重大牺牲，如精简组织裁员，我认为，这是解决致命问题的一个激进措施。

在生命周期的任何阶段，有效治疗都需要消除异常问题，这样公司才可以进展到生命周期的下一个阶段，并经历一系列新的正常问题。

预防性治疗涉及培养这种能力——加快公司进入壮年期并保持那个状态的能力。壮年期是最理想的状态，没有必要离它而去。

现在我们已经定义了相关概念，描述了本书的目的和结构，那就让我们继续阐述公司发展过程中的不同阶段以及公司在典型路径上的成长和衰老过程吧。

注　释

1. 参阅 P. Watzlawick，J. Weakland，and R. Fisch，*Change*：*Principles of Problem Formation and Problem Resolution*（New York：Norton Books，1974）。该书清晰描述了问题和变化之间的关系，作者指出，变化和问题是相互联系的，它们不可避免地同时出现。
2. 参阅 B. Keeney，*Aesthetics Of Change*（New York：Guilford Press，1983）。该书讨论了在问题构建中语言的作用，作者认为“现实”是我们用来说明它的语言的函数，所以，问题以及解决问题的过程都是我们所做的描述的函数。
3. M. Eigen，R. Winkler，and M. Kimber，*Law's of the Game*：*How the Principles of Nature Govern Chance*（New York：Harper Colophon Books，1981）。该书对自然界的进化过程与复杂环境下生存的推动力之间的关系，给出了令人信服的讨论。
4. 有关该问题的详细阐述，请参阅 J. Diamond，*Guns*，*Germs and Steel*：*The Fates of Human Societies*（New York：Norton，1997），该书从社会

生物学的角度对“正确的决策”进行了讨论。

5. K. Gergen and D. Whitney，“Technologies of Representation in the Global Corporation，” in D. Boje，R. Gephart and T. Thatchenkery，eds.，*Post-modern Management and Organization Theory*（Thousand Oaks，CA：Sage，1996）。该文就全球化对组织变革速度的影响进行了深入讨论。
6. L. Holmes and R. Rahe，“The Social Adjustment Rating Scale，” *Journal of Psychosomatic Research*，11（1967）：213－218。
7. D. Barry and M. Elmes，“Strategy Retold：Toward a Narrative View of Strategic Discourse，” *Academy of Management Review* 22，33（1997）：429－452。该文指出，做规划是一个叙述的过程，叙述当危机出现时能够适应这些危机的场景。
8. S. Kauffman，*The Origins of Order*：*Self-Organization and Selection in Evolution*（New York：Oxford University Press，1993）。该书扩展了混沌理论的论据，作者清楚地指明，在新生的系统中有序和混沌之间的关系存在一定的模式，即使是在混沌的过程中，也是如此。
9. E. C. White，“Negentrophy，Noise and Emancipatory Thought” in N. K. Hayles，ed.，*Chaos and Order*：*Complex Dynamics in Literature and Science*（Chicago：University of Chicago Press，1991），pp. 236－267。该文讨论了某些具有生物系统属性的有意义的系统，其出现的过程体现出一定的周期性。
10. 参看 F. Masterpasqua and P. Perna，*The Psychological Meanings of Chaos.-Translating Theory into Practice*（Washington，DC：APA，1997）。作者使用混沌理论考察了心理瓦解问题。他们认为，变化引起混沌，而混沌则会产生瓦解问题。
11. F. Verela，E. Thompson，E. Rosch 在 *Embodied Mind*：*Cognitive Science and Human Experience*（Cambridge：MIT Press，1993）一书指出，东方哲学为理解整合、使整合理论体系化提供了一个框架。
12. S. Kauffman，*At Home in the Universe*：*The Search for Laws of Self-Organization and Complexity*（Oxford：Oxford University Press。1995）。本书对混沌（表现为分离、破碎，不是整合的）与有序之间的

关系，做出了非常明晰和可读性很强的讨论，从这个视角来看，系统要达到整合需要引入新的信息。

13. 长期以来，东方社会一直将生物和自然过程融合到他们对社会的思考中去。但在西方，人类社会组织可以用自然界有机生命周期加以解释的想法则是由启蒙运动时期的思想家 Montesquieu［*DeL' esprit de loi*；Vico，*SCienza nuova*（1744，3rd ed.）］、Edmund Burke 和 Condorcet 首次提出的。孔多塞提出了历史发展的十阶段周期论。到 19 世纪，现代科学的史学研究走上了相反的方向（可能黑格尔除外，并且很明显俄国社会批评家 Belinksy、Herzen、Chernychevky 除外），他们关注“从事实到事实”的细节。到了 20 世纪，在解释人类组织时，历史学研究更加关注卓越的历史价值，而不是其天生的周期性模式，其中也有几个例外，他们是 O. Spengler（*Der Untergang des Abendlandes*，1919），以及更成功但也更有争议的 A. Toynbee（A *Study of History*，1946—）基于生命周期模型研究世界文明。

在 20 世纪，研究商业组织生命周期的动力源起于 19 世纪 Comte 用实证主义方法研究社会学，Piaget（1954）的心理研究，M. Klein 以及由塔维斯托克学院创建的精神力学，特别是 Erik Erikson 对人类生长阶段的研究（常常被早期研究生命周期的商业作家所引用）。在 20 世纪 30 年代末，学者们的文章中还引入了类型学、组织阶段、管理动力学，尤其是熊彼特关于创业精神和官僚化的作品 *Business Cycles：A Theoretical，Historical & Statistical Analysis of the Capitalist Process*（New York：McGraw Hill，1939）及马克斯·韦伯和他于 1912 年翻译成英语的著作 *Theory of Economic Development：An Inquiry into Profits，Capital，Credit，Interest and the Business Cycle*（1932；1954）；D. C. McClelland（1961），特别是他对印度村庄创业精神的研究；彼得·德鲁克（1946，1954）的研究；关注战略和结构的钱德勒提出的更深入研究组织的敏感性问题（1962）。将生命周期运用于家庭、婚姻和职业的研究也传播开来，这部分是受到 Erikson（P. C. Click et at. 1955）和 S. Minuchin（1974）的影响，后来，类似于企业生命周期的研究，人们还展开了一些重要的关于家庭和婚姻生命周期的研究，特别是 Carter 和 McGoldrick（1989）。

早期试图构造生命周期模型的是 D. Super 等人，他们在 *Teacher's College Record*，58（1957）中将职业生涯从发展到衰退划分为五个阶段。其他将生命周期的想法应用到商业中去的早期作品包括：E. T. Penrose 把生物学与公司加以类比（1952），D. H. Thain 关于公司发展阶段的理论（1969）；L. L. Steinmetz 关于成长和生存的动力学论述（1969）；A. Tanski 的研究（1980）。推动生命周期研究的关键文章是 L. E. Greiner 在《哈佛商业评论》（1970）上发表的“Patterns of Organizational Change”这篇文章。在该文中，他提出了增长五阶段论。从 20 世纪 80 年代一直到 90 年代早期，学界涌现出大量关于生命周期和“进化”理论的研究工作，在 1986 年 7 月期的 *Business Periodicals* 上，这一主题首次被列为商业研究和出版类别下的一个子类。1980 年，J. R. Kimberly 和 R. H. Miles 等人把许多文章汇集到一起出版了 *Organizational Life Cycle* 一书，书中包含了 N. Tichy、W. Ouchi、J. Freeman 和 D. A. Whetten 的文章。在这十年期间，其他重要研究包括：D. Boulding（1974. 1975，关于“衰退”）；D. A. Whetten（1980 年发表的文章及后续文章，也是关于“衰退”）；J. B. Miner（1982，关于“创业类型”和官僚的“阶段”）；R. E. Berenbeim（1984，关于“企业家族”）；J. Freeman（1982，关于“自然选择和生存”），P. H. Mirvis（1977）；W. G. Dyer，Jr.（1986，关于“家族企业的过渡”）；L. M. Miller（1990，有关发展过程的六个阶段）；其他。

在 20 世纪 80 年代，以下学者对生命周期阶段“有效性”和“可预见性”展开纵向研究：D. Miller、J. Freeman、D. Miner、K. S. Cameron、R. E. Quinn、P. H. Friesen、R. Drazin、R. K. Kazanjian 等。D. Miller 和 P. H. Friesen（1983）借助于每个阶段普遍存在的“互补性”，通过 54 个变量对增长和衰退的五个阶段进行检验，对可预测性的研究获得了积极的成果。R. Drazin 和 R. K. Kazanjian（1990）将进行预测分析的 del 过程用于不同“生命周期规则”的阶段模型，他们发现了一些支持性证据。

但是，这些研究的总体结果一直含糊不清。

在 20 世纪 90 年代，对生命周期理论的研究发生了变化，它让位于其他细分领域方法的研究——关于公司发展和转型的研究。在这些具有革命性的早期研究中，困难在于：研究者要么是寻求在现实生活和组织这样的有机体中的机械应用方法，将规则视为绝对的事情；要么，他们没有探寻人类互动的不同之处和微妙之处，并因此而终止研究。我的好运在于，我把我的理论应用于全球超过 500 家公司中，称为“体验实验室”，从这些体验中，我的生命周期理论不断地得到反馈，基于此我不断对其进行修正。

14. 在 *In Over Our Heads: The Mental Demands of Modern Life*（Boston: Belknap Press，1995）一书中，R. Kegan 开发出了一个意识进化阶段的模型，非常有趣地描述了管理者是如何培养其行政管理技能、公关和谈判技能、管理差异的技能及合作共事的技能的。按照 Kegan 的看法，这些技能就如同意识本身的发展一样，是分阶段得到发展的。这个模型指出，与 MBA 相比，好的管理者需要知道得更多。

15. 参阅 A. Maslow，ed.，*Motivation and Personalit* y，3rd ed.（New York: Harper Press，1987），它是 Erik Erikson 的众多著作之一。尤其请参阅 *Childhood and Society*，2nd ed.（New York: Norton，1963）；*Identity and the Life Cycle*，（New York: Norton，1980），*I-dentity: Youth and Crisis*（New York: Norton，1968）。

16. 在 *Refraining Organizations: Artistry, Choice, and Leadership*（San Francisco: Jossey-Bass，1991）一书中，L. Bolman 和 I. Deal 讨论了领导者在明晰问题、寻求解决方案过程中的作用。他们指出，在培育有效的行动框架以促进创新和发展方面，管理风格是关键因素。

17. 参阅 D. Bork，et al.，*Working with Family Businesses: A Guide for Professionals*（San Francisco: Jossey-Bass，1996）。该书讲述了家族企业生命周期的复杂性，指出了家族企业在发展过程中所遇到的特殊问题，如企业传承问题。

第 2 章
孕育期

预测未来的最好办法就是去创造未来。

彼得·德鲁克

我把公司发展的第一阶段称为孕育期（见图 2－1）。这是公司诞生之前的阶段，这时，公司将要诞生，它还只是表现为一个想法。

图 2－1　孕育期

做出承诺

在孕育期的关注点是想法以及未来的可能性。潜在创始人会很兴奋、充满激情，向身边的每个人“推销”他的想法，描述那个想法的美好前景。他是在向谁推销他的想法呢？最难的是要说服谁呢？正是他自己！

在这个阶段，一些非常重要的事情将要发生。这时，公司就像一架在跑道尽头正准备起飞的喷气式飞机一样，飞行员加速引擎，飞机发出很大的噪声。为什么是噪声呢？因为这时飞机还没有飞起来，飞行员只是在积蓄力量和动力，等到一旦放开制动器，飞机就会快速、平稳地起飞。同样，在公司发展的孕育期，会伴随着大量的谈话，而并没有行动。但是，此阶段所发生的事情对公司未来的成功都是至关重要的。

担心读者没有读明白，所以我想强调，创始人是在强化信念。通过与他人探讨这个想法，了解他人对这个想法的反应，创始人正在强化自己内心对这个想法的信念。他想知道别人是怎么想的，这个想法可行吗？越是能得到他人对这个想法的认可，他自己内心的信念也就变得越坚定。对于一个健康的公司的“诞生”来说，这个过程至关重要。为什么这一步如此重要呢？

当一个人知道自己为什么而活，他就可以忍受任何一种生活。

尼采

我之所以把这个阶段称为“孕育期”，是因为这个阶段的情况与婚姻之前的阶段很是相似。在哪个时间点两个人才算是真的结婚了？不是在为对方戴上戒指的那一刻，而是在两个人之间互相给予承诺，承诺经受检验并通过检验的时候。那什么时候才算是离婚呢？不是在法官签署离婚证的那一刻，戒指和证书都只不过是形式。当双方彼此不再有承诺，无法维持婚姻的鲜活的时候，婚姻是真的死去了。使任何组织——婚姻、企业、社会——存活下去的要素，正是承诺（信念）。

一架飞机要想发挥其应有的功能，它必须首先起飞。要想在空中翱翔，它需要获得向前的推力，也就是在引擎加速阶段所产生的动能。类似地，公司要想发挥应有的功能，它就要承担风险。没有与风险相称的承诺，就没有人愿意承担风险，正是在孕育期，创始人需要构建这一承诺。

> 如果你打算评估公司成功的可能性，那么你应该评估所有与该公司有关的人的承诺。

不仅仅要评估企业管理者的承诺，还要评估员工、客户、供应商，以及社区内的其他利益相关者的承诺。

对项目充满兴奋、热情、情感和激情，也就是说将能量全部聚焦到一点，这些是建立起承诺的迹象。这样的过程可能会产生异常或致命问题。就像情人之间相互做出的承诺一样，公司创始人常常喜欢做出不切实际的承诺，而这可能会给将来带来问题。在孕育期做出无法兑现的承诺看起来似乎是不可避免的。对未来充满想象和激情的创始人会把未来公司的股份赠送给家人、律师和朋友，以换取他们并不那么明确的支持。在这个时候，承诺往往是很容易就做出了。毕竟，在孕育期公司还没有任何看得见摸得着的价值。经验不足的创始人并没有觉得他是送出了什么重要的东西，但随着公司不断升值，他当初的大方将成为困扰心头的一块石头。

正如婚姻一样，爱使得双方对彼此的承诺更坚定。对于创办公司来说，在孕育期创始人必须爱上他的创业想法，基于此想法所创建的公司将承担起他的承诺。当公司建立起来后，正是创始人的承诺，支持着他积极应对早期发展阶段——婴儿期——的艰难挑战。

一旦创始人对创业想法的承诺、信念经受住了考验，新公司也就诞生了，此时也就是创始人和投资人开始承担风险之时。相反，如果没有人认可创始人的想法，愿意与他共同努力去做这件事情，这个项目也就死掉了。在孕育期需要建立起与风险相匹配的承诺、信念，而风险是随着公司的创建必然发生的。风险越大，承诺就应当越坚定深入。正如康拉德·希尔顿所说："如果你想启动大型船只，你就必须去水很深的地方。"

如果知道飞机的重量，飞行员就可以算出需要多大的推力才能使飞机飞离地面；如果可以预测婚姻道路上的种种坎坷不平，我们就能知道需要付出多少承诺来避免离婚；如果知道一个刚创建的公司将面临多少风险，我们就可以告诉其创始人，公司要获得成功需要创始人及其他人做出多少努力。

当创新者拿出他们的新产品给我看，并告诉我他们打算创办一家公司时，一开始，我并不会听他们说什么，我听的是谁在说，以及他是如何说的。要想创办一家成功的公司，只有好的创业想法、市场以及资金是不够的。任何一家新创建的公司都需要一位有高度承诺的领导者，一位为了公司而不眠不休、全身心投入的领导者，一位能把创业的想法、市场和资金完美整合到一起的领导者。

测试噪声的大小，也就是加速发动机的声音，是很重要的。创始人付出了何种程度的努力，有多大的信念？他们对于所从事的项目有财务上的承诺吗？项目越大，所需要做出的承诺就应该越充满热情。将一个创业想法转化为实际的公司所面临的困难不是一次性的，而是长期的，创始人的承诺必须经得起这些长期困难的考验。可以基于以下几个因素来评估一个项目获得成功所需的承诺大小：整合业务的复杂性、看到积极成果需要多长时间、需要何种程度的创新。对于这最后一个因素，可以通过评估需要清除掉多少“固有的权威认知”来加以考量。

许多人想单凭小小的承诺就能赚大钱，这根本不可能。如果承诺不足的话，所有的付出都只会消耗在分娩的阵痛中，而公司也将流产。

我们还可以从宏观层面来考察承诺与风险之间的关系。举例来说，观察革命者所做出的承诺，就能预测一场革命将会胜利还是失败。社会变革这样的任务是如此巨大，为了掀起重大社会变革，革命者必须愿意为之付出生命。谈话节目和比赛类节目是受欢迎的黄金时段电视节目，但衡量观众承诺大小的是他们愿意付出的价格。

> 有无承诺决定着新生公司是将生存下来，还是将死掉。

如果没有实质性的承诺，公司一旦遇到困难，就会分离破碎。

创始人：不仅仅是追求利润

当我们谈论因承担风险所必须做出的承诺时，我们也应该问一问：创始人承诺的来源是什么？创始人或产品倡导者（product champion）的动机是什么？如果创始人的动机仅仅是赚钱，那将不足以维持企业走过孕育期。没有人能确切地知道一家公司未来可能得到的收益是什么。当孩子尚处在摇篮中时，难道说，孩子父母哺育和养育孩子的动机，是希望孩子长大后能成为一名医生或律师，从而可以更好地为他们养老？最好不是这样。

创始人的动机应该超越这一层面，不应该局限于对狭隘的眼前收益的追求。承诺不一定是完全理性的，首要的一点是，创始人必须在情感上对其创业想法的市场价值抱有信念，他们为自己的创业想法而痴迷。创始人应该对感知到的需求做出响应，他们总是想要去满足那些需要，而产品或服务所带来的回报或资金收益，只不过是证实了他们当初坚定地坚持自己的创业想法是正确的。

在孕育期，创始人所追求的目标应该是满足市场需求、创造价值、做一点有意义的事。[1]创始人因其产品能够满足市场需求而兴奋，当面临挑战时，他们会努力地维护其产品或服务。如果我们问创始人，五年后他们的产品或服务将会是什么样，他们会说，公司越来越好地服务其客户，越来越有效地满足了市场需要。如果创始人仅仅关心投资回报率（ROI），那么，一旦遇到困难，他们的承诺将无法维持公司的生存。当然，没有利润，公司也无法生存下去。没有良好投资回报率的项目会死掉，但若只关心投资回报率，项目也不会成功。要想事业成功，我们需要的是这样的创始人——他们相信他们的产品或服务能满足真正的需求，并且，有许多用户从他们所运营的项目中受益，用户感激他们所做的工作。

如果一个人计划成立一家公司只是因为他预料会有好的投资回报，那么，他就像一个先知做出预言，只是因为他想去天堂；像女人渴望生一个孩子，只是因为她想要一个将来成为医生的女儿。先知不想去地狱，女人不想有一个不能胜任好工作的孩子，创始人也不希望项目失败。投资回报率是一个控制因素，而不是推动因素。投资回报率无法成就一家组织，但没有投资回报率却会导致公司死掉。

那些只对金钱或投资回报率感兴趣的人，等不到公司实现利润就会变得气馁或者直接放弃。毕竟，项目并不总是会获得回报。从想法到实际运营，在这个过程中，犯错是难免的，而错误会延迟项目的盈利时点。孩子在成长过程中会生病，他们需要父母的照顾，长大的过程并不是一直都充满快乐。

成功的孕育期就是要关注潜在利润之外的那些问题。

盈利能力就像网球比赛中的计分牌。盯着计分牌看，你赢不了比赛，计分牌只能告诉你此刻你是赢还是输。要想真正赢得一场比赛，你必须击球过网，把球打到对方的场地上去。每一次击球都是提高分数的一次机会。选手或许无法每次都打出好球，但是每一次抽杀就像一场从零开始的新比赛。当一个人刚开始学习打球时，分数是没有意义的。首先，他应该只想着如何努力学会打球，学会之后再想如何赢得比赛。对于创建一家新公司也是同样的道理。创始人必须努力击中球，第一下，第二下，第三下，都应该以满足客户需求为目的，评估的标准就是销售量，其后，计分牌——也就是盈利——才成为要考虑的问题。

创始人对客户需求的承诺，与客户是否感知到这种需求无关。

创始人就如同先知，他们感知到市场的需求，从而预测出市场的需求，并不需要潜在客户说出自己的需求。因此，创始人谈论的是市场需求将会是什么，不一定是市场需求现在是什么。如果市场需求是已知的，市场已经明确表现出对某种产品或服务有很大的需求量，那么，项目所需的创新以及项目的风险会比较低，而该项目所要求的承诺也会较少。在这种情况下，我们所看到的不是掀起一场运动的先知，而是“我也是”的趋势探索者。即使在这种情况下，也要有足够的承诺，因为“探索”也是要付出代价的。

关注尚未被发现、尚未被市场表达出来的需求的那些创业者，是产品导向型的，而非市场导向型的，因此他们常常无法清晰地描述他们的产品要满足什么需求。他们不是响应市场上已有的需求，而是努力引导、改变市场行为。在某种意义上，他们展示市场将会需要什么。通过实际行动，他们清晰表明未来的市场需求并使之成为现实。他们更像商业先知，而不是创业者。[2] 和其他先知一样，他们可能会被钉死在十字架上，因为在短期内，权力体系会拒绝他们。没有人理解他们说的话，直到他们用自己的产品做出证明。

创始人很容易被那些说要为他们的创业想法提供市场营销支持或资金支持的人所伤。作为对答应提供营销和资金帮助的人的回报，新手创业者可能会出让很大的股权份额。而先知，也就是关心产品甚于关心公司的投资回报率以及公司控制权的创始人，到头来却会失去对公司的控制，让给风险资本家或者是喋喋不休的营销商，他们享用了创业者创新的成果，这些成果包括金钱以及市场的认可，而创始人则陷于被忽视和遗忘的境地。

为什么有那么多的市场营销课程，先知/创始人仍然不以市场为导向呢？先知/创始人关注市场需求将会是什么，他们集中精力致力于开发将要满足未来市场需求的产品或服务。因此，他们必定是以产品为导向的，一直到他们成功地开发出质量、能力和功能都被接受的产品。先知/创始人坚持他们的梦想，总是谈论他们试图创造的现实，而不是能接受的现实。

许多观察家指责创始人对于营销策略和现实的无知，但这种现象其实是正常的。引用萧伯纳的话："理性的人适应环境，不理性的人则试图让环境适应他们，因此所有进步都是不理性的人努力的结果。"

在后面的部分中我们将看到，创始人致力于开发市场将会需要的产品，而不是关注市场当前的需求，以及他们对利润相对较少的承诺，都将成为公司未来发展中的致命问题。创始人可能不知道何时放弃自己那种排他性的梦想，他们过于专注于产品，持续了太长时间，甚至在产品或服务推向市场后，他们还是不会妥协。他们基于市场将会需要什么样的产品的感知来行动，实在是太长久了。

即使是那些工作进展超出了产品导向阶段的创始人，可能也会发现很难过渡到利润导向上。要实现这个过渡要求关注产品或服务之外的问题。到了应该关注用户接口以及财务、人力这些要素的时候，这些管理要素可能超出了创始人的经验范围。然而，许多创始人会坚持独自做出所有的战略决策，并且，一切风险他们也自己承担。

> 生命周期中某个阶段的正常问题，在另一个阶段可能会成为异常问题。

在孕育期及接下来的婴儿期，狂热的承诺是成功必备的因素。但在后续阶段，它可能会成为致命性的问题。例如，一家公司由于产品或服务的市场策略错误而长期亏损。那么，它就需要做出改变以适应客户需求。但是，那些坚持其对产品的梦想而对抗现实的创始人，就像对自己的孩子抱有过高期望的父母一样，这样的父母坚信自己的孩子会有所成就，从而忽视孩子的心理问题，似乎看不到一样，当然也不会采取措施去治疗。在一些情况下，创始人越卖力地对抗现实，公司也就越深地陷入困境中。他们顽固地执着于自己的梦想，他们对自己创业想法的坚定承诺，是支撑他们通过孕育期早期阶段的力量源泉。在下一阶段，也就是婴儿期的某个时点上，创始人应该知道，是时候丢掉梦想去适应现实了。这种两难使得对于什么是好的创始人品质的评估变得很难。如果创始人有承诺，他们能舍弃梦想吗？而如果他们能够放手，那么他们的承诺又是足够的吗？

投资人会遇到另一个问题。拥有高度承诺的创始人或创新者通常都极具魅力，并且他们的承诺具有感染性，他们相信自己的创新，相信自己。所以我们常常无法将他们与毁灭性的说谎者或者骗子相区分。许多投资人都发现自己陷入了这样的境地——说话语速很快、看起来对自己的想法充满信心和激情的创新者，到头来，事实证明不过是卖假货的。如果某件事看起来好得令人难以置信，那么它一定不是真的。投资人应该考察创业者个人有多少利害关系在里面，当心那些只使用别人钱的人。

健康的创始人是一些有高度承诺的人，同时，他们会用一只眼睛盯着现实。他们有对自己想法的坚定承诺，同时也愿意从真实体验中学习。创始人应该是兼具理性和感性的人——他们拥有狂热而坚定的信念，同时愿意听取理性的现实。

正确地做出承诺

在孕育期有所疑虑是正常的，相反，没有疑虑却会在以后的道路中产生致命问题。创业者应当思考以下问题：

- 我们为什么要做这件事情？
- 由谁来做？
- 我们打算做的究竟是一件什么样的事情？

- 我们将如何来做这件事？
- 我们应当在什么时候做这件事？

请注意，重点是为什么—谁—什么—如何—何时，我们要去做，而不是为什么—谁—什么—如何—何时，我要去做。[3]创始人必须从一开始就意识到他是不可能单打独斗做事情的。

也请注意这些问题的顺序。在这些问题中，最主要的是为什么和谁这两个问题；其次重要的是什么和如何的问题。为什么要创立一家公司？或者为什么要在公司内部成立一个新部门？以及为什么在新产品或新市场上投入资源来培育未来的种子部门？

当前市场上有对我们的创业项目提供的产品或服务的需求吗？如果没有，我们可以开发、培育这种需求吗？我们的项目有能力提供并满足这种新的需求吗？请注意，我回避了这个问题：这些在我们的能力范围之内吗？这个问题更适用于现有的公司。对这种情况应该格外小心，回答这个问题的人有其既得利益，因此为了保护自己的地盘他们会做出消极的回应。这就是个人电脑在 IBM 以及数字设备公司这样供应大型主机的公司环境中难以发展的原因。同样的原因，在美国电话电报公司，手机通信找不到自己的生存之地。后来，当美国电话电报公司看到业已得到市场证明的无线通信市场的前景时，又买回了最先是由它发明的技术——以超过十亿美元的价格。在后面讨论组织结构对公司战略的影响时，我们会更清晰地看到这一点。不合理的组织结构会加速公司的衰老，会抑制公司的创新能力和成长能力。

谁这个问题也很重要。许多创新者/创始人在资金、营销和市场推广方面遇到困难。这个问题类似于艺术家在和商人就作品的价格进行谈判时感到不自在，他们只能通过暗示来表达自己作品的价值。他们能非常棒地代表他人，却不能代表自己为自己的作品进行价格谈判。这很正常，创新者在向人们推销自己的项目时会感到困难。

因此，新产品，即使是获胜者，要渗透到市场中去也并不容易，这时，公司就会因为资金紧张而衰弱不堪。

为了成功地克服创业中的各种问题，以色列政府出资成立了几个孵化器来培育创新、扶持新创公司。如果一位创新者希望获得帮助来推动他的创新成果，那么他可以提交一份完整的商业计划书，详细描述他的新想法或新产品，并说明市场需求情况，商业计划书还应该包含他的这项创新将取代哪些产品或服务，以及这项创新实现商业化所需的估计资本量。孵化器选择了一些经验丰富的高管担任顾问委员会成员，他们将仔细评估每一份商业计划书。项目一旦被选中，孵化器就会给项目分配一笔资金，并任命一位项目经理来管理这笔钱。另外孵化器还将指定一位营销经理，来帮助项目寻找战略联盟或销售渠道。作为这一切的回报，创新者将一定百分比的股权出让给孵化器，而当新公司上市、出售或兼并时，孵化器将出售其股权。孵化器不会一直持有其所帮助成立的公司的股权。孵化器从那些成功的创业项目中得到的分红，会被用来资助其他的项目。项目经理和营销经理也有股份。创新者不必亲自做所有事情，而是在一个孵化培养的环境中获得来自孵化团队的各方面的支持。

我发现，对于“什么”和“如何”这两个问题的回答是次要的。我们打算做的究竟是一件什么样的事情，是随着公司的发展以及经验的积累而变化的。对于如何这个问题的回答就更不可靠了，该问题的答案几乎每天都在变化，直到成功。但是从一开始，我们就要认真想清楚这两个问题的答案，并随着经验的积累不断加以调整和改变。

是真爱还是创业空想

如果孕育期没有通过现实的检验，那么它只能算是一段创业空想（见图 2-2）。如果在遇到第一个障碍时，承诺就消失得一干二净，那么这就是一个带有致命问题的孕育期，一心想着要创业的人幻想着事情应该如何如何，但他们仅仅拥有美好的愿望而已，创业想法从未脱离梦想。

图 2-2　创业空想

孕育期的致命问题看起来不像是什么问题，因为这些问题看起来并不困难，也没有产生什么痛苦，一切都是美好的。这也正是孕育期的致命问题那么危险的原因。即使一个创业想法在孕育期带有致命问题，这个想法仍然可以诞生出一个公司（婴儿），但由于这样的创业想法并没有通过检验，这个婴儿公司实际上没有做好应对现实的准备。既然在怀孕的时候没有通过现实的检验，那么面对这个新生的婴儿公司，创业者其实是没有准备好的。

创办一家公司与从浪漫的求爱到实际结婚的过渡过程有些相似。在有些情况下，这个过程可能会非常痛苦，因此在早期阶段就着手处理那些棘手的问题是非常有必要的。写婚前契约的过程会让许多未婚夫妻取消他们的结婚计划。同样，当我们为一个创业想法兴奋不已的时候，我们可能会开始就合伙方式进行谈判，但是一旦列出种种细节，把一切形成文字的时候，一切都变得不那么令人兴奋了。就像一句阿拉伯谚语所说的那样："魔鬼就隐藏在细节之中。"

那么，是什么标志着一个公司的诞生？何时是公司的诞生之时？不是签署公司章程时，而是当出现切实的承诺时——创始人开始承担风险时，这时，公司就诞生了。风险有很多表现形式：一个人辞去他的旧工作，签署办公室租赁协议，承诺在某一日期前交付产品，等等。当创始人开始承担实质性的风险时，公司就进入下一个发展阶段，称为婴儿期。

孕育期的问题

正常问题	异常问题
兴奋不已，通过现实检验	承诺没有经过现实的检验
深入考虑细节	没有深入考虑细节
有激情且关注现实的创始人	不切实际的狂热创始人
产品导向——致力于增加价值	利润导向——只关注投资回报率
承诺与风险相匹配	承诺与风险不匹配
创始人有控制力	创始人的控制极为脆弱

注　释

1. K. Weick's，"Sensemaking in Organizations：Small Structures with Large Consequences，" in J. Murnighan，ed.，*Social Psychology in Organizations：Advances in Theory and Research*，pp. 10—38（Englewood Cliffs，NJ：Prentice Hall，1993）。这些作品为解释在创建愿景的过程中沟通的作用提供了理论框架，而愿景是帮助产生承诺和激情的要素。后来，Weick 又据此写成了一本书：*Sensemaking in Organizations*（Thousand Oaks，CA：Sage，1995）。
2. 记录 J. Schumpeter 思想的著作于 1912 年首次出版，书名为 *Theorie der wirtschafilichen Entwickelung*，并于 1934 年被译为英语，英语版书名为 *Theory of Economic Development*（Cambridge：University Press，1934）。在 *Business Cycles*（New York：McGraw Hill，1939）：102－109 页中，可以找到作者对创业和创业精神精彩的讨论。还可参阅 D. C. McClelland，*Motivating Economic Achievement*（New York：The Free Press，1969）和 *Achieving Society*（Princeton，NJ：Van Nostrand，

1961），它们是 McClelland 的代表作品，是综合研究经济活动和动机的领先性成果，在 20 世纪 50 年代和 60 年代，他在许多刊物上发表过这一课题的文章。

3. D. Barry 和 M. Elmes 在 “Strategy Retold”（*Academy of Management Review* 22，33，1997）：429－452 中，对于组织流程中叙事的作用，发表了极为有趣的观点，他们将集体故事，即总是用“我们”，并设法创造一种参与型文化的故事，与总是用“我”，即独裁式领导者所讲的故事做了区分。

第 3 章
婴儿期

以产品为导向

处于婴儿期的公司在生命周期曲线图中的位置如图 3－1 所示。

一旦开始承担风险，公司的性质就发生了巨大的转变。公司需要现金来支付各种账单，工作重点也从想法和可能性转移到了产生所期望的结果上。从这一刻起，公司必须销售、销售，再销售。这时我们要控制风险，不再需要很多的点子、想法和设想。我们需要把产品或服务销售出去。“不要告诉我更多有关产品的创意，我想听的是，我们现有的产品你卖出去了多少。”

尽管创始人总是在谈论销售，并且也应该致力于为公司带来销量，但是在现实中，处于婴儿期的公司往往并不是以销售为导向的，而是以产品为导向的。公司忙于改进产品、提高技术，以及解决生产和绩效方面的问题。这是正常的吗？当然！公司需要将其产品生

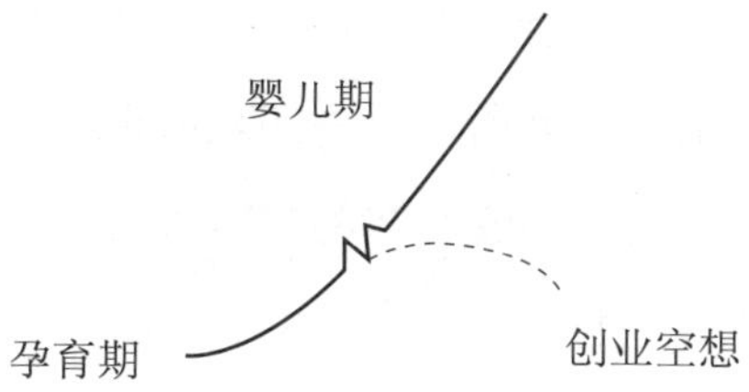

图 3－1　处于婴儿期的公司

产出来，这是在孕育期没有做也不可能去做的事情。如果公司已经在车库里把产品研发出来了，那么它还需要到市场上去对产品进行Beta测试，如果测试成功，就要进行大规模生产。在大规模的销售展开之前，所有这些工作都要完成，所有的问题也必须得到解决。之所以在这个阶段有些公司不能做到以销售为导向，就是因为它们知道它们不能很好地交付其产品或服务。

那么，创办公司的资金从哪来呢？创始人会卖出一部分股权，进行融资，以获得创业资本。他们也会皱着眉头出去借钱，度过许多不眠之夜。

对于许多新创建的公司来说，将关注的重点从创业的想法转向实际的结果是一个痛苦煎熬的过程，这个阶段类似于婚前或婚后初期那个阶段。“浪漫已经从我们的生活中消失了。结婚前，我们常常没完没了地说个不停。而现在我们结婚了，我们却甚至看都不想看对方一眼。”面对这样的抱怨，回答是：“你说的不假。但在结婚前，我们都想要一个家，买一所房子。所有这一切都需要钱，需要我们去挣！”

处于婴儿期的公司会发现自己也处于类似的窘境之中。在孕育期，有时间畅快地讨论、梦想未来，一旦承担起风险，就没有时间再只说不做了，而是必须将时间用于行动。

在社会和政治领域，我们经历着类似的情况。社会革命获得成功后，在新的社会秩序下，社会不再需要新的美好梦想了，而是需要脚踏实地的行动，去实现建设一个更美好社会的梦想和承诺。

在公司生命周期的这个阶段，关键的问题不是人们在想什么，而是他们在做什么。创始人必须回答以及他们应当询问其员工的问题是：“你做了些什么？你卖出去了什么？生产了什么？完成了哪些事？”是时候让昨天的梦想者靠边站了。“我都没有时间思考了。”是处于婴儿期的公司管理者的典型抱怨。“我有太多事情要做。”

处于婴儿期的公司要做的是销售、销售，再销售。销售之所以如此重要，是因为如果不能收回资金，新创办的年轻公司将无法活下去。即使如此，我依然发现许多处于婴儿期的公司不善于销售，而如果它们仍然专注于产品，不关心销售额和资金的回收，那么，资金问题很可能就会成为致命问题。它们一直在设法使其产品变得完美，不停地开发出新版本，提出新想法，这是一个永无止境的过程——这不是持续改进，而是在追求完美的道路上越走越远。创业者常常因为做一些新鲜的事情而兴奋，享受其中的乐趣，却不太喜欢去完成某个“已有的”事情。他们因新想法所具有的可能性以及使想法变为现实的过程而激动万分。销售则被放在次要位置，但其实不该这样。这种做法很容易发展为致命性的问题，公司将耗尽它的资金，惹恼它的投资人，最终倒闭失败。

我与许多初创公司共事过，因此得以近距离观察在这些公司中所发生的事情。一个普遍情况是，婴儿期公司在销售方面所投入的力度远远不够。创始人常常是唯一的销售人员，因为他比其他任何人都更加了解自己的产品或服务，同时，创始人也是该产品最热烈的鼓吹者。但是创始人没有那么多时间去做销售工作。他们忙于产品设计和解决性能缺陷问题，他们还要为公司四处去融资，以及处理其他任何落到他们案头上的问题。这样一来，销售工作就只能得到它们原本应当得到的时间的零头了。

为了创建一个完善的销售团队并授权他们独立展开销售工作，公司首先需要保证其产品的稳定性，然后需要制定关于销售的政策和制度并认真执行，另外还要编写一套能准确描述公司及产品情况的销售资料。所有这些都需要时间，但婴儿期公司的时间管理方法尚未形成，它仍然是哪里抓瞎就去处理哪里，也就是按照危机的严重性来管理。真正的以销售为导向，要一直到公司进入发展的下一阶段，也就是学步期才能真正做到。

如果一家公司长时间不能做到以销售为导向，它就会破产。产品很好，也有市场，并且只要做好销售资金也没问题。但是如果没有销售，这家公司就患上了致命疾病。

领导的转变

处于婴儿期的公司面临着一个很严峻的两难困境。公司所面临的风险越大，确保成功所需的承诺也就越大。在孕育期，创始人必须是一个能够为其梦想做出承诺的梦想家，而一旦公司成立，进入婴儿期，风险变大了，这时创始人需要更加努力地工作，要关心结果，而不能再仅仅梦想未来了。创业项目的风险越大，当公司真正成立后创始人从创业梦想中醒来面对实际创业的艰辛，他所感受到的冲击也就越大。并非每个人都能从先知者成功地转变为行动领导者，也就是那个能够实现先知预言的领导者①。这个转变涉及两种领导者，而二者总是相互矛盾的：一种领导者是理想派；另一种，为了努力将梦想落实到实际行动中，为了公司的实际运营，会对当初的理想做出妥协。

想想摩西和约书亚的故事。摩西是一位先知，而约书亚则是行动派。《圣经》上说，上帝不允许摩西越过约旦河进入应许之地(Promised Land)。我不相信上帝是在惩罚摩西，我认为这是上帝给予他忠实仆人的一个奖赏。试想，假如上帝允许摩西越过约旦河，摩西就不得不与他的理想妥协，变成一位行动者，其次才是先知，摩西就会与后世其他那些先知的遭遇一样，遭到抗拒和反对，而不是保持他永久的沉静心态。

---

① 这句的意思是说，从当初拥有创业想法，对未来充满想象，到公司创建后实际面对现实工作的困难，这个过渡并非每个创业者都能很好地完成。——译者注

公司氛围

处于婴儿期的公司很少有政策、制度、流程或预算这些东西。那些关于行政管理制度的说明，很可能写在创始人马甲口袋里一个旧信封的背面。婴儿期公司中的几乎每个人，包括总裁本人，都有许多事情要做，通常要处理一个又一个危机，所以很少召开全体员工大会。婴儿期的公司是高度集权化的，由总裁一个人说了算。公司只顾着全力向前冲，而想不起来去分析自己都有什么优势和劣势。就像婴儿总是东打西撞而不会用手轻柔地抚摸一样，处于婴儿期的公司也无从知道该用多大的力。这些新生公司总是喜欢做出过多的承诺，因为它们错误地以为自己能够兑现这些承诺。它们把日程排得过满，以至于到最后不得不推迟交付日期。它们努力地回应客户的抱怨，公司员工都尽力满足客户提出的需求，在周末和节假日还经常加班。

在处于婴儿期的公司中，公司氛围是很私人化的，大家都直接称呼彼此的名字，几乎没有层级之分。公司也没有招聘系统和绩效评估系统，需要人手时就招，或者刚好有特别优秀的出现了，公司就会把他招进来。新员工通常一进入公司便会立即投入工作，因为婴儿期的公司总是到万不得已时才会招人。而员工的晋升，则往往是因为他们在工作中做出了成绩，或者是因为他们懂得如何给老板施加压力。

在企业生命周期的这个早期阶段，企业就如同新生的婴儿，它们需要不断地被喂养——这里的食物则是运营资金。如果长时间没有（资金）的滋养，它们就会变得很脆弱。大多数处于婴儿期的公司都没有管理基础，公司中缺乏领导力。它们既无先例可循，也无经验可借鉴，因此，在产品设计、销售、服务、财务规划等方面的任何一点错误都会造成毁灭性的后果。发生这些错误的概率很高，因为这些创新公司没有那么多资金来建立一个成员彼此互补的团队，也就无法做出兼顾各方面的商业决策。

没有任何一家公司能永远处于婴儿期。在大多数情况下，让一个处于婴儿期的公司活下去所要投入的时间、情感远远超出了该公司带来的当前能看得见的那点经济回报。如果公司在婴儿期停留时间过长，创始人的自豪感就会逐渐消退，创始人会变得筋疲力尽而最终放弃。和在孕育期一样，公司在婴儿期的夭折也不是突然发生的，而是随着创始人对创业的情感承诺逐渐丧失，“怎么这么难”之类的抱怨越来越多，公司才逐渐垮掉的。

处于婴儿期的公司有以下特点：

- 以行动为导向，受机会驱动。
- 几乎没有任何制度、规章、政策。
- 行为前后不一致。
- 问题无法得到及时解决而演变为危机，导致公司总是在处理一个又一个危机，这使它们变得十分脆弱。
- 领导者事必躬亲，不愿意授权给他人。
- 创始人的承诺不断被考验，而创始人的承诺对公司的生存十分关键。

在许多方面，处于婴儿期的公司就像一个真的婴儿一样，为了活下去，它们需要两样东西：定期的营养滋补、父母的爱和承诺。如果缺乏适当的营养和照管，婴儿期公司就会生病，并最终死亡。

对资金需求估计不足

我们必须充分理解定期注入资金的必要性。想象一下，一对没有任何育儿经验的父母，他们准备了小床、玩具、摇篮，却独独忘记了牛奶，结果将会怎样？公司所需要的牛奶就是运营资金，这些资金是供日常开支、增加库存，以及弥补应收账款未及时到账所用的。没有运营资金，新生的公司将无法生存。

有些创始人对创业中他们将需要的资金及运营资本量估计不足，发生这种错误是因为创始人在孕育期对创业的那种激情，从更现实的视角去考虑所需的资金量与狂热的创业激情互不相容，在孕育期，创始人通常无所畏惧，他们有的是信念（常常是盲目的），因此创业者在孕育期常常过高估计了销售额，而过低估计了所需要的资金。他们很不应该地做了最好的打算并期待其真的会发生，而实际上，他们本应该做好最坏的打算，期待最好的结果。许多创业者认为哭泣的孩子总会得到牛奶，他们认为公司自然会稳步前进。他们依赖奇迹，事实上奇迹就是他们计划的一部分，他们认为奇迹会发生，是因为奇迹必须发生。一个人可以有希望，但是，绝不能依赖奇迹。

随着公司的进一步发展，低估资金需求量的问题会变得越发尖锐，这恰恰与人们所预计的相反。对于新公司来说，销售量越大，应收账款和库存的资金占用量就会越大，相应地，公司就会需要更多的运营资金。我知道有一家零售商，为了增加销售量，它开始赊账销售，该公司后来破产了，但并不是因为销售量低导致的破产，而是因为它的资金周转失灵了。如果公司的年销售额增长超过 35%，那么仅凭内部的收入，是无法满足公司发展的资金需求的。

如果创始人在孕育期就认真分析以下几个问题：公司要做什么、如何做、由谁来做，那么，在婴儿期他们就能避免低估资金需求量带来的痛苦了。

一个健康的婴儿期公司，必须有现实可行的商业计划，并且必须每周对资金流加以审查。资金流应当成为公司记录的重点资料。从税收和盈利性分析的角度来看，权责发生制会计是很好的，但这种会计方法不能反映企业当下的生存能力。为了保证婴儿期公司的资金流动性，对应收账款和库存周转率加以监控是至关重要的。

婴儿期公司常常抱怨资金不足，但在它们努力获得资金的过程中，常常会犯一些基本的错误。

- 借入短期贷款，但在长期内才能产生效益。
- 通过打折来促进销售，以获取资金，但经常发生的情况是，折扣太大，以至于销售收入包不住变动成本。结果是卖出去的越多，损失也就越大。
- 向风险投资人出售股权，但这些风险投资人并不与创始人拥有共同的愿景或利益。

这些错误可能很严重，严重到足以摧毁公司。在刚实施上述这些获得资金的办法时，资金紧缺的症状似乎消失了，但从长期来看，这些办法只会加重病情，使公司的处境更加艰难。这时，风险投资人就出现了，他们就像童话故事《小红帽》中的大灰狼一样，带着大大的微笑走近你，说："我们想做的就是帮助你。"而风险投资人的真正目的只有一个——获取高额投资回报。遗憾的是，对于有些投资人来说，他们还想以最快的速度赚取投资回报，这些商人其实是在给公司套上枷锁，限制了公司的发展，他们榨取公司尚不成熟的短期利润，最终毁掉公司。创始人应当时刻关注公司的资金流、贷款结构、成本会计账目，另外，如果引入风险资本，还应该确保投资人能够从长远视角支持公司发展。

创始人的承诺

导致婴儿期公司死掉的另一个因素是创始人失去了当初的承诺。为什么创始人的承诺如此重要呢？

大多数婴儿期公司在一开始资金流都是负的，它所需要的运营资金量远远超过销售所带来的收入，由此带来了使公司保持以行动为导向、由机会驱动、快速回应市场、灵活敏捷的压力。创始人不惜一切代价去寻找资金，无暇顾及公司制度和政策。他们走一步看一步，试图定义什么算是成功。在这个阶段，制度和政策会成为公司满足客户需求的障碍，可能会扼杀掉这样的机会。只有当能清晰描述什么是成功时，公司才应该制定制度和政策，据此规范公司行为进而复制所取得的成功。由于公司几乎没有什么制度和政策，而且非常灵活，又急于获得资金，因此新生公司的领导者形成了一些坏习惯，他们的决策都成为今后行动所遵循的先例。

对于婴儿期的公司来说，这些坏习惯给公司带来的损失很少，而获取资金的好处却很多。随着公司越来越大，客户名单越来越长，坏习惯所带来的好处对于公司的生存来说不再那么重要了。但是，为了达成销售而迎合客户需求所产生的成本，为避免惹恼客户而延迟收款所产生的成本，以及满足客户不断改变产品要求而产生的成本，全都急剧上升了。销售增长了，利润却跌入了谷底。如果公司为了达成销售而做出过多的妥协和让步，公司的资金就会被耗尽，而创始人最终将失去对局面的控制。

由于没有什么成文的制度和政策，因此处于婴儿期的公司其行为常常没有一致性。这没有什么奇怪的，但行为缺乏一致性会使婴儿期公司很脆弱，问题会演变成危机，总是在处理危机使管理层变成一支救火队。如果公司的环境是一种危机管理的环境，那么在这样的公司中，我们通常只会发现很少的授权，创始人一个人唱独角戏。[1]当创始人对创业的激情退去时，许多得不到解决的问题将演变成可能会毁掉公司的危机。那么，创始人保持对创业的承诺和热情会有什么好处呢？对于处于婴儿期的公司的创始人来说，保持对创业的承诺将获得以下好处：

- 每周 7 天，每天 12～14 小时的工作时间，所得到的报酬却比在其他公司打工所得要少得多。赚取 100 万美元只是一个暗淡和遥远的梦想。
- 为支付员工的工资每天都不得松懈，而员工却看起来根本不知道感谢。
- 辛苦工作一天后，回到家里，得到的只是配偶和家人的抱怨："一点都不顾家。"

为什么如此操心烦神？

在婴儿期，创始人收获不到什么有形的回报。把众多年轻的伙伴聚集到一起的唯一东西，就是公司创始人的一种热爱和承诺——对公司可以也应该达成的样子（在孕育期形成的创业想法）的承诺。创始人不能放弃自己的梦想，是他们的自尊心使然，他们所创建的羽翼未丰的公司是他们获得不朽声名的入场券，公司就是他们的作品，是他们在一块处女地上留下的足迹，也是让他们永生的纪念碑。

照料一个婴儿需要很大的工作量，还要度过无数个不眠之夜，那么孩子回报给我们什么了呢？新生儿即使在笑的时候，也不是因为他们认出了谁，而是因为他们肚子里有胀气，是一种无意识的反应。尽管没有明显的回报，但是父母依然尽心地照料孩子。对公司的创始人来说也是同样的道理，公司在婴儿期收获不到什么有形的回报，谈到公司将来可能获得的利润，就如同谈论孩子长大后会如何如何，只是说说罢了。

支持创业者前进的正是他们在孕育期所做出的承诺，如果承诺没有了，公司也就死掉了。创业者对公司的承诺可能如此之强烈，以至于他们的私人生活都开始承受压力。了解到这一点后，对于那些报名参加我企业生命周期课程的创始人，我就坚持要求他们带着配偶一起来听课。我给出了这样的类比：产后的妇女会感到疲惫不堪，有些人甚至会得抑郁症，因为照料新生儿使她们筋疲力尽。事不关己的丈夫想让妻子和他一起出门散步，而他的妻子可能会请求说让她一个人待会儿，因为她实在是累坏了。如果做丈夫的不理解，他可能会恼羞成怒，抱怨说："自从你有了孩子，好像我就成了一个不存在的人。"

当丈夫逼迫妻子在自己和孩子中做出选择时，妻子会选谁呢？当我提出这个问题时，不管是在全世界哪个地方，人们总是给出相同的答案："选择孩子。"

那些刚刚成立了自己公司的创始人，他们的感觉和这些新妈妈是一样的。他们有了一个创业想法后，创业的想法在他们心里一天一天扎根、生长，对创业的承诺一天一天变得更坚定，这个时间甚至比怀胎十月的时间更长。公司一旦成立他们就开始承担风险了，他们的身心完全被这个新生的"孩子"所占据。当劳累一天回到家时，他们依然沉浸在公司的服务和质量等问题中，或者满脑子都是银行的压力引发的焦虑。他们的配偶希望他们关心一下自己，但这些身心疲惫的创始人甚至连话都不想说。他们不明事理的配偶则会大发雷霆："自从你有了自己的公司后，你心里就再也没有这个家了，我们在你眼里什么都不是，你心里只有你的公司！"

如果他们的配偶继续追问下去，谁会赢？是公司还是配偶？是的，你说得对，公司会赢，而这也就到了该请一个离婚律师的时候了。创业者的配偶错误地把公司看作与自己展开竞争的第三者，他们没能认识到，创业者已经生出了自己的"孩子"。

一个聪明的母亲在生完孩子后会怎么做呢？她会和丈夫共同照看孩子。丈夫下班回到家时，应当帮着换尿布、喂奶，抚摸孩子，因为"这是我们的孩子"。同样，聪明的创业者应当和配偶分享问题，"这是我们的公司，亲爱的，它不光是我一个人的。"

> 开办一家公司意味着你要把自己的个人生活放在一边了。

创始人常常不得不在公司和家庭之间做出选择。处于婴儿期的公司需要得到时时的照料，创始人会面临许多问题，对于这些问题他们却都是准备不足的，如发牢骚的客户、讨厌的供应商、不情愿的银行、磨洋工的员工等。没有先例、制度、政策，也没有经验可供借鉴，每个决策都是一个先例，而从零开始做出决策需要充沛的精力。为了使收支相抵，公司为了得到所需要的资金，就必须销售出去更多产品，而要销售出去更多产品，相应地就需要有更多的资源来支持销售，这同样需要资金，为了有更多的资金，反过来又需要有更多的销售量。这种无止境的循环意味着创业者要整日长时间地工作，甚至经常要工作到深夜，不得休息。

在一次会议中，墨西哥商业银行的创始人告诉大家，当他打算创办这家银行时，他的妻子问他为什么做这样的决定。妻子对他说："创办一家企业，就如同你去睡觉时还很年轻，而醒来时已垂垂老矣。"创业要求你投入全部的精力、热情、信念，它就像一个长长的梦，但对许多人来说，是一场噩梦。

在成功的婚姻中，当妻子生下两人的孩子后，做丈夫的会给予妻子支持。同样的道理，当他们的公司处于婴儿期时，创始人的配偶也需要理解和支持。聪明的创始人会主动争取配偶的配合，鼓励配偶与他们分享创业所带来的酸甜苦辣。没有来自家庭的支持，创始人往往不得不放弃家庭和公司这两者中的一个。

除了缺少配偶的理解和支持这个原因外，创始人放弃创业承诺的原因还有很多。如果狼的幼崽受到人类的抚弄，母狼就会弃之而去，不管它们的死活。为什么会这样？因为当母狼嗅到的不是自己幼崽的气味，而是别人的气味时，它就会拒绝接纳自己的幼崽。同样，当一个婴儿期公司被外人插手时，创始人可能就不再认同该公司了。许多创始人可能会在孕育期就让出一些股权，或者是将部分股权卖给风险投资人及其他外部投资者，为的是确保获得足够的资金来源。倘若公司长期受到外人的干预，创始人就不会再把公司看作自己的孩子了，就会放弃这个公司了。而一旦没有了创始人的承诺，公司就会枯萎以至最终死去。

这种情况也会在一些较大的公司中发生。在大型公司中新成立的部门或分支机构和新公司一样，需要很高的承诺。如果每次当这些“孩子”想做某个新的项目时，总部都要求填写数十份表格并提出正式申请，那么这些新部门的创始人就会选择放弃，他们会说：“既然所有规则都是你来定，那么项目还是交给你们做吧！”

外部干预可能来自政府，政府通过各种法律、规章和制度加以插手，从而创造了一种只有大型和成熟的公司才能应对的环境。[2]但对于刚刚创建的新公司来说，创始人可能会被这些法律和合规性要求所带来的成本所累，难以承受，最终只好放弃。

当政府的干预很少时，人们会认为：“凡是不禁止的，显然就是被许可的。”但当外部的控制和政府的干预极其强大时，人们就会反过来认为：“如果没有许可，显然就是被禁止的。”所以，在政府深度介入管控经济事务的社会中，企业家可能认为必须事事取得许可才行，因为看起来没有什么事是不被禁止的。事事请示这种做法扼杀了创业精神。除了创办公司的常规风险外，这个因素使开创公司更加困难。

瑞典的法律要求公司董事会中必须有员工代表。此外，在法律要求下，解雇员工也是特别困难的一件事。成熟公司或许负担得起这些合规性成本，但是对于一家刚创建的新公司来说，它还在不断地调整方向，努力地明确什么是成功，合规性的代价太高了。改变公司结构和重组董事会如此棘手难办，以至于创业者在公司创建之前就已经能够预料到他们将会失去对公司的控制。

专制型领导风格

许多咨询师、观察家批评婴儿期配偶的领导者，说他们不放权、工作太拼命、过于固执己见，他们的配偶也会这么说，但是只是因为自己创建了公司，他们才有了这些行为特征。婴儿期的公司要想获得成功，其创始人必须充满热情和激情，并厌恶别人插手。这种排他性情感是普遍存在的。你看过关于动物王国的电影吗？所有的动物都会保护它们的幼崽，不允许陌生人靠近，人类也是如此，创始人会疯狂地保护他们处于婴儿期的公司。他们不放权，坚持以一种集权式的、专制的管理风格来唱独角戏。按照企业生命周期理论，如果按照典型路径来发展，这是一个正常问题（如果希望公司走最优路径，这个问题则是异常的），随着公司的发展，走出婴儿期后，这个问题就会消失了。而如果公司在跨越了生命周期的婴儿期后，专制的领导风格依然如故，那么就是不正常的，并可能发展为致命问题。

为什么处于婴儿期的公司需要专制型领导，还有一个原因，那就是危机管理。由于婴儿期公司在努力着生存下去，所以它们不能延误任何决策。它们既没有经验或以往的先例，也没有公司记忆，并且只有很少的制度或政策（如果有的话），所做的许多决策都成了先例，公司就在一个又一个的危机中跌跌撞撞地前行。每个人都习惯于这么想："不是危机的事件，我们没有时间处理。"在这样的环境中，公司员工都是以任务为导向的也是正常的。[3]这些牛仔式管理者常常按照这样的格言行事："先射击，再提问题。"每个人都在忙着"做"，没有时间去"计划"，去"思考"。

那些牛仔发现，他们的生存法则就是努力工作、开心地亲自致力于其中。深夜他们的灯还亮着，他们的家人可能一连几天都见不到他们的身影，尚单身的创业者很可能会选择一位身边的同事结婚。

这是一场游击战，只有最强壮的人才能活下来。那些活下来的人，正是在这种高压力的情况下，彼此结下了深厚的情谊。

由于在婴儿期公司中没有头衔、没有组织结构图、没有层级，所以，MBA 毕业生在这样的环境中工作会有一段时间感到无所适从。他们提出的那些关于工作描述、组织结构、战略、目标、薪酬、福利计划、职业晋升阶梯方面的问题，常常会让创始人一脸惊愕。“让我想想，”婴儿期公司的创始人或许会这样回答，“你的工作就是去做需要你做的任何事情和每一件事情。至于职业晋升问题，你就是从顶端开始的，工作得越努力，你就会登得越高。还有什么问题吗?”因为这个人，就是公司里唯一的人。

在我创办爱迪思学院时，很幸运地，我招聘到了我最聪明的 MBA 学生之一，他成为我的第一名员工。坐在我家的厨房里，他问我职业晋升阶梯的问题，这是一个合理的问题。我记得，在课堂上我曾经教导他，一家管理良好的公司必须有长期的目标，公司领导者必须将这些目标转化为具体的行动计划，其中就包括管理者的职业发展规划。然而，坐在我家的厨房里，对于一个只有他一名员工的公司，对于在银行里只有 5 000 美元存款的我，这家独一无二、富于创新的咨询公司将来究竟会怎样，我也很难说清楚，所以这个问题显得很荒唐。我是这样回应他的：“亨里克，你就站在这个阶梯的顶端，但是这个梯子是在地下室里。你想要往上爬得更高吗？很好！那就让我们先把这个梯子拉上来吧！”

对于 MBA 学生来说，在学校他们学习战略决策和政策的制定——也就是老板的思维方式——现在让他们在一家只有老板一人的公司工作，可能是一件让人泄气和沮丧的事情。此外，在一家处于典型路径上的婴儿期公司中，商学院里学到的那些技能可能毫无用处。在这样的公司中，我们无法回答 MBA 学生提出的关于长期战略和目标的问题。处于婴儿期的公司没有明确的长期战略和计划，因为它还没有足够的产品和市场方面的经验，它只有一个愿景、梦想、愿望，没有清晰的计划和能够加以测评的目标。公司也没有经验可供借鉴。

有一次，一位创始人告诉我：“要是知道该做什么，我们就会去做。可眼下我们还在努力地找出我们该做的事情是什么。”在积累了经验，找到工作的模式后，这些东西就会构成预测未来、制定长期目标和战略的基础。如果还不知道该做什么，详尽的计划只不过是毫无用处的东西。在生命周期的这个阶段，在典型路径上，常见的可以预料到的管理风格是凭直觉管理。当公司进入到生命周期的下一阶段时，这种管理风格就不能也不应该继续占据主导地位了。

处于婴儿期的公司需要不断地测试新想法，并获得一手的经验。但由于它们很可能还缺少资金，因此无法承受从错误中学习的成本。好的经验来自正确的决策，而正确的决策是基于正确的判断做出的，正确的判断又来源于失败的经验——所犯的错误。鉴于婴儿期公司无法承受太多的错误，所以创始人不得不对所有的事情都紧盯不放。他们包揽一切，不会真正放权，而事情也只能这样。下属都是听从差使的年轻人或者是辅助创始人工作的办事员，这是正常的，如果创始人授权给下属，而公司又没有完善的制度加以控制，那么，创始人就可能由于疏忽在无意中失去对工作的控制。我曾经在《华尔街日报》上看到过一幅漫画，两个胡子拉碴、衣衫褴褛的流浪汉，坐在公园的长凳上共饮一瓶酒，上面的文字说明是：“……然后，我的顾问告诉我要放权。”

员工通常都不如创始人能干，如果他们是能够做出同样高质量决策的优秀领导者，他们多半自己去创办公司了。通常，婴儿期公司的员工都是临时加入公司并决定留下来的。他们不是通过招聘，而是因为偶然的机会进入了公司，或碰巧合适而进入了公司。不久之后，他们就成为公司不可或缺之人。创始人承担不起解雇他们的代价，因为他们知道的太多了，要找人取代他们会给公司带来许多麻烦。

如前面所述，对于一个成功的孕育期来说，创始人拥有对创业承诺的激情至关重要。但到了婴儿期如果创始人不能抛弃不好的想法，并适应现实，就会演变成致命的疾病。

在婴儿期，创始人辛苦工作、拒绝授权、关注短期成效，这些都是公司得以生存下去的重要因素。然而，同样是这些要素，到生命周期的下一阶段——学步期，可能就成了致命的束缚。

公司想要获得发展，其管理层就必须要发展。请注意，“发展”必然意味着变化。发展包括数量和质量两方面，如果创始人不能成熟起来，改变自己的风格，那么公司就需要更换领导者了。[4]

婴儿期死亡

健康的婴儿期公司能做够在发展和获得资金之间找到平衡。在健康的婴儿期公司中，创始人会觉得公司运营的各方面均在掌控之中，在家庭中也能得到支持，日常出现的那些危机都不会危及公司的生存。他们工作时间很长，拒绝授权，一切都自己说了算，并且很享受这么做。但是，当创始人感到厌倦，感到与自己的公司开始疏远或失去了对公司的控制时，婴儿期公司就会死亡了。另外，当公司失去流动性且不能恢复时，婴儿期公司的死亡也会发生。婴儿期公司的死亡如图 3－2 所示。

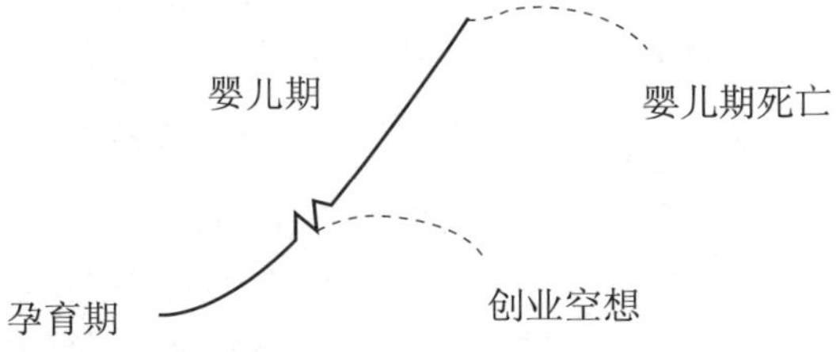

图 3－2　婴儿期死亡

没有任何一个公司会永远停留在婴儿期。前进所需要的能量要大于保持不变所需要的能量，公司无法长期保持在让婴儿期公司飞离地面所需要的那个能量水平上，随着激情和承诺的逐渐衰减，公司就会死去。而时间在流逝，长期停留在婴儿阶段是得了致命疾病的征兆。

当公司的资金流和各项工作稳定下来时，公司就会从婴儿期走出来，而进入生命周期的下一阶段了。所谓相对稳定，我指的是：资金流健康，客户开始重复购买，品牌忠诚度得以建立，供应商固定，生产经营活动也不再天天面临各类危机事件。终于，创始人可以有时间喘口气了。孩子能睡觉了。公司进入这样的稳定状态后就从婴儿期进入了学步期。

婴儿期的问题

正常问题	异常问题
以产品为导向	过早地以销售为导向
质疑投资人	怀疑投资人
承诺没有因风险而被削弱	承诺被风险摧毁
负的资金流	预料之外的负资金流
持续的承诺	失去承诺
缺乏规范管理	过早授权
几乎没有规章制度	过早制定制度、规章、程序
没有授权	创始人失去控制
一人说了算，但愿意倾听他人意见	不愿倾听他人意见，傲慢自负
会犯错	不允许犯错
危机管理	处理不了的危机
家人支持	得不到家人的支持
董事会支持	得不到董事会的支持
改变领导风格	领导风格不变或没用的改变

短暂的婴儿期	漫长的婴儿期
短期贷款短期内产生效益	短期贷款长期内才能产生效益
仁爱的专制	专制

注 释

1. R. Stacey：*Complexity and Creativity in Organizations*（San Francisco：Barrett-Koehler，1966），作者在书中指出：危机的产生是不适应环境的结果，对一个不具有适应性的系统来说，更多的集中控制通常是解决不适应难题的方法。作者又说：矛盾的是，少一些控制和多一些思考，能提高适应能力。
2. 参阅 R. Axelrod，“The Dissemination of Culture：A Model with Local Convergence and Global Polarization，” *Journal of Conflict Resolution* 41，2（1997）：203－226。Axelrod 证明：文化的发展趋势是这样一个过程，即随着时间的推移，许多小的系统汇聚成两个或三个大的系统。
3. J. Martin：*Cultures in Organizations*：*Three Perspectives*（Oxford：Oxford University Press，1992）。作者指出，在以任务为导向的文化中，人们不太注重关系，因此随着时间的推移，差异就更有可能导致冲突。所以在婴儿期，那些具有以任务为导向特点的组织，随着它们进入创建不同职能和部门的阶段，冲突就会十分自然地多起来。
4. 参阅 G. Fairhurst 和 R. Sarr，*The Art of Framing*：*Managing the Language of Leadership*，Jossey-Bass Business and Management Series（San Francisco：Jossey-Bass，1966）。该书将管理风格看作管理者再造组织和处理语言能力的表现。从这个角度出发，创始人的水平提升与他以促进问题解决和减少冲突的方式来应对环境的能力有关。

第 4 章
学步期

培育公司就像种一棵树，你不能头天种下了，
下一个星期就将它拔起，为的是观察其根部，看看它是否在生长。
佚名

处于学步期的公司什么样？在孕育期，我们看到的是一种想法的形成；在婴儿期，有承诺的创始人将他们的想法付诸行动。而现在，这个想法开始产生效益：公司有了很好的资金流，销售也在增长。公司不仅活下来了，而且越来越兴旺。成功使创始人及整个公司变得骄傲——以大写字母 A 开头的骄傲（Arrogant）。学步期如图 4－1 所示。

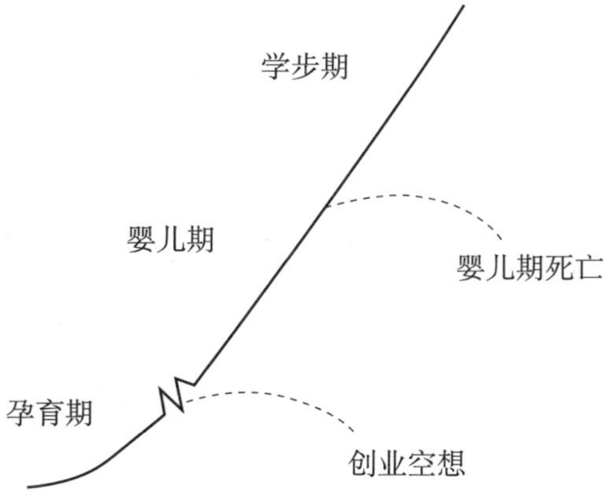

图 4－1　学步期

机会成为问题

> 公司所取得的成功越大，其创始人就越觉得自己了不起。

有些人总是觉得自己能做到任何事情，结果就是，处于学步期的公司可能会同时在多个方向上发展，它们不想放过任何一个可能的机会，这时很可能就会陷入麻烦。学步期公司就像刚开始学爬的孩子一样，四处乱爬。他们永远看不到问题，看到的都是机会。他们抓到的任何东西，要么就是往嘴里塞，要么就是撕扯弄坏。同样，对于处于学步期的公司来说，似乎任何事情都是机会。星期五晚上，一家处于学步期的制鞋厂的创始人下班回家，去度周末。星期一早上，他走进办公室宣布："我刚刚买下了一家购物中心。"员工们并不感到惊奇，因为以前也发生过这种事。

“房地产生意？我们怎么会进入这个领域？”

“是的，这个生意摆在我面前，太合适了，我舍不得放弃。而且，我们是怎么搞制鞋厂的，我们就能怎么搞房地产。”

眼下的成功使得创始人忘记了在婴儿期所遭遇的那些困难。学步期的成功实现了创始人的梦想，既然一个梦想可以实现，为什么别的梦想就不能呢？

有些处于学步期的公司成了小型的集团公司，这是致命性的问题。它们参与很多相干的和不相干的业务。遗憾的是，这种多样化意味着公司涉及太多业务领域，当公司进入他们知之甚少的行业时，不可避免地会犯错误。在购物中心这个生意上，公司一夜之间所损失的钱，要比它卖一整年鞋子所赚到的钱还要多。

对于处于学步期的公司来说，每个机会看起来都不容错过，都值得优先考虑。在一次会议上，公司的管理者每人都列出了他们所认为的优先事项，结果整个管理团队一共列出了 173 件——过多的优先事项就意味着没有优先事项。

在与这些处于学步期的公司打交道时，我有时会觉得，我仿佛是在看一只猫生小崽，我正在想这应该是最后一只小猫了吧，另一个小猫的脑袋就又露出来了。我总是会问学步期公司的管理者这样一个问题：“你们正在同时经营多少种生意？”在他们向我介绍完全部的细节后，总有人会想起另一个或多个他们正在探索或已经开展的生意、行业或机会。国际饼干屋的创始人这样向我描述他所经历过的学步期："那时候，我觉得全世界都在低价大甩卖。"在学步期，销售上升得很快，也很容易，以至于创始人变得漫不经心起来。他们不再为获得好的结果而做行动计划，而是坐等好的结果发生。通常，他们都会为此付出代价。

就好像大火中有许多铁块，学步期无法也不应去关注每个铁块。被其中一个或几个铁块烧伤，也是常见的事情。

反应性销售

在婴儿期，公司是以产品为导向的，而在学步期，它们就转向市场了。然而，转向市场并不意味着就是以营销为导向了，它只不过是以销售为导向。这是什么意思？营销是销售工作的一部分，即"思考"的部分：确定以什么样的价格出售什么产品，通过什么分销渠道来销售，以及详细说明用什么方式进行促销。营销是计划和定位，它不仅确定做什么，还确定不做什么。在学步期，成功带来的傲慢使得关于"不做什么"的讨论并不成熟和充分，在典型路径上的学步期公司甚至认为这种讨论是无礼的。销售是生产和行动。营销所要做的是制定要做什么的计划并付诸行动，针对该计划在市场上的效果提供反馈信息，并且通过对计划做出必要的调整来对结果做出回应。

婴儿期的公司是以产品为导向的，面向内部，而处于学步期的公司则开始面对市场"大众"，销售导向体现得非常明显。在谈到处于学步期的创始人时，一位高管这样评论："如果可以，他会把自己的丈母娘也卖掉。"以销售为导向是会让人上瘾的，卖得越多越好。公司把高销量与成功画等号，它利用每一个机会，但不是主动做计划去寻找机会，这些公司是受机会驱动的，而不是主动去寻找并驾驭机会。公司管理层也只是被动地对环境做出反应，而不是去设计并塑造它所想要的环境。[1]对于处于学步期的公司来说，它们主张量越大越好，所以对于不做什么的决定就没人去关注了。在匆忙将产品推向市场的过程中，公司向市场做出各种承诺，但其实那时它们还不知道将如何兑现这些承诺。公司将未完工的产品运向市场——没有产品说明书、没有备用的零配件。对于客户来说，这简直是一场噩梦。公司产品的工艺设计是和生产同时进行的，甚至在将产品发货给客户的同时，对产品进行追踪和修补，这意味着产品的工艺设计实际上从未达到可以进行大批量生产的程度。公司在产品的工艺流程、生产制造还没有完成的时候，甚至是在设计还没有完成的时候，就开始销售其产品了。

在几乎所有新创建的公司中，我都遇到过这个问题，但我以为，这是一个异常问题，而并非致命问题。它之所以是非致命的，是因为有经验的客户显然对此早已司空见惯了。他们抱怨、投诉、发牢骚，但其实他们已经预料到自己会不满意，并做好了不满意的准备。这是一个人人都玩的游戏，但是之所以说它并非正常的，是因为这个问题是可以避免的。

主动的市场营销导向要求识别新的客户需求，然后设计出服务和产品来满足这些需求。对于处于学步期的公司来说，要做到这一点还为时过早，它们还做不到。[2]这时的公司依然局限于在孕育期发现并在婴儿期进一步发展的那些需求，并努力将之变现。

环境

在孕育期，愿景诞生了；在婴儿期，公司对在孕育期诞生的愿景加以检验，并开始以产品为导向，继续前进。

经过检验后，公司进入了以销售为导向的学步期，以销售为导向的做法可能会引发一系列异常问题，一些处于学步期的公司以为所有的销售都有固定不变的边际利润，他们认为只要增加销售量，自然就会有更多利润。事实上，在不加控制地扩大销售量的情况下，成本核算制度是不适用的。公司销售出去的越来越多，但利润并没有增加，而是开始亏损了。公司在学步期急于增加销售量，它们给分销商提供折扣价，给销售人员佣金，给客户折扣。但是，由于它们所使用的成本核算制度与公司的发展不匹配，所以许多公司发现它们并不知道所卖出的产品的真实成本是多少。许多处于这个阶段的公司都会以低于成本的价格销售产品，这种情况并不少见。显然，它们销售得越多，亏损也越多。销售增长迅速，资金回笼也源源不断，领导者为仿佛是一夜之间的成功而激动，这种成功也造成了他们的傲慢自负。没有了婴儿期的那些痛苦，他们把节节攀升的销售量看作奔向成功的证据。他们觉得自己就是由乞丐变为富翁的那些传奇故事中的天才明星，开始去冒各种各样的险。常见的情况是，在他们所选择的这些风险领域，之前并没有开展过任何业务。

如果说婴儿期公司是围绕着危机进行管理（management by crisis），那么学步期公司则是管理造成了危机（crisis by management）。

当父母的都知道，绝不能让刚刚蹒跚学步的孩子离开自己的视线，那个年龄段的孩子会不停地陷入各种麻烦中。对于这么小的孩子来说，每件事都令他们兴奋不已，所以你得一直管着他们。他们打开抽屉，把里面的东西扔得满屋都是，搞得一团乱。父母亲会跟在他们后面，不停地说："别这样！别乱搞！"处于学步期的公司需要类似的关注。在从婴儿期转向学步期的过程中，公司对未来的愿景也从一个狭小的视角扩大到具有无限可能性的更广泛的全景图上去了。对于数量上的增长，学步期公司似乎永远都不满足，而它唯一的领导者并不是一个好的倾听者。学步期公司的领导者之所以不爱倾听，是因为正是他们个人的英明独断才造就了在婴儿期的成功。回想当初，人们对创始人说，他想办的事情是搞不成的，那太冒险。但创始人并不理会这些唱反调的人，而事实证明那帮家伙错了。现在创始人成功了，他们也就更加确定自己无须听任何人的建议。毕竟，他们是在不听从那些建议和警告的情况下，便取得如今这样的成功的。

这种傲慢和无所不能感可能会达到异乎寻常的地步。创始人越是自我感觉很成功，他们这种傲慢的感觉就越严重。我认识的一位创始人发自内心地以为自己是无所不能的，他是不可能犯错误的。

别指望学步期的领导者会去参加什么会议，他们很少参加，即使参加的话，他们也会把控会议的进程，而且其他人就再也没有机会说任何有实质性内容的话了。对于那些敢于发表不同看法的人，该领导者不是贬低、反驳，就是予以当面抨击。如果有人大胆指出学步期领导者的想法不是很靠谱，他会认为这是有意的个人攻击。因此，大家就一言不发地坐着、听着、熬着，心里暗想："我们该如何与这个怪物共事?"甚至董事会也不能和他对抗。

人们为什么会忍受被这样对待？我发现，学步期公司的领导者给下属的工资都很高，就好像是在贿赂他们要听话似的。因为待遇好，许多员工觉得他们别无选择，忍受着来自老板的种种粗鲁无礼行为。那些受不了的员工就辞职不干了，由于憎恶老板的行为，他们的怒气暴发了。

因为销售取得成功而飘飘然的学步期领导者，笃信自己是天才，而留在他们身边工作的人也是那些表现出来认为老板确实是天才的人，我把这些人称为 claqueurs，这是一个法语词，它指的是露天剧场的老板花钱雇来为演出捧场的"托儿"，在演出结束后，这帮拿了钱的家伙可能因为厌恶该节目而做鬼脸和冷嘲热讽，但在演出过程中，他们却会卖劲地喝彩叫好。

在学步期公司中，会议就是一场表演。不管老板的想法是多么不成熟、多么危险，下属们都表现出一副敬畏和热情的样子。[3]而在会后，你看吧，下属们聚集在咖啡机旁边，面面相觑，不知道到底该如何做才能避免他们刚才还热烈拥护的那个决定所可能带来的灾难性后果。幸运的是，大多数情况下，学步期领导者会改变主意——他们的想法并非他们的最终决定，只不过是没有人去执行的一个想法罢了，假如人们努力去实施那些疯狂的想法，老板反而会生气，因为这时领导者已经改变主意了。与此同时，每个人都感到不安：老板到底想不想把他的想法付诸实施。员工们左右为难，究竟是应该，还是不应该按照自己所理解的老板的意思去做。他们情感的承受力到了极限，崩溃了，不管是做还是不做都不对。

让员工崩溃的另一个因素是创始人的时间观念。在估计完成一件工作所需要的时间方面，学步期领导者的能力是极其不靠谱的。由于他们的傲慢自负，他们可能会通知，某件事应该在一小时内完成，但实际上，他们的估计少了好几个小时。他们越自负，这个时间就差得越多。例如，我就有这种毛病，我的错误系数是6。如果我说："这件事要花1小时。"它通常就需要6小时。如果我认为这个任务需要1个月时间来完成，那么，它实际需要的时间是6个月。并且我所认为的延误加重了我的管理偏执狂毛病。"他们一定是在四处闲逛，他们没有努力工作，他们是在消极怠工。"我对自己说。

更糟糕的是，处于学步期公司的领导者，大部分都无法清晰地陈述他们的想法，员工在听了之后常常会感到莫名其妙："他到底想要我去做什么？"少数几个能够理解和听懂他们想法的人，就成为推动工作的骨干，他们会成为极为重要的知情人，也就是学步期领导者所信赖的知己。

艾伦·邦德率领澳大利亚帆船队赢得了美洲杯，他是澳大利亚最成功的企业家之一，他曾经三次破产，最后一次因为欠了银行几

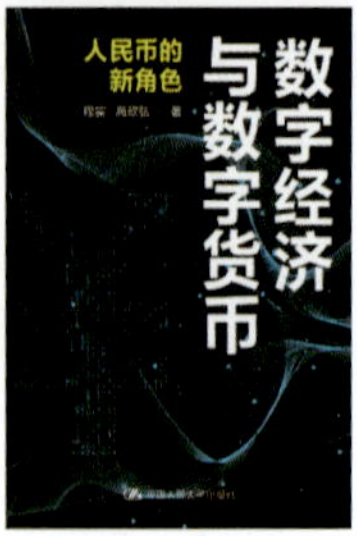

数字经济与数字货币：人民币的新角色

程实 高欣弘 著
2022年10月出版

数字货币与数字经济融合，正改变经济的运行方式、重构全球货币体系

- 货币是经济运行的血液，数字货币正带来新一轮货币革命，并重构全球货币体系和大国格局
- 将深奥难懂的经济问题与活生生的现实相融合，好读易读
- 以人人皆可读懂的方式讲清楚了那些频繁出现却又艰涩难懂的前沿概念，帮助读者穿越迷雾洞悉真相

中国新经济：创新与规则

吴小亮 王静 等 著
2023年5月出版

我国新经济领域创新与监管历程的经典案例集

- 源于作者在国家行政学院讲授的新经济案例课，该课程深受各级领导干部喜爱
- 分析新经济与规则的冲突和融合，帮助读者把正在经历的社会现象看个清楚，理解热点事件背后深层次的原因
- 以案例形式展开，详细讲述了十个新经济领域的发展历程

企业生命周期

伊查克·爱迪思(Ichak Adizes) 著 王玥 译
2017年10月出版

豆瓣评分8.6分，京东7800条评论，一本畅销30年的商业经典

- 被翻译为20多种语言，畅销全球30年，影响了无数人
- 周期规律，是创业、投资、管理及任何工作的底层逻辑
- 了解周期并采取恰当的干预，能帮助我们避免很多不必要的问题

潮起：中国创新型企业的诞生

（创新中国书系）

封凯栋 著
2023年8月出版

解开中国创新型企业崛起之谜

- 对“市场换技术”和“自主创新”两种工业发展路径对比分析，探寻华为等自主创新企业崛起的原因
- 强调对一线工程师的组织动员是自主创新的力量源泉
- 再现中国政府和企业在工业追赶和自主创新的历程中奋进的历史

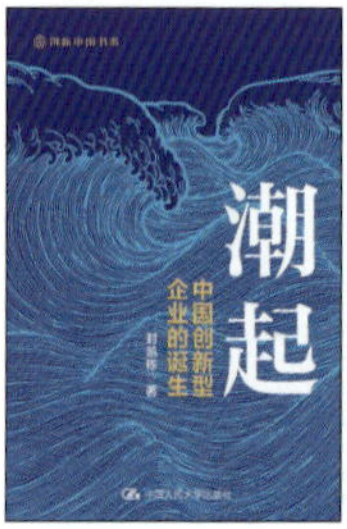

十亿美元而锒铛入狱。我认识他是在他发达之后，那时没有人能占用他哪怕一分钟时间。他不断地积累财富，买下公司又卖掉，就如同这些公司就是一堆纸牌。事实上，他的公司真的就像是一堆纸牌，我也是这么对他说的。我提醒他，清算迟早要来。他的公司没有任何基础架构，也没有人告诉他在管理上过于稀松散漫了。由于相信自己是不可战胜的，他认为自己可以逃脱任何问题和麻烦。他以前不是破产过两次依然生存下来了吗？这些企业家的行为就像孩子，想试试自己到底有多大的力气，而要找到那个极限的唯一办法就是超越这个极限。所以他们冒更多、更艰难和更大的风险，去挑战命运以及正常的逻辑。

> 学步期领导者不仅仅是相信奇迹，他们还想要创造奇迹。

这就好像在项目管理图的关键路径中，他们描绘出奇迹。如果有人提出质疑，他们会微笑不语，仿佛是在说："你是无法理解的，但是你就等着瞧吧，你会看到的。"学步期公司的领导者总是在考验自己的能力极限，向命运提出挑战。艾伦·邦德有一个助手，他是唯一一个能明白邦德想法的人。当邦德委派这位助手担任自己手下一家公司的高管时，他失去了自己的"制动器"。没有人能真正了解邦德想要什么，也没有人敢斗胆请邦德说得再明白一些，即使有人了解了邦德的意思，也没有人敢向他提出挑战。毕竟他是如此成功——他认为自己是一个真正的天才。此外，员工的薪水如此丰厚，他们干嘛还要惹事呢？与其他学步期的领导者一样，邦德相信别人对他的赞美。然而，他们成功不过是气球，一根小小的针，就能将其摧毁。

学步期公司的领导者不关心细节，而我们大家都知道那句阿拉伯谚语："魔鬼就隐藏在细节之中。"而只要一个"细节"就足以刺破充满气的气球使其变得干瘪。

学步期公司极度渴望看到结果和发展，对于工作实施过程中遇到的困难，领导者听不进批评和劝告，这些公司也缺乏规定谁应当做什么的组织结构。[4]学步期公司可能会遭遇一种致命性的困境——没有问责制。在没有问责制的情况下，自然没有人对结果负责，每个人都声称自己不了解情况，或者无权做出决策，每个人都是他人所做决策的牺牲品。在这样的情况下，没有什么决策是最终的决策，下面，我将描述面对灾难的方法。

面对上述的情况，不可避免，灾难将要来临。问题是：灾难会何时降临？它会以什么形式出现？会是股东们起来造反吗？是来自联邦贸易委员会的一场诉讼案吗？是那些感到自己上当受骗的顾客联合告状吗？是因为产品质量控制不严格引发的质量责任事故吗？当灾难降临到学步期公司身上时，没有人会主动站出来承担责任，也没有人觉得事情的发生责任在自己。学步期公司的领导者遭到这样的打击，非常沮丧，他们对公司里的人很失望，他们觉得自己的员工们背叛了，因为没有人提醒过他们，公司才发生这样的危机。大家眼看着他们就要摔跟头而任其发展。下属之间相互指责，但没有人承认自己有错，没有人承担决策责任，也没有人说得清楚在执行决策的过程中自己具体做了什么。大家一阵乱指，结果是每个人都无法独善其身。[5]

员工之间的相互指责和争吵并不是在问题或危机浮出水面时才开始的。学步期公司的领导者在无意识中助长了员工之间的不信任。[6]由于公司实际所取得的成就未达到他们的期望，因此这些领导者通常都偏执地认为，手下的人工作不够努力，对工作不够专注和用心。他们与下属进行一对一的会面，表达了这种怀疑。画面可能是这样的：一位学步期公司的领导者跟阿德里安娜说，约翰太差劲了，根本不值得重用；然后他又对约翰说感觉乔伊背叛了他；转过身来，又对乔伊透露心声，说阿德里安娜一点也不能干而且靠不住。这位领导者使得大家彼此互相憎恨，同时所有人也都开始讨厌他。表面上看起来，公司似乎一切顺利，销售曲线一直上升，但是它的心里、灵魂里、身体深处，学步期公司的王国中散发出腐臭的气息。

在讲课时我说过，任何一家公司其销售曲线都不应该像火箭一样飞升，绝对不可以。我用一只手比划，从一个低点开始，然后以指数级快速上升，直指天空。“在这种情况下，”我说道，“这家公司只有一个方向可走。”而听众们知道答案，“向下!”大家异口同声地喊道。

我继续讲课：“假如你有一块可盖三层楼的地基，随着该地段越来越繁华，租金越来越高，你的生意也一切顺利，你决定加盖第四层、第五层，然后是第六层。如果继续下去，最后必然会出现什么情况?”人人都知道结果，这座楼会垮掉。在扩建之前，你必须首先加固地基。看一下金矿的情形，如果你只是不停地挖、挖、挖，这金矿早晚会在你面前塌掉。

> 在不停地挖了一段时间之后，就必须要加固一下基础。

处于学步期的公司应该持续地进行调整重构。就像正在长大的孩子那样，他们会长大，衣服会变小。上个月，他们的裤腿还拖在地上，而到了这个月，或许只能勉强遮住脚踝了。学步期公司的领导者很少关注组织结构、管理流程或制度之类的事情，他们将全部精力都用在外部世界中——销售、合资、战略联盟，以及销售，还是销售。大多数学步期公司的领导者都从通过自己的能力来打败眼前的竞争对手中得到乐趣。即使领导者是一位女性，但其行为似乎同样受男性激素的驱动。

公司的预算、组织结构、角色、责任、薪酬制度，所有这些都需要领导者关注细节、原则和自我约束，方能在公司中顺畅建立并推行。[7]这些品质似乎与创业者不沾边，我就见到过在规划会议中如坐针毡的领导者，一步一步地定义管理的各项细节，这个过程使他们感到痛苦，不自在。他们把手指关节摁得咔咔响，坐在椅子上左右挪动，不断看表，不停与邻座说话，写备忘录，设法离开房间，并且缺席下一次会议。他们或私下或公开地批评说，开会纯粹是浪费时间，他们所想讨论的就是增长、点子和机会。他们坚持会议的议程应该根据他们的心理需要来定，而不是根据公司的需要。

学步期公司的领导者对我说，他们需要我的帮助来解决他们的个人问题，但事实上，他们是需要能够发泄他们管理偏见的空间。他们情绪激动地攻击他人，指责他们没能完成任务。他们用内疚感来刺激他人："你本可以做得更多更好，只要你……"他们不了解，是公司的制度需要完善，员工以及领导者本人都是公司不完善的制度的牺牲品，他们错误地将问题归结到人身上，没完没了地怪罪员工。[8]

在处于学步期的公司中，由于发展太快，办公室空间显得不够用了。当需要时，在他们感到过于拥挤之后很久，他们会购买或租用新的办公场地。也可能是学步期公司在整个城市或者在全国有多处办公室，这种情况很常见。

公司的快速发展，反映在组织的管理上，会有一些表现。处于婴儿期的公司，没有组织结构图、工作描述，或真正的工资管理制度。就像健康有序的家庭一样，每个人都在做着需要去做的事情。当公司有钱了，或者创始人心情好了，大家拿到的工资就会多一些，但是别指望有绩效评估系统。由于每个人都知道其他人在做什么，所以正式的绩效评估系统被认为是没必要的。对于婴儿期的公司，这种办法是管用的。但是可以预料，对于学步期的公司来说，上述管理方式是异常的，而且可能发展为致命问题。

缺少一致性和聚焦点

在学步期，公司可能会有五花八门的奖励方式，而员工能力也是多样化的。谁做什么、薪酬是多少，都取决于一些随机的决定。由于公司没有成型的制度和政策，所以在不同时期雇用的员工，所签订的合同也是不一样的。有些人足以胜任工作，有些人却不行，学步期公司不会开除掉那些不称职的人，因为没有时间去这么做，也没有关注过这个问题。

对于大多数学步期公司来说，成功所带来的自负、反应式的销售，以及对任务和责任模糊不清，使得公司的视野被挡住了。管理层从一个任务跳向另一个任务，想要同时做到面面俱到。无论是整个公司还是管理层，都缺少聚焦点。如果这种情况持续下去，公司可能会破产。要想生存下去，公司就要制定一些政策，据此决定不做什么，而不是还要做什么。

围绕人组织起来的公司

在学步期公司中，责任没有落实到个人，工作任务也相互重叠。例如，我很熟悉的一位学步期公司老总，他同时兼任着首席采购员、头号销售员、设计师。销售员也从事一些采购工作，会计是兼职的办公室主任。如果你要公司的组织结构图，他们会微笑着问你："你要哪一个？是昨天晚上的，还是今天早上的？"如果你真的拿到了一张公司的组织结构图，那很可能看起来就像一张被鸡踩过的纸——上面满是虚线、直线，以及横七竖八的交叉着的线。如果你问一位员工或者一位高管："你向谁汇报工作？"你得到的将是含混不清、令人迷惑的回答："大多数情况下，我向山姆汇报工作，有时候也向李汇报，有质量问题出现时，我又向简报告，想起来的时候，我也会向阿尔汇报。"诸如此类。

学步期公司围绕人而不是围绕任务来进行组织管理。它们的发展是没有计划的，它们总是对出现的机会做出回应，而不是预先做好计划、组织并确定好自己的定位，以便利用好自己创造的未来机会，它们不去控制环境[9]，而是任由环境来控制它们。它们是被机会驱动的，而不是去主动推动机会的产生。[10]

公司中的行为方式是被动反应式的，而不是积极主动去谋划，这样做的结果是，领导者在给员工指派任务时，是谁刚好在也有空就用谁，而不是根据每个人的能力来分配工作。例如，我知道一家公司，它在加拿大的销售部向工程部汇报工作，因为工程部的领导是在加拿大长大的。还有一种情况也很常见，比如 A 地区的员工向 Z 先生汇报，仅仅是因为 Z 先生恰巧有时间。我知道一个关于这种情况的极端案例：我的一个客户，创始人指定某个员工临时负责一项相当重要的工作。"为什么是你？"我问这位员工。"我想，"他回答说，"是因为我刚好和创始人在同一趟电梯里。"

有一次，我妹妹跟我说："没有什么东西能比'永恒的暂时'更持久了。"想一想那位在电梯里得到任务的老兄吧，几年过去了，这项临时工作依然是他的。他觉得这件事是他的，如果老板决定重新分配这项工作，就得用其他的来交换。换句话说，公司的组织结构是拼凑而成的混合体，原则就是"不为难"。人们又怎能知道谁应该干什么呢？在这样的情况下，问题出现时又该去找谁？显然，只能去找唯一的那位领导者。

尽管这位唯一领导者在一段时间内会很享受这种不可或缺的感觉，但最终会觉得承受不了。他们会感到时间压力非常大，无法解脱。他们放权越多，混乱、冲突和问题也就越多，他们非常生气地停止放权，却发现再也不能靠自己一个人了。他们开始寻找救星，希望能找到一个人接管这一摊子工作，将他们从繁杂的工作中解脱出来。当然，这位救星打算做的第一件事情，就是结束一切混乱，但是混乱的根源是什么？是学步期公司的领导者本人。所以，你应该可以想到，这位救星，不管是管理者还是专业人员，都力图把公司领导者从公司中隔离出去，并着手将他们的公司带入生命周期的下一阶段。

尽管我经常用“创始人”来指公司的领导者，但我们不应该从字面上来理解这个词的意思。当公司到学步期后，最初的创始人可能早已经离开了，但无论如何，执掌学步期公司的人，通常也会像最初的创始人那样，把公司当成自己的来经营。

> 学步期公司的一个正常问题是，每件事似乎都是优先事项。

在公司的发展过程中，它们在犯错中学会了不去做什么，它们经历了不断试错的学习过程。而当学步期公司犯下大错时，如失去市场份额、失去重要客户、发生资金损失等，它们也将进入生命周期的下一阶段。这些重大的错误能够治愈公司的狂妄和自大，学步期公司成功和傲慢的程度决定了危机的大小，这些危机将使公司管理层认识到，公司的任何行为都需要有规章和政策的约束。管理层开始制定规章和政策表明他们开始强调各种管理制度，这也是公司开始向生命周期的下一阶段——青春期——过渡的信号。[11] 如果管理层不重视管理制度的制定，那就意味着公司得了一种叫作创始人陷阱的致命疾病。

创始人陷阱

由于缺乏足够的承诺而不能在孕育期通过现实考验的公司，会陷入夭折的命运，这种情况我们称为创业空想。那么，到底什么是创业空想？就是只有激情却没有真正的承诺。如果婴儿期公司得不到足够的供养——资金，抑或创始人的爱和承诺没有了，那么，它就会早殇。而对于学步期公司来说，如果不能开发出自己的管理体系，并使领导力制度化，它就会陷入创始人陷阱。

什么是创始人陷阱？从生命周期中的孕育期到学步期，创始人就是公司，而公司就是创始人，两者密不可分。当年轻的公司需要银行贷款时，创始人必须拿出个人资产来做抵押，银行把公司和创始人看作一个整体，银行凭创始人的动力来保证贷款能够收回。创始人陷阱如图 4－2 所示。

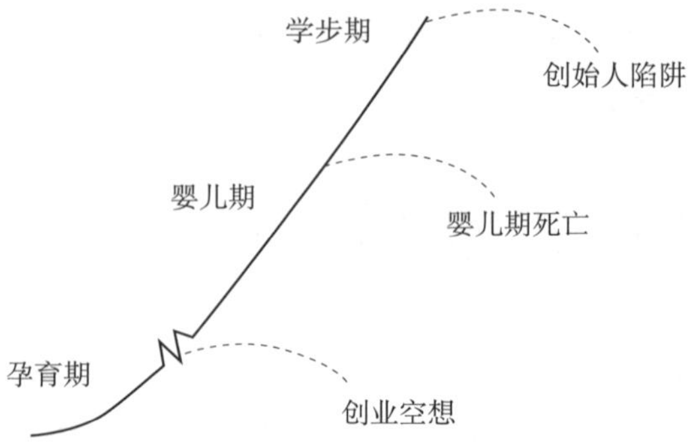

图 4－2 创始人陷阱

“我解决不了你的问题。我就是问题。”

> 创始人既是公司最大的资产，也是最大的风险。

公司的发展超出了创始人的能力，他的个人领导力、个人理念已经不能支撑公司的发展，创始人已经不能再事事一个人说了算了。此时，创始人也试着给下属授权和赋予他们责任了，但效果并不理想，最终导致了公司的分权化和失去控制。这是怎么回事呢？

还记得那位制鞋厂的创始人吗？他在买下购物中心后第一个星期就陷入了麻烦之中，在房地产生意中所损失的资金比制鞋厂一年挣的钱还要多。面对这种灾难，典型的反应就是实施控制。每每这些一流的企业家发现自己正在失去对局面的控制时，他们的反应就是宣布："我们要组织好，我们需要对这里的一切加以更好的控制。"

然后，这位学步期公司的领导者开始制定规章和政策，谁是第一个违反这些规章和政策的人呢？正是这位创始人。另一种情形就是，创始人或许会把所有的管理人员召集到一起，说："正如你们大家都知道的，并且几个月来你们也多次提醒我，公司现在太大了，已经不适合由一个人来全权管理了，现在我就要开始放权，从今天开始，你们每个人都有自己的责任范围，你们有权做出决策。但是，在做出重大决策前，必须先问一下我，不要做任何我不会做出的决策。"

他们努力授权，但最后没有搞成授权，反而搞成了分权。让我来说明其中的差别。

> 授权是指沿着组织的层级将任务向下转移，并且下属对于完成这项任务应该有相应的承诺。[12]

这里所说的任务可能是做出决策，也可能是执行某个决策。当任务要求执行某一项已有的决策时，所授予的权力从本质上说是战术性的，这就是授权。而当任务要求做出战略层面的最初决策时，就是分权。

学步期的公司无法做到很好地分权，因为要做到有效分权需要一套控制体系。分权会产生离心力，如果管理层希望保持控制，他们就需要施加向心力。[13]而向心力的获得，依赖于公司中一套描述各分权部门能做什么不能做什么的决策。尽管实施了分权，但这些政策保证了公司的统一，公司的行政管理体系（规章和制度）就起到了向心力的作用。在学步期公司中，各项行政管理制度还没有充分建立起来，而那个唯一的领导者，作为最不愿意遵守这些制度的人，常常会破坏这些制度的制定。

在没有制度约束的情况下，领导者很可能只是想要授权，最后却变成了分权，员工开始有权做出决策，但是当员工的判断、价值观、需求和偏好没有反映出领导者的判断、价值观、需要和偏好时，领导者就会感到威胁。我们不要忘记，当公司还处于婴儿期时，那时根本就没有什么授权。当猛然从专制的集权跳入到分权状态时，这些创始人有理由感到害怕，而他们的下属也不相信创始人真的会授权。创始人害怕失去控制，他们会对下属说："你们只能做那些原本我自己也会做的决策。"当下属做的决策失败的时候——这是不可避免的，因为他们只有通过试错才能学会该怎么做——创始人就会重新把权力收回到自己手中，而下属们则会说："既然如此，何必当初。"

故态复萌，创始人又一次发现自己忙得焦头烂额，他们无法靠自己一个人全盘控制自己的公司，所以再一次开始授权，最终又是走分权老路，然后，创始人又品尝到了背叛和失去控制的滋味。创始人与学步期公司之间的关系就如同一个悠悠球。"你负责。不，还是我负责。"在经过多次折腾之后，人们身心俱疲，抱怨道："除非公司的老人全部死掉，否则一切都将照旧。"

一些公司试图通过推行矩阵式组织来摆脱这种混乱，在这种情况下，创始人由于认识到他们无法做到事必躬亲，就指定几个经理负责监管某些市场或产品，并对结果负责，但并不改变公司已有的职能结构。因为公司创始人担心，不这么做的话，公司会发生太多的政治斗争，并可能会威胁到他们对公司的控制。然而怕什么就来什么，推行矩阵式组织后，经理们因为责任大权力小而备感沮丧和泄气。[14]采用矩阵组织的方法尽管推迟了公司重组所带来的痛苦，但是公司由于没有完成彻底的改变却要遭受持续多年的痛苦。

海鸥综合征

"这就是我上次休假期间发生的事情。"

如果你是一名水手或喜欢划船，你可能会不喜欢海鸥，因为你知道它们飞过来的时候会在船上排泄粪便，所以你会尽力将它们赶走，而学步期公司的领导者常常就像海鸥一样讨厌。我认识一位CEO，他公司的员工们在提到他乘坐的直升机时，就用"银色的海鸥"来指代。

什么是海鸥综合征？

创始人在婴儿期和学步期那种掌控一切、事事亲力亲为的热情，现在已经变成阻碍公司继续成长和发展的阻碍。创始人本人也深有挫败感。单从销售额来看，公司是成功的——不断上升的销售额证明产品是受欢迎的。财务上收获的难以置信的成功让创始人觉得自己真的做到了。这些创始人为自己所取得的成功洋洋得意之余，他们开始想要做更多更大的事，公司的日常经营已远远不能满足他们，他们开始对社区团体、政治、健康、旅游，以及其他与他们先前取得的成功没有丝毫关系的事情感兴趣，甚至是痴迷。由于对管理一家复杂公司的种种烦琐细节感到厌倦和沮丧，他们开始渴望孕育期和婴儿期的那种兴奋感，那个时候，每件事都是新的，而且做起来又是那么容易。

他们需要找到一些有意思的事情去做，来释放旺盛的创业热情，但他们已经厌倦了开比萨店或制鞋厂，或任何能使他们扬名的事情。对于那些已经拥有了充足财富的公司领导者，会花钱享受他们的劳动果实，他们希望利用这些财富来实现在没有钱的时候实现不了的那些梦想。美国富国银行的总裁告诉我，银行家都十分小心那些贷款创业的人，这些人在取得一定成功后，其行为方式和穿着打扮就像换了一个人似的，他们会再来银行贷款购买高档轿车、游艇或飞机，银行家对此不会感到吃惊。最终，他们会消费掉最昂贵的奢侈品——婚姻。

你是否注意到学步期复杂的情况了？创始人期盼能摆脱日常管理工作，但是他们又不打算放弃控制。他们一方面逐渐抽离，另一方面又难以放权，这就造成了一种遥控现象，而这或许是最糟糕的局面。创始人离开了，但是其他人都没有权力、没有胆量、没有勇气做出决策。学步期公司的领导者认为，他们一旦授权，其下属就会唱主角，所以他们暂时离去，并不是永远离开，也不是离开一段确定的时间。当他们重新出现时，就像又一次出现的海鸥一样，每个人都望向天空，希望创始人不要在他们身上排泄。

当创始人再次出现时，会发生什么情况呢？或许他们会听到、看到让他们心生不快的变化，这时候，地狱之门打开了，创始人总是会有更新、更好的点子，员工本应该早就预料到这种情况，他们了解创始人，还不如早点按他说的做呢。在几小时之内，创始人就再次收回了刚刚才放手的权力，没有人知道该做什么和不该做什么，大家都变得越来越焦虑。即使在最好的情况下，想要揣摩出创始人会要他们做什么，也是有很大风险的，因为大部分创始人非常具有创新性，而且在学步期他们的自负不允许员工有做事后诸葛亮的机会。

学步期公司领导者的了不起之处在于，他们具有凭直觉经营公司的能力。但是，这些天才无法清晰地传达他们的这种直觉，也难以将其传递给接替他们工作的人，而下属，也由于不知该如何去做，导致公司运营失畅。当逍遥了一阵的创始人再次露面时，新的一轮相互埋怨和挫折感产生了。面对无人做事和无人处理问题的状况，创始人感到心烦意乱。当然，倘若有人做出了创始人觉得有问题的决策，他们就会摇头不已。人们开始害怕创始人的出现，处于一种可怕的干也不是、不干也不是的状态。

与此同时，创始人也会感觉自己跌入了自己公司的陷阱中。一位灰心丧气的创始人给我讲的一个难题就说明了这种情况。

“什么时候你不再对一个 200 磅重的猩猩表示关爱？”他问道。

我不知道。

“每当这个猩猩想要关爱的时候！”他说道。

创始人在婴儿期持有的想要创建一家美好的小公司的想法，到了学步期消失得无影无踪。那个原本可爱的小东西，现在已经变成一个需要创始人关注的大猩猩了。但在这个阶段，创始人已经不能、不知道如何、不再想给予它那些关注了。

> 学步期是一个爱恨交加的糟糕时期。员工或许不爱他们的领导者，而是对其又敬又怕。

员工认为学步期公司的领导者具有以下特点："天才、疯狂，有时搞折中但依然是天才，很不好相处。如果你能忍受这种风格的话还是值得与其一起奋斗的。"他们希望创始人留下来，但是也希望他们能改变，而创始人已经在这场马拉松比赛中跑得精疲力竭。他们感到，他们一直在奋力攀登的那座高山无法提供他们所希望的回报。就算是赚到了钱，他们也像那些养大了孩子的父母那样，抱怨孩子大了，有了自己的想法，不听话了，太过叛逆了……创始人觉得遭到了背叛和没有成就感。他们生气，想甩手不管，但他们走不开。因为没有一个人能代替他们，而且，即使有一个能干的替代者，创始人又担心这位新领导者会绑架他们的公司，偷走他们的梦想。创始人告诉高管们要改变行为，却没有什么变化。每个人都希望别人改变，而他们必须认识到，需要做出改变的是整个公司。然而，仅凭他们自己，是不容易做到这一点的。

接下来会怎样？在很大程度上，公司的发展取决于负责整合工作的人如何去做。

由谁来整合

从孕育期到学步期的整个过程中，创始人始终是公司中的整合力量。他们分析市场动向，使销售工作与生产、财务和招聘工作相协调。创始人就是黏合剂，而到了学步期的高级阶段，这个黏合剂已经无法将公司的方方面面都连接在一起了，因为它没有足够的黏合力了。这种情况很常见，但是，如果面对这种情况，公司的解决之道是设法找到另一个能起到黏合作用的人来取代创始人，那就大错特错了，创始人憎恨使自己处于可有可无地位的想法，他们会为保持自己独一无二的地位而斗争。公司应该做的是设计出一种与人无关的“黏合剂”，作为将领导力制度化的一部分，处于学步期的公司要从绝对的个人说了算转变为由制度说了算。如果做不到这一点，公司就会成为一个将皇帝送上断头台的共和体，而创始人的下场是要么不得不离开公司，要么其公司被别人买下，要么其身份被他人取代。

放弃阻碍公司发展的由某个人来整合公司的方式，转变为由制度来整合，是一个困难重重的过程[15]，这也是逃离创始人陷阱如此困难的原因所在。通常，创始人不会做任何事情来促进这种转变，他们的一些做法会让管理者之间互相指责，于是播下了公司内部不和谐的种子。需要提醒你的是，管理层的不团结并非创始人有意制造的，他们并不想引发内部的争吵和冲突，其实，他们自己也承受着内部不和带来的烦扰，问题是创始人不知道原因何在，或者是不知道该如何去处理。那么，为什么他们所做的每一件事情似乎都是在有意为公司内部的不团结火上浇油呢？

由于没有正式的运转良好的控制制度，学步期公司的领导者只能依靠流言以及随机的信息来进行管理。尽管公司里充满了相互怀疑的气氛，但这些充满激情的企业家不满足于已有的成就，依然想大干一番。他们有潜在的偏执情绪。如果你和乔伊交谈，会听到有关比尔的坏话；而当你和比尔谈话时，他会告诉你露西的种种不是；露西则会唠叨乔伊的许多问题，如此等等。有意思的是，我发现在这种情况下，总有某个人会被指责，大家认为这个人应该对公司的种种问题负责。如果这个人被解雇了，就会有另一个出现，仿佛他早就被选定了来充当接替者的角色，这位接替者可能是一位高管，创始人排斥他，并私下里指责他应当对公司遇到的困难负责，但创始人不会炒他的鱿鱼，而只是让他的日子十分不好过。

解决的办法就是不把整合的功能寄托在某个人身上，而是把管理职能制度化和系统化。那么为什么领导者不那么做呢？因为“不识庐山真面目，只缘身在此山中”，有一次有人对我这么说时，我意识到这条真理也适用于我个人以及我的公司。尽管我对该主题进行了深入思考并将之写入书中，但其实我也遭受过这里所描述的种种毛病的折磨。给人（客户）治病易，为己治病难。当创始人不能有效制定并实施各项管理制度和政策以使公司的整合靠制度实现而不是靠某个人时，公司就必须求助于外部的力量了，该外部力量可能是创始人很信服的咨询师，也可能是领导层的必要的调整。

如果一家公司陷入了创始人陷阱，这就意味着，当创始人死去时，这家公司可能也就完蛋了。当一位家庭成员基于所有权和血缘关系，而并非因为能力和经验接替创始人时，创始人陷阱就会演变为家庭陷阱，在这种情况下，公司就无法将所有权和管理权分开。在管理上，如果公司无法恰当地将领导的角色制度化，并且不是依据能力来挑选领导者，实际上就是允许由所有权来确定领导权。对于许多公司而言，这种利用裙带关系重用亲属的做法是一剂毒药。如果新领导缺德少才，那些有能力的管理者就会弃船而去。

摧毁一家跌入家庭陷阱的公司需要几代人呢？在我曾经教过课的每一个国家里，我都提出过这个问题，而我也总是得到相同的答案：三代人。墨西哥有一句谚语是：“父亲是商人，儿子是花花公子，孙子就成了乞丐。”中国的说法是：“富不过三代。”在美国，其说法是：“三代人之间，从穿没有袖子的衣服，又回到穿没有袖子的衣服。”

> 资本市场最重要的创新之一，就是将所有权与职业经理人分开。

对于一家希望保住其奋斗成果的公司来说，它必须从靠直觉管理或者说摸着石头过河的管理方式，也就是学步期的管理方式，转变为更加专业化的管理方式。这应该在公司的青春期内实现。无法实现这种转变的公司将落入创始人陷阱或家庭陷阱中。

一次重大的危机——由自负的学步期领导者所犯下的大错——将成为引导公司进入青春期的触发事件。学步期公司的特点是狂妄自大、不加控制的快速增长、集权化的决策方式，以及缺少制度、预算、政策和清晰的结构，而这一切都为危机的发生做好了准备。我一直在告诫那些学步期公司的领导者，警告他们正坐在危机的火药桶上，所缺少的只是一个火花。但大多数领导者无视我的警告，并一一列出他们认为是无可辩驳的成功的证据："你知道我们的销售一直以每年 180％的速度增长吗？我们公司在美国增长最快的小公司排名榜中名列前茅。我们的股票价格从每股 2 美元上升到了每股 12 美元。"

接着，灾难降临了。公司卖出了质量低劣的产品，用户开始诉诸法律；或者，公司投资了一项实为骗局的买卖。教科书式的常见危机都是拍脑袋、想当然的结果，因为对于自负的创始人来说，愿望就等同于现实。缺乏理性思考，以及将梦想变为现实的能力、证明持怀疑态度的人错了的能力，使学步期公司的领导者不知疲倦地一直努力向前。随着公司取得成功，他们变得越发无所畏惧。他们预测到了公司会呈指数式增长，因此投入资金为增长做准备，其中可能包括固定设备的投资，如购买电脑、办公场地和厂房等。当新的梦想没有实现时，该怎么办呢？

如果新的生意不像最初的生意那么好做呢？压缩成本意味着承认梦想是不理性的，意味着承认失败，即使只是暂时的失败。与原先唱反调的人做斗争不同，这时的困难是实实在在的。尽管如此，自负的学步期公司创始人依然否认现实，与现实做斗争。结果是，他们反抗得越厉害，公司的损失也越大。只有一场重大的危机才能唤醒这些傲慢自负的人。

学步期的问题

正常问题	异常问题
自信	自负
热切	缺少焦点
高能量	能量过于分散
销售导向	销售导向，同时过早地以利润为导向
探索还能做什么	对于要做什么没有清晰的边界
在还不能交付的时候销售	不能保证质量仍然销售
成本控制做得不够	没有成本控制
员工会议不够有规则秩序	没有员工会议
没有一致的工资制度	员工工资过高
领导者周围都是喝彩捧场的人	领导者周围是无法依赖的人
逐渐远离的创始人	海鸥综合征
领导者的期望膨胀	领导者的偏执情绪
不清晰的沟通	没有沟通
希望出现奇迹	完全依赖于奇迹的出现
责任不清	没有问责制
公司受到批评	公司面对法律诉讼
公司内部分散	越来越没有相互信任和尊重
破裂的基础架构	垮塌的基础架构
有效的以人为中心的组织结构	无效的以人为中心的组织结构
每件事都是优先事项吗？	每件事都是优先事项！
创始人是不可或缺之人	创始人同样是不可或缺之人，但公司颓势已经无法补救了

注　释

1. 参阅 G. Hamel 和 C. K. Prahalad，*Competing for the Future*（Boston：

Harvard Business School Press，1994）。本书讨论了参与全球市场竞争所需要的积极的组织架构。

2. J. Collins 和 J. Porras，在他们的 “Organizational Vision and Visionary Organizations,”（*California Management Review* 34（1991）：30－52）一文中指出，有眼光的组织应当去创造市场和客户，而不仅仅是回应它们。

3. 参阅 H. Hopft 和 J. Maddrell，“Can You Resist a Dream? Evangelical Metaphors and the Appropriation of Emotion,” in D. Grant and C. Oswick, eds.，*Metaphor and Organizations*（Thousand Oaks，CA：Sage，1996）。作者指出，具有超凡魅力的领导者常常使用福音传道式的隐喻来激发别人做出情感上的承诺。

4. 参阅 C. Morrill，*The Executive Way*：*Conflict Management in Corporations*（Chicago：University of Chicago Press，1995）。作者指出，组织中的冲突常常与管理层在确定经营目标时拒绝考虑反馈意见有关，员工被拒之于该循环之外，从而使决策质量受到影响。

5. 参阅 B. Sheppard，R. J. Lewicki 和 J. W. Minton，*Organizational Justice*：*The Search for Fairness in the Workplace*（New York：Lexington Books，1992）。作者描述了组织陷入相互指责时所产生的问题。

6. 参阅 S. Moscovici 和 W. Doise，*Conflict and Consensus. A General Theory of Collective Decisions*，trns. W. D. Hall（Thousand Oaks，CA：Sage，1994）。他们就如何在团队中形成和谐一致的局面提供了一个详细的理论，并对组织价值观与冲突之间的关系做了一些有趣的讨论。

7. 参阅 D. Krackhardt，“Constraints on the Interactive Organization as an Ideal Type,” 该文刊载于 C. Heckscher and A. Donellon, eds.，*the Post－Bureaucratic Organization*：*New Perspectives on Organizational Change*（New York：Sage，1994）。Max Weber 有关组织和官僚主义的奠基性论据（1891—1922），可参见 M. Weber 的 *Theory of Social and Economic Organization*，trns. A. M. Henderson and T. Parsons（New York：Oxford University Press，1947）。该书指出，正是“寡头统治铁律”（Iron Law

of Oligarchy）造成了权力集中，而这种集权做法实际上降低了组织的响应能力。

8. 参阅 C. Morrill，*The Executive Way*：*Conflict Management in Corporations*，该文指出组织矛盾是人与人之间矛盾的反映。

9. 参阅 R. Hall，*Organizations*：*Structure and Process*（Enlewood Cliffs，NJ：Prentice Hall，1972；1982），该书讨论了妨碍组织响应能力的因素。

10. 参阅 D. Katz，*The Social Psychology of Organizations*（New York：John Wiley and Sons，1978），作者指出，组织必须关注其存在的意义和追寻意义的过程。这个组织的社会心理学视角表明，企业的成功与它如何理解它们自己和环境的相互作用有关。

11. 参阅 M. Weber，*Theory of Social and Economic Organization*，该文对官僚组织的特点做了经典性的说明。

12. 参阅 K. Weick，*Sensemaking in Organizations*：*Small Structures with Large Consequences*（New York：Sage，1995）。作者讨论了追寻意义和组织承诺之间的关系，指出组织为自己所确定的意义会直接影响它的效能。

13. 参阅 M. Weber 在 *Theory of Social and Economic Organization* 一书中关于组织中“控制”概念的讨论。还可参见 C. Heckscher 和 A. Donellon 的 *The Post－Bureaucratic Organization*：*New Perspectives on Organizational Change*。书中的一系列文章批判了 Weber 关于“控制”的见解。该文集全面论述了为组织提供稳定性的各种关系（以团队和其他有机组织的形式）和相互作用。

14. 参阅 G. Morgan，*Images of Organization*（Beverly Hills，CA：Sage，1986），该书对于与矩阵组织有关的问题进行了有趣的回顾，尤其是第二章。

15. 参阅 J. Klein，“The Paradox of Quality Management：Commitment，Ownership and Control，”该文刊载于由 C. Heckscher 和 A. Donellon 所编辑的 *The Post－Bureaucratic Organization*：*New Perspectives on Organizational Change* 一书中。尽管作者没有提到企业家的问题，但研究了如何在整个组织中使承诺制度化的问题。

第 5 章

再生并开始成熟：青春期

在公司生命周期的青春期阶段，公司获得了再生。从孕育期到婴儿期，公司出现了一个有形的实体，而青春期则是它在情感上的再生，由此公司可以脱离创始人，或脱离行为雷同于创始人的其他管理者。在许多方面，这时的公司类似于那些力图离开家庭寻求独立生活的十几岁的青少年。

与在婴儿期时有形实体的诞生相比，这次再生要痛苦得多，持续时间也会更长。青春期公司的特点是矛盾和多变。可以通过以下方面来识别一家公司是否处于青春期。

- 我们和他们——“旧时期的老人和新时代的新人”思维方式。
- 目标多变。
- 薪酬和激励制度多变。

这些特点意味着开了许多没什么成果的会议，最终导致创业期领导者的离开以及公司的让渡。在图 5－1 中，学步期和青春期之间的那段 Z 形曲线就准确地描绘了这个转变。

为什么从学步期到青春期的转变如此困难？因为这个转变面临三个主要的挑战：

- 授权。
- 领导的改变。
- 目标的转换。

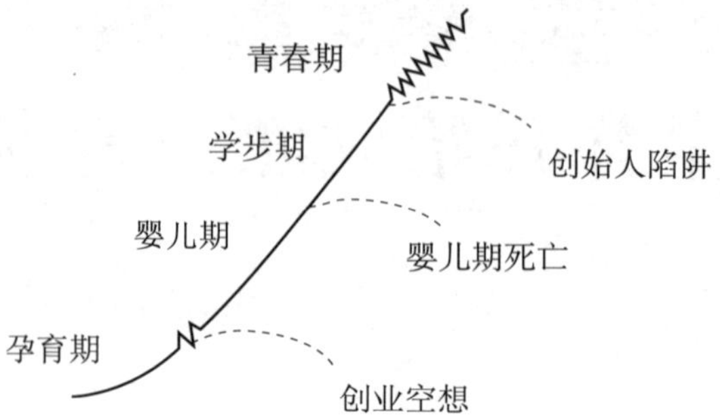

图 5-1 青春期

授权

公司要过渡到青春期需要进行授权。对于一个社会而言，这种过渡类似于从绝对的君主国转变为一个宪政国家，也就是从由国王一个人统治转变为由宪法统治。创始人一定会说："我愿意让自己服从公司的各项规定和政策，而不是让公司服从我变来变去的政策。那些约束别人的政策也同样约束我。"但是，一个国王自愿放弃其绝对权力的事情是很少见的。据我所知，只有泰国国王和西班牙的卡洛斯国王，是在没有受到革命压力的情况下放弃绝对权力的。总体来说，这种改变都是伴随有革命发生的。革命的爆发不仅是因为国王喜欢权力，不愿意将其拱手让人，还因为养成他行为习惯的那种外部环境已经时过境迁了，但他却难以改变其行为方式来适应新的环境。在爱迪思学院里，我也不能免俗，就如同医生不能使自己产生免疫力而不生病一样。在学院里，我花了很多时间来制定规章制度，而我又常常是第一个不遵守这些规章制度的人。为什么？当原来据以制定政策的环境发生变化时，我发现自己就会多多少少地去改变政策，而不是让相关负责人去处理这些问题。我的行为是婴儿期的残留物，在那个阶段，我不得不自己在现场做出决策，而我也喜欢由权力和一人说了算而带来的满足感。现在，随着公司进入青春期，我还想寻找那种满足感，就变得不合时宜了。

既希望规则和政策得到实施，而自己又不愿受其约束，这种做法是要付出代价的。当我违反规则时，别人就会群起效之。最后的结果就是没有人会遵守这些规则和政策，由此导致组织的行为不可预测，从而进一步强化了我对局面失去控制的感觉。

你不能用对待可爱小宝宝的方式，来指挥十多岁的女儿。如果你要求和坚持得太多，她或许会产生叛逆情绪，你也就可能会完全失去她。

有些创始人担任总裁一职，同时还坚持承担首席销售员、收款人、产品创新者，以及融资人等角色。他们必须抛弃这种独行侠式的管理风格，这时公司已经发展到超出创始人个人能力所及的程度，需要进行专业化管理。公司中的任何一个人，都没有足够的时间，没有能力靠他自己来管理一家公司。秘密就在于在授权给他人的同时，不失去对公司的控制。[1]这并非易事，创始人希望如此，但他们根本不知道如何能做到这一点，并且担心这么做会事与愿违。

在婴儿期，创始人不会也不应该将过多的决策权授权给他人，结果，他们就成了与公司决策有关的关键信息的储藏所，然而这种情况是一把双刃剑。一方面，员工可能因为无法获得足够的信息，而无法做出像创始人所能做出的那种高质量的决策；另一方面，这意味着创始人必须承担起对关键问题进行决策的责任。创始人把持一切的局面持续的时间越久，公司中的其他人学会做出高质量决策并付诸行动的时间也就越长。公司中缺乏授权会产生一种阻碍进一步授权的环境。

在经历一个又一个危机之后，青春期公司的领导者开始学习如何进行授权，他们着手给予部下证明其能力的机会。在这个过程的初期，正如其下属在决策上表现不佳一样，这些领导者在如何授权上也显得很笨拙。当出现一个可能出错的迹象时，领导者会立即重新收回权力。无论从哪一方面看，这种做法都是正常的。只有当无论下属多么能干，领导者依然一次又一次地收回权力时，才会成为一种致命疾病，也就是跌入了创始人陷阱。在绝望之余，创始人常常决定去寻找职业经理人，让他们带领公司走出分权化所带来的噩梦。为此有两种办法：要么聘请一位职业经理人，要么将公司卖给一个更加专业化的“父亲”。让我们先看一下引入职业经理人可能面对的困难，我将在收购和兼并部分讨论与出售公司有关的困难。

“我想，是时候为公司制定新的行为准则了。”

领导的转变：从创业到专业化管理

引入职业经理人改变了公司的领导力。[2]在此背景下，领导力意味着公司文化的转变过程——将公司从生命周期的一个阶段带入下一个阶段。实际上，这个转变过程也意味着公司将从存在这样一些问题转而面临另外一些问题，而公司领导者既要解决现在的正常的问题，也要为解决转型后将会遇到的问题做好准备。新来的管理者必须是一位有影响力的领导者，而不是又一位外来的执行创始人决策的高手。这位新人的职位可能是首席执行官、首席运营官，或执行副总裁，他的工作是为了接手创始人的工作。

这位新人应当让“大猩猩”从创始人的背上下来，并解决公司在学步期时的各种问题。在决策时，公司必须变得更专业化，不再依靠直觉，也就是主动创造机会，而不是被机会所驱赶。这位新领导者应当建立制度、设计薪酬方案、重新定义角色和责任，并使一系列规则和政策制度化。对于一个习惯于只听到创始人不停地说“干！干！干!”的公司，他会不停地说：“不！不！不!”

青春期公司需要什么样的领导者呢？处于婴儿期的公司需要那种愿意冒险和渴望取得成果的领导者，这些实干家愿意挺身而出并做出承诺：“这是我的 1 万美元，还有谁愿意加入?”学步期公司的领导者则已经凭借其原先的想法取得了一定的成功，并开始探寻新的选择，他们需要抛弃以产品为导向的短浅眼光，除了短期目标之外，他们还需要拥有一种市场眼光。学步期公司的领导者身上有典型的创业者特征，他们富有创造力并渴望成功。但是当公司进入青春期时，这些领导者会遇到许多问题，也就是必须将工作重点转向制度、政策和行政管理方面。青春期的公司要求领导者有一整套完全不同的技能。

许多创始人意识到，公司需要做出改变了，并且他们也知道自己缺乏必要的技能甚至兴趣来继续领导公司。他们打算通过从外面雇用职业经理人来满足这方面的需要。用不了多久就会发现，这些“雇来的枪手”与自己不同，职业经理按时上班，也按时下班。他们整天坐在自己的办公室里，不是操作计算机，就是搞些文书工作。他们说话不多，一旦开口说话，也总是说不能做什么。更重要的是，他们显得不那么开放和热情。

慢慢地，创始人领悟到这些雇来的枪手和自己不是一路人："这个家伙不像我。如果我像他这样打理公司，我们绝不可能走到今天！"这种逻辑开启了一种旋转门综合征。这些雇来的管理者被解雇，因为他们"不像我"，这时，创始人努力想找到不一样的管理者，某个"像我，而不是整天坐在办公室里的人"。

这个办法也不会奏效。每个人都喜欢这位新来的整天外出做销售的管理者，但是他似乎没有领导力，他的组织能力差，并且没有制定好各项制度。最大的问题在于，新领导者无法控制住创始人。"我们需要一位比这位老兄更强有力的人。"大家纷纷议论说。然而，当一位更加强有力的新管理者加盟时，他给公司文化带来了重大的调整，创始人觉得受到了威胁，于是旋转门又一次转动了。悖论在于，一方面创始人在寻找一个"像我们大家的人"，另一方面又希望这个人"做我们做不到的事情"。这是一个自相矛盾的要求，不是吗？

创始人是在寻找一个能使潜水艇飞起来的驾驶员。他们必须认识到的是，青春期公司所需要的领导力风格是和早期阶段不同的。对于这个关键转变，青春期公司不需要像创始人那样的领导者，新领导者需要做的是对创始人的领导力风格加以补充。

为了确保健康地过渡到青春期，创始人必须在恰当的时候把接力棒交给新一代的管理者。

> 好的管理不是马拉松比赛[3]，而是一场接力赛。

什么时候才是恰当的时间点？恰当的时间点应当是公司运转良好，没有过大的压力迫使创始人放弃或卖掉公司时候。当时的局势不会迫使公司中出现错误的领导力风格。

你是不是糊涂了？你会问："如果公司收益不错，又运转良好，为什么还要改变领导力风格？"之所以恰逢其时，是因为这时没有压力！如果当公司面临危机时再进行这种转变，在内部临阵换将可不是一种受欢迎的做法。

传递接力棒是很困难的一件事。在生命周期的这个阶段，公司组织混乱，在外人看来，一切都显得让人困惑。公司的组织结构图可能还填不满一张纸，每个人及其同事都会因为这事或那事直接找创始人汇报，薪酬受许多因素的影响，即使将薪酬体系转化为正规的制度，也得不到贯彻执行。根本就没有管理深度，组织的行为反映出了创始人的行为，这种风格堪称是一种游击队文化。

员工总是在谈论着以往的旧日子，他们有自己的规矩和排座次序。由于创始人急切地寻求稳定，因此老员工常常会得到额外的奖赏。[4] 由于没有书面成文的规定，所以公司这些老员工就成了公司规则和行事方式的记录者，如果他们离开公司，他们的离开会使公司陷入混乱，直到另一个人说清楚工作该怎么做。这种不可或缺性使得公司老人具有极大的政治权力。

此外，创始人——常回忆起公司老员工在婴儿期与自己一起打拼的日子——十分看重这种忠诚性。这些老员工和创始人身上有着同样的伤疤，所以创始人很听得进这些老伙伴的话。

正是由于这种环境，才必须接纳能承担起进行“专业化”经营的新管理者。新管理者致力于制定各种规章制度的做法，被看作对论资排辈权力结构的直接对抗。一般而言，资历老的员工会反对这种做法。当新来的管理者试图掌握权力杠杆时，真正的战斗开始了。这些老员工会越过新的请示汇报体系，而直接跑到创始人那里去告新老板的状。

“他正在摧毁大家的士气。”

“他不了解我们公司是如何开展工作的。”

接着是最后一击：“他做事的方式和你不是一个路子。”那么，创始人会支持谁呢？新来的管理者？恐怕不会。于是，新来的管理者被迫雇用一些支持自己的人，以便从侧面来回击公司的老员工。人们开始分帮派了，钩心斗角的习气也开始蔓延。这种敌对的小团体之争就创造了一种“我们对他们”的文化。[5]

一些管理者力图建立新的激励制度，不是按照个人偏好，而是严格按照绩效来客观地给予薪酬。这种制度也招来了公司老员工的反对，他们担心会失去其特殊的待遇。这位新掌门人或许还打算重新设计各种岗位并明确相应的责任，当然，老员工也会群起而攻之，因为他们担心失去其权力基础。新的管理者是处处碰壁，寸步难行。

然而，在大多数公司里，问题的最大来源，就是雇用新管理者的创始人本人。正是这位创始人将新项目和新产品放在一切的首位，并且通常的情况是，关于这些新项目和新产品的想法既没有被很好地加以计划，也没有被很清楚地表述出来，创始人要求新管理者制定预算，并且不遗余力地准备该预算，或许，这是公司有史以来按时做出的第一份预算，但是，创始人又打算搞新东西了，或者已经着手做了，却并没有包含进预算中。与新管理者改预算的速度相比，创始人改变想法的速度要快得多。因此，创始人就成了违反新管理者所制定的政策和流程的第一人。

老员工们在一边冷眼旁观着这场“游戏”。当创始人树立了违反规定的第一个例子时，他们断定这位新管理者是一只跛脚鸭，所有的规章制度都是可以违反的。猜一猜谁是被训斥的人？猜一猜谁不得不解释为什么新的预算、规章和政策得不到遵守？当然是这位新管理者。这种做法足以导致这位新管理者产生强烈的防范感，以及对创始人及其老伙伴们的强烈的反感。新管理者眼看着自己处于一种没有胜算的境地，开始奇怪，为什么一开始接受了这份工作。他感到无助、疲惫、厌倦，并且感到自己努力为公司做出的贡献全然没有得到认可。

在有些公司里，我们看到了一种相反的综合征，当公司创始人认识到他们再也无法坐在驾驶座上率领公司前进的时候，这种综合征就出现了。职业经理人告诉他们这一点，董事会告诉他们让位，甚至一些员工也公开暗示转移领导权是绝对必要的。

于是创始人退位了，他们真的起身离去，但是公司一直是按照创始人的偏好而组织起来的，缺乏以任务为基础的结构和管理制度。由于公司没有系统的决策制度和如何调整方向的相关规定，公司的新管理者发现自己拿了一张真正的空白支票。我曾经看到过这种情况，新的管理层开始了购物大狂欢：他们购买计算机、雇用咨询师、指定新的管理人员，大肆花钱，所有这一切的名义是：公司需要控制和制度。

尽管控制是必需的，但是公司收入却无法支持这种恣意挥霍。职业经理人习惯于控制——他们不是销售人员——他们习惯于用花钱购买服务的方式来实现对公司的控制，尽管公司的销售已经开始下滑了。这一下，创始人真的有切肤之痛了，他们感到，似乎他们的公司被某个人劫持了。如果他们插手干预，重新回到驾驶座上，他们会受到谴责；而如果他们坐在一旁，眼看公司一步步垮下去，他们也会受到谴责。

哺育一家处于青春期的公司，其中的痛苦是真实的，也常常是持久的。

目标的转换

领导权转移过程中更进一步的困难是公司必须转换其目标。[6]

> 公司必须从“多就是好”的目标转变为“好就是多”：从更辛苦地工作转变为更聪明地工作。

如果你问一个学步期公司的领导者生意做得如何，他们会回答说："棒极了！销售增长了35％。"如果你再问利润怎么样，他们就不那么豪情满怀了："这个么，我不清楚，要问一下会计。"学步期公司倾向于增加销售，它们以为销售得越多，利润也就越多。它们在经营公司时，就好像销售的边际利润是固定不变似的，这种态度会使学步期公司陷入麻烦。

在销售增长的同时，许多公司实际上是亏损的。当将所有的销售直接成本和间接成本汇总后，常常发现公司正在亏本。为什么没有一个人知道这一点？通常，这是由于学步期公司有那么多产品、打入了那么多市场、给予那么多价格优惠（并且常常改变），以至于根本无法汇集所有的数据资料。会计一般会发现这个问题——在六个月之后，这对于做出改变实在是太晚了。

由于这些混乱状况，士气开始低落，好员工跳槽了，或显示出可能离职的迹象。创始人急于继续把大家拢在一起，于是设法收买员工的人心，并提供股票或利润共享等做法。这些举措带来了许多新问题：公司政治问题。在过去，员工只是在力图控制创始人的行为，而现在，他们相信他们可以控制了。毕竟，现在他们拥有部分资本了，而创始人的做法却正在使他们的资产处于危险中。于是，员工开始与创始人对着干了。

利润共享引发了其他一些问题。为了制定新的激励制度，公司必须制定清晰的责任制、权力结构和信息系统，以便能对每个人的绩效加以评估。[7]如果没有这些作为指导的话，利润共享就如同树上掉下的苹果，除非苹果足够多，否则，它既不能产生更高的敬业度，也不能控制管理人员的流失。这种做法更像是一种贿赂。

尽管每个人都希望公司运转一切顺利，但大多数人对公司所发起的改革都抱有消极的反应："我这个部门一切都好，去管管销售部门吧，问题出在他们那里。"但为了实现转变，公司中每个人都必须参与到公司的重组中去，而为了使得这种重组从长远来看是有效的，公司重组必须建立在信任和尊重的基础上。

要想使变革有效，必须遵守正确的行动次序。有效的变革是要花时间的——需要花时间坐在办公室里谋划和思考，远离大多数事情所发生的第一线。但是青春期公司的领导者不想在办公室里坐着，实际上，在内心里他们还停留在学步期，他们希望公司能变得井然有序，但同时又想使公司继续保持同样的增长速度。问题在于，为了实现公司的制度化，他们必须放松一下销售的步伐。对于这个问题，学步期公司一种典型的解决办法是："那好吧，我们刚好想加快公司的重组工作。"于是，他们就去买电脑来加快这个过程，常常把这叫作重组。但是，由于没有投入时间和精力思考公司需要的是什么，他们所做的不过是将他们的无知数字化罢了。现在，他们有能力更快地去犯错了。

此外，由于没有明确规定决策权和责任的、以任务为基础的组织结构，因此电脑产生的是大量的数据，而不是有用的信息。信息是人们可以据此做出决策的数据。对于一家青春期公司来说，由谁来进行决策是很不明确的，因此，尽管电脑一直在工作，但它给出的是数据而不是信息。

许多次，我坚持要求我的客户中止他们的数字化过程或重组项目，因为他们正在设计的流程并没有使公司结构协调起来。对于他们的公司来说，重组和数字化工作是不健康的，他们是在将其公司冻结在某种功能失调的组织结构上，他们是在将这种错误的权力结构制度化，他们是在将过去的体制合法化，而不是重新安排公司结构来实现未来的要求。这样做，等以后需要对公司结构加以改革时，就无法做到了。为了适应新的公司结构，数字化和工作流程设计必须重新来过，并且，由于公司必须对已经进行过重新设计的系统加以再次重新设计，这个过程将耗费巨大的金钱和情感成本。如果试图这么做，就等于打开了所有的地狱之门。人人都会警告说："现在的计算机系统和业务流程解决不了你的问题。”这就如同将骨折的手臂接得很糟糕一样，你不得不再次将骨头打断，才能很好地将手臂接上，谁愿意忍受这种痛苦？

完成授权、领导转变和目标转变这三件事情后，我们得到的最终结果是以大写字母 C 开头的冲突（Conflict），冲突表现在许多方面，包括以下对象之间的冲突。

- 老员工和新进入者。
- 创始人和职业经理人。
- 创始人和他们的公司。
- 公司目标和个人目标。

权力斗争导致核心成员流失

离婚在生命周期曲线中的位置如图 5－2 所示。

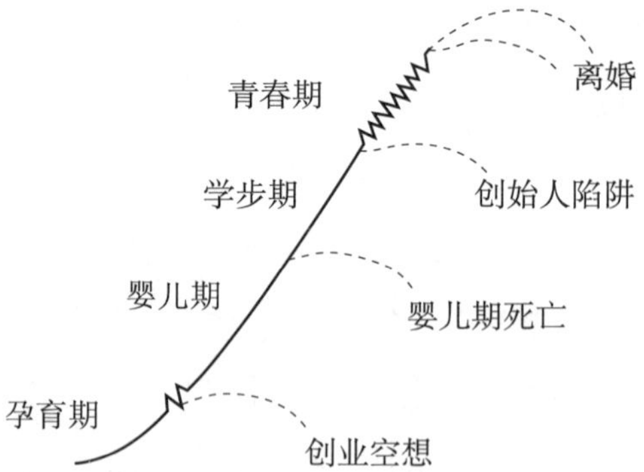

图 5－2　离婚

上述的这些冲突以小团体行为的方式表现出来。管理层和员工都被吸引加入不同的小团体，他们或是赞成或是反对某个具体的项目、制度或个人。[8]这些冲突及由此产生的痛苦导致人员流失，特别是那些有干劲、想干事的人。

“在这里一点意思都没有。”

“我们都不能再处理客户问题或产品问题了。”

“我们已经忘记为什么要待在这里了，我们只知道相互斗来斗去。”

那些原本只用在市场和服务宣传方面的精力，现在几乎全都转向内部了，人们把精力浪费在内部的争斗上，冲突引发了一波又一波谣言。

在那些由多个合伙人或联合创始人共同创办的公司中，那些最有创造力、最愿意冒险的合伙人被看作对公司稳定的威胁，比较沉稳、有序的伙伴，也就是管理者，会反对这些有创造力的伙伴，设法把他们赶走。

在那些由创始人保留控制权的公司中，他们会炒掉这些行为谨慎有序的管理者，旋转门又一次为管理者打开了。

如果公司由外部董事会控制，那么，在这种情况下，职业管理者或负责行政管理的领导者，就会和董事会结成联盟。一旦出现了这种情况，极有可能发生的事情就是创始人被赶下台，而职业管理者成为首席执行官。

当董事会意识到，权力斗争不仅发生在管理者和创始人之间时，董事会与管理者的同盟就形成了。于是在董事会和创始人之间，也爆发了激烈的冲突，但是只要创始人取得了成功，那么董事会也不会太在乎，毕竟董事会的权力有限。而如果创始人的成绩不那么突出，并且这位学步期领导者的错误对公司造成了不好的影响，那么，董事会就会坚持插手其中。到了董事会指派那位管理者担任首席执行官或总经理时，它就有了自己想要的权力。与创始人不同的是，这个新的总经理愿意接受董事会的领导。

如果创始人的合伙人还包括其家庭成员——配偶、父母、子女或其他亲属，这时的转变是最痛苦的。[9]一旦律师介入，原先亲密的家庭就破裂了，彼此之间变得无话可说。达特（Dart）家族是Crown书店的所有者。在事情发生之前两年，我就提醒过罗伯特——达特家族中的儿子，他向专制主义的父亲发起挑战——他们很快就会陷入一场控制权之争。

餐饮连锁企业卡乐星汉堡是另一个案例。老卡尔白手起家创办了这家公司，并由他的朋友和亲人组成了董事会。他相信，这些人无论如何都会拥护他和支持他。但是，当公司进入学步期时，老卡尔开始颐指气使起来，成功冲昏了他的头脑，他有了新主意，要进入房地产行业。他开始从公司借钱，好像公司是他的，当然，公司是他的，但不全是他的。董事会开始担心，因为他们对公司有义务和责任，于是旧日的老友变成了如今的敌人，董事会发起了一场宫廷政变，迫使他们的老伙伴下台。我从报纸上跟踪了这个故事，内心在想象老卡尔所经历的痛苦——自己的公司成了自己的敌人。

一切都是可预测的，那么，当这种情况降临到我身上时，我能预测到吗？

爱迪思学院发展得很好，这时我有了一个想法，或者我应当将其称为异想天开的点子——开办一家一流的餐馆。为什么？为什么不？我没有任何问题，我干得很好，并且我已经有了一手经验——我一直在担任许多餐饮连锁企业的顾问。为什么不将我的经验用于我自己的餐馆呢？我的妻子也很赞赏我的想法。我所选定的地方也大得足以容纳她的梦想——一家现代艺术画廊。

而实际上，对于经营餐馆我又了解多少？几乎什么也不了解。对于那些雇用了大批有经验主管的餐饮连锁企业的管理问题，我了如指掌，但是我知道该如何保存葡萄酒和含有酒精的饮料吗？我知道该如何去搞定那些小偷小摸行为吗？对于服务和按照顾客要求随时烹饪菜肴，我又知道多少？

你会说："所以，显然你得聘请一位管理者。"

建议很容易给出来，做起来却很难。我妻子一时兴起，想开办一家与客户实时聊天为他们解决问题的公司。这需要创造力和敏感性，而她恰好具有这两方面特征。但是经营这样一家公司还需要时间，大量的时间。从早上 8 点一直到深夜，这么长时间你都和客户聊些什么呢？"谁需要这样的服务？"我不明白。就在那个时候，我们陷入了孩子与家庭的冲突之中，就如同我在婴儿期那一章所描述过的那样。我们的梦想变成了一场噩梦，是家里 4 岁的孩子救了我们，他是这场战斗的一部分，就因为他想要妈妈多陪伴他，因此家庭胜利了。

但是，当家庭取得胜利时，我们又回到需要聘请一位职业经理人这个问题上了。我知道餐馆需要什么样的人：这个人对待餐馆就像餐馆是他自己的一样。我们需要的是一位警察，他能发现小偷小摸行为；我们需要的是一位心理学家，他知道该如何与极其自负的大厨相处；我们需要的是一位舞台指导，他能给餐馆制造适宜的气氛；我们需要的是一位采购主管，他能使供应商不乱出高价；我们需要的是一位公关高手，他知道如何接待吹毛求疵的富有的老太太，因为她的一番谈论就会彻底搞垮餐馆的声誉。换句话说，我们需要一位真正关心餐馆生意而又能干的人，这个人最好就是餐馆的所有者本人，或者说，对于我们这样一家餐馆，我们需要的是所有者兼经理，而不是去雇用一位枪手。那么，请猜猜我雇用了谁？是如同本书所介绍的那样，去雇用一个有互补作用的团队成员？当然不是。我雇用了一位和他在一起让我很兴奋的人，一位有想法，而又绝无控制欲望的人。正如我应该预料到的那样，这个人有他自己的想法，要让他的想法与我的想法一致，则需要时间、时间、时间。

于是我开始研究菜单，以及有关羊肉、鱼肉和鸡肉的事情。当你知道我花了如此多的时间来照管我那让人劳心烦神的餐馆时，请不要感到奇怪，我已经成了爱迪思学院的海鸥！绝望之下，我为爱迪思学院聘请了一位职业管理者。我认识他已经多年，在风格上恰好和我互补。我信任他，但是，在有关爱迪思学院的发展愿景方面，我能确保他与我一样吗？还需要磨合。

对于处于青春期的公司来说，上面我所说的几方面的冲突都是正常的。只有当那些对公司握有正式或非正式决策权的人从根本上失去相互尊重和信任时，才会发生致命疾病。[10]有干劲的有想法的人们都离开了，因为他们感到自己还有其他许多想法和机会要去尝试。他们问自己，为什么要忍受公司的流言？他们喜欢公司原先那种小而灵活的状态，如今公司变得如此僵化和充满钩心斗角，已经没有意思了。他们结清了工资，离开了公司。而他们的退出就标志着公司出现了致命疾病。

在失去了这些有想法有干劲的成员之后——正是这些人使得公司具有灵活性，并对环境有清晰的认识，从而形成公司的愿景和驱动力量——公司过早地进入了衰退期。缺乏创业精神的专业管理者掌管公司后，公司整个系统运营得更加高效率了，但产生的效益并没有那么好了。利润可能会上升，但销售不是持平就是下降。这倒不一定是坏事，要看缩减的是哪些方面的销售。那些谨慎有序的人成了行为模范，其格言是“按制度办事，遵守规定”。[11]我将这种情况描述为过早衰老。到这时为止，尽管公司展现出了学步期的创业能量和干劲，但它并没有充分发挥其全部的潜力——它没有进入壮年期。

如果公司能够创建有效的管理制度，并使领导力制度化（在本书的后面，我们将会读到如何做到这一点），该公司就进入了生命周期的下一阶段——壮年期。

青春期的问题

正常问题

合伙人或决策者之间发生冲突
愿景暂时缺失
创始人接受组织的领导权
激励制度奖励错误的行为
忽有忽无的授权
制定了制度却没有遵守
董事会试图施加控制
公司与有创业精神的领导者之间的爱恨交错的关系
改变领导风格存在困难
创始人的角色被垄断和个人化
协调整合的角色被集中于某个人身上
缺乏控制
缺乏问责制
士气低落
没有利润共享机制
利润增加，销售持平

异常问题

回到学步期，落入创始人陷阱
目标不一致
创始人离开
公司亏损，个人依然有奖金
在没完没了的权力更换中，公司陷入瘫痪
快速失去相互信任和尊重
董事会罢免具有创业精神的领导者
过度的内部斗争
领导不力却仍不改变
创始人拒绝将其角色授权给与人无关的制度
实行分而治之的管理方法
过度的、代价巨大的控制
下放利润任务，但没有能力加以管理
用过高的薪酬来留住员工
过早地引入利润共享机制
利润增加，销售下滑

注　释

1. 参阅 R. Lund，A. Bishop 和 A. Newman，*Designed to Work：Production Systems and People*（Englewood Cliffs，NJ：Prentice Hall，1993）。该书讨论了高生产力工作系统的特点。
2. 参阅 H. Lansberg，et al.，"The Succession Conspiracy，" *Family Busi-*

ness Review 1，2（1988）：119-144。作者讲述了从家族企业转变为职业经理人管理的复杂性。

3. 参阅 P. Davis and D. Stern，“Adaption，Survival，and Growth in Family Businesses：An Integrated Systems Perspective，” *Human Relations* 34，4（1980）：207-224，该文讨论了制定接班人计划问题。

4. 参阅 H. Levinson，“Conflicts That Plague Family Businesses，” *Harvard Business Review* 49（1980）：90－98。

5. 参阅 J. Rothman，*Resolving Identity－Based Conflict in Nations，Organizations and Communities*（San Francisco：Jossey－Bass，1997）。作者把“我们”与“他们”之间的矛盾看作冲突演化的一个阶段。尤其是他指出这种斗争是“对抗”阶段的核心问题。

6. 参阅 G. Fairhurst 和 R. Wendt，“The Gap in Total Quality Management，” Communication Quarterly 6（1993）：441-451。作者指出，作为一种工作方法，全面质量管理无法帮助组织解决权力问题，因为权力问题必须在目标变化的背景下去处理。

7. 参阅 D. Schwandt，“Learning as an Organization：A Journey into Chaos，” in S. Chawla 和 J. Renesch，eds.，learning Organizations：Developing Cultures for Tomorrow's Workplace（Portland，OR：Productivity Press，1995）。该文就绩效评估和学习型组织之间的关系进行了有趣的讨论，共同学习过程对绩效评估体系的设计提出了新的挑战。

8. 参阅 J. Bartunek 和 R. Reid（1992），“The Role of Conflict in a Second-order Change Attempt，” in D. Kolb and J. Bartunek，eds.，*Hidden Conflict in Organizations：Uncovering Behind the Scenes Disputes*（New York：Sage，1996）。作者指出，冲突会降低组织承受二次变革的能力。

9. 参阅 I. Boszormenyi-Nagy 和 G. Spark，*Invisible Loyalties：Reciprocity in Intergenerational Family Therapy*（New York：Harper & Row，1973），该书解释了家庭成员之间相互忠诚的力量。

10. 参阅 S. Moscovici 和 W. Doise，*Confiict and Consensus*：*A General Theory of Collective Decisions*。他们指出，尽管冲突可能是有意义的，但是若放任不管，就有可能造成关系的破裂。

11. W. H. Whyte，在其 *The Organization Man*（New York：Simon and Schuster，1956）一书中，指出了相关的问题。

第 6 章

壮年期

什么是壮年期？这是生命周期的最佳阶段，也是自控力和灵活性达到平衡的一个阶段。

本书初版时，我把壮年期描述为生命周期曲线上的一个点，与之不同，新版中的壮年期则变成了生命周期曲线中的一段。为什么？因为灵活性和自控力是互不相容的，它们处于不停的“斗争”中。它们之间虽有一时的平衡，却难以持久。[1] 有时，公司的灵活性会远远超过它的自控性，有时则灵活性匮乏。因此，不要期望太高，与生命中的幸福和其他美好的事情一样，壮年期无法永存，如果不能好好保持它，你就会失去它。壮年期如图 6－1 所示。

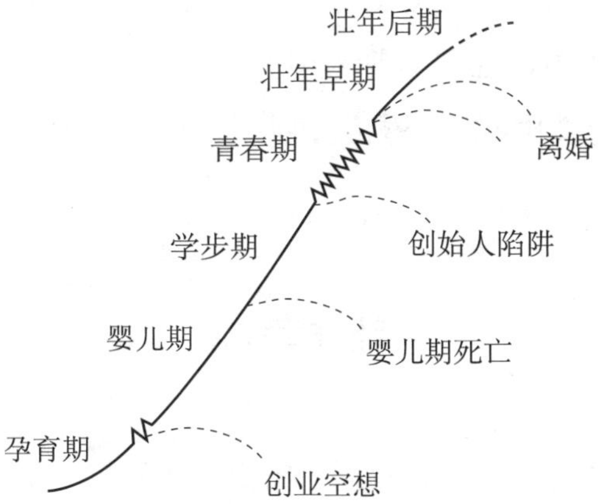

图 6－1　壮年期的组织

一家公司是保持在壮年期，还是滑掉离开，取决于管理层为保持公司的壮年状态做了什么。公司绝不能一到达壮年期，就停下来休息。管理层大力开展抵抗衰老和保持壮年期生命力的活动了吗？当管理层变得过于灵活，天马行空般决策时，公司又采取了哪些纠正措施？

即使在正确的道路上，如果只坐在那儿不动，

你也终将被人超越。

佚名

壮年期分为两个阶段：一是仍在成长的壮年期，我称为壮年早期；二是壮年晚期，我有时也称为夕阳期。在现实中，那些表明公司处于壮年早期还是壮年晚期的迹象，可能在两个时期都存在。由于没有任何公司总是停在生命周期的一个点上，所以这种混淆无关紧要，对于壮年期来说尤其如此，因为灵活性和自控力处于不停的相互斗争中，它们会周期性地压倒对方，占据主要地位。如果说这种混淆不清会造成什么困难，那也仅仅影响了组织写作材料的我。尽管在实际生活中，壮年早期和壮年晚期彼此不是那么互相排斥、界限分明，但行文中我还是要先讲壮年早期，然后在本章最后再讲述壮年晚期的问题。

壮年早期

处于壮年早期的公司具有以下特点：

- 有清晰的愿景和价值观——“言必行”。
- 制度化的管理流程。
- 有控制和被鼓励的创造力。

- 综合性目标。
- 知轻重，分缓急。
- 运转良好的制度和组织结构。
- 可预期的卓越表现。
- 销售额和边际利润双增长。
- 繁殖力强。
- 内外的凝聚力、整合力强。

愿景和价值观

张开双臂拥抱变革，但不要丢掉自己的价值观。

佚名

处于壮年期的公司不会以某个人的意愿为转移，指引和领导它的是它的愿景——公司之所以存在的理由。公司中的人们相信，他们正在做一件重要的事，他们知道公司的利益相关者都是谁以及这些利益相关者的需求是什么。公司愿景或许是成为服务某个行业的某个产品线的全球领导者，同时要坚守诸如社会责任之类的价值观。与我们有合作关系的一家公司，拥有几百家店面，定位于低收入人群，公司管理层为每家店配备了一名律师，专门提供免费的法律咨询，为那些付不起法律服务费的人们服务。这充分地展示出公司的真正意愿是使它所在的社区受益。此外，可持续发展观也是指导公司行为的一种价值观。

壮年期的公司就像军队一样。在战争年代，战士们知道他们的使命是保卫祖国。当然，他们也应该知道如何对待敌军俘虏才是被期待的做法。战场上不抛弃伤员，不丢弃战友尸体，也是他们的价值观体现。他们知道自己该做什么，为什么这么做，以及怎样做。

> 同样，壮年期的公司就像一个实现了自我的人。它们知道自己是谁，不是谁，也知道自己未来想做什么。

处于壮年期的公司有清晰的目标，知道自己做什么，不做什么。它们有明确的边界，不会去做边界外的事情，以保存能量。它们甚至不会去考虑与公司边界有冲突的其他可选行动，它们专注、充满活力，有可预期的未来。

“诚信是最好的策略。好，那么第二好的策略是什么呢？”

想打产品质量牌的公司，一般会有一名高级主管专司保证质量。不过，质量要有保证，不仅仅指产品质量，蕴涵着公司文化的价值观，也是他们要致力维护的。不过，虽然价值观的重要性一点也不低于产品质量，可是它的保护和培养却明显要难得多。当公司发展到壮年期时，它通常会指派一个人专门负责监督审查愿景和价值观：我们真的做到“言必行”了吗？负责此项工作的人，还要努力开发社区项目，呼吁同事们积极投入到社区活动中来。为艺术和慈善事业捐款？公司的社区活动不止于此。它们更需要时间的投入和人性的关怀。公司的价值观包括正直、诚信，以及对我们生活的世界负责。

随着公司的发展，壮年期公司需要不断地发展、培育其愿景和价值观。

壮年期公司的愿景和价值观会激励员工，为他们的生命注入一种使命感，使他们的人生不再只是养家糊口而已。

在此，我想提醒一句：

> 光有愿景和价值观，可成不了壮年期公司。

1996 年我在社会风险网（Social Ventures Network）的主旨演讲中，提醒那些关心社会的公司，不要被价值观和文化冲昏头脑，忽略了商业实践的现实。与那些缺乏社会责任感的公司相比，这些公司更难达到壮年期。它们的思想标杆定得太高，超高的期望有时让员工难以企及。如果这些价值观唯一的宣扬者是公司创始人，那么他们的公司更容易掉进创始人陷阱。公司需要这些领导者，不仅是为了获取创业激情，也需要他们引导整个公司对价值观保持专注、充满激情。

因此，公司需要愿景和价值观，愿景和价值观对于公司来说是必要的，却是不够的。公司还需要结构和流程，以防出现决策只依赖领导者个人的局面。

制度化的管理流程

要想进入壮年期，公司必须摆脱那种由一个人或一小伙大权在握的高管来主导决策的做法。公司需要制度化的管理流程——人们必须知道并理解决策是在哪里和如何做出的。每个壮年期的公司都需要一部“宪法”，由它来规范各种管理问题的讨论。

> 完善的公司正是借助于不成文，但有实效的规章制度才发展得越来越好的。

可以将公司与英国的政府系统做一个比较，英国没有成文的宪法，但每个人都遵守规则。荷兰皇家壳牌石油公司多年来也一直这么做。在那里，人们知道决策是由谁做出的、是怎样做出的；人们知道不同的文件应当提交给谁、何时提交、怎样提交；人们也能准确地知道，他们的询问等多久会有答复。公司中有已形成的传统和运转良好的工作流程，这个流程已经无法跟上日新月异的全球经济步伐，因此公司必须做出改变，这就需要编写新“宪法”并加以实施，这一步是相当困难的，就像政治制度的变革一样难。

没有传统可以遵循的公司，就必须编写自己的规章制度了。我曾经帮几家公司做过这件事。规章开头必须写明编写这个文件的原因。然后，这份规章应该对各种决策会议做出规范，包括阐明与会人员的成员资格、会议的权力，以及会议的各类要求（全体通过、多数通过、总裁批准等）。一些规章甚至包含了上诉的有关条款。另外，为了适应环境的变化，所有规章必须对修正程序做出明确说明。

规章使得原本含糊不清的决策过程变得有章可循。此外，由于规章通常会给予 CEO 一票否决权，所以它也确保各种决策不会脱离领导者的掌控。在行使否决权之前，领导者可以监督整个公开的决策过程。在此我要说，我帮助制定过规章的那些公司，没有一个 CEO 力排众议行使过否决权，从来没有。因为规章让整个决策过程公开化，因此在有充分理由行使否决权之前，CEO 有大量时间参与讨论。

规章还规定了开会的恰当方式、会议议程，以及提前分发材料的具体要求。我认为，规章还应当规定不允许任何人在决策会议上做汇报陈述，而是每个人都应当在会前审阅汇报材料，这种约束可以避免浪费时间，因为头顶上没完没了的幻灯片只会让人感到厌烦、头脑麻木。

有控制和被鼓励的创造力

不受控制的创造力会浪费资源。当一家公司以设计为主导时，会开发出很多市场并不青睐的产品。在高科技公司里，工程师可能会过分迷恋创意，开发出太多新产品，以致超出公司的销售能力。同样，如果一家公司以销售为主导，它就会成为一家模仿型的公司，仿造出大量的热销产品，当然，在一些市场要求创新的行业中，这种做法是无法容忍的。

那么，该怎么办呢？

我把公司看作一种权力结构，如果希望权力的小船朝特定方向前进，就必须按照特定方式来操纵发动机。如果我想向右走，就必须减少右侧发动机的力量，同时增加左边发动机的力量。对于公司来说，也是这个道理。如果告诉我一个公司的权力结构，我就能说出它的决策方式和行为方式。

要使小船向左转，船长不能只靠大喊："向左！向左！向左！"然后威胁惩戒那些不服从命令的人；也不能只靠宣讲"向左转"的价值观来说服大家采取行动。为了向左转，船长必须改变权力结构。

在工程师主导的高科技公司里，也能实现有控制、能盈利的创新。但要做到这一点，生产部门和财务部门的主管要拥有相当的权力，CEO 需要调整这个过程中的力量结构，使之协调。在这个例子中，CEO 要做的是理顺新产品的开发流程。从提出创意开始，直到大规模投产，这个过程中每一步究竟由谁负责，需要公司来做出规定。我把这个过程——其中不乏中途夭折的可能——看作一个逐步积累“签证”的过程。该产品开发项目从一个阶段进展到下一个阶段，同时也在通过重重“关卡”，每个关卡都要做出通过或不通过的决定。这个审批过程类似于日本的“禀议制”（ringi）：必须得到每个它所影响或受它影响的选民的签字同意才能生效。遵照这个体制，到新产品完全准备好要发货的时候，早已是万事俱备，并且所有环节与工程设计同步。

为了平衡几对相反的力量——创造力与控制、创新与商品化、市场与技术——我们需要恰当的权力结构，让权力各司其职，全部参与到过程中来。

综合性目标

我认识一位高管，办公桌上始终放着一个箴言牌，上面写着：“我们所有的收入都来自顾客”。处于壮年期的公司知道自己为何存在。它们关注顾客，千方百计地让顾客满意。而处于衰退期的公司其关注点又重新回归到投资上；青春期公司关注的则是如何在内部的小团体斗争中取胜。顾客虽然也在青春期公司关注的列表中，但他们只在等待中，等待某个关切自己的人最终出现。壮年期公司的顾客稳居公司关注的事项列表的首位，这同婴儿期、学步期的公司一样，不过也大不相同，对于处于壮年期的公司来说，顾客不是唯一的关注点。

婴儿期公司之所以重视顾客，是因为他们想要顾客认可它们的工作。它们倾听顾客的声音，当那些实力强大、精明老道的顾客钻它们弱点的空子时，它们甚至不惜牺牲自己来取悦顾客。学步期公司也极其重视顾客，它们总是设法再多卖出去一些，它们不惜任何代价来寻找顾客。在那个开拓领地的阶段，越多意味着越好，而为了追求更多，学步期公司甚至愿意发动战争。

衰退期公司对顾客的关注，恐怕仅体现在张贴在公司大楼入口处精致的海报上，当然海报上还有所有高管的签字。对于许多衰退期的公司来说，那也意味着关注顾客时代的结束。

在壮年期，对顾客的关注是真实的，但不是唯一的。壮年期公司会告诉顾客，他们应该需要什么，它绝不会对顾客言听计从，甚至，它还会与顾客唱反调，规定顾客没有权力做哪些事。如果顾客的要求违背了公司目标（如价值观、发展战略、利润目标等），或者对人力资源或库存施加了过大的压力，它会坚决说“不”。壮年期公司清楚自己想要什么，不想要什么。它有原则有制度，有能力保护自己那个复杂多面的目标篮子。它不仅追求财务目标，也重视处理各种关系。用同样的关爱，对待顾客和员工。[2]

知轻重，分缓急

在孕育期，重要的是为什么做；在婴儿期，重要的是做什么；在学步期，重要的是还有什么要做；经历一番痛苦之后，青春期公司学会了不做什么；而壮年期公司则是既知道做什么，也知道不做什么，更知道为什么做（和为什么不做）、做什么（和不做什么）、何时做（和何时不做）、如何做（和不如何做）。做决策时，壮年期公司享受着内心的镇静和平和。它既不像婴儿期公司那样，净做一些“先开枪后发问”的急切事儿，也不像学步期公司那样手忙脚乱，分分钟就改变方向。它不会遭遇青春期公司里内斗造成的瘫痪，也不会为衰退期公司官僚主义造成的持久性乏力而烦恼。做决策时，壮年期公司好像拥有世上所有的时间，不慌不忙沉着冷静。它时刻践行着“Beheshket u bebitha”，字面翻译为平静自信，是《圣经》赐予众信徒的忠告。

与学步期公司一样，壮年期公司也要赚钱和发展，但二者也有不同：

> 学步期公司会告诉你，曾经它们是如何赚到钱和为什么赚钱的。壮年期公司则会告诉你，未来它们将会如何赚钱和为什么赚钱。

的确如此。

对于学步期公司而言，预算和实际业绩之间的偏差，无论好坏，始终是一件大事。当然，如果它有预算的话。

壮年期公司也有很激进的预算，但是实际与预算之间的偏差都在预期和可接受的范围之内。壮年期公司也有像学步期公司那样对未来的愿景和进取心，但壮年期公司的愿景和进取心是有控制的，并且有可预期的有效执行的支持和可预测性，而可预期的有效执行正是公司在青春期的收获。

运转良好的制度和组织结构

在这里，我要强调的是“运转良好”这个词。管用的制度，都是运转良好的，因而也是有效的。不过，不是所有的制度都能运转良好。

青春期公司有太多的制度和太多的书面工作，一段时间后，这些工作流程中有一些因为效果很好幸存了下来。而一些策略性的决策随着时间的推移，变成了默认制度，没有人质疑它们的有效性。随着情况的变化，公司内的工作流程显得越来越多余，它们再也无法满足在设计之初它们应该达到的那些目的，还有一些工作流程变得功能紊乱，以至于干扰决策过程。与之相比，壮年期公司则精简工作流程，把它们整合为运转良好的系统。组织结构也得到恰当的调整：为每项任务配给最合适的负责人、最合理的权力结构、最畅通的信息交流和最适宜的奖励制度。

让我们讨论一下奖励制度。斯金纳发现并科学地论述过每位母亲都熟知的一件事：如果你期待某种行为，就必须奖励这种行为。如果想要行为A，奖励的却是行为B，你是得不到行为A的。太简单了！不是吗？然而事实上，有多少家公司为自己信仰和追求的价值观和愿景，增设了奖励制度呢？即便有，它们的奖励制度也是僵化的，无法适应组织目标、价值观和期望行为的变化。最终，它们得到的是一个混乱的系统，使命、权力结构、信息、奖励所聚焦的目标不一致，壮年期的公司在持续地将这些层面统一起来。

可预期的卓越表现

壮年期公司有领导力、组织结构，以及强化期望行为的奖励制度。它们为愿景所指引，不以某个人的意志为转移。计划和控制系统监督着公司的表现，出现问题即时更正。它们不断努力地满足顾客的要求。

它们拥有足以发展和保持其壮年状态的愿景、价值观、结构、流程、制度、领导力，有什么理由不能拥有可预期的卓越表现呢！唯有不可控事件发生，它们才会脱离正轨，不过，即便如此，与那些缺乏管理方面优势的竞争者相比，壮年期公司有更充足的准备渡过危机。当市场的力量带来破坏性危机时，能力不佳的竞争者首先遭到破坏，把战场留给那些壮年期公司，它们反而会发展得更强大。

我的朋友和同事彼得·舒茨，也是保时捷汽车公司的前任总经理，给我讲过一个汽车比赛的故事。大多数赢过比赛的汽车公司都祈祷赛事委员会不要改变比赛规则，因为规则更新，意味着付出更多的努力才会赢。

保时捷公司赢得了一次最享有盛名的比赛之后，舒茨却希望能有新的比赛规则。“如果不改变规则，那些中不溜的公司就会赶上来。”他解释说。

> 如果你的公司正处于壮年期，请凭借优势尽享变化，你会将弱势竞争者远远甩掉。

改变是一种挑战，对任何人都是。而对于弱者，挑战是很难战胜的。

销售额和边际利润双增长

实现销售额和边际利润双增长，是学步期公司领导者的梦想，但是它们越想提高销售额，它们的边际利润反而越下降。在无数次挫折中，它们懂得了既要强调销售额的增长，又要兼顾边际利润的提高。不过，在生命周期的学步期，这两个目标不可能同时实现。为了提高利润，公司的运营必须提高效率，而不只是有效益的产出，但对于创业者来说，他们的字典里根本没有“效率”这个词。在利润公式中，他们更关注收入，而非成本。为了提高效率、控制成本，青春期公司也耗费了很多心血，直到壮年期，才最终实现既有高效率的运营又有有效益的产出，收入和利润的增长同时达到了最佳水平。

组织繁殖力强

壮年期意味着强大的繁殖力，这种繁殖力指的是不是引进新产品、开发新市场呢？新产品、新市场都是学步期干的事，壮年期公司能做的可不止这些。它们在创办新的公司——有自己的产品、自己的生产能力和销售能力的新的业务单元，新的业务单元都是能独立经营的完整实体。壮年期公司就像一棵成熟的大树，果实里包含着新树苗的种子。新的业务单元不只具有新的职能，它们还是新的利润中心。举例来说，假如公司没有自己的销售团队，那么它就得为外聘销售团队的服务酬劳做预算。新的业务单元有责任制造利润，也有获得利润的管理能力。由于规模经济以及协调效率和维护效率的原因，壮年期公司成了一系列利润中心的组合，并共享某些职能部门。壮年期公司好像一个商业大家庭，协调一致、制度严明，有共同的关注点和价值体系。

公司内外的凝聚力和整合力

相互信任、相互尊重的文化是壮年期公司的一大特色，也会有冲突，但绝不会恶化升级为人际冲突。[3] 冲突最多也就是意见不一致，多半情况下是因为不理解，人们彼此不同意对方，但不会心怀恶意。在做出最终决策之前，决策的影响者和被影响者都会参与协商。每个人的立场都被考虑和重视，因此即便建议不被采纳也没有丝毫怨言。自己的意见能得到倾听，被给予尊重和考虑，这才是人们真正的期望。仅此而已。

内部的凝聚力让公司有精力专注于外部的整合。壮年期公司与顾客、供应商、投资人和社区，都维持着良好的关系，它以其出色的服务和行为而享有美誉。顾客的重复购买行为反映了顾客最高程度的忠诚。壮年期公司的员工也很享受他们的工作，很少有人愿意离开，而应聘者也是常年络绎不绝。

壮年期的问题

人只要活着就会遇到问题，对吧？对于满身优点的壮年期公司来说，它的典型问题是什么呢？

大多数壮年期公司不会谈论资金短缺的问题，这并不意味着它们的资金总是充足的。在壮年期公司里，资金短缺得到了很好的预测和控制，缺钱只是一时的感觉，而非问题。工作负荷问题也是一样的，与学步期相比，壮年期公司员工的工作负荷只多不少，不同的是，壮年期公司对员工的工作负荷有预期、有规划、有控制。

在壮年期公司里，我最常听到的担忧是管理培训不足。公司发展到壮年期，人的因素变得重要。当然，我并不是说，婴儿期、学步期和青春期的公司管理能力非凡，没有培训提高的必要，恰恰相反，它们的管理能力漏洞百出。但是年轻阶段的公司有更紧迫的问题亟待解决，管理培训尚不足以引起公司的关注，它让出位置退居幕后，许多公司里甚至都没有它的一席之地。

这是怎么回事呢？婴儿期忙产品，学步期忙销售，青春期忙制度和管理，这些亟待解决的问题吸引着公司领导者的关注，在每个阶段都有不同的问题，公司在发展、在学习，直到到了壮年期，深度管理的问题开始引起关注。

> 壮年期最大的挑战和最大的问题，是如何保持壮年状态。

在本书后面的分析部分中（第 2 篇），我将会探讨公司离开壮年期的原因。让公司保持在壮年期或者返老还“壮”的诀窍，将在本书的方法部分（第 3 篇）加以讨论。

我们怎么看出一家壮年期的公司正在丧失壮年的状态呢？弗拉基米尔·霍洛维茨，世界最负盛名的钢琴家之一，他曾经说过：“一天不练琴，我能听出不同；一星期不练琴，我太太能听出不同；一个月不练琴，听众能听出不同。”

壮年期存在一个黄昏期，这时公司虽然仍处于壮年期，却很快就要离开壮年了。天色虽明，夕阳已西下。

观察生命周期的钟形曲线，你会发现壮年期并不在顶点。正如果农常常提到的：“绿色代表着成长，成熟预示着腐败。”假如壮年期居于顶点，未来就只有下坡路可走了。壮年期并不是成长的终点，公司的成长仍在继续。就好像弗拉基米尔·霍洛维茨一样，虽已成名成家，他仍在继续练习钢琴。因此，壮年期是一个过程，而非目的。

为什么曲线仍在上升呢？曲线描绘了一个公司的生命力——在短期和长期，公司都能高效率地产出有效益的结果的能力。短期来看，公司的运营生产效率和产出的效益都是上升的，运营生产效率的上升可以通过利润率的上升反映出来，效益的上升以销售额的上升反映出来。但是从长期来看，运营生产效率和产出的效益却呈下降趋势，因此，虽然曲线仍在上升，上升的势头却在减弱。

短期内公司生产效益的增长来自产生于孕育期、在婴儿期经过检验、在学步期得到加油助力、在青春期得以制度化和规范化、在壮年早期实现最大化的组织能量。如果公司在壮年期不再加油助力，如果它抛弃了创业精神，如果它一味利用之前积蓄的能量而不再培育能量，那么公司的发展速度就会减缓，最终公司的生命力将趋于稳定，发展到了终点，衰落开始了。稳定期如图6-2所示。

下一章将专门讲述关于公司衰退的内容。值得注意的是，下滑的迹象最早出现在壮年期，这是人们最想不到会发生下滑的时期。最早的轻微下滑迹象出现在壮年晚期，在稳定期显现得更加明显，而生命周期曲线发展到衰退期时，下滑就完全明朗了。

对于人类而言，衰老并不是从头发变白开始的，中年期的大腹便便也不是衰老的真正开端。衰老始于心，当一个人越来越懒得主动寻

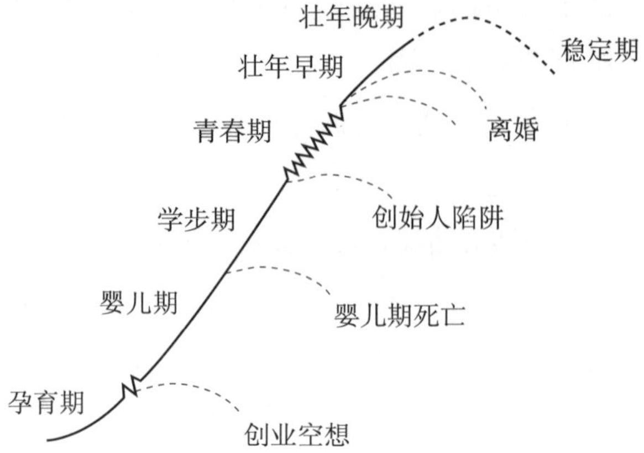

图 6-2 稳定期

求变化，甚至对外界变化都懒得做出回应时，他就真的开始变老了。一个人的心境发生变化，这种变化最终会反映在身体及其功能上。

在公司将要离开壮年期时，它们的表现仍然像壮年期一样，只是自我改进和寻求变化的动力已经不在了。

是时候了，我们必须认识到，像我们这样一个

泱泱大国，绝不能仅仅满足于小小的梦想。

尽管有人想让我们相信，我们注定要走向衰落，但事实并非如此。

我不相信无论怎样努力厄运总会降临。

但我的确相信，如果我们无所事事，厄运的降临在所难免。

摘自罗纳德·里根总统就职演说，1981 年 1 月

壮年晚期/稳定期

很难分清一家公司究竟是在壮年晚期，还是已经步入稳定期，

二者的行为表现是一样的。不同之处在于，公司表现出壮年期行为的频率以及这些行为持续的时间。因此，我把壮年晚期和稳定期合并为生命周期的一个时期来谈。

处于壮年晚期/稳定期的公司在一段时期内感到很满足，它仍然强大，只是开始失去灵活性，在成长阶段积蓄起来的发展惯性几乎消耗殆尽，它开始失去那种推动力量——变化和创造新事物的欲望。这一阶段的公司饱尝一种消极态度的危害："如果没坏，就不用修。"公司失去了创新创业精神，也失去了将它带入壮年期的变革热情。

随着灵活性的下降，公司变得老成起来。尽管它依然是结果导向的，且组织有序，但已经不像以前那样积极进取了。人们越来越习惯于遵循先例，越来越喜欢按照老方法办事。在市场中的稳定地位给公司营造出一种安全感，虽然时间会证明，长久的安全是不存在的。时不时地，也会冒出一些新创意和紧迫感，但这种爆发时刻变得越来越短暂。秩序压倒了一切，为了避免危及以往的成就，人们越来越倾向于保守的做法。

与早期阶段不同，人们花在顾客和生产一线的时间越来越少，更多时间是在办公室里与自己人交谈。在军事部门，这一现象可以从作战单位与后勤单位的数量比例看出来；在社会服务机构中，则反映在实际从事现场服务（照料家庭和儿童等）的社工与办公室行政社工（他们受过同样，甚至更好的培训）的数量比例。在公司财务报表中也能看到类似的现象，当日常开支和行政费用占总收入的百分比，超过经营成本占总收入的百分比时，这种现象就出现了。扩展到整个社会，政府开支占国民生产总值的百分比持续上涨，也是这一现象的反映。

在成长阶段，意见不同是广泛存在的，大声争论也是平常事。而现在人们表达意见时，面带羞怯的笑容，仿佛在说："我的意见真没那么重要。"紧迫感早已荡然无存，人们也不再指出那些冗长乏味的会议其实没必要，请他们参加会议时，他们不再反对或发火，再没人会大叫："活见鬼！我哪有时间参加那么多会?!"公司的气氛也更加拘谨。再后来，当公司衰老时，人们出席会议是为了保卫各自的地盘，而不是保护公司的利益。会议成了派别利益的角斗场。

在壮年晚期/稳定期，各种意见也会得到倾听，但是对研究新领域已经没有什么兴趣了。与壮年早期一样，在制定决策时，人们依然讨论长期战略，但对短期目标的考虑越来越多。

此外，权力中心正在转移。负责财务和法律的高管权力越来越大，考核取代了一切，因为新的权力层认为其他方法都是"概念上不准确的思维方式"，唯有考核最清楚可靠。随着事实、数字和规则控制了日常工作，直觉和判断的作用越来越小。

壮年晚期/稳定期的公司不愿再冒任何风险，销售额在继续增长，但是由新产品（如三年内新开发的产品）创造的收入却在下降。并且往往不再有突破性的新产品，只是在原来产品的基础上稍加改进而已。创业精神日益消失。（创业精神消失的表现及原因，将在下一章进行详细讨论。）

> 如果公司中的创业精神消失，公司满足顾客不断变化的需求的能力也将受到影响。

公司在不知不觉之中进入生命周期的下一阶段——贵族期，这个过程十分微妙，虽然生命周期阶段确实发生了更替，但公司却没经历任何重大的转折事件。自壮年期往后，生命周期曲线的运动是一个逐渐变差的过程。当公司还在成长阶段时，每到达一个转折点，就会发芽、开花。但是，到了衰退阶段，没有明显的转折点了，只是一个持续不断变糟的过程。这是一个日渐衰落的过程。

壮年早期的问题

正常问题	异常问题
管理的深度不够	分权不足

壮年晚期/稳定期的问题

正常问题	异常问题
注意！在衰退阶段没有正常问题	出现了分裂的迹象
	出现了创业精神减少的迹象
	对成果和过程感到满意
	依靠老办法办事
	有安全感，没有紧迫感
	为了做而做
	留在办公室的时间越来越多
	日常管理费用占收入的百分比增加
	权力转移到了远离一线的人员手中
	越来越依赖死板、可测量的数据，越来越忽视判断力
	不愿再冒风险
	不再展望未来

壮年期公司面临的挑战是如何保持壮年的状态，如果公司没有去做那些维持在壮年状态必要的工作，公司的这种不作为将会演变为异常问题，最终变成致命问题。

注 释

1. 参阅 F. Capra，*The Web of Life*：*A New Understanding of Living Systems*（New York：Anchor Books，Doubleday，1996）。作者描述了对系统的生命至关重要的整合过程，以及均衡状态的不稳定性。
2. 参阅 Lynn Richard 的专题论文：*The Heart of Knowledge*：*The Epistemology of Relationships*（Ph. D. Thesis-Santa Barbara，CA：The Fielding Institute，1998）。该文描述了“关系知识”及其对系统成长和发展的贡献。
3. 参阅 S. Boardman 和 S. Horowitz，“Constructive Conflict Management：An Answer to Critical Social Problems,” *Journal of Social Issues* 50，1，(1994)。此卷论述了冲突的积极方面，冲突是不可避免的，但也为深化关系和增进信任提供了机会。

第 7 章
衰退的迹象

没有准则的政治，
没有良知的享乐，
不劳而获的财富，
没有个性的知识，
没有道德的商业，
没有人道的科学，
没有牺牲的信仰。

莫罕达斯·卡拉姆昌德·甘地
这样描述毁灭人类的七宗罪。

财务报表并不能及时反映公司是否已经出现衰退迹象。财务分析和报表就像血检或尿检报告一样，当某些东西在检查中显露出来时，说明身体已经出问题了，是应该进行医学治疗的时候了。就像医学检查一样，财务报表是在异常现象出现时才发现疾病的，而我们希望的是在进入疾病状态之前就能够抓住问题。而我们应该做得更好。在还有机会进行预防性治疗之前，我们就应该发现衰退的迹象。

> 人类衰老的最初征兆不是行动的迟缓或者器官的老化，衰老始于心态和人生目标的变化。

公司的衰退也是如此，当一家公司开始要离开壮年期时，即正处于壮年后期的鼎盛阶段，衰退的最早征兆是从公司文化开始的。

壮年期是公司成长阶段和衰退阶段的中间阶段。它是起点的终点，同样也是终点的起点。壮年期分为两个阶段：上升的壮年期和逐渐衰退的壮年期，两者间的拐点并不是固定不变的，如图 7－1 所示。公司应当识别出壮年期开始衰退的迹象，这样在公司仍然处于壮年期时，通过采取激发公司活力的措施来延缓衰退，公司都希望尽可能地延长壮年期。

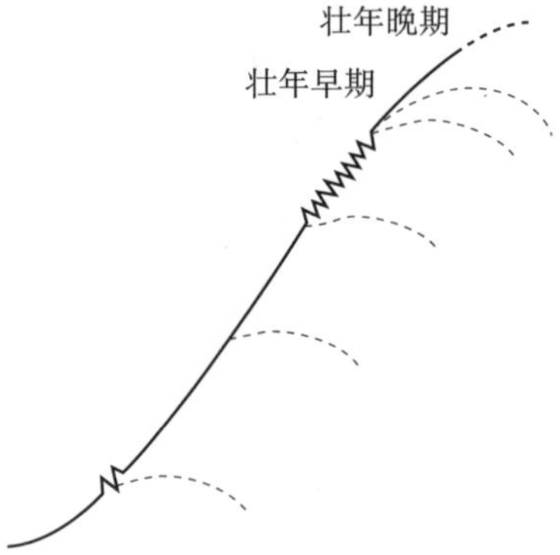

图 7－1 壮年期的不同阶段

公司成长阶段和衰退阶段的微妙差别如下所示。

成长阶段与衰退阶段的比较

成长阶段的公司	衰退阶段的公司
1. 公司内个体的成功源于承担风险	1. 公司内个体的成功源于规避风险
2. 预期超过结果	2. 结果超过预期
3. 资金紧张	3. 资金充裕
4. 重功能，轻形式	4. 重形式，轻功能
5. 员工关注为什么做以及做什么	5. 员工关注怎样做以及谁做过

6. 员工因贡献而被留在公司，而不管其个性如何	6. 员工因其个性被留在公司，即使他们对公司贡献甚微
7. 只要没有明令禁止，一切事情都是许可的	7. 除非明文准许，否则一切事情都被禁止
8. 问题即机会	8. 机会即问题
9. 营销和销售部门最有话语权	9. 会计、财务和法律部最有话语权
10. 一线人员具有决定权	10. 行政部门具有决定权
11. 责任大，权力小	11. 权力大，责任小
12. 管理成就公司发展	12. 公司发展倒逼管理变革
13. 管理产生动力	13. 管理依靠惯性
14. 领导层的变革能带来公司行为的变革	14. 公司行为的改变依赖于制度的改变
15. 公司需要咨询师	15. 公司需要“冒犯者”
16. 以销售为导向	16. 只重视利润
17. 公司为创造价值而存在	17. 政治上的小动作主导决策过程

要想尽早发现公司的衰退迹象，就需要注意那些微妙的蛛丝马迹，一旦公司开始衰退了，这些迹象就会很明朗了。

在壮年后期，公司衰退的迹象往往偶然显露出来，而这些隔三差五甚至无关痛痒的问题不会引起任何人的注意，但它们终究是征兆，本书后面的章节将讲到此时应该采取何种措施。[1] 本章将进一步阐述成长阶段公司和衰退阶段公司的差别，将两种极端表现进行对比，有利于公司察觉到尚处于朦胧状态的衰退迹象。

从承担冒险到规避风险[2]

我们大家都愿意进步，只要这种进步是在

无须变革的情况下就能取得的。

莫里·布里克曼，金·费瑟斯

当公司处于婴儿期时，风险的代价是相当小的，很少会有什么损失。在学步期，因公司的快速增长而变得傲慢自负的创始人，根本就不把风险放在眼里。学步期公司的管理层已经逐渐习惯了饥一顿饱一顿地过日子，因此大家对于成效欠佳的某项冒险举措也不会感到过于难过。他们相信，总有其他意料之外的成功足以弥补其损失。学步期公司的特点是高度的宽容性，对于已经犯下的错误，他们会请求并获得原谅。

壮年期公司喜欢重复成功的气氛。具有自我约束力的管理层甚至会把坏的结果也看成成功，因为事情或许不能做得更好了，并且公司已经有了切实可行的计划来应对这种局面，而这才是最重要的。在壮年期，管理层并不严格按照结果来分析失败，难道以往的表现就都是那么尽善尽美吗？他们既关心结果，也关心过程。失败——也就是没有达到最佳结果——是不常见的。因此每次失败都被分析、研究并加以纠正。[3] 人们积极进取，但同时又小心谨慎。

随着公司的发展，可损失的东西增多，参与者逐渐增加，利益相关者变得更加强势，且利益相关者也增多了，于是风险就演变成为一个问题。有一次，我听到这样的观点："不做事就不会被指责，因为不会犯错。"为什么要冒险呢？要想在一个官僚组织中获得成功，没有人指望你做什么事情，做了可能还会被嘲笑。

"我不知道他们为什么要解雇约瑟夫，"一个官僚主义者说，"他什么都没做呀！"

还有一个笑话："你的兄弟正在做什么？我听说他想得到一份政府部门的工作。"

回答是："他现在什么也不用做，因为他得到了那份工作。"

成长中的公司付出，而衰退中的公司攫取。当你年轻的时候，你会是一个理想主义者，豪情满怀地想要改造世界。而当你衰老时，你会保存精力，关心的不是如何去改造世界，而是如何在这个世界上生存下来。因此，风险规避源于衰退和保存精力的需要，而只有在能量充沛的条件下才可能去承担风险。[4]

当万事万物停止生长时，它便开始走向死亡。

查尔斯·高

随着衰老，精力越来越不足，是因为越来越多的精力被用于内部，即努力把要瓦解的部分整合在一起。当精力消耗在内部时，用于对外的精力就会减少，因此承担风险的意愿也会降低。

当一家公司处于壮年期的上升阶段时，相较于学步期后期的激进大胆，这种小心谨慎是一种相对理想的状态。当公司越过壮年期巅峰的标志点，它会努力在规避风险和承担风险之间取得平衡。而在壮年期的衰退阶段，规避风险的倾向会超过承担风险的倾向。

取得了成功之后，人们会感到心满意足，并满足于依赖过去所创造的动力。这时的态度变为："如果还没坏，就不必去修理它。"此时公司能够损失的东西已经太多，谁都不想打破这平稳航行的局面，人们意识到冒风险的成本太高了。

当谨慎成为考虑问题的主导原则，避险倾向超过冒险倾向，公司文化也就变了。

从预期超过结果到结果超过预期

在婴儿期，管理层可以告诉你，公司在过去的一年做得如何之好，当然，只有在这一年结束的时候他才能做到这一点。他们很难预测自己的未来，管理层的行为是以当下为导向的，与过去和将来都没有直接关系。管理层或许对遥远的将来有所梦想，但最多也就是十分模糊的愿景。婴儿期的公司对眼前的压力做出反应，成效却依然微不足道。确切地说，他们对未来的预期超过的只是当前的结果。预期超过结果的现象会一直延续到学步期，而学步期的傲慢自负常常让公司期待无法实现的事情。

在学步期公司里，许多时候是在尝试中前行。学步期公司常常干些力所不及的事情。管理层试图制定预算和计划，但他们并不真正遵守这些预算。学步期公司常常在已经进入会计年度几个月的时候，还在制定它的预算计划。当它将实际结果与预算加以比较时，偏差会相当显著，这样的差距甚至能让人目瞪口呆——偏差会超过预算的200%～300%或仅为预算的1/3～1/2。学步期公司缺乏控制，它的预期不是基于经验的结果的反映。即使结果低于预算，自负的学步期公司也不会改正其预算，它相信结果会赶上来，它的计划似乎是建立在会出现奇迹的基础上。当以色列建国时，其生存的机会似乎很渺茫，当时的总理戴维·本·古力昂被问及他是否依赖于奇迹时，他回答说："我们不依赖奇迹，我们依据奇迹来制订计划。"学步期公司的信念多于思考。他们的预期和目标越来越高，无论结果多么好，他们总体来说对于结果还是不满意的，随着他们往前走，地平线也在移动。

在青春期，公司开始学会如何规范自己。到了壮年期，公司已经学会了自我控制。壮年期的公司能够取得学步期那样的增长结果，同时它还能预测并实现这些结果。一家壮年期公司能够告诉你它的计划，并且在很小偏差的情况下实现计划。

在青春期，公司为了拥有持续的预测能力，学会了将预算制度正规化，实现了预算就加以奖励，有了偏差就加以处罚。那种半混乱状态的学步期文化欢迎这种必要的约束。然而，在企业生命周期一个阶段能发挥作用和受欢迎的东西，到了生命周期的下一个阶段，就会变得愈加不起作用和不受欢迎了。[5]

由于婴儿期和学步期所形成的“更多即更好”的观念，青春期的公司并不同等看待高于或低于预算的情况。如果实际销售超过了预算，人们会得到奖励——不管偏差有多大；如果销售低于预算，人们会受到惩罚——不管偏差有多小。

这种不平等并且常常是不公正的奖惩制度迫使公司引入规则和预测能力，这将公司从白日做梦和主观臆断的制定预算的状态中解救出来。公司有抱负——这是学步期阶段文化的残余——但是这种抱负随着公司的日益成熟而变得有所克制了。

制定预算的过程和目的不会影响公司中人们的行为，影响人们行为的是奖励制度。[6] 如果负的偏差会被处罚，而正的偏差得到奖励，这样就很容易预测人们会怎么做。每个人都会努力把与预算相比不利的偏差降到最低，并把目标放在如何最大化能获得奖励的偏差上。

将不理想的偏差降到最小并获得最大奖励的方法之一，就是降低预期。在制定预算时，人们会设立肯定能超过或者至少能完成的目标。为了防止任何不确定性，他们将目标定得很低。当这种行为刚出现时，其作用是与学步期公司那种拍脑袋的决策文化相抗衡；但到了壮年期以后，这种行为就不再有效，只会导致公司的衰退。

在婴儿期和学步期的公司里，人们因其所做而得到奖励，至于他们是如何做的并无人在意，更何况此时的公司并没有固定的做事方法。预算是很少的，因此奖金是基于实际结果发放的，它很像是销售提成。

当公司把奖励制度建立在人们实现目标的方式上时，人们的行为就会改变。奖励制度逐渐变成对做事方式进行奖励，而不是对做了什么进行奖励。[7] 这时，奖励的是人们多么出色地完成了预算。目标越低，就越容易完成，就越能获得奖励，最终，这种制度奖励的是那些说谎者，这些人成功地隐瞒了自己有那么多不会做的事情。

为了确保工作成果最后不会低于预算，人们都会制定低目标，事实上，任何一级的下属都想把目标定得低一些，因为他们知道领导都会在提高目标的问题上与他们讨价还价。于是，这种相互欺瞒的风气开始蔓延，上级要求提高目标，是因为他们知道下级是有意把目标定低了；而下级之所以压低目标，是因为他们知道上级不管怎样都会要求提高目标。那个最后获得批准的预算既没有反映公司的真正能力，也没有反映市场的真正机会，它反映的不过是公司各个层级之间的信任或不信任而已。

有这样一个人，他想确保他的马每次比赛时都能赢，因此他只让他的马参加骡子比赛。这匹马确实赢了，但这种赢只是暂时的，因为这匹马的行为举止开始变得和骡子一样了，这时它就赢不了了。

> 只有愿意承担短期内发生损失的风险，才能获得长期的胜利。

有一种做法——标杆学习法[8]，也就是设法达到或超过同类公司的最好成绩。由于公司关注的是外部建立的标准，这就容易避免相互欺瞒的做法。但是我对这种做法的长期效果心存怀疑。尽管眼下还难下定论，但我确实有所怀疑。我会要求我儿子的学习成绩与他们班上成绩最好的学生相媲美吗？或者和其他学生比其他方面吗？我会不断地拿我的儿子与那个孩子做比较，并因为他不如那个孩子而责备我的儿子吗？我想我不会这么做，但这就是标杆学习法的做法。我想问的是，过去老式而简单的机制有什么不好，这种机制下每个人都尽力做到最好并与大家分享胜利成果。或许，因为管理层拿不准什么是“最好的”，因此不得不去别的地方寻找答案；或者更糟糕的是，因为管理层并不相互信任，所以不得不通过谈判来讨价还价，从而明确目标。

标杆作为一种制订计划的工具是很好的，但它对于奖励或处罚有用吗？

随着公司开始变得规避风险并且结果超过了预期，公司的资金开始积累起来了。

从资金紧张到资金充裕

预期高于结果的公司总是渴望获得更多的资金，那些希望获得发展的公司需要的资金总是比能够得到的要多。处于婴儿期和学步期的公司总是处于资金短缺的状态。

对结果超出期望的公司来说，他们以较少的钱完成了工作，于是公司开始积攒起资金来。在衰退阶段的晚期，我们发现一些高流动性公司所拥有的钱要比它们能花掉的钱还要多，而它们也没有使用这些钱的计划，这种情况让那些充满创业精神和进取心的学步期公司迷惑不解，有钱的公司受到吸引去设法兼并这些具有创业精神的公司。

从强调功能到强调形式

由强调功能到强调形式的转变是从青春期公司由“更多即更好”到“更好即更多”的转变开始的。在青春期，公司认识到，它可以通过正确地做事，而不是做更多的事来获得更多的利润。它认识到，它可以通过减少事情，而不是增加事情来产生更多的盈利。

有创业精神的公司——按照定义，公司的创始人就是具有创业精神的——是通过增加销售来获取利润；管理型公司则通过压缩开支来获取利润。创业型公司问：“我们还能再做些什么？”而管理型公司则问：“我们能少做些什么？”

在青春期，管理型行为和导向是有效的，因为这是将学步期过于活跃的状态冷却下来的时候。青春期也是修剪多余枝叶，以便使精力更加集中，而不是更加分散的时候。公司过去是用销售收入衡量效果，现在转变为关注效率。这就把重点放到了形式，而不是功能上。因为对于学步期公司而言，形式几乎是不存在的（形式被认为是不必要的），在青春期形成的任何制度（形式）的边际效用都是最大的。

在壮年期，形式和功能之间实现了平衡[9]，但灵活性、功能和形式（规则）之间的关系还不稳定。形式超过了功能，尽管随着发展，形式的边际效用会降低，但它依然在继续发展，我认为，问题在于形式的发展是怎样发生的。

形式不断发展是因为它自己促发了自己的发展，怎样实现的呢？

形式意味着行为的准则，以便对行为加以最大程度的控制和使行为具有可预测性。它的目的是将偏离准则的行为减少到最低程度——如果无法消除这样的行为的话。[10]但由于它不可能绝对控制一切事情，因此总会出现某些偏差，于是，控制欲强的公司，就会制定新的控制方法来试图消除那些偏差。然而，增强控制的做法造就了出现更多偏差的机会。我们控制得越多，我们就越能找出那些更加细微的偏差。这些偏差要求更为严格的控制，于是我们就会又发现更为细微的偏差，如此循环不已，直到卡夫卡为此鼓掌欢呼。[11]

公司强调形式会影响功能，为什么？当对形式的强调增强时，灵活性会受到影响，在一个变化的环境中，灵活性的降低意味着功能也减少了。在生命周期的后期阶段，公司中剩下的只有形式了。树已经死了，但树桩还在那儿。人们完成舞蹈求雨的仪式，仿佛它会带来雨似的。人们在不断地制定预算，尽管他们知道那些指标根本就无法实现。他们的行为好像是说，只要对形式顶礼膜拜，就能实现功能。但是，当形式不起作用时，他们会停止舞蹈求雨吗？不会，他们甚至会跳得愈加疯狂。看来，他们认为之所以没有下雨，是因为形式还不够——也就是他们还跳得不够好。官僚主义也是如此。控制不起作用，按照官僚主义的说法，控制效果不够好就是因为总是存在没有加以控制的偏差。那么管理者会做什么呢？他们会增强控制。如果说这时候还有功能残留下来的话，它也被隐藏了起来——不管以什么形式。就是因为对形式没有加以控制，所以对形式的强调在不断地增长。

这个“大块头”在继续发展。我所说的这个“大块头”指的是教育官僚主义，教育系统的这个部分不是由学生构成，不是由教师构成，也不是由校长构成。它是由其他人所构成的，其中许多人做了很好的工作。但是，我们全都需要它们吗？……（如果）一个校区或一个州的学生人数下降了，可是这个“大块头”却依然在增长，行政管理官僚组织变得越来越大。而且，作为主管这个官僚组织的一个人，我可以告诉你们，当它变得越来越大时，它就变得越来越难以运转，而问责制也将不存在。

摘自教育部长威廉姆·本内特

于 1998 年 2 月 10 日新闻发布会上的讲话，载《华尔街日报》

为什么形式会取代功能呢？为什么形式的边际效用不断下降还始终不断增长？这是因为与实施功能相比，人们在情感上和心理上更容易接受执行形式。我是故意使用“执行”和“实施”这两个词的。执行意味着不断重复某些仪式，它不需要创造精神，它不会产生焦虑感，而焦虑感是不确定性的副产品，每当我们做某件新事情的时候，就总是会产生焦虑感。而在实施功能的时候，你必须适应变化的环境[12]，而变化会带来不确定性，不确定性就会产生焦虑感，

这就需要心理承受力。学习新东西是困难和耗费精力的。另外，为了执行已有的形式，不停地说“不，不，不”是不行的，你只需要萧规曹随和顽强地坚持不放弃就行。

形式是简单的，不需要思考，我们只需要重复那些我们已经习惯了的东西即可。日积月累，由于形式在情感上不那么烦神劳力，于是就取代了功能。

只要还存在功能，不管是何种程度地存在着，即使是不合理的，形式也会存活下来。当形式不能产生任何功能时，它就变得毫无用处了，功能就会破旧立新，而一个新的孕育期就会出现。

从为什么做和做什么到怎样做、谁做过及为什么现在做

在孕育期，每个人谈论的都是为什么应当做某些事情，而对于做什么、怎样做和谁来做则兴趣不大。

在婴儿期，即公司诞生之后，人们谈论的只是做什么。很少有人谈论为什么做，对于某些人来说，这个问题甚至让人感到厌烦。“现在就去做”是那些危机管理型公司的行动箴言。“准备，开火，瞄准”或许源自婴儿期公司的文化，那时每个人关注的都是开火。首先要做的是熄灭这些“火”，然后需要考虑的是如何阻止他们不断“开火”，以及由谁去阻止。

如果一家公司无视怎样做和谁来做这两个因素，它最终会付出代价。当公司的内部能力不足以支撑其发展时，它会变得一团糟，以至于再也无法忽视这两个问题了。首先是怎样做要引起注意。青春期公司会花时间搞清楚怎样做这个问题，它力图将重点从不做什么和为什么不做什么，转向应当怎样做上面。当公司最终搞清楚谁来做这个因素时，就完全拥有主动权了。“我们需要谁来做这个工作?”当公司根据经验，知道不应当派谁去的时候，就说明它真正成

熟起来了。

> 壮年期公司会花时间去寻找它想做的事情，而不是被权宜之计推动。它是在驾驭机会，而不是被机会推着走。

它知道自己想要什么，是因为它知道自己不想要什么。同样，它知道自己需要谁，是因为它知道自己不需要谁。这种以人员为导向的现象在壮年期公司里显现出来，这时的公司注重人力资源这个因素，关注人员招聘和使用方面的决策，关注花钱雇用最优秀的人。公司关注点的变化如图 7－2 所示。

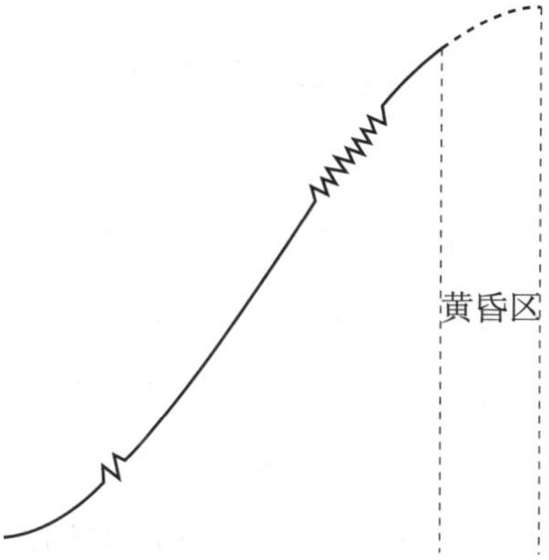

图 7－2　关注点的变化

在衰退阶段的公司里，怎样做的问题是致命问题。公司关心的不是如何实现它所设定的目标和这样做的原因，是为了用这样的方式而用这样的方式。一段时间后，这就成了一种仪式。

对于衰退比较严重的公司，谁来做的问题也是致命问题。人们开始钩心斗角，每个人都在寻找谁做过这件事，而不是我们需要谁来做这件事。它寻找的不是一个人能为公司贡献什么，而是查找这个人曾经做过多少错事。做什么这个因素也成为致命问题，公司变得迷茫起来，它拼命在问“我们应当做些什么”才能生存下去。与婴儿期那种由为什么做来发现做什么不同，这不是一种健康的、积极主动的、向前看的做法。这时需要做什么的问题建立在畏惧而不是信念的基础上。

信念主导着成长阶段公司的文化，畏惧主导着衰退阶段公司的文化。壮年期的公司既充满信念，又有适度的担忧。英特尔公司是一家处于壮年期的公司，其前 CEO 安德鲁·格鲁夫在他所写的书《只有偏执狂才能生存》中，对这种状况表达了敬意。[13]

对于消亡的公司来讲，为什么这个因素成为致命问题，公司为什么存在？它已经没有存在的权利了。

从贡献到个性

那种不惜以牺牲功能为代价而日益重视形式的做法，也对人事管理产生了影响。在成长阶段，真正重要的是人们生产或贡献了什么。即使是那些“讨厌鬼”也没什么大不了的，只要他们做出了宝贵的贡献就行。随着形式占了上风，怎样做变得比做什么重要了。人们的行为举止、谈吐、衣着打扮，以及他们的人脉关系，掩盖了他们为公司所做贡献的重要性。在大型公司里，这种现象十分普遍，因为大型公司内部人员的相互依赖关系非常复杂——除了销售和生产部门外——几乎不可能将某个具体的贡献归功于某个具体的人。一个人在公司层级结构中的地位越高，也就越难评估他的个人贡献。为此，公司就强调做事的方式，认为根据做事的方式就能预测和确认能否得到期待的结果。当做事的方式没有产生，反而阻碍所希望的结果时，做什么和怎样做就都没意义了。剩下的就只有人员导向了：这件事是谁做的？这是谁的错？

所以，处于成长阶段的公司聘用和提拔人才时主要是看他们的贡献，而不管他们的个性如何；而处于衰退阶段的公司聘用和提拔人才时主要是看他们的个性，即使他们贡献甚微。

在成熟的公司中，尤其是在那些管理松散或没有绩效考评制度及流程的公司里，提拔靠的是资历和关系，而不是基于资质或工作表现。

从请求原谅到请求准许

乌龟：幸好我爬得慢，否则我可能会走错路。

由于在年轻的公司中对形式弱化，而功能占据了主导地位（“你做过这件事吗？我们不在乎你是用什么方法做的。”），所以真正重要的是结果、结果、结果。只要结果好，其他问题都好办。而那些尽了力但结果不好的人则可以请求原谅。当形式取代功能时，一个人如何做事就远比结果重要了。假如一个人没有遵循正确的程序——正确的形式，那么，无论他取得了多么出色的成绩，他依然会遭到训斥。如此一来，就没有人胆敢越雷池一步，哪怕会有丝毫偏离规则的可能，人们也会预先请求获得批准。

在成长阶段的公司中，开会是为了批评某个人已经做的某件事；在衰退阶段的公司中，讨论的中心是某件事到底是否应当做。在成长阶段的公司里，高管们可能会说：“既然没有一个人说这件事不应当做，那就让我们做起来。”而在衰退阶段的公司里，他们的说法是：“既然没有一个人说我们能做这件事，为什么我们还要没事找事？”

30 多年前，我的博士论文写的是有关分权对组织行为的影响。我在南斯拉夫研究产业的市场化，重点关注这个国家从计划经济模式转变为以市场为导向的经济模式后，出现了什么情况。大约 25 年后，当柏林墙倒塌时，我的研究课题成了热门议题。我注意到，当这个国家处于计划体制下时，人们的态度是："如果没有明确的许可，那它就是被禁止的，别去冒险。"当南斯拉夫脱离了计划体制，允许由市场来调节其经济时，社会风气变了。如果人们想要发达，就不得不去冒险。市场经济所要求的行为假设是："如果这不是明确禁止的，它就是被允许的。让我们试一试。"

为企业文化带来变化不是一件容易的事。[14]与假设某件事是被允许的相比，假定某件事是被禁止的会让人感到更加舒服。没有人会因为你没干什么事而吊死你，或者如瑟法迪克说的那样："苍蝇飞不进闭着的嘴里。"

想想那个安逸的官僚主义者愤愤不平的抱怨："我不知道他们为什么要解雇史密斯，他没有做任何事情！"他好像是说，做事是不好的，而什么事都不做才是所期望的行为准则。衰退阶段的公司要的是无所作为，并且它们奖励这种做法，行动会引起波澜和增加不确定性。下面这个有些粗俗的笑话可以说明我的看法。

一个人在一家官僚主义的公司中谋得了差事。作为入职培训的一部分，人事部门要他去某个办公室报到，那里会有一名公司老员工给他讲讲公司的座右铭。他找到了那里，打开门，发现满屋子人都陷入了一个粪坑里，那些脏东西几乎要淹到他们的下嘴唇了。他迷惑不解地问："我们公司的座右铭是什么？"他伸长了耳朵，听到了一声缓慢和小心翼翼的耳语："不……要……搅……起……波……澜。"

那些不惹是生非、闭口不言和安于现状的人会获得奖励、得到提拔，而那些力图发起改革的人则遭到排斥，因为他们掀起了波澜，而每一个涟漪都让别人感到不那么舒服。有一次，我访问了一个相当平庸的公司，一个比较有活力的员工带着一丝苦涩向我坦承："在这里，你可以从他们背上插着的箭来判断谁是创新者。"

20 世纪早期有一则寓言。两家制鞋公司将销售员派往非洲，要他们考察一下那里的市场前景。一个人通知公司："这里没有市场，因为每个人都光脚。”另一个则打电话给公司总部：“这里有难以置信的市场，因为每个人都光脚。”第一个销售员是在一家衰退阶段的公司里工作，而第二位则代表了一家成长阶段的公司。

犹太法典说：“对于信仰者，不存在问题；对于怀疑者，不存在答案。”

> 成长阶段的公司有信仰者，衰退阶段的公司有怀疑者。

成长阶段的公司创造新的需求，他们有眼光，除非证明他们是错的，否则他们就假定自己是对的。衰退阶段的公司着力于已经得到证明的需求，他们是一些规避风险的人和怀疑论者，他们的态度是：“在证明正确以前，先假定它是错误的。”

是问题还是机会[15]

创业型公司看不到问题，满眼都是机会。每个问题都代表可以去做更多事情的机会，或把当前的事情做得更好的机会。然而，当创业者追求过多的机会时，他们就制造了问题。这就是为什么学步期公司处于因管理方式不当而产生危机的状况中，而不是根据发生的危机展开管理。

当管理型公司探讨如何落实某个新创意时，每个机会在这样的公司眼里都是问题。“我们到底要如何做才能使其成功?”多半情况是，他们会认定，如果存在任何实施方面的困难，那么，这些困难就是无法克服的。

从青春期开始，随着更专业的管理者取代创业者，越来越多的机会都会被看作问题，而那些发现机会的人则会被看作麻烦制造者，不用说，他们的背上将挨上几箭。公司发展受到阻碍，它不希望变化，而最终，它甚至无法对变化做出回应。从机会到问题的转化，常常伴随着公司内权力中心的转移。

从营销和销售到财务和法律

营销和销售部门的角色是充分挖掘机会，在生命周期的成长阶段，这些部门属于扛大旗的部门，它们对产品、制度或新的想法拥有决定权。一线部门占据了主导地位，在成长阶段还没有真正意义上的行政部门。在壮年期，管理人员从事计划、控制工作，并保证公司有团结起来的向心力。权力中心转移到了执行委员会手中，而执行委员会中既包括管理人员，也包括一线部门的代表。随着公司进入衰退阶段，权力中心会进一步转移到财务和法律部门手里，它们的角色是防止公司出错，其作用就是说："不行!"而它们的确就是这么做的。一线部门不断失去权力，而体制也变得越来越集权化。

从一线部门到行政部门

职权和权力从一线部门到行政部门的变化，意味着那些对结果不承担责任的人所拥有的职权超过了那些对结果负有责任的人。以前，营销和销售部门要对所产生的结果负责，而且职权要求他们这么做。

权力中心的转移具有广泛的影响。

责任与职权

在成长阶段的公司中，职权是明确的，责任则不然；在衰退阶段的公司中，情况正好相反，责任是明确的，而职权则不然。很遗憾，我之所以这么说，并非是搞笑的文字游戏。

在成长阶段的公司中，工作多得做不完，每个人都必须全力以赴。责任之所以模糊不清，是因为每件事都在经常变化，因此不可能画出责任线，而且每个人都清楚，归根结底公司唯一的领导者对每件事都具有绝对权威。

公司从青春期开始明确责任，并开始淡化个人职权。从壮年期开始，变化的步伐慢了下来，而责任越来越清晰了。随着公司的衰退，职权不再属于某个单个的人，且越来越不清晰了。衰退阶段的公司不同于学步期或婴儿期公司，在学步期或婴儿期公司里，谁说了算——也就是谁有权威——是一清二楚的。但在衰退的公司里，委员会、规程或诸如此类的东西，使人越来越难以搞清权威在哪里。人们被无权感所困，他们承担着责任，但对此却难有作为。

在壮年期，责任是清楚的，而职权也不那么模糊。人们是在一种宪法共和，而不是绝对君主专制的气氛中工作。随着公司的发展，职权和责任的关系如图 7－3 所示。

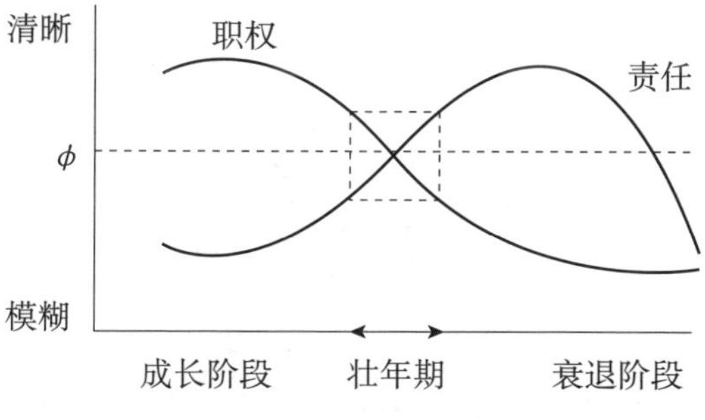

图 7－3 职权和责任[16]

在壮年期之后，财务和法律部门获得了职权和权力，而责任却依然在营销和销售部门身上，这使得职权与责任分离开来。那些有职权的人（行政人员）没有责任，而那些有责任的人（一线部门）却没有职权。

有职权而无责任会造成公司内工作的责任制不清晰，同样，有责任而无职权也是如此。这两种情况都令人厌恶，因为人们并不觉得负有责任。让人奇怪的是，甚至那些衰退公司的 CEO 也感到他们没有职权来发起改革，那里有众多的委员会和决策会议，以至于 CEO 实际上无法领导改革。在壮年期后，职权的模糊减慢了决策和实施决策的步伐，最终导致企业处于瘫痪状态。这种瘫痪状态助长了内部的钩心斗角，从而削弱了公司在市场上开展有效益和有效率竞争的能力。

当职权转移到公司之外时——像政府官僚机构做的那样——该公司就处于危险境地，它就要衰老而死了。谁能以及谁应当采取行动，这些都是不清楚的。如果组织既不采取先发制人的行动，也不采取应对的措施，它最终将成为政治斗争的牺牲品并死亡。

这些变化的结果是，公司的控制意识将变差。

谁在管理谁

一天下午，根据安排，我要去一家公司给它的高管层做一场演讲。会议在一个著名的风景区里举行，那里有马匹出租。我决定利用上午的时间骑马去山顶和山谷游玩一下。没有多久我就明白了，这匹马在这个景区工作有许多年了，因为它心里记住了道路，而且尽管它不会看表，它也知道一小时有多长。我踢它，让他往山上爬，但它向右走了两步就停下了，并前后来回摇着尾巴。我想："或许它喜欢山谷，而不喜欢上山。"请注意，我已经开始和它商量并做出妥协了。所以我用鞋后跟踢它的肚子一侧，告诉它向左走。它向左走了两步，又停下了，它的耳朵向前倾斜，于是我明白了它的意思。如果我想骑它，就要守规矩，回到它习惯走的那条小路上去。现在，是谁在管理谁？我骑在马背上，左顾右盼，好像是我在控制它。但是在剩下的骑马时间里，我力图不去冒犯这个"体制"。

许多商业人士为了寻求更多挑战，会在政府机构觅得一个领导职位。在他们的想象中，他们将在这样的平台上施展才华、引领战略改革，做出一些有意义的事情。然而用不了不久，他们就明白了政府的权力结构并开始胡乱应付——无非是向右走两步，向左走两步。表面上看，事情都在他们的掌控之中，但实际上，他们小心翼翼地迈出每一步，他们知道，体制要比他们更强大，如果他们同时惹恼太多的权力中心，自己就会人仰马翻。

考虑一下政党掌权后会发生什么。当他们还是努力获得掌权的反对党的时候，他们忙于给出种种承诺，或许还会信誓旦旦地保证信守这些承诺。但是，一旦获得了权力，他们发现自己的承诺是难以实现的，因为许多利益集团会受到影响。[17]政府机构——职业公务员——有其喜好的运转惯性，他们不会轻易放弃多年来已建立起来的、得到强化的和神圣不可动摇的既得利益。

为了获得权力和实施改革，政治家们通过更多的政治任命来延伸自己的触角，而这无异于强化了派系斗争。公务员们对更换骑手已是司空见惯，他们知道如何对付这些政治家，以及如何在他们头脑发热时实现主动，在他们看来，那些政治家采取的办法不过是满脸堆笑地给予许多承诺，至于如何兑现的，只能是能做多少算多少。

等到公司已经衰退的时候，它的行政管理体系、政策、先例、规章和方针等左右着它的行为。无论管理层如何努力以显现出是他们在进行控制，但决定公司行为的却是以往的决策和奖励制度。在某种意义上，是公司本身，而不是某个具体的个人，在管理着管理层。船长在掌舵，但是船上的发动机却已经失灵。只要还有人在听，他们就会大声喊："向左！向左！"或"向右！向右！"（这取决于他们的政治倾向），他们力图在不兴起大波浪的情况下来改变航向。他们盯着民意调查报告，小心地算计着如何做才能不失去选票。我的一个朋友，一个公司的CEO接受了一个重要的政治任命，去了华盛顿。在他辞去那个职位之后，我们有一次谈话。他问我："伊查克，你知道当你踢一个大象的屁股时，你会得到什么吗？"他叹了一口气说道："你的脚会疼得厉害！"我要很遗憾地说，就我自己与许多首相及内阁部长级别高官共事的经历，他说的没错。

许多人很难理解一个体制是如何自己管理自己的。那些负责向公众传达信息的新闻工作者，无法解释一个如此混乱的体制是如何来运作自己的，于是他们会找出一个反面人物来承担。类似地，当一个处于衰退阶段晚期的公司陷入麻烦时，它就会开始寻找一些人来充当替罪羊，让他们承担责任，并按照公司制度将他们解雇。或许，他们解雇的人原先就是被指派来监督公司状况的，从这个意义上说，这也并非完全没有道理。然而，这位"责任人"却无法对公司实施任何控制——因为公司滑出壮年期后的实际状况已经不允许由他来控制了，体制已经慢慢地但毫无疑问地接手了控制权。

看看美国的情况，在1929年之前，它一直处于学步期。作为股市崩溃的结果，政府自己开始插手"指导"经济了。凯恩斯主义经济学使得政府干预变得合法化，于是美国进入了青春期。而在20世纪50年代，美国逐步接近壮年期。现在，那个在青春期和在带领美国进入壮年期的过程中发挥了作用的政府，成为国家衰退的原因。

那个当年曾带来福音的“新政”，如今已经成了“旧政”，由它带来的特权和无所作为受到诟病。

国家需要新的经济理论，不是米尔顿·弗里德曼或弗里德里希·哈耶克的理论，我认为，他们的理论只适合学步期，也不是梅纳德·凯恩斯的理论，他的理论只能满足从学步期向青春期转变的需要。我们需要的是能够延缓衰退，而不是促进增长的理论。[18]

是动力还是惯性

成长阶段的公司需要保持动力。要想使一匹赛马跑得好，你就必须把它喂好，不断地训练，保持其健康。一匹驯养良好的马不需要鞭打，它会按照指令往前跑或改变方向。但是，如果你想要一匹老骡子往前跑或改变方向，那就是另一回事了，在你带它参加比赛之前，你需要把它训练成像马那样跑，在把它转变成赛马之前，你对骡子所能做的就是不断地让它向前走——你不得不利用它的惯性。

在生命周期的衰退阶段，管理者力图利用这种惯性，他们不是设法改变方向，而是努力找到某种好办法，使得公司朝着“愿意的任何方向”发展。衰退的公司由于缺乏灵活性，已经无暇顾及效果。为了继续生存下去，管理层努力将效率最大化，因此他们不那么担心销售，而更加关心的是压缩成本。

改变领导力还是改变体制

处于衰退阶段的公司的管理者通常错误地认为，变革领导力就能使公司重新焕发活力，但是，即使换个骑手也不能使一头骡子变成一匹赛马。只有在生命周期的成长阶段，新的领导力才能影响结果。毫无疑问，你已经注意到一种现象，那就是，年幼的孩子无论是做鬼脸、说话、走路，甚至笑，都很像他们最亲密的看护者。到后来，他们有了自己的风格，而做父母的会感到奇怪：他们是在模仿谁？同样，在青春期的开始阶段，公司的行为反映的是其领导者的风格。到了青春期，公司从创始人手里解放了出来，它有了自己的身份，并且有了领导者也必须遵守的新规则。体制取代了领导者。这种进步是健康的，也是大家所希望的，因为它标志着公司进入了壮年期，在这期间，领导者的重要性与非个人化的规章制度的重要性取得了平衡。

但是到了后来，“体制”占了上风。[19]公司的领导层要想使公司从衰退状态中出来，只有改变其体制，不是将时间花在驱使骡子去参加比赛上，而是花在设法将骡子变为赛马上（见本书的第 2 篇和第 3 篇，我们将考虑如何实现组织文化的变革）。[20]

在 20 世纪 80 年代初，我在美国银行工作。当时，媒体正在发起一场运动，就是要银行总裁兼 CEO 萨姆·阿马科斯特下台，他们这样主张是因为萨姆的工作没有取得立竿见影的成绩，因此必须换将。我强调做进一步的分析。如果你看见一辆老旧的卡车瘫痪在路中央，你的本能反应是什么？你会更换驾驶员吗？或许这个驾驶员正在车罩下忙着修理这辆车。只有当这个驾驶员无所作为，而卡车又无法启动的情况下，你才应当考虑再找一个驾驶员。但是，如果这个驾驶员在忙着修车，即使车没有移开，为什么你就要解雇他？首先要看的是他的修理工作进展如何。需要考察的是整个工作过程，而不能依据尚不成熟的结果加以决策。

现代管理理论充斥着按照结果和目标来管理的观点[21]，这种方法对于学步期的公司是合适的；公共管理科学和最近的人文主义学派主要关注的是按照过程来加以管理。[22]只要按照正确的顺序进行，两者都是有效的推动力：结果管理、目标管理和过程管理。谁领导谁？

> 成长阶段公司的领导者用他们的行为来赋予公司生气勃勃的特性，而在衰退阶段公司里，公司文化决定了领导风格。

驱动力量和被驱动的力量交换了位置。在成长阶段的公司里，是领导者决定了公司的行为方式；而在衰退阶段公司里，则是公司文化规定了领导者的行为。

在成长阶段，大家跟随着他们的领导者，而当公司进入衰退阶段时，能量流向改变了：是领导者跟随着大家。

在成长阶段，领导力的变革会改变组织行为；到了衰退阶段，为了改变领导力，公司就必须改变组织行为。改变一个衰退公司的领导力而不去改变其体制，就如同从大海里取了一瓢水，对于大海来说没有多大变化。

除非他改变体制本身，否则，新的领导者并不会给体制带来什么有意义的改进。到 1998 年，美国已经走出了壮年期，进入了生命周期的衰退阶段，这时总统应当致力于运用自己的政治"银行账户"改变体制，而不是解决问题上。这样一来，下一任总统就会有足够的权力来处理和解决各种问题。对于解决困扰像美国这样一个国家的复杂问题来说，四年的任期实在是太短了。在他们任期的第一年，他们需要积累经验。到了第三年，他们已经开始考虑和准备下一次大选了，而在第四年，他们就会忙于四处奔跑去拉选票。这么算下来，一个总统在他的第一个任期内，只有一年时间可以冒着政治风险来处理一些棘手的问题。只有在其第二个任期内，总统才会有更好的机会来有所作为。但是在衰退阶段，不管谁当总统，政治斗争都会降低其连任的可能性。

当公司处于成长阶段时，领导者用他们的观点来吸引人；到了衰退阶段，人们选择那些能够反映他们意愿的人当领导。"人们的领导就是他们应该得到的领导"，这句话适用于处于生命周期衰退阶段的公司。

衰退公司文化中的领导力是组织行为的结果，而不是原因。在评价衰退公司的领导者时，我们必须看其业绩之外的东西，我们还必须看这位领导者是否发起了文化变革活动，并最终带来了所希望的结果。[23]体制——组织结构、奖励制度和信息分享等，所有这些都需要改革。我们必须改造卡车的机械传动装置，而不仅仅是它行驶的方向。对于衰退公司而言，调整产品线、定价方式和广告策略等，只不过是做表面文章，这些装饰性的变化或许能暂时解决问题，但它们并没有触动根本问题。例如，为什么在一开始就出现了错误的产品、错误的价格和错误的促销活动？我们必须治本而不是治标。那么，应当由谁来做这些工作呢？

内部和外部咨询师及冒犯者

治本而不仅仅治标意味着要对公司的内脏动手术——职权和责任结构、信息系统和奖励制度等。当你找公司权力中心的麻烦时，你要准备好承受痛苦，你需要深入到公司的权力斗争中去。咨询顾问会对你要做的事提出建议，他们为自己拥有长期的客户关系而感到自豪，他们无法接受被解聘的现实，所以，他们肯定不想去打扰公司的派系斗争，为了保住自己的生意，他们会设法避免引起疼痛。

对于一家处于衰退中的公司来说，找那些不愿冒失去客户风险的咨询师来帮忙是错误的，这些咨询师所能起到的最好作用也就是缓解某些症状。衰退阶段的公司所需要的是某个能改变其权力结构的人，我把这种人叫作冒犯者，他们属于那种不怕引起疼痛和失去生意的咨询师。

公司内部的改革者很难成为冒犯者，他们不敢深入公司内的派系斗争，因为这样做将危及他们的职业发展前景。由于他们在公司的地位、级别太低，所以倡导变革将会使他们受到排斥，甚至被炒鱿鱼，而外部的冒犯者是最适合此项工作的。

那些作为组织发展专家的内部咨询师会在成长型公司中发起改革，因为在这些公司里，人们知道蛋糕正在变大，派系斗争也比较缓和，冒犯政治权力中心的风险也不是很严重，此外，公司获得成功带来的喜悦会弥补改革带来的痛苦。对于衰退公司而言，内部的冒犯者将受到排斥，或者是被弃而不用。

从销售导向到利润导向

在生命周期的每个阶段，公司的目标都在发生变化，如图 7－4 所示。婴儿期的目标是显而易见的：资金！婴儿要成长，它就需要牛奶——运营资金，它长得越快，就需要越多的资金。婴儿期公司常常赔本出售它们的产品或服务，为的就是得到资金。但是，到了学步期，公司就已经从资金短缺的困境中摆脱了出来，那么，这时公司会追求什么呢？它会谋求进一步发展，即用销售额和市场渗透程度来评价成长。学步期公司的管理者在讲述他们干得多么出色时，常常会用销售成绩来炫耀："我们的销售比去年增长了 35％。"对于学步期公司来说，"多"通常指的就是销售。到了青春期，公司关注的是利润，这时效率开始变得重要了。

从销售导向到利润导向的转变，是十分困难的。[24]在婴儿期和学步期，无论是奖励制度还是招聘员工都与销售挂钩，公司迷恋于销售，评价员工业绩也是看其销售工作做得好不好，增加销售是重中之重。当公司开始重视利润时，也就是试图更聪明地工作而不是更辛苦地工作时，公司中的行为就不得不改变了。为了改变公司中的行为，他们需要改变其目标和奖励制度，同时，他们必须重新考虑自己的招聘制度和培训制度。但说起来容易做起来难。

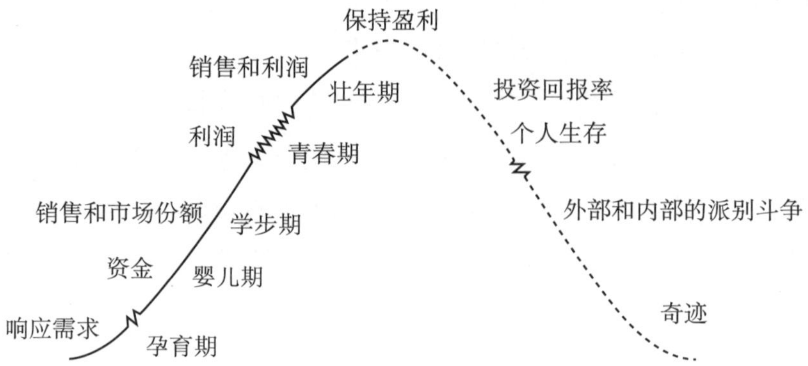

图 7-4　生命周期不同阶段的目标

青春期的公司必须转变认识，将决策的注意力从重数量转向重质量，当形式开始与功能相对抗时，这两种导向就陷入了艰难的斗争之中。

学步期的公司领导者问我："我们如何做才能既有更多的销售，又有更多的利润?"

我告诉他们："你们首先必须花时间来使公司实现制度化，并有良好的组织体系。"请记住著名的瑜伽教练比克拉姆·丘杜里说过的话："通往天堂的路要经过地狱。"为了实现梦想，学步期的公司首先必须忍受青春期的痛苦，并生存下来。

对于壮年期公司来说，由于形式和功能、质量和数量具有同等分量，因此公司的目标是既要销售也要利润，而它也能做到既增加销售也增加利润。

当公司离开壮年期时，利润目标的重要性就变得大于销售了。

下面列出了目标重要性的变化情况。

成长阶段：销售＞利润

壮年期：销售＝利润

衰退阶段：销售＜利润

从顾客到资本

在孕育期，有几类利益相关者将从公司的创建中获益，但他们的利益在这时还没有受到重视，只有创始人自己的利益才是重要的。从孕育期开始，利益相关者的利益逐步体现出来并落实，最后，直到公司到达壮年期，所有的利益被全面整合起来并达到平衡。[25]由于这种整合不是一种稳定状态，随着公司的逐渐衰退，利益集团会一个一个地失去其权力，到最后只剩下“影子”留下来，这就是我们所说的公司政治。

对于婴儿期公司而言，资金是最重要的。在学步期，公司是创始人个人的游戏，而顾客是上帝。在青春期，公司与它自己的管理层一起，成为客户，开始努力保护自己的利益，并经常与公司的所有者甚至顾客的利益产生冲突。在壮年期，人的因素开始作为一个利益相关者出现了，并与其他所有利益者相互联合并达到平衡。中高层管理者、资本、劳动方，以及当前和未来顾客的利益都达到了最优化。[26]但在衰退阶段，随着公司适应变化的能力变差，顾客越来越不受重视。管理层的个人目标也变得不再重要，因为管理者已经不再是推动力量，而变成了随着公司被动地走。在衰退的晚期，每个人的目标就是活下去，有些人已经开始弃船逃生了。在官僚主义特别严重的公司里，如何在派系斗争中生存下去，成为大家的目标，这常常意味着外部的利益集团掌控了公司的决策过程，而公司的各组成方的利益已经不再重要了。

这个过程的结果是目标替换：决定性目标和约束性目标交换了位置。

从资金到政治斗争

决定性目标指的是那些我们想要最大化的目标，约束性目标指的是那些我们不想破坏的条件。在婴儿期和学步期，服务市场是决定性目标，而利润则是约束性目标。分红则更多地被看作对债券支付的利息，是为了使股东不撤资而不得不支付的最低回报。分红不是股东的目标，他们指望的是股票增值，而不是短期收益，他们的目标是销售最大化，同时使得利润保持在可接受的最低水平上。生命周期各阶段中的利益方如图 7－5 所示。

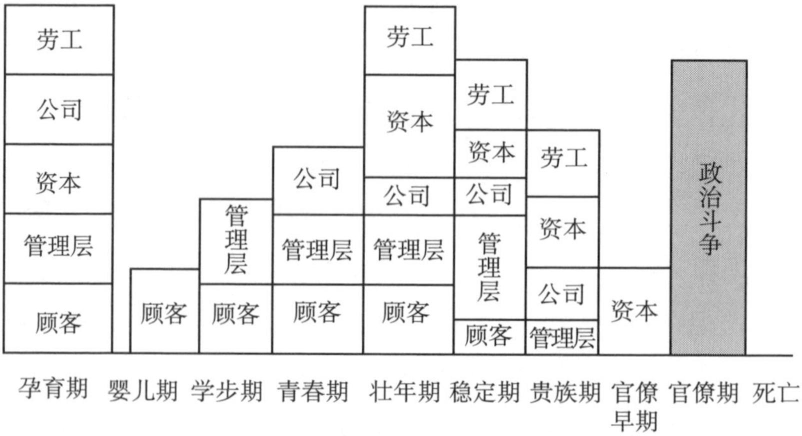

图 7－5 生命周期中的各种利益

对于青春期公司来说，当利润变成重要的衡量指标，而更多的销售不一定产生更多的利润时，此时销售就成为约束性目标，而利润则成为决定性目标。

目标的转换并不容易。在青春期，尽管利润是首要的目标，但销售导向依然左右着公司文化。在婴儿期和学步期，公司对销售导向上瘾，在那时候，更多就是更好，因此到了青春期，它很难搞清楚利润究竟是决定性目标还是约束性目标。管理者在重视利润和追求销售之间摇摆不定，他们想鱼和熊掌兼得，可由于所处的生命周期中的位置，还无法同时实现这两个不兼容的目标，因此管理者容易感到烦恼和沮丧。在生命周期各阶段中的约束性目标和决定性目标如图 7－6 所示。

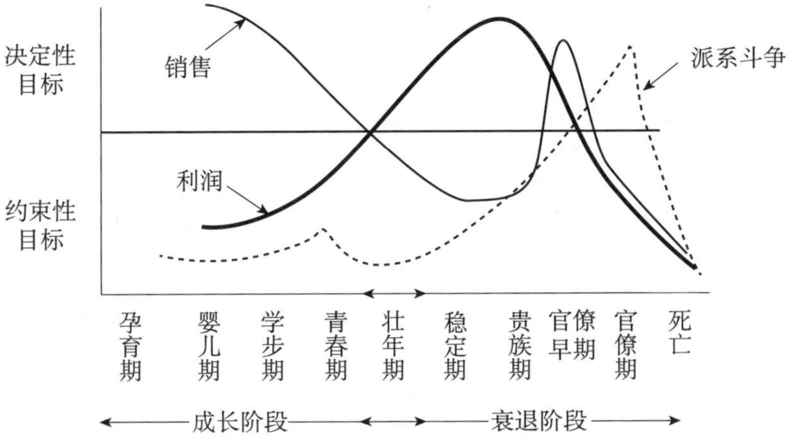

图 7－6 生命周期各阶段的决定性目标和约束性目标

在壮年期，公司追求的销售和利润双增长得以实现。这个时期，这两个目标都是决定性的。而约束性目标，即不应该做什么，可以从公司的扩张战略中找到答案。

从壮年期往后，随着公司的逐渐衰退，利润会变成决定性目标，而销售则变为约束性目标。这时，管理层不再以满足顾客的需求为目的，而是学会了通过对会计账目的解释，以及对股票市场的短期预测做出回应来赚钱了。由于以每股收益来衡量的利润成了目标，因此那些购买股票的投资群体取代了顾客的位置。对于未公开上市的私有公司，其所有者变成索取者，而不是给予者，于是，公司要去养育其所有者，而不是被所有者养育。

这种发展次序在自然界也是一种普遍现象。成长阶段的特点是给予，壮年期是真实的存在，衰退阶段则执迷于索取。对于公司来说，会出现什么情况？随着体制的老化，仅仅是为了维持其运营，就需要注入多得多的能量。随着系统的瓦解，它就需要越来越多的能量来将其凝聚起来。

当人们看到大限将至时，他们的自我保护意识变得很强，他们会自顾自地积攒时间、金钱，以及任何他们能积攒的东西。同样，随着公司的衰退，它会攫取更多而付出更少。它对将来的投资更少，会拼命挤压公司这头现金牛，直到榨干它的最后一滴奶。

随着公司的衰退，管理者的行事方式让人觉得公司在市场上存在的主要目的就是获取利润，他们会削减广告、促销和研发的开支，为的是使利润最大化。在这个过程中，他们还同时消除了那些激发公司灵活性和活力的因素。[27]由于公司的风气是鼓励获取短期盈利，所以那些为此目的而努力的人会在公司的政治权力斗争中占据上风，很少有人会为了变革争取资源，因为变革只有在较长时间才能显出效果，而公司的文化氛围也对长期利益不感兴趣。那些意图发起改革的人会四面树敌，而其他人则认为这些家伙不识时务，并指责他们不具有团队合作精神，经过一番努力后，他们发现自己在派系斗争中被孤立，在工作上受排斥，最终，他们会偃旗息鼓，要么辞职，要么被炒鱿鱼。

随着公司日益衰退，它变得眼光短浅，以短期成果为导向。

当公司衰退时，也是一个逐步被榨干的过程，股东会蜂拥而上争取其投资回报，他们想在最短时间内获取能够得到的一切。结果他们消耗的不仅是脂肪，连公司的肌肉也一起消耗了。在公司缩减规模时，那些仍然有生命力的部分常常会被牺牲掉。

当公司到达衰退阶段的晚期（我把这个阶段称为官僚早期）时，派系斗争开始了，于是目标又一次转换了。现在，每个人关注的是个人，而不是公司的生存问题。人们不再为分红、投资回报或销售而努力，他们担心的是谁能留下，和谁将被解雇。他们就如同那些高龄老人，不再认为自己还有义务在身，即使面对自己的妻子，也是如此，他们关心的只是自己内心的平静和身体健康。在逐步衰退的公司里，派系斗争吞噬掉了大部分的管理能量。

官僚期一片祥和宁静。这时，公司由一位代理人管理，再也没有任何可争斗的了。为了留下来或得到提拔，你需要做的不过是随大流。只要你照章办事，就没什么可担心的。如果你够低调，不惹事，既不冒犯，也不威胁到别人，也就是说，只要你避免矛盾，你没准能成为首席行政官。你的基本目标是成为公司的政治资产，而不是政治债务。

生命周期阶段	决定性目标	约束性目标
1. 婴儿期	1. 资金	1. 创始人个人生活的质量
2. 学步期	2. 以市场份额和利润为衡量标准的销售	2. 如果创始人可以侥幸摆脱的话，可以没有约束性目标，他会测试能做到什么极限
3. 青春期	3. 利润	3. 以收回的钱为衡量标准的销售
4. 壮年期	4. 利润和销售	4. 战略决策
5. 稳定期	5. 保持现状	5. 不要挑起波澜
6. 贵族期	6. 投资回报	6. 以市场销量为衡量标准的销售
7. 官僚早期	7. 个人的生存	7. 政治目标
8. 官僚期	8. 政治权力	8. 政治约束

现在，让我们描述一下衰退的各种表现，以及衰退公司在每个阶段所发生的事情吧。

注　释

1. 更多的论述可参阅 I. Adizes，*The Pursuit of Prime*（Santa Monica:

Knowledge Exchange，1996）.

2. 参阅 L. Marchall，S. Mobley 和 G. Claver，“Why Smart Organizations Don't Learn,” in S. Chawla 和 J. Renesch，*Learning Organizations：Developing Cultures for Tomorrow's Workplace*（Portland，OR：Productivity Press，1995）。作者认为，风险管理与组织学习有关，尤其是 C. Argyris 有关单回路和双回路学习的见解，提供了一种评价风险的方法。可参阅“Teaching Smart People How to Learn,” *Harvard Business Review* 69，3（May—June，1991）：99—109。与 Argyris 一致，爱迪思方法论为组织将双回路学习制度化以及保持在壮年期提供了方法。
3. 这种反应是与 D. Schön 和 M. Rein 的 *Frame Reflection：Toward the Resolution of Intractable Policy Controversies*（New York：Basic Books，1994）一书中所提倡的做法一致的。在该书中，作者不仅表明，对事件的反应，以及对事件形成的方式的反应，都会导致冲突的减少和二次改革。
4. 参阅 D. Breunlin，“Oscillation Theory and Family Development,” in C. Falicov，*Family Transitions：Continuity and Change Over the Life Cycle*（New York：Guilford Press，1988）：133-158。他提出了一种“摆动理论”，该理论可以预测系统在衰老过程中的反向摆动，年轻人是风险承担者，而老人则是风险规避者。
5. 参阅 B. Carter，M. McGoldrick 和 G. Ferraro，*The Changing Family Life Cycle：A Framework for Therapy*（Boston：Allyn and Bacon，1989），特别是“概述”那一章的第 3～28 页。他们非常清楚地指出，系统按照一定的顺序转变，与该顺序中某一个阶段有关的任务，在其他阶段可能丝毫不起作用。尽管组织不是家庭，但这里与“系统”加以类比是有益的。
6. 参阅 A. Donellon 和 M. Scully，“Will the Post-Bureaucratic Organization Be a Post－Meritocratic Organization?” in C. Heckscher 和 A. Donellon，eds.，*The Post-Bureaucratic Organization：New Perspective on Organi-*

zational Change（New York：Sage，1994）。在此文中，作者批评了官僚组织中的奖励制度，指出它限制了团队的工作效果。反之，他们提倡一种后精英主义的制度，该制度能支持独立性，并且关注的是技能的培养和更加平等的奖金结构。他们还报告了 Donellon（1992），The Meaning of Teamwork 中的数据，这些数据表明，对于高业绩者，仅仅依靠外部的奖励是不足以提高其积极性的，这些人需要的是具有挑战性的工作。

7. 参阅 J. Baron 和 K. Cook，“Process and Outcome：Perspectives on the Distribution of Rewards in Organizations，” *Administrative Science Quarterly* 37（1992）：220－240。他们讨论了关注结果和关注过程的两种奖励制度之间的不同之处。
8. 参阅 O. Mink，*The Behavioral Change Process*（New York：Harper & Row，1970），以及后来由 Oscar 和 Barbara Mink 所写的文章，其中对标杆做法有所评论。
9. 参阅 G. Bateson，*Mind and Nature：A Necessary Unity*（New York：Dutton，1979），其中提及了这种相互依赖性。还可参看 R. Donaldson 编辑的 G. Bateson 的作品，*A Sacred Unity：Further Steps to an Ecology of Mind*（New York：HarperCollins，1991）。
10. 这相当于 P. Watzlawick，在 *Pragmatics of Human Communication：A Study of Interactional Patterns，Pathologies and Paradoxes*（New York：Norton，1967）一书中所说的“负反馈”，或者是旨在减少偏差的信息。他还指出，许多系统性问题都是因为使用了负反馈而造成的。
11. G. Bateson 在 Steps to an Ecology of Mind，in *Steps to an Ecology of Mind*（New York：Ballantine，1972）中指出，企图通过增加控制（如负反馈）来矫正系统会产生致命性问题。
12. 参阅 G. Bateson 的“The New Conceptual Frames for Behavioral Science，” in R. Donaldson's *A Sacred Unity*。在该书中 Bateson 提出了论据，指出适应性是一个需要对变化无常的环境做出创造性回应的功能性过程。他指出，这是一个经常对形式发起挑战的极其复杂的过程。

13. A. Grove, *Only the Paranoid Survive*: *How to Exploit the Crisis Points That Challenge Every Company and Career* (New York: Doubleday, 1996)。

14. 参阅 G. Morgan, *Images of Organization* (Beverly Hills, CA: Sage, 1986), 该书对组织文化这个概念做了极好的评论，作者最后指出，组织文化与组织的派系活动密切相关，从而使得组织的政策难以改变。这种看法与 C. Hampden-Turner 在 *Creating Corporate Culture*: *From Discord to Harmony* (San Francisco: Addison—Wesley, 1990) 一书中的看法相反。该作者争辩说，改革组织文化是可能的，并且提出了一个六步法来促进文化改革。

15. 参阅 S. Birley 和 P. Westhead, "A Comparison of New Businesses Established by 'Novice' and 'Habitual' Founders in Great Britain," *International Small Business Journal* 12 (1993): 38-60。在这两个案例中，作者考察了企业家看待"机会"的方法。

16. 参阅 R. Dahrendorf, *Class and Class Conflict in Industrial Society* (Palo Alto: Stanford University Press, 1959)。通过使用马克思主义理论框架，他指出，随着时间的推移，组织中管理层和一线员工之间的紧张关系是不可避免的。他注意到，权力和责任之间的分离是不同功能的结果，也就是说，管理层没有能力控制结果，但他们有权做出调控；一线员工能控制结果，但没有权力对具体环境的变化做出反应。这说明，衰退公司中的这种斗争也可理解为一种权力斗争。

17. 参阅 J. Forester, *Planning in the Face of Power* (Berkeley: UC Press, 1989)。该作者提出证据证明，公共政策和计划深受利益集团之间权力关系的影响，从这个角度，有效的公共政策只能通过不同政治和社会集团之间的积极对话才能发挥作用。

18. 由斯坦福大学 Brian Authur 发展的一种新经济学理论（"收益递增"经济学）吸收了混沌理论。它假设了一种"富人变得更富有"的不稳定环境。防止衰败的方法是典型的将牛顿学说用于经济学，仿佛经济是一台逐渐失去动力的机器。相反，新学派呼吁建立“进化”模式。参见 M. Waldrop，*Complexity. The Emerging Science at the Edge of Order and Chaos*（New York：Touchstone Books，1992）。

19. H. Maturana，*Autopoiesis and Cognition*：*The Realization of the Living*（Boston：D. Reidel，1980），此书就“自我创生”进行了广泛论述，指出一个系统为了维持当前的均衡状态会进行自我调节。还可参见 F. Varela's *Principles of Biological Autonomy*（New York：Holland Press，1979）以及 H. Maturana and F. Varela's *The Tree of Knowledge*：*The Biological Roots of Human Understanding*（Boston and London：Shambhala Press，1987）。但是，Maturana 指出，系统对环境的反应受限于其内部条件，这些条件的目的是它的自我再生。尽管组织并非生物系统，但就社会系统而言，它们也展现出自我调节或自我复制的过程。这个看法是由 H. von Foerster 在其 *Principles of Self-Organization*（New York：Pergamon Press，1962）一书中提出的。
20. 更详细的内容可参见 I. Adizes，*Mastering Change. The Power of Mutual Trust and Respect in Personal Life*，*Family*，*Business and Society*（Los Angeles：Adizes Institute Publications，1993）。
21. 一个杰出的例子是 J. Westphal，G. Ranjay，and S. Shortel，*The Institutionalization of Total Quality Management*：*The Emergence of Normative TQM Adoption and the Consequences for Organizational Legitimacy and Performance*（New York：Addison-Wesley，1996）。
22. 对于更多基于过程的管理方法的一个极好的例子，可参见 D. Boje 和 R. Dennehy，“Postmodern Management Principles：Just the Opposite of Modernist-Bureaucratic Principles，” in *Proceedings of the International Academy of Business Principles*（Washington，DC：International Academemcy of Business Disciplines，1992）：442－448。基本上，更加人性化的管理方法遵循的是以下著作的传统：Mary Parker Follett（c. 1924），*Creative Experience*（New York：Peter Smith，1951）以及

M. Follett，*Dynamic Administration*：*The Collected Papers*（New York：Harper and Brothers，1942），他发现了在组织经营过程中关系和身份所起的核心作用。

23. 参阅 L. Smirich 和 G. Morgan，"Leadership：The Management of Meaning," *Journal of Applied Behavioral Science* 18（1982）：257－273。两位作者提供了一个框架，该框架把领导者理解为在组织中推动意义感、按预定方向积极主动地建设组织文化的人。

24. 以利润为导向的有趣讨论可参见 K. Palepu，"Diversification Strategy，Profit Performance，and the Entropy Measure，" *Strategic Management Journal* 6（1985）：239－255。

25. 要想使利益相关者的利益统一，需要有使得各方的利益得到表达和处理的沟通方法。可参见 D. Bohm，*On Dialogue*（New York and London：Routledge，1996），该书描述了对话的过程。利益的平衡是一个永远不会完全实现的、持续不断的过程，但重要的不是结果，而是这个过程。

26. 这个新方法叫作"团队问询"（team inquiry），它使用来自 S. Simon 的"反射团队"（reflecting team），以便创建一个能够增进相关知识的组织环境。可参见 S. Simon 的博士论文"Restoring the Organization Using Team Inquiry as a Participatory Action Research Tool to Co-Construct Alternative Approaches to Leadership Within a Sub-Division of a Multinational Manufacturing Corporation，"（Santa Barbara，CA：The Fielding Institute，1998）。这个"团队调查"过程可以平衡组织中各方面的利益，并且增进团体内部和团体之间的信任。

27. 参阅 M. Peteraf，"The Cornerstones of Competitive Advantage：A Resource—based View，" *Strategic Management Journal* 14（1993）：179－192。作者认为，在一个竞争环境中，对于持续成功而言，灵活性是一个核心问题。

第 8 章

处于衰退中的公司：贵族期

“钻那个铁圈，鲍勃，快钻那个铁圈！”

随着公司到达我称之为贵族期的那个阶段，组成这个公司的人之间的相互交往关系变得愈发重要。大家都希望少一些冲突，少一些变化。相比较之下，在成长阶段，尽管变化会引起冲突，但是人们依然鼓励和促进变化，人际关系仅仅具有很小的意义。贵族期在生命周期曲线上的位置如图 8－1 所示。

为了减少冲突，处于贵族期的公司始终把变化限制在最小程度，意见不一致的时候很少，也没有什么重要的老员工关系网出现。然而，缺少冲突会在不知不觉中导致组织功能失调。[1]公司发生变化的速度减慢，造成的结果要在以后才能体现出来。公司进入了一个与顾客距离不断拉大的过程中，创业精神的衰减使它从壮年后期进入稳定期，并最终到达贵族期。

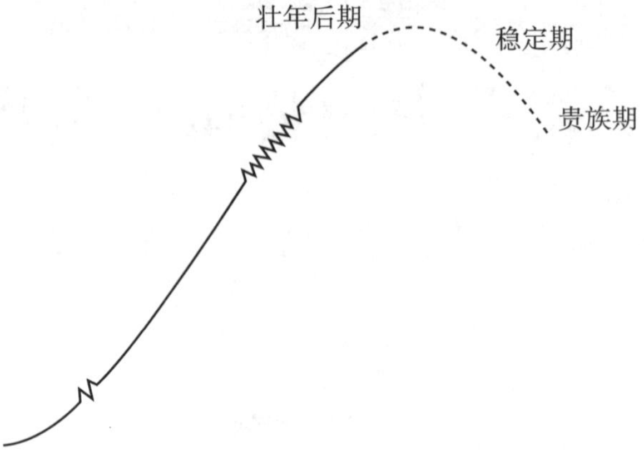

图 8-1 贵族期

处于贵族期的公司有以下特点：

- 发展的欲望降低了。
- 对于征服新市场、新技术和开辟新领域兴趣不大。
- 重视过去的成就，而不是未来的发展前景。
- 对变化产生了怀疑情绪。
- 奖励顺从者、让干什么就干什么的人。
- 与承担风险相比，对人际关系更感兴趣。
- 将钱花在控制系统、福利及各种设施上。
- 更关心如何做事，而不是做什么和为什么做。
- 重视着装、说话和惯例是否正式。
- 雇用的员工都是关心公司是否有活力的人，但公司运营的箴言却是“别没事找事”。
- 内部只开展微不足道的创新，通过兼并其他公司来获得新产品、市场，甚至创业精神。
- 一切目标都是为了使公司更有钱。

贵族期的公司，灵活性会不断下降，这个过程始于壮年期，并具有长远的影响。公司达成和实现结果的能力也会下降。由于忽视长远的机会，所以公司响应短期需求的能力也同样受到影响。即便公司取得了一些成果，它也没有提前预计到这些成果。公司的绝大部分目标，都是短期和低风险的，这时，它已经为自己播下了平庸的种子。

由于缺少长期视角，公司中出现了新的行为方式。贵族期公司中的氛围是相当沉闷的，评价一个人不是看他完成了什么或做了什么，而是看他是如何做的。只要低调一些，不惹事，就会在公司中活得很好，甚至会得到提拔。成绩——或没有成绩——则不是什么大不了的事情。

贵族期公司中的成员显得很特别，他们的行为举止与生命周期其他阶段公司中的人极为不同。看看他们的着装，他们在哪儿开会，他们如何利用空间，他们彼此之间如何称呼对方，彼此如何沟通，以及如何处理冲突，你就明白了。

着装规则

在婴儿期公司里，如果你能干，你可以把衣服反过来穿，只要你有成果，没有人会在乎你的衣着。等公司到了学步期，员工开始穿西装或休闲外套，并且打领带，但并没有严格的着装要求。壮年期公司则要求员工看起来更专业，他们穿西装，里面是价格适中的白色或蓝色衬衫，而领带也有一定的款式要求，这样的一致性传递出自信的形象。等公司进入了贵族期，着装的一致性保留了下来，但不一定在功能上体现出所希望的那种形象。贵族期公司的着装规则为的是表现一致性，管理层的着装就好像要去参加婚礼或葬礼。每个人着装上保守的一致性反映的是每个人在思想上保守的一致性。在这种组织氛围中，重视形式要大于重视功能，这一点也表现在办公室家具、着装规则、公司箴言和人们对空间的使用上。

会议室

婴儿期公司的人们在哪里开会？他们没有时间开会，所以也没有正规的开会场所。在去往机场的出租车里、在餐馆吃饭时、在走廊里、在电梯里都可以开会。学步期公司的员工如果有会要开的话，会在创始人的办公室里，也就是权力中心。一边吃早饭、中饭和晚饭，一边工作，是学步期生活方式的常规表现，由于基本上是由创始人做出所有决策，因此讨论都很简短，人们不断地从一项工作转到另一项工作，因此很多时候人们都不知道讨论怎么就得出了这样的决策。

青春期会发生多次权力转移过程，所以会议很多。人们不再是在路上做出决策，而是通过开会来决定责任、规章制度、政策、信息需求，以及奖励制度。存在异常问题的青春期公司中，真正的会议是在正式会议之外，在走廊里或在某个人的家里半夜三更举行的，这些非正式的聚会是谣言制造厂。[2]正式的会议沉闷乏味，充满着紧张和克制的愤怒。到处都是小团体活动，每个人都在警惕地注视着别人：谁正在和谁交谈？谁要和谁一起吃午饭？

等公司到了壮年期，会有非常正式的会议室，执行委员会就是在那工作的。会议室配备的用具，实用性超过舒适性：结实的椅子和桌子、很好的照明、大的黑板架，以及配有各种彩色标记笔的白板。

贵族期公司所设计的会议室通常都会让人惊讶于它的与众不同。在一个典型的会议室里，几乎可以肯定你会看到一张巨大的、闪闪发光的黑色木质桌子，围着一圈与之配套的豪华椅子。地毯很厚，光线昏暗，而窗户则被厚重的窗帘遮挡着。一幅比真人还大的创始人照片，表情严肃，注视着整个房间，仿佛是在提醒每个人都要记住他的地位。当然，不是所有的贵族公司都把创始人的照片挂在会议室的墙上，许多公司悬挂的是历任总裁的照片，或者一些非常古典的美术作品。

寂静笼罩着一切。当与会者进入这样一个会议室时，昏暗的灯光、统一的黑色西装，以及那幅表情冷峻的照片，使得他们感到浑身不自在。他们怎么可能告诉公司的领导者："嗨，伙计，我们正在失去市场份额！"我曾经为一家大银行做过顾问，这家银行的会议室位于大楼最重要的楼层，会议室的门可能称为关卡更好一些：有两层楼那么高，做成了凯旋门的样子，好像是纪念从西奈山上上帝那儿拿回十条戒律的摩西。门上没有把手，每当有人接近时，门会感应到并自动打开。当我走进这个会议室时，我有一种超自然的感觉，仿佛是天堂之门在向我打开，一个长长的红木桌子占据了房间的大部分，大得足够容纳 30 人，每个与会者都坐在带有厚厚坐垫的椅子上，面前有麦克风，房间里很暗，因为沉重的窗帘把外面的世界遮挡在外，我真切地体会到了一种胁迫感。

工业心理学家指出，空间、灯光和色彩等会影响人的行为，高管们也不例外。这种正式的会议室在提示每个进来的人："别没事找事。"

空间的使用

婴儿期公司没有空间概念，大家共享桌子、打字机和电话，从事小本经营的每位成员，成本观念都非常强。在典型的学步期公司里，员工分散在全市或全国各处，可能销售部位于主大道，财务部位于几英里之外的另一个大楼里，而公司总部则位于另一个城市。为什么？因为学步期公司是受机会所推动的公司，它没有计划，只是做出反应。当销售上升时，它就会做出反应：租用另外的办公场所，并招聘新的人手。随着学步期公司变得成熟并进入青春期，公司会把分散的办公场所集中到一起，但同时其作用就如同为制造小道消息的机器添加了催化剂。

当公司到达壮年期时，其办公场所会固定下来，并搬到一个能容纳所有部门的地方去。大家会为他们有效利用空间的方式而感到自豪。办公场所安排得非常好，并根据职能要求配齐各种设备。壮年期公司不会迷恋于过分的豪华、奢侈或吸人眼球。

然而，等公司到了贵族期，形式压倒了功能，仅仅是它那空荡荡的走廊就足以满足好几个婴儿期公司的需要。总裁套房的租金——具有私人浴室、餐厅和秘书办公室——可能就会超过在学步期时公司为所有设施所付的租金。对于一家贵族期公司来说，为它的总裁办公室、家具和装修花上 100 万美元，是很常见的事。我曾见到过一套有着超豪华浴室的总裁套间。

彼此如何相称

婴儿期和学步期公司里的人在相互称呼时，习惯上用名字相称（不称其姓）。在青春期公司里，人们直接称呼对方名字的方式不适用于正式文件了。当公司进入壮年期时，人们彼此相称时，会同时使用姓和名。等公司进入贵族期，在会议上彼此相称时，几乎无一例外地称呼姓了，他们变得非常正式：这是史密斯先生，这是琼斯小姐。在办公室里，他们可能比较随意地称呼名字，如鲍勃、玛丽，但在正规的会议室里，称呼就会变得十分正式。在某些国家，这种正式性还通过具体称呼其军事、教育、社会头衔而更加强调出来。例如，在德国文化中，人们会说："这是施瓦兹上校（已退休）"或"这是亚历克斯博格博士"（尽管他的博士学位是关于中世纪文学的，并且与他在公司里的职位毫无关系）。在墨西哥，人们会说，这是亚历山德罗先生或因基尼艾洛·冈萨雷斯先生等。在意大利，那些完成了大学本科学业的人，会被带有敬意地称作“博士”。而在巴西，只有在称呼高管级别的人时才使用头衔。

“高级副总裁布林顿报告，先生，请允许我前来觐见。”

沟通

在孕育期，“讨论”这个概念是十分模糊的。人们在谈论自己的想法和感觉时，他们不停地重复，不断地否定自己，他们很容易恼怒，但这并没有损害他们对问题的敏感性。与享受浪漫曲折孕育期的人们截然不同，婴儿期的人们要求谈话简短扼要、直截了当，偶尔还会带有残酷但诚实的冒犯。行动比说更重要，行动代表一切。“现在就去把它搞定!!!”是婴儿期公司的座右铭。

在学步期公司里，沟通成为接连不断的混乱的来源。人们提出各种要求——不管是否有人会对其做出反应。要求员工做到最好，但无论他们怎么做，总是达不到那些强势的、自负的创业者的要求，在这个时期，公司中标准的表达方式是用四个字母构成的词。在青春期，偏执情绪盛行，每个人都在没完没了地解释和说明谁说了什么，以及为什么那么说。

在一个正处于壮年期的公司中工作，是多么惬意！每个人都知道做什么、为什么做、何时做、如何做，以及由谁来做。工作要求很高，但是大家都能够完成。人们在说话时，会考虑他们的措辞。他们说话从容，语气有分寸，仿佛在掂量自己所说内容的重要性。到公司进入贵族期时，表达的方式成为最本质的东西——方式本身就代表某种信息。人们说话很慢，但这与所说内容毫无关系。管理者过多地使用视觉工具和书面沟通方式。在开会时，人们避免做正面答复，会使用一连串的双重否定和限定词："这看来似乎是，在某种情况下，可以认为如此，但是，从另一方面说，也不一定如此，我们或许可以推断……"在离开会议室后，都不知道究竟做了些什么。会议记录的副本，让人如读天书，里面充满了隐喻、暗讽和含蓄的影射。在贵族期，人们处理问题的方式，就和维多利亚女王时代对待性的方式一样，每个人都知道发生了什么事，但没有人会去谈论它。

我听到的一个笑话，很适用于衰退阶段的公司。一个人到诊所看病，请求一位眼耳科医生给他看病。"我们没有那种医生。"护士回答说。"或者是耳鼻喉科医生，或者是眼科医生，为什么你要眼耳科医生？"她问道。"因为我听到和看到的完全不一样。"

如果你在私底下悄悄问一个人会议上都讨论了什么，他可能会告诉你："我们正在失去市场份额。"为什么在会上人们不会直接说出这个问题？如果是在处于婴儿期或学步期的公司中，人们一定会直接说出来的。在贵族期的公司中人们不会那么做，是因为问题尚未达到严重的程度，而每个人都知道搅起波澜将带来怎样的危险。[3]因此，人们希望公司能挺过这场暴风雨，他们相信，如果公司能挺过目前的困难，就没必要采取任何行动。他们认为，能否生存下去不取决于他们的控制。"或许政府会改变法律。""竞争对手不可能这样继续扩张下去，他们肯定会遭受增长所带来的痛苦。"贵族期公司不依赖自己的努力和智慧来改变形势，它们迷恋于过去，没有能力面对未来。这种面对问题明显的无动于衷或行动迟缓还有另一个原因，那就是权力中心的软弱无力。

软弱无力的权力中心

在与政府的最高部门共同工作时，我看到了许多贵族行为，并因此而感到很失望，在政府比较低级的部门中，我对其官僚主义行为一点也不感到惊奇，但是，在我见到首相或总统时，我确信我是在与权力中心的人会面。然而，和贵族期公司的员工一样，我错了。员工相信，他们的总裁是全权在手的，我希望首相也是如此。但就如童话故事所说的那样，皇帝根本就没穿衣服！贵族期的组织——不管是政府还是公司，其领导者，看起来好像他们可以做很多事，但实际上，他们只能做很少的事情，因为任何事情都需要得到众多委员会的同意和决定，还有太多太多的利益集团需要加以照顾和妥协。所以毫不奇怪，任何牵涉改革的决定，即使最后通过，也都进展得很慢。贵族公司的领导只能做派系斗争允许他们所做的事情，而随着公司不断地衰退，无力采取行动的状况更是日渐恶化。这些领导者不能做任何挑战他们权力极限的事情。任由问题升级为危机，在这之前没有人采取有力的行动，因为各方都要等待做出决定，他们要共同承担责任。

每每在讨论公司如何处理冲突和资金问题时，你都能看到这种现象。

对冲突和危机的处理

贵族期公司内的成员作为整体来处理冲突的方式，是这个阶段的又一个代表性特征。维托利奥·德·西卡在其 1971 年的故事片《芬齐-康梯芬尼斯的花园》中[4]，展示了这种情况。这部影片考察了一个意大利犹太贵族家庭在第二次世界大战即将爆发前的行为表现，当意大利的法西斯分子开始迫害犹太人时，芬齐-康梯芬尼斯拒绝相信会出现对他们严重不利的事情。“我们在这里生活已经很长时间了，”他说道，“我们是意大利最著名的家族之一。”于是，他们依然在他们带有高高围墙的住宅里面打网球，在挂有漂亮吊灯的餐厅吃饭，照常工作。在独处时，家族中的每个人都提心吊胆，而作为一个整体，生活却依然如故地进行着。他们迷恋于过去，对于将来则感到麻木。就是这种集体的抱团取暖压过了个人的恐惧。[5]

贵族期的公司，其行为方式与此类似。躲藏在他们自己漂亮奢华的大楼里，浪费着那里的空间，好像这空间很不值钱似的，管理人员私下里都在为公司及其未来担忧，但是在正式会议上，却没有任何一个人会想起大胆而直率地说出他们的担心。当咨询师向一组管理者指出竞争者带来的威胁时，他们多半会回答：“别担心，我们一直都这样。用户需要我们。我们有名气、传统和专业能力。”但在个别交谈时，管理者会认同咨询师的看法，承认情况不妙，并且认为某个人（通常还有其他某个人）应当做些什么。在一个组织中，如果管理者明确地说：“我们不喜欢竞争，我们宁愿服务。”那么他们注定会在明天重复他们昨天做的事情。

一个得了硬化症的人可以去看病治疗，

一个得了硬化症的组织，则会因为其健康状况而令人印象深刻。

弗拉基米尔·布拉托维克

贵族期公司否认当前的现实。尽管它正在失去市场份额，并且越来越无力在产品和营销等方面参与市场竞争，但公司成员依然保持着按照既往常规办事的态度，他们觉得有责任保持与历史业绩一

样的水平。“我们必须发放分红，我们不能让那些投资于我们公司的孤儿寡母感到失望。”于是他们每年都对每股发放 X 美元的分红，尽管 X 占全部利润的比例越来越大了。

我与之共同工作过的一家公司说，分红已经占了公司每年收入的 93%，尽管它的产品已日益陈旧过时，而公司也没有开发新产品。这是一种组织自杀行为。我问道：“该怎么办？”其回答是典型的贵族口吻：“我们有从上至下的计划，从技术上和结构上都很清晰，是这样体现出来的：最高管理层确定应当给予股东多少回报，由此出发，管理者确定公司需要实现多少盈利，以及每个部门应当贡献的利润、销售目标以及允许的费用开支。”

请注意：他们描述的这个过程与市场上正在发生的情况毫无关联。这种做法是一种以自我为中心的、自负的、贵族化和脱离实际的行为，只有那些认为自己是在真空中开展业务的公司才会出现这种行为。事实上，由于各部门无法实现其销售目标，利润目标也注定是无法达到的。但不管怎样，最高管理层感到有责任兑现承诺，每年分配一定数量红利。

“尽管在 1979 年，如同前一年一样，你们公司不得不与螺旋上升的劳动成本、过高的利率，以及不合理的政府干预做斗争，但管理层依然能再次通过将欺诈营销、虚假广告、操纵价格等方法结合在一起，获得最后财务报告中所显示出的利润，即使用最谦虚的说法，也只能说是够多了。”

总体来看，贵族期公司打算通过增加收入而不是削减成本来提高盈利。而在增加收入上，它们不是通过增加各部门的销售而是通过提高价格来实现的。然而，在面对市场份额逐渐萎缩的情况下，提高价格犹如将汽油往火上浇，是极其危险的。这只能使公司加速进入生命周期的下一阶段——官僚早期。[6]你或许能猜到，在官僚早期，钩心斗角是司空见惯之事。

时不时地，在贵族期的公司中，他们也会削减开支，但他们之所以这么做是因为没有其他选择。此外，他们所压缩的费用都是一些最鸡毛蒜皮的小事情。有一次，一位正在气头上又灰心丧气的高管愤愤不平地对我说："他们打算通过开除那个钢琴演奏者来清理妓院！"但那是十年前的事了。如今，收缩指的是如何削减开支。本书初版时，只有那些在死亡线上挣扎的公司才会收缩。但在过去十年里，在财务状况体现出危机之前，公司就已经开始收缩了。与过去相比，公司显得更为积极主动和缺少耐心了。

兼并和收购

贵族期公司不是资金充裕，而是资金特别多。如果用邓白氏信用等级来评估，贵族期公司比壮年期公司要更高。贵族期公司是保守和资金充裕的，但其内部的部门很少有投资需求，整个公司内，志得意满的情绪超过了任何个人积极进取的精神。人们几乎不会提出那些有风险的建议。贵族期公司通过花钱收购那些有活力的公司来获得发展。

当贵族期公司打算去购买那些能为它的增长助一臂之力的公司时，它会买什么样的公司呢？不是婴儿期公司："它们太年幼，风险太大了！"不是青春期公司："它们问题太多了！"也不是壮年期公司："它们太贵了！"正常情况下，贵族期公司会去购买学步期的公司。对于贵族期公司来说，在一个正在增长的市场上，学步期公司及其新技术很有吸引力；而对于学步期公司来说，它们对靠自己努力走上正轨并实现发展感到厌倦，因此更容易接受大公司的收购请求。它们认为，贵族期公司由于更大、更有钱和更加正规，会使一切都更加容易做到。

实际情况又是怎样的呢？每当被收购的公司想要发起一个新的举措时，它都要向董事会提交预算和商业计划书。而贵族期公司为了确保谨慎，所以会需要一段时间才能做出决策，等学步期公司的行动申请获得批准时，习惯了快速行动的学步期公司发现已经为时过晚了——机会已经没了。要不了多长时间，学步期公司的关键管理者都会离开，只留下一个公司的空壳。事实上，学步期公司的最大资产就是其创始人团队，而当贵族期公司指定一个自己的管理者来经营这家学步期公司时，仅仅残留的那点创业精神也会被丢掉。

然而，贵族期公司并不总是收购方，由于它们资金很多，它们自己也可能成为吸引其他公司收购的目标。那么，哪些公司会愿意收购一家贵族期公司呢？正是学步期公司。鉴于它们渴望发展，并且凭借对自己能力的自信，学步期公司的胃口无止境。

在这两种情况下，要结成一段良缘不容易。当贵族期公司收购学步期公司时，后者会感到窒息。让学步期公司保持兴奋和活力的是它所具有的灵活性——它的迅速决策能力。学步期公司喜欢根据直觉来做出决策，对于正规的决策流程缺少尊重或耐心，而贵族期公司的氛围则大不一样，它要求提交特定格式的一定时间内的预算，并且要求包含某些细节，而学步期公司则发现这一切都让人喘不过气来。

当一家学步期公司收购一家贵族期公司时，就如同一条小蛇吞下一头大象，需要花很长时间来消化。学步期公司会被贵族期公司的众多问题所淹没，领导者发现，从贵族期公司那里挤出资金并不能使贵族期公司重返壮年期，留下的只不过是一家即将衰亡的贵族期公司。干劲十足的学步期公司管理层会在无预兆的情况下突然发起有力的改革浪潮，这种做法会使贵族公司感到害怕从而公司陷入瘫痪，使原本尚且能运营下去的收购活动变得异常困难。此外，尽管学步期公司会努力消化它最近的猎物，但它会一连几年牺牲掉它自己的增长动力和发展方向。如果这家贵族期公司已经年老力衰，而学步期公司又无法轻松地解决衰退公司固有的那些问题，那么贵族期公司就会逐步耗费掉学步期公司主管们的时间，从而使两家公司都陷入危险的境地。

如果一家资金充裕的贵族期公司不能收购一家学步期公司，它可能会与另一家与其有相似问题的贵族期公司合并。[7]最近关于大企业集团的一些研究表明，所期待的协同效应并没有出现。对于这一点，我一点也不感到惊奇。兼并始终都会带来文化上的碰撞，只有那些受过最好培训、最有才能的管理者才能充分地处理文化上的冲突问题。

暴风雨前的宁静

在贵族期晚期，公司的产品线已变得落伍，顾客知道这一点，销售人员知道这一点，甚至首席执行官也知道这一点。但是，没有人针对这个问题做些什么，人们不停地发出抱怨，而管理层则没完没了地开着那些毫无结果的会议。一句话，每个人都在等待别人去做些什么。在努力解开脖子上绞索的过程中，许多人离开了公司，而那些缺少有吸引力机会的人无法离开，就指责离开的人是背信弃义的逃兵。

一种世界末日感弥漫在整个公司中。公司则力图通过为模糊不清的所谓成就颁发奖章，或在风景胜地的酒店里举办研讨会来提升士气，实际上，这些研讨会大部分时间都用在游乐而不是工作上。面对即将到来的巨大灾难，许多贵族期公司开始建造造价高昂的大楼，这些大楼富丽堂皇，实际上对公司并没什么必要，它们把钱花在形式上，好像有了形式自然就会有内容似的。有些夫妻打算通过做出新的承诺，例如生一个孩子或建造一所新房子等，来修补他们之间的关系，他们是把原因和结果、输入和输出搞混淆了。一个孩子或一所新房子应当是承诺的表现方式，而夫妻不能期望通过生一个孩子或建造一所新房子来获得承诺。这些做法应该满足功能上的需要，而不是遵循形式，形式不能带来功能，它必须跟随在功能之后。

是什么引起了芬齐-康梯芬尼斯综合征？为什么人们都在暗示问题的存在，期盼并等待别的什么人来解决这些问题？每个人都知道发生了什么事，私下里，他们会以相当尖锐的方式来分析这些问题。那么，为什么管理层不能站出来，发挥其领导作用并采取相应的措施？对于这种行为，用我的理论加以解释的话，可以集中到我称为“冲突的现值”这一点上。我们都知道，在今后一年或十年所得到的一美元，其价值并不等于今天所得到的一美元，所以我们会按照时间的不同来计算一系列收入的现值。或许，这个方法对于市场份额的萎缩，或者未来问题的成本也是适用的。与我们今天所面临的问题相比，一个将来出现的同样问题并不那么重要，因为那个预料中的、可怕的问题将来或许根本就不会出现。

有一个古老的故事可以说明我的看法。许多年前，苏丹的一位官员把两个小偷关进了监狱，并立即定下了处以死刑的日子。其中一个小偷让人给这个官员捎话，说如果给他三年时间，他可以教会官员最喜欢的马开口说话。“你怎么能做到呢？”另一个小偷问他，“你根本就无法让马说话！”

“你哪里知道，”第一个小偷回答说，“三年后，说不定这位官员已经死了，或许这匹马死了，或者，这匹马真的会说话了！”

就如同这个诡计多端的小偷一样，贵族期公司在玩时间游戏。是的，它们正在失去市场份额，但眼下，凭借它们的资源，那是小事。关于将来，它们会说：“谁知道呢！”政府可能换届，政府的政策可能变化，竞争对手可能破产，顾客可能会改变对产品的偏好，所以或许它们自己会幸存下来，甚至说不定还会更兴旺了呢！请注意：它们并不是依靠自己的努力去杀开一条血路，它们指望的是环境会朝着有利于自己的方向发生变化。从前，一位老银行家给我讲了一个有关某个国家的笑话，我权且把它称为卡里克吧，这个笑话可以方便地用到任何一个国家、公司或人身上。

等待什么

“我们大家都知道，”这位银行家说，“卡里克的经济出了大问题，对此有两个解决方案。一个是合理的方法，另一个是依靠奇迹的出现。合理的办法是有一个上帝之类的神从天上下来拯救卡里克。”我打断他的话：“如果那是合理的办法，那么奇迹会是什么呢？”他继续说道：“奇迹就是卡里克人拿起工具，真正开始努力工作。”

按照这个笑话，贵族期公司对于它们所有的严重问题，都有合理的解决办法。

可以将这个笑话与另一个针对学步期公司的笑话做一个比较。一个家伙走进他朋友的店铺，说道：“真对不起，我非常遗憾地听说你的店铺发生了火灾。”而这个店主朝他弯下腰，对他耳语道：“小声点……这是明天的事情。”

> 学步期公司勇于承担生存的责任，贵族期公司则寄希望于外部因素变得有利于自己。

贵族期公司为什么不采取行动，而只是依赖于外部因素呢？因为未来的问题看起来并没有那么急迫。公司资金充裕且盈利不错，现在采取行动意味着搅起波澜和卷入派系争斗。而那些斗胆掀起波澜的人则不得不为眼下——不是三年后——引发的骚动付出代价。与解决未来问题所带来的现值相比，当下制造风波所带来的成本要高得多。

随着人们对局势的控制感越来越弱，大家开始拐弯抹角地指出问题，希望有人能出面做些什么。这就是咨询师要做的事情。公司聘请他们，希望他们说出公司自己不敢承认的事情，管理层是在让别人去“火中取栗”。那么，高管又会对咨询师的报告做出什么反应呢？他们读了报告，却仍然不作为，直到官僚早期到来，在官僚早期，原先那些将来的问题变成了现在的问题，而立即采取行动不再是备选项。但是，到了那个时候，苏丹官员的马依然拒绝说话，它会尥蹶子，很厉害地尥蹶子。市场份额在缩减，资金流变成了负值，优质员工络绎不绝地离开了，公司内所有的重要信号都在尖叫：“情况危急！”

面对不断减少的市场份额、收入和利润，绝望的贵族期公司进入了官僚早期。这不是一个逐步渐变的过程，而是迅速而猛烈地发生的。贵族期公司一直在通过兼并收购和提高产品价格来弥补其损失，但随着价格的提高，销售量却下降了。当管理层第一次提高价格时，收入会上升，但最终，需求曲线会变得失去弹性。现在，提高价格导致的销售量降低到达了这样一个拐点：总收入比提高价格前减少了。公司已经将它自婴儿期以来所苦心经营的所有信誉全都糟蹋殆尽。提高价格——这是一种人工整容术——已不再奏效，这是因为它根本就不是增加收入的真正办法。真正需要做的是满足顾客的需要，也就是提供真正的价值。

总清算的日子到了。公司再也无法继续提高价格，而兼并和收购也不再可能。真相迅速浮出水面，好日子一去不复返了。刀子已经举起，为了个人而不是为了公司的生存斗争开始了。注意！你已经进入了官僚早期。

注 释

1. 一份重要的研究指出，冲突是一个有积极意义的过程——处理分歧可以增强信任和促进组织学习。参见 D. Sandole and H. Van der Merwe, eds., *Conflict Resolution Theory and Practice: Integration and Application* (New York: Manchester University Press, 1993)。本书中有几篇文章论述了冲突的建设性。还可参见 D. Schön and M. Rein, *Frame Rejection: Toward the Resolution of Intractable Policy Controversies* (New York: Basic Books, 1994)。按照这些文章的观点，在一个组织内，缺少有管理的冲突是一种病症。
2. 有些文献指出，非正式的沟通渠道（小道消息）对于组织是有帮助的，因为它能促进创新。参见 C. Conrad, *Strategic Organizational Communication: Culture, Situations, and Adaption* (New York: Holt, Rinehart, Winston, 1985; 1990)，尤其是第 7 章 "The Personal-interpersonal Dimension of Organizational Communication: Foundations and Assumptions," pp. 55－186。但是，研究也表明，如果非正式渠道取代了正式的沟通渠道，有组织的小道消息对文化有破坏性作用。Kreps 写道："用来向组织成员提供相关信息的正式渠道越少，他们就会越依赖小道消息，而小道消息的作用也就变得越来越大。" [G. Kreps, *Organizational Communication* (New York: Longman Press, 1990): 201.]
3. 参阅 M. Witten, "Narrative and the Culture of Obedience at the Workplace," in D. Mumby, ed., *Narrative and Social Control: Critical Perspectives* (New York: Sage, 1993)。在该文中，作者描述了那种压制争吵的顺从文化是如何建立起来并得以维持的。

4. A. Cohn 和 G. Lucari，prods.，*The Garden of the Finzi-Continis*，由 G. Zavattani. V. Bonicelli 和 V. Pirro 根据 G. Bassani（Warner Brothers：1971）所写的小说改编。
5. 在本文中，这种“小集团思维”被看作一种对有效决策有害的东西。参见 I. Janis，*Victims of Groupthink：A Psychological Study of Foreign-Policy Decisions and Fiascoes*（Boston：Houghton Mufflin，1967）。
6. 在本版书中，我选择使用“Salem City”这个词，该词来自 Arthur Miller 1956 所写的剧本：*The Crucible*，它描写了一次政治迫害，其中，一个无辜的妇女成为 Salem 集体的牺牲品。还可参见 A. Huxley，*The Devils of Loudun*（London：Chatto & Windus，1952），他分析了在一个现代官僚主义开始成形的年代里，发生在法国的一个类似事件后面的心理学因素。Huxley 阐述了集体歇斯底里和官僚主义之间的关系。
7. 参见对这样的兼并非常有趣的解释：C. Hampden-Turner，*Creating Corporate Culture：From Discord to Harmony*（New Jersey：Addison-Wesley，1990），特别是“The Year of Ideas，” Chapter 6，pp. 125－138。

第 9 章

最后的崩溃：官僚早期、官僚期和死亡

官僚早期

处于官僚早期的公司，在行为上有以下特点：

- 人们关注的是谁导致了问题的产生，而不是关注应该对问题做些什么。公司变得对人不对事。
- 人们不去设法处理问题，而是卷入了人际关系冲突中，彼此在背后说坏话、相互诋毁。
- 偏执情绪使公司变得僵化。
- 每个人都卷入了内部的派系之争，以至于没有人有时间处理外部顾客的需要。

迫害

如果一家贵族期公司长期自满于现状，那些人为的弥补措施，如不合理地提高价格，最终将造成负面结果：需求变得没有弹性，收入下降，市场份额也稳步萎缩。局面越来越糟糕，在这样的背景下管理层内部原先相互尊重的气氛开始瓦解了。贵族期以往的好日子一去不复返，于是迫害开始了。官僚早期如图 9-1 所示。

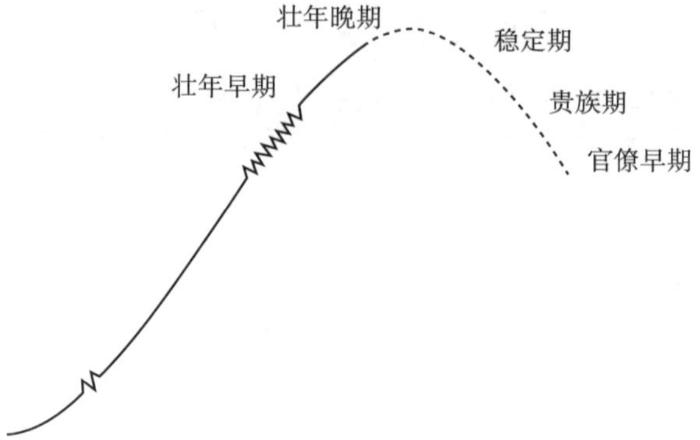

图 9-1 官僚早期

人人都忙于找出是谁引发了灾难。刀子已经举起，会议室内一片相互攻击的窃窃私语。就如同受到长期干旱或饥荒折磨的原始部落一样，人们急于获得上帝的原谅，公司需要一个牺牲品来充当替罪羊：最纯洁的少女、最能干的勇士，总之最出类拔萃的。需要牺牲谁？管理层会牺牲掉公司最宝贵、最稀缺的财富——残余的最后一点创造力。公司解雇了营销部经理，理由是："我们把错误的产品投放到了错误的市场上。"公司的战略专家和工程师发现自己成了下一个被赶到大街上的人。管理层之所以解雇他们，是因为："我们的战略不管用。我们的产品、技术和广告过于陈旧。"

那些好像是其引发了公司的问题而被解雇的人，却并不认为他们应该为公司的处境负责。营销部经理曾多次提到公司应当改变其方向；战略家之所以得了溃疡，最有可能是因为他忧心公司缺乏发展方向所致。私底下，他们抱怨、催促、请求和威胁，但就如同把一团意大利湿面条叉起来一样难。那些打算从内部改革贵族公司的人则要冒丢失职业发展前景的风险，公司最终会迫使他们滚蛋，而不管他们的努力是否有效果。最终，那些有创造力的员工——公司生存下去最需要的人——要么虽然留下了，但变得无所作为和深感沮丧；要么被炒鱿鱼。

区别贵族期和官僚早期的一个办法是：管理层是否陷入了妄想症。在贵族期公司里，沉静是风暴来临的前兆，人们微笑、友好，小心谨慎地与同事相处。而在官僚早期公司中，当不好的结果变得不可避免和无法再逃避时，管理层就开始争斗起来，不再小心翼翼，而是赤裸裸地斗争。他们再度开始了寻找替罪羊的活动，必须有人承担指责，成为替罪羊。每年，甚至每隔几个季度，就有人因为公司的糟糕状况受到指责，并且被开除。

“赖安女士，请给我送一个替罪羊过来。”

在陷入麻烦的公司里，人们总会听到这样一个笑话。一家陷入困境的公司聘请了一位新的 CEO 来接替原来的 CEO。在交接工作时，现在的 CEO 告诉这位新来者，在抽屉里有三个标了编号的信封，如果遇到什么大事，每次可以打开一个信封看看。新来的 CEO 记住了前任的忠告。不久，第一个危机来了，新 CEO 打开了第一个信封，上面写道：“把所有的问题都推给副总裁中的一个。”不久，第二个灾难降临了，于是他打开了第二个信封，上面写道：“把问题推给另一个副总裁或工会。”又过了不久，第三个危机爆发了，他打开了最后一个信封，上面指示道：“准备三个信封吧！”由于没有人真正知道谁将是下一个替罪羊，所以每个人都陷入了妄想症——即使 CEO 也如此，因为他也惧怕董事会。[1]每个人都以怀疑的眼光打量着别人，掩盖犯下的错误成了流行的行为准则。

这种有害的气氛助长了恶毒谣言的四处传播。例如，如果销售经理宣布一项打折方案，那么其他主管不是把这项方案看作应对竞争环境的合理措施，而是把它看作销售经理为了使销售部门丢脸或暴露营销副总裁无能的狡诈策略。

妄想症加重、加速了公司的衰败。管理者彼此斗争不已，将大部分时间用于组织帮派和建立联盟上，这些帮派和联盟处于不断变化之中。他们把创造力花费在为个人生存而开展的斗争上，他们知道，个人的安全取决于消除和打击内部的“竞争对手”。公司业绩在无情地继续下滑，而妄想症却在不断增强。那些有才华的人——他们正是恐惧者和不信任者攻击的对象——或者被解雇，或者甩手而去。这种堕落行为不断循环，直到公司破产，或者成为一个受政府资助的官僚机构。

官僚期：维持生命

给予资助或实行国有化可以延长这类公司的生命，尽管这时它应该死掉了，但公司可以通过人为的干预而活下去，这就进入了第三个 Z 形，意味着在它的生命周期曲线上的重生。出现在孕育期后的第一个 Z 形，指的是公司通过承担风险而出生了。出现在学步期后的第二个 Z 形，这时公司已经从创始人的看管下解放了出来，并进入了青春期，这是公司的第二次重生。这第三个 Z 形是一次新的重生，公司本来应该死了，但借助于人为的支持，它的生命得以延续下去。官僚期如图 9－2 所示。

在这样一种充满保护的环境中，留下的会是哪些人呢？管理人员！

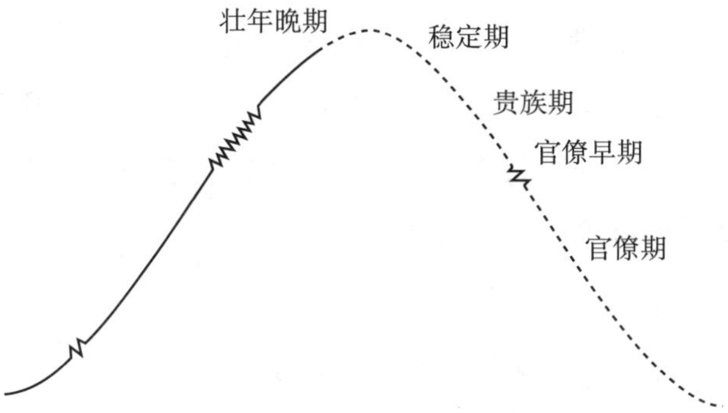

图9-2　官僚期

创业型的那些人来了又走了，而管理人员则越聚越多。由于管理人员只会管理，所以公司充满了官僚气息，唯一关心的就是规章和政策，在这种氛围中，人们对于通过满足顾客需求来改进工作毫无兴趣。

在官僚期，公司已经无力凭借自己的力量来产生足够的资源，它之所以还能存在，是因为一个简单的事实，那就是对于愿意支持它的人——政治家——还有用。公司需要人为因素的支持才得以活下去，那么人为支持来自哪里？政治决策。

官僚期的公司是什么样的？人为支持又是怎么回事？

官僚期公司的特点如下：

- 制度繁多，但很少是为了提高工作效率。
- 与环境脱节，它关心的是自己。
- 缺少控制意识。
- 顾客不得不想出各种办法来绕过制度构成的阻碍。

制度繁多

一位管理者给我讲了一个人去巴黎的笑话，这个人想去市内最好的珠宝店。于是他向一位朋友请教，那位朋友告诉他：“去米歇尔大街 25 号，我听说那是买珠宝最好的地方。”于是这个人找到了米歇尔大街 25 号。在门口，他受到一位服务员的接待，服务员身穿红色制服，上面有金色的肩章和闪闪发亮的纽扣。这位服务员轻触帽檐以示礼节，并问道：“先生，需要帮忙吗?”

“我想买些珠宝。”

“请走左边的门。”穿红色制服的服务员告诉他。

于是他进了左边的门，遇到了一个穿着蓝色制服的服务员，这个服务员问道：“你是想要男士的珠宝还是女士的珠宝?”

“女士的。”他回答道。于是他被带到右边的走廊，一位身穿紫色制服的服务员走上前来问他想要黄金珠宝还是白银珠宝。

“黄金的。”他回答道。

“请往右边走。”随后，他又一连遇到了三个服务员，每个都询问他的要求并指出应去的方向。最后一个服务员问他，是想要钻石的还是红宝石的。

“红宝石的。”

“请走左边的门。”他打开门，发现自己来到了大街上。气恼不已的他回到酒店，找到他的朋友。“怎么样?”朋友问他。

“我什么都没买到，不过，他们的制度可真有一套!”

官僚期公司很少能提供真正的价值。它们就像一张破碎的唱片，总是在不断重复一些相同的语句。当你提出一个问题时，最可能的回答是：“请稍等。”或者是“某个人将很快通知你。”很少有切实或迅速的答案。官僚期公司中的管理者会是你遇到的最和蔼可亲的人，在公共场合，他们是再令人愉快不过的人了，但他们即使会去做，也做得很少，通常是什么事情都不会发生。由于他们不喜欢变化，也没有团队协作精神，因此每个人的工作都被制度、表格、程序和规章填满了。

官僚主义最显著的特点之一就是对书面文字的热爱。

面对顾客的要求，或者面对另一位高管的建议，回答几乎总是一样的：“请给我写一份备忘录。”但给官僚期公司写的东西通常只不过是浪费时间，因为每个信件最后的结果都是被存档。我的一个客户曾遇到这样的事，他们将收到的一封信存档了，而在这封信中，来信者威胁说，除非公司立即处理他的投诉，否则将提出控告，但发现的时候已经太晚了。公司的一位职员曾经在这封信上盖了一个戳记——“收到”，然后就将其存档了。当被问道为什么没有给予回复时，这位职员解释说，因为该信缺乏某些必要的信息。

官僚期的公司是支离破碎的。没有任何一个人了解公司应当做的全部事情，每个人都只知道一小部分必要的信息，而客户必须自己把分离的信息归纳到一起。新员工不知道工资制度，销售人员不知道营销战略，营销人员不知道战略规划，财务人员不知道期望的销售额，生产部门不了解产品卖得如何，而顾客则不知道去哪儿获得应有的服务。客户服务部门常常都是一些接线员，他们的任务就是倾听，记下顾客的不满，然后用标准的、例行公事的语言回答说：“对于给您带来的不便，我们非常遗憾，但我们将尽一切努力来……”大多数情况下，他们对顾客的回答是请顾客再写一份书面文件。官僚主义者并不事先问清楚他们所需要了解的一切事情，他们不会把手里的牌全都亮出来，而是一次仅给出一张牌。

脱节

上了年纪的人能记得他们年轻时候的事情，却不记得早饭吃的是什么，官僚期公司也是如此。人们知道所有的规章制度，却不记得为什么需要这些制度。如果你问他们为什么要这么办事，官僚公司的管理者或许会对你说：“我也不知道为什么。”或者，更常见的回答是：“因为这是公司的规定。”

> 官僚期公司按照惯例而不是视具体情况工作。

就如同那些喜欢清静，不堪忍受孙子一连搅扰几小时的老人一样，官僚期公司厌恶外部的打搅达到这种程度，以至于它们会主动制造障碍来隔绝开外部的干扰。顾客是让它们感到心烦意乱的因素。它们设法使自己与环境隔离开来，只通过极为狭窄的渠道与外部世界保持联系。或许，对外它们只允许一条电话线打进来，而其客户服务部门每天只工作几小时。它们让大家耐心排队等候，但最后仅仅只是被告知下一步去哪儿才可以获得需要的服务。

缺少控制意识

是什么引起了脱节？为什么官僚公司会无所作为？高管们感到他们做不了或完成不了太多的工作，但他们知道，他们必须按照传统规矩办事，看起来就像完成了什么成就一样。要想完成某件工作，一个人必须与别人合作，但在官僚公司中，这几乎是不可能的。单个高管无法推动人们跨部门合作。传统规矩取代了行动，不停开会，时间就这么虚度了，文件存档，大量的投票，争论也十分激烈，但人们看不到什么行动，即使有行动，也少得可怜。

绕过制度

要想从这样的公司中得到有效的服务，顾客必须自己多跑腿。好像该公司的神经系统失灵了一样，它的左手不知道右手在干什么，一个部门会拒绝另一个部门的请求，于是顾客感到困惑，灰心丧气，最终放弃。

当一个老人的器官逐个丧失了功能时该怎么办呢？家属会把他

送往一个提供保护的环境中去——医疗专家会将他的身体与一些机器连接，以绕过那些不好好工作的器官。与此类似，那些需要与官僚期公司打交道的公司，通常会设有专门的部门，备齐了各种人手，以便绕过官僚期公司的各种制度。这种部门名字各异，有些公司直截了当地叫政府关系办公室，有些则伪装为公关部。当这些部门对接某个特定政府机构的内部，它们会划分责任，例如，A 先生去做 Y 副部长的工作，B 女士去和 Z 局长交往。极大的可能是，Y 和 Z 不会总是同意或知道如何与 A，B 一起合作，这时，A 和 B 就要判断他们想要什么，然后帮助 Y 和 Z 做出“正确的”决定。

有一次，我在印度讲完课后，一位公司老总走到我面前说：“你们美国人讨论营销战略，这对我们来说并不切题。我们成功的关键是了解政府内部的工作机制。政府有关许可证、定价、进口配额及劳动关系方面的政策是决定我们成败的关键。即使与最成功的营销战略相比，了解如何巧妙地应对政府的各种规章制度要重要得多。如果某家公司能使政府的政策向着利于它发展的方向去制定，那么这家公司就获得了关键竞争优势。而那些不得不努力学习与政府打交道、努力了解政府工作机制和政策的公司，就要发展与政府的关系，由于这件事难度很大，所以它就处于竞争劣势。政府的官僚主义是我最好的盟友，也是我对抗竞争的最好屏障，它要比你所谈论的任何市场定位问题有用得多。”

成熟的官僚组织的健康状况是一个极其微妙的问题。尽管看起来好像是一个危险的大怪兽，但要摧毁它们也可能是很容易的。许多官僚组织已经腐烂透顶，在破产的边缘上摇摇欲坠，任何突然的变化都会使其垮台。一些被迫重组的官僚组织常常不能因此获得重生，一台新电脑就可能将官僚制度搞乱。由于官僚组织的资金来自政治家，因此，只要它们还是政治资产，它们就能活下去，而一旦它们成了政治债务，政治家撤回资金，它们就会迅即瓦解。

由于官僚组织依赖法律生存——这些法律赋予它们对某些服务的垄断权或者使它们可以获得某些由税收提供的资金，所以这些组织的管理者将更多时间花在政府大楼里与政治家联络，而不是花在为顾客服务的一线工作上。[2]他们不得不时刻关注他们的资金来源，而对顾客是否满意却并不在意，因为这些组织的生存取决于政治家是否满意。最让政治家感到恼火的是媒体的负面报道，所以官僚组织的管理者要小心翼翼地确保媒体上没有关于他们组织的负面新闻。当你询问官僚组织中的某个人，谁是其服务对象时，回答是：监督其工作或分配预算的联邦或州政府机构，新闻报纸及其他媒体，工会，另一个它从那里获得数据资料的官僚组织。然而，在这个长长的利益相关者名单中没有列出的人，却才是它真正应当服务的对象。

当法律发生变化、当失去垄断地位、当预算资金不再划拨进来、当该官僚组织被私有化时，这个组织就会面临警报四起的危机了。

官僚组织不以顾客为导向，对顾客的需求也不敏感。它们缺乏成本核算或其他有关成本和收益的信息，也没有基于市场效果的绩效评价体系。由于处于垄断地位，所以就没有销售工作，根本不需要专门去开展销售活动。它们没有市场调研、没有顾客服务、没有产品开发，也丝毫没有类似于组织结构或文化之类的东西。这就好像要把一个制造车间（车间是公司的一部分）在一夜之间建成一个能在竞争环境中生存下去的独立的公司，但它没有销售，没有市场营销，没有经济分析，没有任何能制定并执行有竞争力决策的东西。

我曾经为东欧的私有化进程，以及墨西哥的一家私人公司的商业化过程提供过咨询服务。这种工作就类似于需要对一个烧伤病人加以严密护理和多次植皮手术，一次治疗起不了多大作用。这种工作需要持续不断地实施治疗，而每次治疗都能产生和恢复所失去的部分创业精神。对管理者进行财务方面的培训，以让他们了解利润意味着什么，这还远远不够；培训股票市场知识，以让他们了解资产会如何增值，也是不够的；对他们进行营销理论和实践的培训，也是不够的。要想实现基于市场的决策，官僚组织需要培养创业者那样的进取精神，建立公司组织结构。

如果允许官僚组织脱离外部环境的竞争独自运营，它们会麻木地继续生存着。免于承受竞争压力的垄断组织及政府部门会无限期地存在下去，这是因为，谁敢取消一个能够提供就业的部门呢？某些官僚机构的存在是以非常高昂的成本来支撑的，依赖于人为手段延长生命，避开自然的死亡。

多年前，在巴西、墨西哥和以色列，我遇到过一种很有趣的现象。每天早上，在政府部门工作的人会去单位报到，将外套挂在椅子上，把办公桌搞成忙乱的样子，然后就起身去干自己的兼职工作了。到了傍晚，他们回来收拾东西，仿佛刚刚完成了一天的工作，而到了每个月月底，他们就领走工资支票。

怎么会这样？管理人员在哪儿？管理人员或许在干同样的事情。只要政府部门的目的不是为市场服务，而只是为了解决就业和发放工资，这种情况就会发生。庞大的官僚组织人群被税收或政府养活着，而政府则通过印钞票来喂养官僚组织，使它们活下去。

死亡

公司的死亡是这样定义的：它已经没有资源来支付公司内成员的工资。当没有任何一个人还愿意去工作（因为已经没有继续工作下去的理由）时，公司就死了。当没有人继续保持对公司的承诺时，公司就死了。倘若没有政治力量来支持一个逐渐衰弱下去的行业或公司，那么死亡在官僚期之前就会发生。如果有政治利益集团维持它的生命，那么官僚期公司的死亡可以无限期地延缓下去。如果没有政治力量的支持而只能依赖心怀不满的顾客而生存，官僚期公司早都已经死了。公司的死亡如图 9－3 所示。

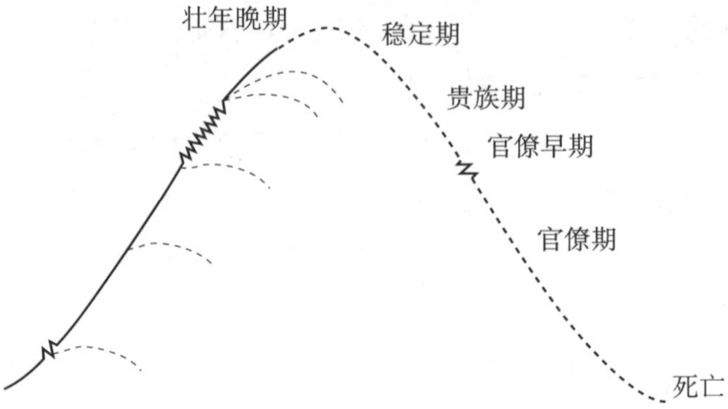

图 9-3 公司的死亡

"看，我已奄奄一息，就要走了。"

如何确定公司在生命周期曲线上的位置

有信仰就年轻，充满怀疑就年老；

有自信就年轻，太多担心就年老；

有希望就年轻，总是绝望就年老。

道格拉斯·麦克阿瑟

多年前，我的一位朋友邀请我去测量一下心脏的年龄，因为我

觉得我的心脏跳动有些异常。心脏和身体同时诞生，难道会有不一样的年龄吗？我听到了一些新的见解。我的朋友有一辆带有计算机装置的运动自行车，他把一个小装置套到我的手指上，解释说，它能测量我的心率。然后，他将我的年龄输入到计算机里。在我使劲蹬了大约 20 分钟后，计算机就能告知我的心脏年龄。

就是那一次，我明白了，我们身体的各个部分并非是以相同的速度在变老。即使我现在是 40 岁，我的心脏也可能比另一个 40 岁的人的心脏要更加年轻或年老。同样，公司里的一些部门要比其他部门老得快一些。例如，财务部门可以在 24 小时内从婴儿期步入青春期，而营销部门则似乎依然停留在漫长的学步期。

当你读到有关生命周期不同阶段的文章时，你会发现自己正在设法将其与自己公司或其他你知道的公司联系起来。不要企图把你的公司归到生命周期的某个单一阶段上去，因为一个公司内不同的部门会处于不同的位置上。该公司总体来说处于什么位置，就类似于一个人相对于他的年龄而言，其在行为上的表现如何。我们必须把这个概念加以扩展，我们必须考察的是：公司作为一个整体在大部分时间里其行为表现是怎样的。

你会发现，公司在一个范围内也会有不同的表现。例如，一个公司处于健康的青春期，但它有时会表现出学步期的特点，而有时会表现出壮年期的特点，但是它的大多数行为都属于青春期的行为，这是正常的，如图 9－4 所示。

在判断一个公司处于生命周期上的什么位置时，其复杂性在于：在遭受到压力时，它会退回到生命周期的前一个阶段去；而当公司由于集体意识的作用感到很有信心时，它又会展现出下一个阶段的特征。然而，正是这种现象有助于我们分析一家公司在发展中是处于前进状态还是后退状态。在异常的阶段，公司显示不出朝着生命周期所希望的方向前进的苗头，公司似乎被卡住了，当它力图摆脱

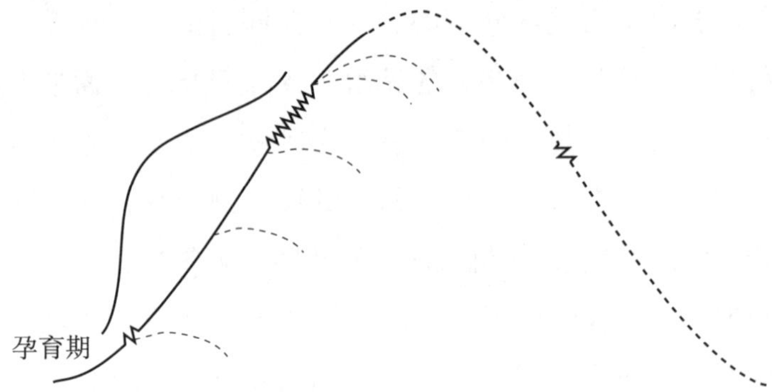

图 9-4 在生命周期曲线上的位置

这种状态时，它会倒退到先前的阶段中去，就好像它把后退当成了前进。它会重拾熟悉的那些行为——那些让它感到很舒服的行为，并且通常是那些过去取得过成功的行为。这种做法使它停留在目前的生命周期位置上，它会长期陷入目前问题而无法自拔，或者更糟糕的是，被前一个阶段的问题所困扰。在这种致命的情况下，不会有任何前进的动力，形势只会一步步恶化下去。图 9-5 和图 9-6 展示了不健康的和健康的生命周期曲线。

健康公司的发展是沿着生命周期钟形曲线的正态分布。有些时候，它的行为好像展现出生命周期前一个阶段的特征；而有些行为则反映了下一个阶段的特点。但是，它的大多数行为都显示出它处于曲线的那个主要位置上。如果公司是健康的，那么其行为的标准差是很小的。

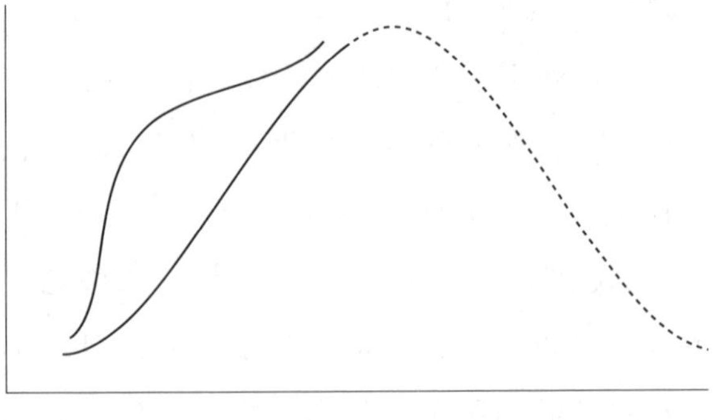

图 9-5 不健康的生命周期

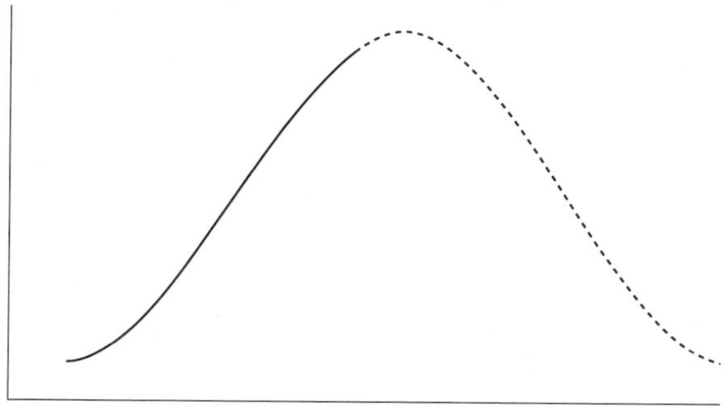

图 9－6　健康的生命周期

请注意：对于一个不健康的公司来说，壮年期可能会比较混乱，因为壮年期公司是由处于生命周期不同阶段的各个部门所构成的，其中有些部门处于孕育期；还有一些处于婴儿期和学步期的部门，必须得到来自青春期部门在财务上的资助。如此等等（可进一步参阅本书第 2 篇）。

对于不健康的生命周期曲线来说，并没有显现出上述特点，相反，公司的同一个部门在不同的时间点会表现出不同的行为。在某个时刻，它像学步期那样行动；而受到压力时，它会回到婴儿期，有时甚至会有僵化的官僚行径，简直难以置信！看起来就好像是在遭受多重人格的混乱和痛苦。健康的壮年期是一个大家庭，它的主要成员以恰当的不同方式在工作，但又保持协调一致（参见第 17 章）。

在诊断的过程中，还必须了解另一个重要的问题。处于成长中的公司和衰退中的公司可能会有类似的异常阶段。例如，在公司陷入创始人陷阱或家庭陷阱的过程中，可能会同时有贵族期公司的行为。这使得诊断工作复杂化了。在那种情况下，人们会看到混杂有两种不同的行为。在创始人陷阱的贵族期，除了创始人陷阱的症状外，你还会看到所有的贵族期症状。这会是一个进展缓慢、反应迟钝的公司，它由一个家族成员领导，创始人去世多年后，一直由他承担着领导角色，表现出创始人的行为。尽管这样的公司的权力结构看起来像学步期公司，但它的行为却是贵族期的。生命周期曲线上异常的位置如图 9－7 所示。

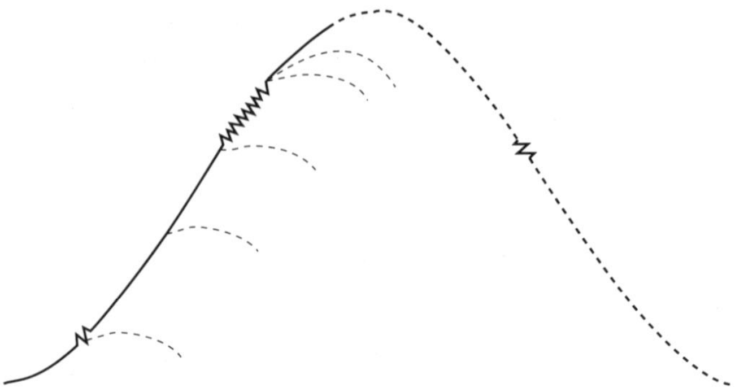

图 9－7　异常的位置

本书的描述篇到此结束了。下面我们将学习如何将一个公司带入壮年期——如果公司正处于成长阶段，则通过平稳的增长；如果公司已经开始衰退，则通过使其恢复活力。我们将进一步分析，公司为什么会具有它们所表现出来的那些行为。

注　释

1. 参阅 J. Westphal and J. Zajac，et al.，"Who Shall Govern? CEO/Board Power，Demographic Similarity and New Director Selection，" *Administrative Science Quarterly* 40（1995）：60－83。该文讨论了 CEO 和董事会之间复杂的权力较量。
2. 关于这个政治过程复杂性的讨论，请参见 E. F. Dukes 和 F. Dukes，*Resolving Public Conflict*：*Transforming Community and Governance*（New York：Manchester University Press，1996）。Dukes 教授描述了政府在回应公众争端时面对的困难。

第 2 篇

分析组织行为

第 10 章

分析工具

现在，我们来分析公司在生命周期各阶段中的行为。我们要思考的问题是，哪些因素导致了公司的发展及随后的衰退，哪些因素使公司具有灵活性或自控力，以及公司为什么会有第 1 篇中所描述的那些问题。

我会基于一个假设来解释公司行为。我通过展示正是该假设解释了公司中所发生的事情，来证明该假设的正确性。由此得出的结论可以让我在公司中引入带领公司进入壮年期的那些变革。如同人们对电的认识一样，我的假设也是一种我们不了解的现象。尽管不了解，我们却知道如何利用它。

假设所有生命系统（每个组织都是一个生命系统）都会在短期和长期内追求效益与效率[1]，就好像它们知道自己在做什么，好像被有意识的力量引导一样。人类领导者在各自的剧本中扮演自己的角色，但他们既不是剧本作者，也无法控制剧情发展[2]，这些演员只能快翻几页，以加快剧情发展，或在找到捷径时跳过几页。我们身体里发生的事情，行星沿着轨道运转，日出日落，一切都是有原因的。如果我们不知道某种现象的原因，只是因为我们对它的了解还不够，不能误认为它背后的原因不存在。

公司行为背后的动力，是短期和长期内对效益和效率的追求。一家公司如果在长短期内都能保证效益和效率，就处于壮年期。公司似乎会自动朝着壮年前进，妥善的管理会推动这一过程，而管理不善则会抑制、延缓，甚至是阻碍这种朝壮年发展的内在趋势。我曾听说，所有孩子天生都有日臻完美的能力。[3]家长有可能帮助这一过程实现，也有可能搅乱这一过程。家长要知道什么时候放手，如何放手。同样的道理，我们的身体想要成长，想要健康，身体会告诉我们它需要什么。只要我们能听从身体发出的指令，就能更加健康。这一道理似乎也适用于公司。

切不可以为我的意思是这个过程中领导力没有任何意义，或者以为人类只是演出的木偶，不参与任何剧本的创作。根本不是这样，运用医学知识能找出推动或破坏身体状况背后的医学“原因”，对于公司也是同样的道理，管理层的角色，就是通过领导力保证公司处于健康的生命周期阶段，并在这一过程中防范或治疗异常问题或致命问题。而领导力的作用，就是领导公司进入壮年期并保持在这一状态。因此，领导者和专业顾问首先要清楚使公司保持健康或患病的因素，他们必须明白为什么公司在生命周期内运动，为什么会产生正常、异常或致命问题。他们不仅要知道如何诊断问题，还要知道解决问题的时机、方式。

在本章我将用自己 30 多年来研究的理论来解释公司行为，并提供改变公司行为的相应工具。这些工具用以引导公司文化规避异常问题，引领公司走上正轨，推动公司朝壮年期前进并保持这个状态。如后续章节所述，这一方法已被超过 15 个国家的实践者验证并实现了预期成果。

理解了公司在典型路径下的运动之后，我们会讨论如何进入最优路径并沿最优路径发展（见第 18 章）。

起源

我发现公司要想在长短期内都保证效益和效率，就要发展出四种管理功能。我在准备博士论文的过程中发现了这个原理。当时，我研究的对象是南斯拉夫的自我管理体制[4]，西方观念和经验对这种体制很陌生。该体制下，任何人都不是资本的所有者，资本是社会传承的资源，南斯拉夫人称之为社会所有制，区别于政府所有制。资本所有权与空气所有权类似，整个社会都能享用，但不能用尽。因此，公司的折旧前利润至少应与折旧相等。劳动者没有工资，只有津贴，这种分配方式类似于律师事务所合伙人之间的盈余分享。职工选出工会代表，工会再面试总经理候选人。所有候选人都会介绍如果当选后将会如何管理公司，将为公司做出哪些贡献。总经理获选后任期四年，但如有不法行为（如行事前未经工会批准），则会被弹劾。听起来是不是很熟悉？

南斯拉夫人将政治民主应用于工业和非工业组织，并将这一体制命名为工业民主。该体制的缺点就是不鼓励，实际上是破坏创业精神。创业者都是个人主义者，很少有创业者能找到面对上述情形知道如何承担风险的总经理。

考虑到各方面的实践因素，创业精神被法律禁止。该体制只允许集体创业或者集体解散。这样做的目的是创造一种新人类社会，按照卡尔·马克思的说法，新人类社会与只专注于物质追求的旧人类社会有着本质区别。[5]

不管怎样，我很幸运。我就像那个发现自己所在的船上没有任何维生素 C 来源的英国医生一样。当他看到长期无法摄入维生素 C 的水手备受坏血病之苦时，发现了缺乏维生素和疾病之间的联系。在观察南斯拉夫公司行为的过程中，我发现如果某一种管理功能（如创业精神）受到了压制，可以预见公司将患上某种管理“疾病”。我写的《如何解决管理危机》[6]（*How to Solve the Management Crisis*）一书介绍了当公司缺少某种或多种管理功能时会遭遇的管理不善问题。重要的是，我还发现了诊断和治疗方法。因为我能看到每种管理功能和公司行为之间的联系，所以能鉴别出是哪种管理功能的缺失导致了哪种管理“疾病”。

投入	产出	
管理功能	公司成果	时间范围
目标管理（**P**urposeful）	效益	短期
行政管理（**A**dministrative）	效率	短期
创业精神（**E**ntrepreneurial）	效益	长期
整合（**I**ntegrative）	效率	长期

我利用上述模型来分析并诊断公司问题。如果公司无法迅速对变化做出反应，我就怀疑它缺少创业精神（E 功能）。而如果公司日常事务处理缓慢、成本控制欠佳或没能妥善记录工程审批流程，我就会怀疑是不是公司行政管理（A 功能）存在问题。接着，我发现，如果能“注入”缺失的功能，公司就会在长短期内实现效益和效率。我们也有实际案例。例如，我们帮助一家公司在不稀释股权的前提下，将收入从 1 200 万美元提升到 7 亿美元（如今这家公司的年收入已达到 15 亿美元）。

没有任何一家公司一诞生就处于壮年期。所有公司都要培育上述四种管理功能。公司在逐步完善管理功能的过程中，会遵循典型的生命周期曲线，因缺少一个或多个上述功能而遇到问题：如果某个公司陷入僵局，无法建立起某个特定的管理功能，就会产生异常问题；而如果长期无法建立这一管理功能，公司可能会因为这一功能的缺失而面临生存问题。

因为公司会按照已知的顺序建立四大管理功能，所以潜在的问题和对应治疗法也都是可预见的。

四大管理功能

我们先深入研究一下这些功能。这四个必不可少的功能解释了公司文化的发展，尤其可以解释生命周期中变化发生的原因、时间及方式。

P 功能

领导力的第一个作用是 **P** 功能，这个功能可以使公司在短期内获得效益。**P** 代表公司具有目的性的行为表现。必须要实现的目标是什么？利润？

想象五个人正沿着山顶的一条窄路下山。这条路右侧是深渊，左侧是陡峭的斜坡，仅可容一人通过。五个人走了好几小时，一边走一边唱歌、说笑、吹口哨、闲聊。在组织行为学家、人类学家、心理学家或社会心理学家眼中，这五个人可以算作一个组织。

但从管理学角度讲，虽然我们看到这五个人组成了一个有社交互动的组织，但我们并没有发现任何管理过程的存在，直到他们遇上了一块挡路的大石头，没有任何人能独自搬开。就在这一瞬间，管理过程开始了。要有人来计划、组织、激励并控制（或纠正）相关行动，从而将石头移开，不一定是一个人，也可能是共同制定决策的团队。但无论怎样，制定了决策才能成功将石头移开：要设定并实现目标，需要完成某些过程。

> 在面临需要人们互相依赖才能完成的任务时，管理过程就产生了。

如果一个人就能搬开石头，那么该组织中就不涉及管理的成分。如果这五个人沿着小路前进是为了某个目的，如攀岩或洞穴探险，那么管理过程在遇到石头前就已经开始了。如果这伙人只为消遣，并没有具体计划呢？只要有目的，就需要管理过程。根据团队需求的变化，他们需要不断地阐明、实施、重新阐明团队的目的。除非原本就毫无目的，否则目的无法自动实现。（细想一下，要想没目的也得下工夫。按照佛教的说法，进入不思考的状态要下很大工夫！）

管理的第一个功能就是定义或促使公司定义其目的。公司的存在是为了履行什么职能？

> 每个公司都必须有它存在的原因。这个原因，这个“石头”，就是人们彼此依赖的主要焦点。

每次为公司提供咨询服务，我都会问对方高管人员这样的问题：“你们为什么聚在一起？会计和营销有什么依赖关系？人事和研发有什么依赖关系？你们公司存在的目的是什么？”令我惊讶的是，对方经常告诉我，公司存在的目的就是创造利润。这样的答案是错误的。我在《如何解决管理危机》一书中解释 P 功能时，也给出了相同的答案。[7]

经济理论告诉我们，商业中经济实体的目的是牟利，谁又会有异议呢！但很多公司都因为过于专注于利润而最终破产。为什么？如果公司将注意力放在利润上，不是应该创造利润吗？答案是否定的，这样的推理混淆了投入与产出。

利润就好像爱情、健康和快乐一样。如果你一心想快乐，告诉自己“我今天必须要快乐”，你可能实际上过得很痛苦。如果你说“我一定要健康”，你可能成为神经质。如果将“必须要有爱”挂在嘴边，可能最终会激发仇恨。你要问自己，什么让你快乐、健康？什么让你觉得自己坠入爱河？这才是你应该关注的焦点，把注意力集中在能带来产出的投入上。如果你专注于产出而忽略了投入，就会产生难以实现的期待。

打网球时，记分牌就相当于利润。总看记分牌的话，没人能赢球。你应该忽略记分牌，发挥出自己的最佳水平。眼睛盯着球，让球过网落在对手的半场。如果公司只关注每股收益和利润率，而不是创造利润的投入和过程，就可能以破产收场，原因是他们所有的注意力都放在了利润上。他们没注意看“球”。

如果你能够有效地击球，即有效率地重复击打（想要实现这一目标还要兼备其他三个管理功能），你就会赢得这场球赛。赢就代表有利润。那么商业组织的目的是什么？它必须搬开的“石头”是什么？必须盯着看的“球”是什么？组织要达到的目的是什么？

想象最开始的孕育期，也就是创始人梦想建立公司的阶段。他们从未来看到了什么？利润？有可能，但这并不是每天早上激励他们起床的动力，他们看到的是创造利润的机会。注意我的措辞：创造利润的机会。利润是产出，机会是投入。如果想要获得产出，首先要关注投入。我们要击中球，把握好时机，对待每次拦击都像第一次一样。

创始人注意到了什么机会？他们洞察到市场上某些需求尚未得到满足，也相信自己能满足这些需求。

从管理的角度看，营利性组织和非营利性组织没有区别。两种组织都有客户；要想实现效益，两者都必须满足客户的需求。不过，两者的最终结果不同，前者追求经济利润，后者追求政治生存。但在两种组织中，对投入的管理有相同的关注点：提供某种服务，满足目标客户的需求。也就是说，两者都必须以增加价值为目标。

任何组织，无论是大型组织中的某个部门，还是大型组织本身，都有目标客户。不存在没有客户的组织和管理。销售部门将其客户称为顾客，而会计部门和人事部门只有客户，没有顾客，因为它们的客户来自组织内部。

从定义看，每个组织都有存在的原因：满足单个人无法满足的客户需求。

如果公司不关注客户需求，那么它就像癌细胞一样：它的存在只是消耗资源，无法为客户完成任何职能，它只服务于自身。

管理者制定决策时，首先必须问自己P功能是什么。谁是公司的客户？他们有什么需求？公司当下和未来都能满足哪些需求？这就是他所管理的公司的目的。这种做法不仅适用于高管，也适用于各个级别的管理者。

如果公司履行了P功能，它将是有效益的，因为它满足了赖以存在的需求。我们用客户对服务的重复性需求来衡量效益，该指标相当于商业界的品牌忠诚度。客户是否会再次光临？如果他们并没有再次消费某种产品或服务，就意味着他们的需求并未得到满足，公司没有发挥效益。

如前文所述，利润是衡量公司履行四种管理功能的表现的指标。也就是说，它能反映组织在长短期内的效益和效率水平。

公司效益体现了公司履行既定目标的表现。一支笔如果能写字，就是有效的。如果不能写字，但能用来挠头呢？如果这支笔的设计用途就是用来挠头的，那么它应该叫“挠头器”，不能叫笔。椅子呢？能坐的叫椅子，你为什么不叫它奶牛呢？如果能挤出奶来，你可以叫它奶牛。曾有学生问我：“我也能坐在奶牛上，为什么不能把奶牛叫椅子呢?”“因为奶牛诞生的目的不是让人坐。”

我再次假设，万物的诞生都有目的。光是为了照明，暖气是为了供暖，不胜枚举。对我们人类也是同样的道理，有些人是为写作而生，却把生命浪费在抓头上。如果你为所从事的事业而生，就会获得成就感。当我花六小时做一次培训课程时，即便是从家乡跨越几个时区长途飞行而来，我还是会精力十足，我甚至会觉得在课程结束后比开始时更有精神。但如果你让我去记账，我会求你先给我一枪。我相信，如果让我的会计去演讲，他也会觉得生不如死。

但不只是椅子、奶牛和包括你我在内的人类有目的。组织也有目的，它们应该秉承自己的使命。如果存在的目的是写字，就不能再用来抓头。就好像我不会记账一样，一些组织不能也不应该从事基础研究，它们知道如何将技术商业化，但不知道如何开发技术。有些公司是出色的零售商，但千万别让它们进入高级时尚界，即便它们聘请的设计师才华横溢，也会因为斤斤计较地节约成本让设计师走人，因为零售业文化追逐的都是薄利。

> 人们经常讨论核心竞争力，这是常见的商业概念。组织应该坚守核心竞争力，但核心竞争力的构成不应该只局限于知识和技术，还应该包括组织文化。

几年前，我对表演艺术组织进行了研究（我于 1969 年在加州大学洛杉矶分校开设了全球首个艺术管理专业研究生课程）。研究过程中，我拜访了明尼阿波利斯交响乐团（现已更名为明尼苏达交响乐团）。当时团里的艺术总监和指挥是斯塔尼斯拉夫·斯克洛瓦切夫斯基。乐团的董事会在争论是否要启动一个“公园流行乐演奏”的夏季项目，类似于波士顿大众交响乐团项目。斯克洛瓦切夫斯基坚决反对，他说：“你不能让一个音乐家冬天演奏帕格尼尼，夏天演奏苏萨，到夏季结束时再去演奏门德尔松协奏曲。”翻译成商界语言，他意思是：“你不能用同一批人生产劳斯莱斯和南斯拉夫汽车。”南斯拉夫汽车的制造者肯定不会像劳斯莱斯的制造者一样对品质有着难以抑制的执着。这种执着需要多年培养，是组织文化不可分割的组成部分。只有分设两条产品线才行。波士顿交响乐团就设了两条独立的产品线——两个乐团：其中一个演奏流行音乐；一个演奏交响乐。首席小提琴手和其他首席音乐家在夏季演奏室内乐，而其他人在公园演奏流行音乐。

换言之，每个公司都必须明确自己是谁，做什么，不能当下什么赚钱做什么。即使牛奶价格飞涨，你也不能尝试从椅子里挤出奶来。

公司如何确定自己的P功能？

拉比希列自问："我若不为己，谁又为我？我若为己，我又是谁？"如前文所述，万物皆有目的，就是服务他人。台灯是为了发出光亮，让我能够打字。我刚吃的食物，是为了给我营养。放在房间另一侧的床榻是为了供我休憩安眠。生活中没有任何东西为自身而存在。任何只服务于自身的事物，就好像癌症一样，除了致死外没有任何功能。但有些人就像癌症，他们存在的目的只是为了自己，他们是彻底的索取者。他们从土地、水和人群中获取的，比他们留下的更多，他们破坏社会价值，他们是社会的癌症。可持续发展并不是空洞的口号。

想要具备功能性，也就是效益，公司从一开始就应该定义自身为谁存在，谁是客户，要满足客户的哪些需求。没有任何一家公司应该或有能力满足所有人的所有需求。明确自己服务的细分市场后，接下来就是去实施。意思是：为客户提供（**P**rovide）所需需求，产出（**P**roduce）既定结果，按预期履行（**P**erform）职能。

如果履行了P功能，公司就能产生自己为之而存在的结果。

A功能

再来探讨短期视角下的效率。

要保证短期内的效率，管理层必须完成制度化、程序化和组织化工作。必须保证正确的事情在正确的时间、以恰当的强度、按正确的顺序发生。这就是管理者的工作。为实现这一目标，管理层考虑问题时需要线性思考、符合逻辑，并关注细节。妥善的行政管理能避免组织每次需要轮子运行时都要重复发明轮子。

P功能和A功能能在短期内创造效益和效率。公司只要履行了这两个管理功能，就能在短期内盈利。

E 功能

想象力比知识更重要。

阿尔伯特·爱因斯坦

实现长期效益需要具备哪些因素呢?

我们回到打网球的例子。击球过网落入对方半场是 P 功能，拦击就是效益，实现了击打球的目的。在网球训练中，练习并不断改善动作，以便以最小的体力达到最大的效果，这就是 A 功能，这样可以让比赛更有效率。

但是一次拦击成功并不代表能赢得比赛。想要赢比赛，需要的不只是一次拦击胜利。

想要实现长期效益和效率，还要履行其他两种职能——E 功能和 I 功能。首先是 E 功能。

想要赢得网球比赛，让球一次成功过网只是开始。想要下次击中球，就必须做好准备，预计球下次的落点，并调整好站位以做出反应。思考时必须讲求策略。是否要跑到网前?是否应该回到球场中央?为了保证长期效益，你必须要能预见到未来的事情并做好准备，以便在事情发生时做出反应。这就需要具备两个因素：创造力和冒险。

实现长期效益首先需要预测未来。球下次会落在哪儿?下一代人的需求有哪些?要回答这些问题，首先要发挥想象力，预测尚未发生的事情。但这还远远不够。我们要根据所预测的球的方向来决定自己在球场上的站位。但球的最终落点可能距离我们等待的位置很远。选择在球场上的站位需要冒险。

要根据对明天的预期来规划今天的活动，需要同时具备创造力和冒险能力。

我将这种预见未来需求变化并据此相应调整公司定位的功能，称为创业精神。如果能正确履行这一功能，公司就能实现长期效益。公司将为满足未来需求做好准备。创新和计划相似，不是要决定明天做什么，而是根据对明天的预期和憧憬，决定今天做什么。

预测未来时必须发挥创造力，必须想象未来的情景，只有这样才能做好准备。具体是什么意思？

有创造力的人能拨开现实的迷雾看到未来。由于有浓雾，我们只能掌握有限的信息，并且信息的准确性也会随着环境的变化而不断变化。我们只能看到部分景象，随着浓雾飘动，眼前的景象没有了，信息也发生了改变。有创造力的人对待这些点滴信息就像拼图游戏一样，他们能通过想象填补所缺的图块，形成完整的图像。

我再说一遍，光有创造力还不够。想要把握未来，就必须要冒险。

网球选手为什么没能到达他认为的球下次的落点？可能是因为球速太快，选手的身体来不及过去了。或者，在知道球的确切落点之前，他不想贸然行动，他在等待球落地，知道球的落点后，即一切确定之后，他才朝着球奔去，肯定为时已晚。

有些管理者也是这样，他们说："我们还不知道市场会如何反应。等到事情明朗后再说吧。"

在迅速变化的环境下，如果管理层行事如此谨慎，肯定赶不上变化的速度，公司就只能被动反应。创业精神不是去适应不断变化的环境，适应是被动反应，不是主动行为，我们必须预见、预测未来并在当下就采取行动。这一点不要弄错了。

> 我们不能等到看清楚未来后再决定现在做什么。

E 功能让公司积极主动，进而保证公司的长期效益。如果我们能预测未来并承担风险，做好准备，我们就能实现 P 功能设定的目的，即击中下一个球，成功拦截对方进攻。

I 功能

那么长期视角下的效率呢？

我们来细致探讨这一功能。它一定程度上解释了日本管理风格与西方管理风格相比的优势，也解释了为什么日本正逐渐失去这种竞争优势，以及为什么联邦德国在两德统一之前一直表现得更出色。自然，它也解释了为什么公司会老化，以及如何走捷径进入壮年期。认真读下去。

有些公司的管理者只有一个，他同时擅长目标管理 P、行政管理 A 和创业精神 E 三种功能。这种 PAE 型的管理者主要从客户需求出发制定决策，他们的公司通常效益很好（P 功能）。这类人讲究效率、管理严明，不浪费任何资源（A 功能）。另外，他们都善于创新，能预见市场的新需求，并事先采取行动以满足未来需求。

如果这类管理者（实际上可以算得上凤毛麟角）去世或离开公司会怎么样？一般来说，公司会陷入困境，有时甚至会解体。

公司想要长期生存下去，就必须独立于它的任何一个成员。这意味着想要长期生存，公司的价值观和文化要能以一种超然的方式将成员团结在一起，这是任何个人的力量都无法企及的。公司要有愿景（存在的目的）、价值观、理念、仪式、行为方式以及信念，才能让成员团结在一起，而不是局限于眼前要履行的职能。

整合功能 I 培养一种相互依存和亲近的文化，孕育独特的公司文化。

> 整合意味着将组织意识从机械式转变为有机式。

我们逐字解释以上定义中的每个词语。

首先，你必须明白，整合意味着采取行动，去做些什么，整合不是自动就会发生的。你要主动改变，而不是等着被改变。如果你什么都不做而只是等着，系统会自动瓦解。花钱买最好的车却从来不开，放在那里碰都不碰，随着时间的推移，你会发现车不能用了，出现故障了。花园也是同样的道理，最好的花园如果没人打理，一段时间后就会荒芜。

因为存在大量信息造成的无序状态，所有系统经过一段时间都会瓦解。要想整合，我们必须不断努力，以对抗无序状态的影响。

转变意味着今天采取行动，从而让明天不同于昨天。整合不是自动发生的，我们必须通过行动推动其发生。I功能管理者必须积极参与。

组织这个概念解释起来很难。在做演讲的时候，我经常询问听众他们的组织有多大规模，有多少名成员。被提问者在回答这些问题前通常会先查看组织结构图或工资表。但是这两个都不是他们要看的正确的信息来源。

管理者要想知道他的组织中有多少名成员需要整合，他应该想想我们在先前例子中提到的石头。他的组织必须满足哪些需求？下一个问题是，他需要谁把石头挪开？他必须管理的是任务间的相互依赖性。我的问题是："哪些人的相互依赖性是你必须管理的？如何才能给予他们正确的奖励，激励他们去搬石头？"对有些人要付工资，对有些人付佣金，或许你还要请某些人吃晚餐，并满足他们的自尊心。只要合乎道德，报酬的形式并不重要。重要的是，你要知道什么是自己面前的石头，你需要谁去搬石头，你应该提供什么奖励以激励他们去搬石头。

没有经验的管理者可能会认为，自己没能完成某项工作是因为他要用的人并不归他直管，不直接向他汇报工作，这是错误的认识。我曾接触过上百家组织和上千位管理者，没有任何一位管理者和所有要用的人都有直接汇报关系。美国银行总裁萨姆·阿马科斯特也支持这一观点，他说："你不需要拥有高速公路才能上路开车，你只需要有张通行证就可以了。"

优秀的管理者第一要明确他们的石头，也就是他们的职责或任务是什么。第二个要回答的问题是："我需要用哪些人来完成这一任务？"第三个问题是："我要如何鼓励这些人，才能让他们帮忙完成这个任务？"对有些人要给工资，对有些人要采取其他支付方式。

> 管理者的水平，主要看他们分析组织目标的能力，以及分析完成这一目标的人员的需求、需要的能力。

水平有限的管理者挪开的只是小石块，不是大石头。他们关注的只是那些直接为他们所用的人可以完成的任务。

一个不错的评价管理者的方法是看他们在"承诺银行"中有多少张借据。欠他们承诺的人越多，他们在需要挪走自己的石头时能获得的支持就越多。支持你的同事，留心如何或哪里能帮上忙，帮他们挪开面前的石头，建立自己的银行账户，总有一天，你会需要他们的帮助。

优秀的管理者能识别出公司内部门之间的依赖关系，他们会尽力支持他人并与他人合作，这样别人也会反过来支持他们。简而言之，优秀的管理者具有团队意识。

组织的成员构成取决于当前的任务，通常不仅仅包括直接向管理者汇报的员工或领工资的员工。我曾在一家保险公司担任顾问，他们曾通过独立代理人来销售保险。因为这些代理人也代理公司竞争对手的产品，所以公司对他们有些敌意，把他们视作"他们"，而不是"我们"。公司员工评论他们时也带有贬低或轻蔑之意。我问管理层，公司是否需要通过这些独立代理人来开展业务。管理层回答说，这些代理人绝对是必不可少的。我说，如果是这样，虽然他们不在发薪人员的登记簿上，不用直接向你汇报，但这些代理人也是你公司中的成员，你需要管理、指导并激励他们，需要将他们整合到整个公司中来，你对待他们的方式要有别于公司中的员工，使用不同方式来激励、指导和控制他们的行为，但你必须管理他们，因为你需要他们。

通过授权加盟来扩张业务的公司也要面对同样的问题。授权方和加盟商之间存在着像美国大峡谷一样的鸿沟，加盟商最后甚至会起诉授权方。加盟商是否为公司的成员？按我的定义，他们绝对是。不管他们是不是拿工资的员工，都是公司的一部分，因为他们和我们需要共搬同一块大石头。

这是个暗藏玄机的大问题。每次给授权公司当顾问，我都会要求加盟商的领导者一起参与会面，以便共同解决问题，但授权方每次都反对，而被管理层拒绝、未能参加决策讨论的加盟商，正是存在问题的一方。

我们现在更进一步分析这个问题。

公司的员工是否共搬同一块石头？作为公司的领导者，为了搬走这块石头你是否需要他们的支持、热忱和激情？

答案很明显，但要采取适当的行动却并不容易。管理层很难把工会请来参加会议，以便共同解决问题。有些时候，工会的沉默是可以理解的，也许你的员工属于一个代表了整个行业的工会，工会领导者忧心的是另一块完全不同的大石头——工会本身以及他们的政治立场。因为你和他们面对的石头不同，他们的私心将会阻碍帮你搬石头的过程。他们想要的是搬走他们石头的方案，而这可能会削弱你寻求他们的支持来搬走自己石头的能力。如果情况不是这样的，为什么不让员工分担公司的问题，并帮忙解决呢？

还有另一种情况。非营利组织的志愿者是否为组织的成员？你可以像管理领薪员工一样管理他们吗？最好不要这样。他们是否需要被领导和管理？当然需要！怎么管理？询问他们参加志愿者工作的原因，弄清他们的需求，然后思考自己如何满足这些需求，以便让他们也能帮你搬石头。[8]

机械意识与有机意识

既然“转变”和“组织”这两个词已经讲清楚了，接下来解释“意识”这个词。它到底是什么意思？

每个组织都有自己的个性、行为模式和风格。一旦我们了解了某个组织，就可以预见其行为。例如，我们知道官僚化组织会丢失文件，回复问题要拖上很长时间，而且即便拖了很久，它的回答也不恰当。整合功能 I 意味着改变组织的机械式意识、行为、文化和信念体系，使其有机化。

什么是机械意识？拿四条腿的椅子举例。你判断它是椅子，是因为你能坐在上面。如果你不能坐上去，它就不是椅子。我们定义事物是根据其用途。

如果锤子用来钉钉子，它就是工具。如果有人用锤子去砸人，它就不是工具，而是武器。如果作为民间艺术形式挂在墙上，它也不算锤子，而是个装饰品。

如果椅子坏了一条腿会怎么样？它不再能发挥椅子的功能，因为没人能坐在上面。想要椅子发挥作用，必须靠外部力量来修好。

为什么椅子不会自动修复自己，比如其中一条腿自动挪到椅子中央，从而使椅子变成凳子呢？这样，椅子就能重新发挥其用途。答案很明显，对于没有生命的物体或机器来说，各组成部分之间没有内部互依性。一艘价值几十亿美元的宇宙飞船，可能因为几美元的 O 形环存在问题而无法使用。想要恢复其功能，需要靠外部干预来解决故障或缺陷。这就是机械意识的本质，各组成部分之间缺少发挥整体功能所需要的内部互依性。

在组织中，机械意识也被称作狭隘主义、视野狭窄或竖井心理。每个部门都单独行动并且只为自己考虑——而不是作为整个系统的组成部分协调运行，为了让系统整体运行，必须依靠系统外部力量来促进组织各部分之间的依赖互动。

一些公司的分化程度已如此之深，它将顾客和供应商视作局外人，有些将自己的员工视作局外人，某些公司甚至将其总裁也视为局外人。

我们来对比有机意识和机械意识。看看你的手。我们用双手来写字、指点和拿东西。如果一根手指受伤会怎么样？这只手还能用吗？当然能用，其他手指会弥补受伤手指的功能。我可以失去三根手指，但还有手——虽然没过去好用，但总比没手好，这只手还会继续发挥功能。为什么？手的组成元素是什么？是五根相互依存的手指，每根都像完整的手一样“思考”。

如果我失去一只手后换上了机械手，就需要通过物理疗法来学会如何让机械手的不同部分共同作用，教会机械手的组成部分像真正的手一样做动作的过程，就是发挥 I 功能的过程，就是为了一个共同目标而创造各组成部分之间的相互依赖性。这就是有机意识。[9]

这里有一个比喻。三个人在砌砖，一位路人停下来问第一个工人在干什么，他回答说：“我在砌砖。”行人接着问第二个工人同样的问题，他回答说：“我在垒一堵墙。”而第三个工人被问到同样问题时回答：“我们在修建用来拜神的建筑。”

第三个人理解了相互依赖关系以及这一关系的目的，如果系统的组成部分能认识到彼此之间的依赖性以及这种依赖性的目的（每个部分都是不可或缺的），组织就具有了长期的效率。

> 我将这种相互依赖的内部归属感称为整合，是整合让组织变得有效率。

一个得到有效整合的组织不用准备额外资源来应对潜在故障，为了实现共同目的，组织的各组成部分必要时会彼此支持，没有哪个部分是不可或缺的。

这种相互依赖性不要求物理上的接近或联系。如果你的手指受伤了，眼睛可能会流眼泪，发生了什么？如果手指和眼睛能开口说话，它们可能会回答："我们属于彼此，我们是一体的，它疼我也疼。"可能有人质疑两者之间的互依性纯粹是生理上的神经联系，我要问这些质疑者："如果伤到的不是你自己的手指，而是你小儿子的手指，你不会感受到疼痛吗？"如果你认为某件事物或某人是自己的一部分，即便没有生理上的关联，你也会感受到对方的喜悦或痛苦。

投入（功能）	过程	产出
满足需求（Provide the desired needs）①	功能化	短期效益
行政管理（Administrative）	制度化	短期效率
创业精神（Entrepreneurship）	积极化	长期效益
整合（Integrative）	有机化	长期效率

检验自己的理解

我曾给班上的学生出过这样的试题，以判断是否所有人都明白了四个管理功能。这个情境很常见。

在我的两个儿子一个三岁一个四岁时，有一天我正在客厅读周

① 在本书中，作者所用的缩写 P，分别是前文的 Purposeful（目标管理），此处的 Provide the desired needs（满足需求），以及后文的 Perform（执行）。其内涵是相通的，都是指公司的执行力，满足市场需求的能力、快速行动的能力。——译者注

日的报纸。两个孩子在他们的房间里安静地玩儿了一会儿，忽然吵了起来。

其中一个大哭："爸爸，这是我的！"

另一个也在尖叫："不，这是我的！"

"爸爸——"

我的第一个问题是，如果两个孩子叫我去解决他们的纠纷，那么按照我的定义，他们之间的关系是有机的还是机械的？

他们的关系是机械的，因为他们无法独立解决问题，而是要靠外部干预才能处理好两者之间运行不畅的地方。我走进他们的房间，当时，我还有精力来制定并执行规则，我要求所有玩具都必须两人一起玩儿，没有所谓的"我的"或"你的"，我希望他们能学会分享。但就在那个周日，两个孩子都想弹木琴，两人同时产生了这种强烈的愿望。

"这是我的！"

另一个反击道："不是！我先拿到的！"

"爸爸，让他把这东西给我！"

你明白这种情形。什么是 P 解决方案？如何运用 P 功能来解决这一问题？

对于这个问题，我最常听到的回答就是："把木琴拿走，谁都别玩了！"

这也是一种解决方式，但必须小心。这种解决方案将谁当成客户？答案是父母，父母需要安静，所以满足了自己的需求。两个孩子还恨不得杀了对方，而我无视他们的理由。

我经常见到这样的情况，在意大利的时候就发生过一次。出现问题时，我求助他人，每个人的回答都是"这不是问题"。显然，这些意大利人是想说"这不是我的问题"。有些管理者虽然不是意大利人，但也采取同样的方式解决问题。如果同事或下属将问题呈递到他们面前，这些管理者只会管好自己：他们自己从火线上抽身而退，而向他求助的人的处境并没有任何好转。

另一种解决方式：“再给孩子买一把木琴如何？”

如果潜在假设是正确的，这种解决方式很不错。孩子们吵架是否因为他们真的想弹木琴？如果他们真想在周日一早弹奏音乐，而且每个人都必须要弹木琴，我确实应该出去再买一把。这是 P 型解决方案，因为客户的需求得到了满足。但你认为孩子真想在周日的早上弹奏点音乐吗？也许他们吵架只是为了制造噪声。如果是这样，我应该把厨房里的锅碗瓢盆都拿出来，一个人可以敲锅，另一个人可以弹琴。

也许制造噪声也不是他们的需求，他们争吵可能只是手足之争，借以检验两个人到底谁说了算。如果我阻止他们因为木琴而争吵，他们可能因为锅碗瓢盆而争吵，他们总是会找个由头吵起来。如果是这样，我就应该让他们以自己的方式解决，告诉他们：“听着，孩子们，除非打得头破血流否则就别叫我！”

想找到 P 解决方案，你首先要甄别客户，然后通过试错法确定需求。客户可能来自内部，也可能是来自外部的顾客。如果客户满意，你就知道自己对需求的判断是正确的。不要把客户当父母，没有人真正清楚自己行为背后的原因，尤其是行为第一次发生时，多少人能真正解释清楚自己选择某种车型的原因？他们可能会给出某个说法，但他们能以科学的方式证明这就是真正的原因吗？消费者行为理论也无法解释消费者行为，因为没人能解释人类行为。我们假设、相信，然后检验假设，看其是否成立。即便假设成立，我们也无法为其成立的原因找到科学的解释。

客户存在某种需求，他们相信某一种产品或服务能满足自己的需求，但除非经常反复购买这种产品或服务，否则他们也无法确定自己的需求是否得到了满足。作为管理者，你需要检验自己的解决方案——在你看来，客户的需求是什么。推出 A 产品，他们是否会重复购买？如果不是，那么尝试推出 B 产品。如果喜欢 B，他们就会再次惠顾。你需要不断尝试，直到客户最终定期反复购买为止。这时，你就知道自己发现了真正的需求。

品牌忠诚（重复购买）可以证明你已经满足了某种需求，无论你能否说明或定义这一需求。事实上，真正重要的并不是确切了解这种需求是什么，重要的是满足这一需求，无论我们认为这一需求是什么。而满足需求的证明就是客户不断重复购买。

想要了解一个家庭是不是真的是一个温暖的家庭，问问夫妻双方每天回家是为了想待在一起，还是因为他们别无选择。家庭成员不回家总是有原因的。

A 解决方案是怎样的？

运用 A 型解决方案，必须首先发现惯例、重复事项、规则和秩序。你要按规矩行事，依据家庭规则来处理问题。也许规则规定，谁先拿到玩具谁先玩；或者把玩具分配给玩的时间最短的；也许规则规定，年纪小的顺从大的，或者年纪大的要让着小的；或者，两个人要通过扔硬币来决定玩具给谁玩。如果采取 A 型解决方案，就会忽略孩子当下的需求。A 解决方案关注的是整个家庭的需求，它遵循的是一致性标准：如果出现同样的情形，就要遵循同样的规则。建立了秩序和适当的规则，就要加以执行。在这种情况下，孩子不是客户，家庭才是。为了保持父母（管理者）的效率，你必须在未来发生类似情形时采取同一套解决方案。那么孩子的需求呢？如果他们的需求是通过打架来判断谁才是真正的“首领”，会怎么样？如果他们自己玩儿，这样两个人都分别有时间弹木琴，他们可能很快就会忘掉木琴，开始因为球或者其他东西打架。

E 解决方案呢？

“将木琴一分为二，让每个人都自己弹！”

这种创造性解决方案确实不同于 P 解决方案：你还在努力按自己的想法满足木琴所代表的需求。你相信，两个孩子都急切地想要演奏音乐或制造噪声。

E 解决方案不只是单纯的创意方案。它是对问题的积极反应——创造另一种更为强烈的需求，将孩子们的注意力从当下需求上转移开，无论这种需求具体是什么。E 解决方案可能是建议两个孩子看电视、踢足球，或者去看电影（我发现看电影的方法百试不爽）。这样，孩子们就将注意力放在了一个新需求上，这个需求和引起冲突的需求是不同的。

I 解决方案是最难确立的。采用 I 解决方案，就要摆脱对外部干预的依赖。你希望孩子们不再来找你，而是独立解决彼此的分歧。如果他们还是不断来找你解决冲突，你就明白两个孩子之间没有建立有机意识，仍处于机械意识阶段。

班上总有学生建议我应该“教会他们如何一起玩”。

这并不是纯粹的 I 解决方案。这种解决方式仍依靠外部干预：还是靠家长来提供解决方案。就好像是家长在修理坏椅子一样。

还有人会建议：“给每个孩子一根琴棒，让他们一起演奏木琴。”这种解决方式和上一种一样，也要依靠我来建立秩序。

真正意义上的 I 解决方案需要孩子独立解决问题。而作为他们的家长，其角色和管理者一样，按奥格登公司首席执行官拉夫·阿布隆的说法，就是“创造一种环境，在这个环境中最理想的状况最有可能发生”。

因此，要采用I解决方案，我是怎么做的呢？首先，我责备了他们，并解释道：“你们不能依靠我来解决所有的问题，如果我不在家，你们怎么办？”我当时想，未来等他们长大了，我不在了，他们是不是要找律师去解决纠纷？作为惩罚，我把木琴没收了，然后让他们到洗手间罚站。我告诉他们，找到解决办法后，才能出来。

当然，他们最开始的反应是大声抗议。他们希望外界能提供解决方案，因为外界裁断比自己找解决方案容易，但外界解决方案的好处只是暂时的。孩子们不仅要处理木琴问题，还要处理好他们之间的关系。I功能的目标是让孩子像任何组织的成员一样，依靠彼此，而不是依赖外部干预。

如果我和孩子们一起进房间，引导他们寻找解决方案，或者，如果我让他们就分享玩具的规则达到一致，我在执行哪种类型的解决方案，如何在PAEI框架下界定这种方案？如果我让他们独立制定规则，并且要求他们必须执行这些规则呢？这种方法有效果吗？原因是什么？

那么孩子们在洗手间里是怎么做的呢？你认为他们要花多长时间才能解决问题然后走出来？我可以想象两个人在洗手间里对望，然后一个对另一个说：“哦，天哪！”显然，他们很快就找到了解决方案。

如果他们从洗手间出来说：“我们已经找到了解决办法！我们要把房子烧掉！”那么我会把他们再送回去，直到他们的解决方案能让我接受为止。也就是说，他们的解决方案一定要和我的相似。他们要接受我的视角，要从整个家庭的角度出发看待问题。

下次你的主管各领域的副总裁之间相互竞争以争取更多预算时，不要跳出来解决他们的问题。当然，你肯定知道正确的解决办法，但先不要告诉他们。让他们到“洗手间”里待着，在没能从整个公司的角度出发解决问题之前别让他们出来。

功能的不相容性

这是个新问题。如果我没有没收木琴，而是让他们一边想办法解决问题一边拿着木琴会怎样？在这种情况下，他们要花多长时间来解决问题？时间会更长，对吧？

这说明，你发现了四种功能是不相容的。同时发挥 P 功能和 I 功能比只发挥 P 功能或 I 功能更难。

公司如果能同时妥善发挥四种管理功能（执行、行政管理、创业精神和整合），就会实现效益和效率，既有积极性又有有机性。这种组织长短期内都能保证效益和效率。但这些功能既相辅相成，也此消彼长。因此，想要同时实现四种功能难度巨大，现实中是无法实现的。

P 功能和 I 功能的不相容性

举个大家都熟悉的例子。你们公司要开会，因为面临时间压力，所以迅速决策很重要，这就是所谓的 P 功能压力。但你仍然努力做到态度开明，愿意听取所有人的意见，也就是说，你有对 I 功能的渴望。这样的会议难度有多大可想而知。

P 功能和 E 功能的不相容性

P 功能和 E 功能也不相容。你是不是经常说："要干的事儿太多了，我都没法清晰思考了。"你真正的意思是，因为忙于眼前的工作，你都没有时间去做出改变了。同样的道理，婚姻触礁的人总是处于忙碌的状态，根本没有时间去思考自己要如何改变生活，如果他们希望通过度假来解决问题会怎样？度假回来后，他们会准备申请离婚。为什么会选择在这个时间点申请？他们不是刚美美地度了个假来解决所有问题吗？他们之所以要离婚，是因为他们在假期中有时间思考了。

正如我们所见，执行（P）对创业精神（E）有影响，反之亦然，创业精神也能影响执行力。生产部门可能对规划部门和工程设计部门说："你们要是还不停地变来变去，我们什么事也完成不了。"

> 要采取行动，就必须冻结住计划。我们必须决定什么时候停止改变，以便能够开始行动。

如果变化太多，能完成的事情就会少。变革太多的国家可能会陷入瘫痪状态。20 世纪 80 年代，巴西政府为了遏制通胀，不断引入新法律和经济政策。这些变革制造的不确定性如此之大，以至于所有长期商业投资都基本上处于停滞状态。这就是 E 威胁到了 P。政府越是不规律地对抗通胀，就越是加剧了通胀。想要获得供应，就要保持稳定。但通胀越严重，政治人士就变得越狂躁，越以危机为导向，不断颁布法律和发布政策，而他们的举动却破坏了物资的稳定供应。在高通胀时期，阿根廷的财政部长几乎年年都换，不仅没能遏制通胀，反而让通胀更严重了。

P 功能和 A 功能的不相容性

想要赢得网球比赛，你要将球打回到对方的半场，这样你的拦击才有效果。不管用什么方式仅仅将球打回到对方的半场，相当于发挥 P 功能，实现了比赛的预期效果。是否存在无法实现效率的情况？当然存在！你打中了球，但身体却扭曲得像卡通人物一样。

如何变得有效率？在接受网球训练的过程中，你要让自己的身体动起来击球，通过训练正确地使用自己的双手和身体，就学会了如何实现效率，用最少的力气迸发出最大的击球力量。这相当于发挥 A 功能。

是否存在有效率没效益的情况？这意味着你完成了所有正确的动作，却没有击中球，因为球落到了别处。想象一名选手以某种方式击球时效率非常高，他没有奔向球的落点，而是站在自己最喜欢的位置不动，反而抱怨对方没有把球打到自己面前来，没让自己实现最大的击球效率。

官僚机构就是这种行事方式。他们事事都是走过场，干什么都照本宣科。你挑不出他们有什么错，他们只是罔顾了客户的需求。官僚机构热衷于以正确的方式做事，却没能做正确的事。他们的系统只重效率，忽视了效益。客户及其不断变化的需求影响了官僚结构的效率。官僚主义的管理者宁愿保效率而牺牲效益，也不愿保效益而牺牲效率，他们宁愿选择精确的错也不愿选择大致的对。

A 功能和 I 功能的不相容性

A 功能和 I 功能也是相辅相成的。A 侧重“方式”，而 I 侧重“谁”和“和谁”。两者虽然都以“方法为导向”，但 A 涉及机械的“方法”，I 涉及有机的“方法”。这里有一个它们不相同的例子。哪个地区的犯罪率更高：是高度工业化的大城市，还是几乎所有人彼此都认识的小村庄？在人们彼此感觉疏远的大城市犯罪率更高，他们缺乏归属感和互依感。这就是 I 功能缺失：犯罪是经济、社会、情感和政治分化的表现。

依靠法律与秩序来打击犯罪的典型方式，相当于用 A 解决方案来处理 I 问题。我们越是依赖 A 解决方案，I 问题就会变得越严重。A 对 I 的替代性，和 I 对 A 的替代性是一样的。随着人们越来越少地依赖社会价值来管理相互依存关系，而是起诉对方并尝试在法庭上解决纷争，法律环境变得越发紧张。采取的 A 措施越多，就会导致分化越严重，而分化的局面则会导致投入更多 A 措施，连续不断。

美国是全球人均入狱率最高的国家。随着变化加速，分化加剧，越来越容易以机械的A方式来应对犯罪，这是大多数获选立法者最青睐的方式，他们是接受过正式教育的律师，他们相信法律能解决问题。A方式是逮捕犯罪分子的有效方式，但只有I解决方式才能从社会经济层面真正意义上解决犯罪问题，比如社区委员会、邻里监督和社区荣誉感，或“自我管理”等。

人们很容易用A解决方式来处理I问题，因为在A解决方式下，我们只需要执行规定，不需要思考解决问题的本质，以及如何巩固错综复杂的相互依存关系。从短期看A是更高效的方法，I虽然要花费更长时间，但其效果更持久，I是长期的方法。

> 我们越是依赖短期方法，最终出现的长期方法存在的问题就会越严重。

哪个国家因为擅长I而建立了竞争优势？日本的主要优势就是I，所以才有“企业化日本”的说法。企业与政府通力合作，员工和管理层和睦相处。在日本，企业与员工之间存在强烈的互依感、亲近感和忠诚度。[10]日本企业的I功能程度非常高，以至于可能会削弱A功能。日本人在A方面也表现出色，日本的出租车是我见过的最干净的，司机还戴着白手套。日本人对规则和仪式的接受和遵守程度也都是有口皆碑的。日本人尤其勤奋和努力，因此P能力也很强。日本人在文化上兼具了PAI素质，因此能在短期内高度成功。但我一直在思考，日本是否因为缺乏E而慢慢丧失自己的地位。日本缺少个人创新，他们的教育体制让学生通晓知识，却没有教会他们自由学习和创造[11]，个人的创新E能力很弱。

哪个国家在A方面不断进步，但在I方面却在走下坡路？答案是美国。美国如何超越日本的优势呢？

美国应该输出A，输入I。具体要怎么做？我曾开玩笑地建议美国把工商管理教授派到日本去，向他们传授传统的管理理论，包括控制幅度、统一指挥原则、管理层相对员工的专属权力、精英式管理决策，以及基于对立关系的管理实践。所有这些理念都会助长 A 而削弱 I。接下来，美国应该学习日本的参与性机制、相互合作以及长期忠诚，这些都是日本管理实践的特点。实际上，我的建议正成为现实，日本人推崇并效仿美国，很多日本高管人士都曾向我抱怨，日本参与性机制效率低下，表示自己非常推崇哈佛商学院的管理课程。[12]

那么美国人向日本人学习了什么？他们学习了如何整合（I）——日本式的参与性管理。这种交换能提升美国实力，削弱日本实力。

A 和 I 有区别。I 能创造长短期效率，而 A 只能在短期内发挥功能。随着环境的变化，如果 A 长期保持不变，就会失去其功能。I 同时兼具灵活性和适应性，而 A 两者都不具备。

公司能否只靠 I 而不靠 A 在短期内保持效率？答案是肯定的。事实上，游击队采用的就是这种做法。他们不像那些建立了等级制度的正规部队有自己的行动手册。队员只是信仰一套价值观体系，这就是游击队的行动守则。同样的道理，亚洲的商业王朝不是利用 A 来管理广阔的家族企业版图的，而是利用 I。彼得·德鲁克曾预测，在 21 世纪，亚洲商业家族将称霸世界。[13]我不同意这种观点，如果缺少 A，家庭也会分崩离析。在这些家族中，E 作为个体化行为，可能会受家族的束缚。另外，跨国公司也能在不牺牲 A 和 E 的前提下学会 I。我的预测是基于在日本、马来西亚、印度尼西亚和新加坡的工作经历而得出的。

A 和 I 满足的是同样的公司职能：它们是黏合剂，有助于建立互依性。但两者的区别在于，A 要落在纸面上，而 I 不需要。A 不是从行为上逐渐吸纳，而是要靠外部力量强制执行。除非参与者认可 I 并将其纳入价值体系，否则 I 就无法存在，因此，I 要依靠共享它的成员们来规范和执行。

在 A 和 I 同时存在的情形下，公司会接受工作手册，切斯特·巴纳德称之为“被接受的权威”。立法规定反映了社会道德，无论是个人还是当局都要遵守。

E 功能和 I 功能的不相容性

E 功能和 I 功能也不相容。E 功能讲求创新和冒险，通常是个人行为，可能因亲近感、归属感和群体压力而受到压制，而后面这些因素都是 I 功能的特征。有些具有创业精神的个体会觉得 I 过程令人窒息。而个人创造（通常会背离常规）也会威胁到 I 功能所产生的亲近感和团结感。

I 应与 PAE 功能配合。

I 让组织有机化而不是机械化。虽然 I 也能独立存在，但这种状态和只有执行、行政管理或创业精神一样不可取。只有 I 则缺乏聚焦的目的性。只有 P 就好像是旋转的陀螺，转个不停却毫无目的，只是为了忙个不停。而只有 E 意味着虽有大量的创意和积极性，却缺少行动、指令或长期目的。

要实现效率，需要首先赋予 I 一个共同目的。这个目的可以是策略性的，其本质上是短期的：这代表 PI 组合，就好像前文中提到的手的例子一样。战争时期，人们因长期战略目的而合作：这代表 EI 组合。如果和 A 功能结合，I 功能就可以让执行过程顺畅：AI 组合能提升组织效率。[14]

我们来总结一下。想要公司长短期内实现效益和效率，需要发挥 PAEI 四种功能，公司要发展并实践这些功能。但这些功能彼此不相容，因此要按照一定的次序发展并将其融入公司。如果采用了最优次序，那么公司就会沿最优路径前进。但大多数公司沿循的是典型路径，我们将在后续章节解释造成这一现象的原因。有些公司可能陷入僵局，无法发展出新功能，这样的公司就存在致命问题。

我们首先介绍大多数公司沿循的典型路径。

注 释

1. 参阅关于自创生过程的研究，特别是 H. Maturana 和 F. Varela 的 *Autopoiesis and Cognition*（1980）和 *The Tree of Knowledge*：*The Biological Roots of Human Understanding*（1987）。还可参阅在复杂性文献中流行的有关自我调节的讨论，特别是 F. Capra 的 *The Web of Life*：*A New Understanding of Living Systems*（New York：Doubleday Anchor，1996)，特别是第 5 章“Models of Self-organization”。这些研究表明，系统会自我复制，选择它们的生存方式。也就是说，进化是有方向性的。G. Bateson 把这个过程称为“直向进化”，并且指出：这个过程“明显是相互作用的过程。”［G. Bateson，“From Anthropology to Epistemology,” in R. Donaldson，ed.，*Sacred Unity*：*Further Steps to an Ecology of Mind*（New York：Harper，1991)］。他提到了系统的各个组成部分与环境的相互作用。因此，当系统在自我调节时所做的定向“选择”是一种局部和具体条件下的作用，正是这些条件提供了“选择”的信息。
2. 组织理论的主要错误之一，就是其内部暗含了目的论和理性选择的假设，并把这些假设看作组织流程的特性。参阅 D. Polkinghorne 在哲学社会科学 SUNY 系列中的 *Narrative Knowing and the Human Sciences*（Albany：State University of New York Press，1988）对实证主义者范例的批判，以及 J. Hassard 的“Exploring the Terrain of Modernism and Postmodernism in Organizational Theory,” in D. Boje (ed.) et al.，*Postmodern Management and Organization Theory*（New York：Sage，1996)：45－60。
3. 参阅 J. Hillman 的 *The Soul's Code*：*In Search of Character and Calling*（New York：Warner，1997)，该书假设我们每个人都有能力去实现自己的潜能，就如同每颗种子都必然能长成一棵树一样。他认为，问题在于我们没有能力通过解放我们自己来展现我们的潜力，它又取决于我们是否具有支持“解放”的环境，如果有，那么，健康和自我实现就会随之而来。

4. 参阅 I. Adizes 的 *Industrial Democracy*：*Yugoslav Style*（New York：The Free Press，1971）。
5. 有关这些问题的讨论，可参阅 M. Djilas 的 *The New Class*：*An Analysis of the Communist System*（San Diego：Harcourt Brace Jovanovich，1983 [first U. S. publication，1953]）。
6. 参阅 I. Adizes 的 *How to Solve the Mismanagement Crisis*（Bel Air，CA：Adizes Institute Publications，1980 [first printing，New York：Dow Jones Irwin，1978]）。
7. 参阅 I. Adizes 的 *How to Solve the Mismanagement Crisis*。
8. 参阅 I. Adizes 的“Seattle Opera Association，” in *Business Policy*：*Strategy Formation and Management Action*，ed. by W. Glueck，2nd edition（New York：McGraw Hill，1976）：610－634。
9. 参阅 R. Penrose 的 *Shadows of the Mind*：*A Search for the Missing Science of Consciousness*（Oxford：Oxford University Press，1994）。该书力图通过考察计算机智能的有限性来描述人类的意识。还可参阅 A. Young 的经典著作 *The Reflexive Universe*：*Evolution of Consciousness*（New York：Delacorte Press，1976）。Young 对于自反性和意识之间的关系做了明确的阐述。最后，还可参阅 A. Scott 的 *Stairway to the Mind*：*The Controversial New Science of Consciousness*（New York：Springer－Verlag，1996），以获取对意识研究方面的全面了解。所有这些书，以及致力于这个课题的许多优秀项目都指出：对于我们更好地理解知识、社会，意识是越来越核心的概念。
10. 参阅 K. Ohmae 的 *The Mind of the Strategist*：*The Art of Japanese Business*（New York：McGraw Hill，1982）。他全面描述了日本企业文化和生产率之间的关系。
11. 例如，可参阅 *USA Today*，March 10，1998，page 13A。

12. 甚至当日本人开始发展他们复杂的管理和生产模式（如 TQM、JIT、Kaizen 等）时，HBS 也开始发表有关领导力和有机公司（organic company）的文章了，这些问题是 20 世纪 90 年代的思想标签。例如，可参阅 E. C. Brusk 的 *Human Relations for Management*：*New Perspectives*（1956）。其他有关领导力、团队协作、生产发展、银行业等典型课题，可参阅：A. M. Kantrow 的 *Survival Strategies for American Business*（1982）；E. Collins，ed.，*The Executive Dilemma*：*Handling People Problems at Work*（1985）；R. Howard，ed.，*The Learning Imperative*：*Managing People for Continuous Innovation*（1993）；F. Bartolomé，*The Articulate Executive*（1986），以及其他文献。
13. 参阅 P. Drucker，*Management*：*Tasks*，*Responsibilities*，*Practices*（New York：McGraw Hill，1973）。
14. 参阅 R. Axelrod 的 *The Evolution of Cooperation*（New York：Basic Books，1984），该书对合作的本质做了理论上的出色讨论。他的著作是对当前后现代视角下的参与理论的共鸣。还可参阅 R. Pascale 和 A. Athos 的 *The Art of Japanese Management*（New York：Simon & Schuster，1981），该书描述了日本和美国管理的不同之处。

第 11 章

预测生命周期：舞蹈的节奏

我在本书第 1 篇中描述了公司生命周期的各个阶段。公司从生命周期的一个阶段过渡到另一个阶段是否有原因？本章将运用第 10 章所介绍的工具来解释公司为什么会发展或衰退。

如果 PAEI 四种管理功能彼此不相容，此消彼长，那么公司是否可能一诞生就同时发展并协调好四种功能？答案是否定的。这些功能必须按一定的次序发展，还要在发展过程中不断协调。

每个公司在任何一个时间点都可能会因未能充分发展某一功能或难以协调不同功能之间的不相容性而暴露问题，因为四种功能中总有一种或几种处于缺失、停滞或发展不足的状态。

但公司的生命周期可能沿循典型路径或最优路径。两种路径之间的差别来自四种功能发展的顺序以及整合的方式。

我们首先来了解典型路径，这在前文已经介绍过。一旦理解了 PAEI 四种功能的发展和相互作用是如何解释公司行为的，我们就会知道如何加快并改善四种功能的发展和相互作用，进而创造一条最优路径。

想要实现长短期的效益与效率，公司要充分发挥四种功能。因为这四种功能不相容，因此要按照既定顺序发展，寻求阻力最小的路线并在过程中努力协调。公司发展出新功能，并在解决问题的过程中将新功能制度化。毕竟，造成问题的原因是一种或几种管理功能缺失或发展不足，以及协调这些功能时遇到困难。在解决某一具体问题的过程中，公司有意识地发展新功能并将其制度化。

如果公司无法发展某个功能或解决现有功能不相容的问题，就会发现自己被“卡住”了，它会不断重演由上述缺陷造成的问题，虽然可能因缺少或难以融合某功能而暴露出大量不同的问题，但这些问题的本质相似。公司就好像是坏掉的唱片，存在的问题也不再属于正常的范畴。在这种情况下，公司通常会退回到之前的功能，无法前进时，它们会撤回到熟悉的环境，如果环境发生巨大变化，缺少某些功能会导致公司的问题成为致命问题，进而威胁公司的生存。

例如，学步期公司缺少 A 和 I 功能。对在典型路径上的公司而言，这种缺乏是正常的。但如果之后创始人没完没了地聘任再解聘首席执行官，明显没能发展 A 和 I，问题就开始演变到异常的程度，我将这种状况称为“创始人陷阱”。投资人通常会认识到依靠单个领导者的公司有多么脆弱，因此在这种不稳定的情况下不会选择冒险投资，如果公司筹集不到资金进行必要的扩张，创始人陷阱可能最终演变成致命问题。

为了实施治疗性的干预，最重要的是理解变化的过程，也就是理解功能是如何发展与整合的，以及理解在这种变化过程中与异常问题或致命问题相对的正常问题。

为什么生命周期会遵循典型顺序？因为每种功能出现后都会慢慢消退，为既定顺序中的下一个功能让路并与之实现平衡。因为功能按既定顺序发展，所以功能不相容所造成的问题是可以预见的，我们有能力预见这些问题。因为我们能借助诊断和治疗理论将具体问题和具体功能缺陷联系起来，所以就能培育和发展那些不足的功能，进而消除或杜绝问题的发生。

只有在生命周期中的成长阶段，公司才需要发展并整合 P、A、E、I 四种功能，而处于衰退阶段的公司必须避免这些功能的退化，而能够让四种功能强大并保持均衡的公司，就能一直处于壮年期。

公司需要发展各种功能，将每种功能与已有功能整合，并综合发挥四种功能的作用。但每个公司都存在能量分配的问题：在任何一个时间点，每个系统的能量都是固定的，这是物理学原理，随着时间的推移，能以共生方式与环境相互作用的动态系统，能增长能量。但在任何一个时间点，在静止状态下，能量是固定的。那么系统要如何分配能量？怎么做才最有效率？答案是能量要用来发展新的功能、协调不相容的功能，还要实施已有的功能。

舞蹈：典型路径上 PAEI 功能的发展顺序

想象一场与众不同的方块舞：没人打拍子。四位舞者需要自行编排舞步，以代表世界上的不同文化，假设四位舞者分别来自墨西哥、泰国、巴尔干地区和非洲，他们已经接受了这样的任务：在舞蹈的最后，他们必须跳出代表各自文化的个人舞蹈，并且必须将这些个人舞蹈融合在一起，以便四个人能同跳一支舞。

如果了解不同文化背景的民族舞蹈，你就明白这些舞者面临的挑战难度有多大。如果你不熟悉各国的民族舞蹈，你可以想象将同样的任务分配给同一文化背景下接受过不同训练的四位舞者：有人是古典芭蕾舞舞者，有人是现代爵士舞舞者，还有人是民族舞舞者、街舞舞者。

在我们的案例中，四位舞者分别是 P、A、E、I。

P　　A

E　　I

舞者应该怎么完成这个任务呢？应该按什么顺序跳舞？又为什么要设定顺序？

谁第一个跳

在本书初版时，我提出了第一个要发展的管理功能是 E。我们学到的经济理论（来自约瑟夫·熊彼特）[1]甚至是心理学理论（来自大卫·麦克兰德）[2]都这样告诉我们：创业精神推动经济增长。

典型路径下，E 舞者先走到方块舞舞台的中央，开始独舞。因为无论是他本人还是其他人都没有事先编好舞，所以此时此地，他要在舞台中央现场编排一段能代表自身文化的舞蹈。舞蹈的主题是什么？是关于长期效益的舞蹈，可以用“原因”一词代表，这个词和“为什么”意思相同。E 功能给出了舞蹈的目的。同时，剩下的三位舞者也要认真观摩。在这个阶段，舞蹈的编排方式是 paEi——E 在跳舞，而 p、a、i 站在自己的位置上观看，模仿 E 的动作，因此我把 p、a、i 小写，这就是孕育期的舞蹈。如果 p、a、i 没有认真看并在一定程度上参与，之后就无法加入，这样的话，我们得到的只是创业空想期的 00E0，而不是孕育期的 paEi。

谁第二个跳

E 渐入佳境并形成一套动作后，谁下一个加入？我们有三个候选人：

P 代表	短期	效益	
A 代表	短期		效率
I 代表		长期	效率

鉴于 E 代表长期效益，那么与 E 最相容的是哪个功能？

我们首先找出最差人选，将其从考虑名单中剔除出去。因为 E

代表长期效益，所以 E 的第一位合作者必须代表长期的维度或效益的维度。剩下三种功能中差异性最大的是代表短期效率的 A，这位合作者和 E 没有任何共同点，因此，A 功能就先不考虑了。如果 A 在这个阶段执意要与 E 共舞，就会把整场舞毁掉，两位舞者会相互干扰，他们的舞步会磕磕绊绊，导致 E 最终离场。这正是社会上政府对公司过度干预或在被 A 主导的衰退期公司所发生的情形。

多年前，当我还是学生时，在《财富》杂志上读到了一篇题为《可能实现的宏图大业》的文章。文章写道，如果由从休斯飞机公司离职的经验丰富的老员工创建的公司（包括 TRW、Litton 和 LTV），都是在休斯公司内部创办的，休斯飞机公司现在的规模要比通用汽车公司还大。[3]但休斯公司富于创业精神的员工在发现休斯压抑的 A 氛围如此难以忍受后，纷纷离开休斯自己创业。而当他们自己的公司也变得和当时他们逃离的公司一样压抑和令人窒息时，后继的富于创业精神的员工也会出走，另创公司。

因此，在舞蹈的早期阶段就让 A 加入进来，有些为时过早。

剩下两个候选人是 P 和 I。哪个看起来和长期效益更接近？是代表长期效率的 I 还是代表短期效益的 P？

在这里，需要考虑地方文化的重要性。在看重工作规范（work ethic）① 的西方社会，P 是不二之选，我所说的工作规范不仅是马克斯·韦伯在《新教伦理与资本主义精神》（*Protestant Ethic and the Spirit of Capitalism*）[4]一书中所描述的新教伦理，在我看来，工作规范适用于所有会遭受严寒冬天的社会，在气候稍微变凉的时候人们就需要提前计划，为度过寒冬生产并储备食物。而热带地区的人们一年到头都资源丰富，因此他们处于过一天算一天的生活状态。[5]

在推崇工作伦理的文化中，短期效益 P 更有能力将长期效益 E

① 在英语中，ethic 既有伦理的意思，也有规范、准则的意思。这里的工作规范是指工作中的行为习惯和方式。——译者注

转化为短期效益。P 与 E 更接近：两者都涉及效益。这种接近性在语言上也有所体现：P 代表“做什么”（what），而如前文所述，I 代表的是“为什么做”（why），在我查看的每个语系中，包括拉丁语、闪族语和斯拉夫语，“原因”（why）都和“what for”是同义的。按照同样的思路，我们就能推断出“做什么”就是短期的“为什么做”，而“为什么做”就是长期的“做什么”。

因为 P 和 E 之间的差别只体现在时间跨度上，所以我们让 E 从舞台中央退出，在两者共舞之前给 P（E 的短期形式）一个学习并编排自身舞步的机会。另两位舞者仍站在边上观看，可能还会模仿 P 的舞步。这种 Paei 舞蹈对应的是生命周期中的婴儿期。

但如果 P 跳舞时，E 因为觉得无聊就带着 A 和 I 一起离场会怎么样呢？在 P000 舞蹈中，P 个人独舞，跳累了就退场了，舞蹈就结束了：这就发生了创业中婴儿死亡的现象。但如果 E 一直认真观摩，并给出 P 可以参考的意见，等到 P 有信心时，会怎么样？这时先不要让第三位舞者学习独舞，而是让已经掌握自身舞步的两个舞者学习如何共舞。还记得能量是固定有限的吧？一开始，所有能量都用于某种功能的发展。现在既然 E 和 P 功能都已经发展完毕，就不需要那么多能量了，省下来的能量用于协调两种功能和舞蹈。能量是相同的，只是被用于不同目的。所发生的情形是：P 和 E 走到舞台中央，努力将各自的舞蹈协调成兼顾长期和短期效益的新舞蹈。因为两者都涉及效益，因此结合起来难度不太大。与此同时，另两位舞者站在边上，模仿 P 和 E 的舞步。PaEi 舞蹈代表的是学步期的公司。

到现在为止，两位舞者都在练习一个舞种——效益。功能（效益）表现出色，但形式（效率）却还没机会登场。A 和 I 目前一直都在观摩。随着舞蹈变得愈发激情四射，A 和 I 也愈发紧张——舞蹈只有功能，没有形式。E 不断向 P 教授新舞步，两个人越跳越开心。A 和这两者截然不同，因此害怕加入。就好像烈马会踩踏毫无经验的骑手一样，P 和 E 可能会毁掉 A。

一段时间后，P 和 E 已经能自如地共舞，已经协调得非常好了，这部分能量就省下来了。这时就应该安排第三位舞者加入。

谁第三个跳

谁应该第三个跳呢？A 还是 I？典型路径更喜欢短期而不是长期。相对于东方文化而言，这是西方社会的典型路径。A 会在此时加入舞蹈，但是否让 A 一开始就尝试独舞，就像之前的 P 和 E 一样？这样做不行。如果 A 自己独舞，编排出完全不同的舞步，就无法和 P、E 已经配合得很好的共舞结合起来。如何解决呢？其中一个舞者需要带着 A 一起舞蹈，将 A 的贡献融入进来。与此同时，另一个功能要离开舞台中央，一边观摩一边等待上场。

正如面对经验丰富的舞者 P 和 E 刚入场的舞者 A 会被压制、降服或毁掉一样，新加入 PaEi 学步期公司的行政管理者会发现自己无力应对公司创始人及其追随者。在学步期公司的文化中，A 功能都会经历一个融入公司并生存下来的艰难时期。如果 A 无法成功与 P、E 共舞，如果没能完成发展 A 功能的任务，最终的结果是，P、E 舞者最终会因为太累而离场。或者，因为他们搞得尘土飞扬，会有人阻止他们，舞蹈也随之结束。他们为什么会疲惫？因为能量是固定的，能量是用来跳舞的，没有 A 功能和 I 功能设定的边界，E 可能迅速地引入一个又一个新舞步，让 P 应接不暇，P 往往会累得跪倒在地，不再跳舞，因为他无法迅速掌握新舞步来跟上节奏，P 刚刚学会最新的舞步，E 又开始构思其他新舞步了。所以，P 觉得自己最好还是停下来等着。这就是 P0E0 舞蹈：对应创始人陷阱或家庭陷阱。

在我们的方块舞中，当E或P与A共舞时，另一个必须坐在一边等。谁该继续跳？谁又该退到一边呢？

在典型轨迹上，E通常拒绝停下来坐在后排，他是第一个跳舞的，本身对舞蹈也最感兴趣，让他和别人共舞就已经很勉强了。没错，他之前确实和P一起跳，但P算是近亲。他会把舞台让给“敌人”A吗？绝对不会。他明白自己需要A，但同时又对A怀有强烈的仇恨和鄙视。因此，他最终毫无热情地邀请A跳舞，但同时也会将P留在场上。他们两个会拉着A满场跑，A被踢伤、踩踏，直到遍体鳞伤为止。A不干了，他不是退到一旁生闷气，而是会直接回家。另一位A加入后，也会遭遇同样的状况。E开始生气，P急切地希望A能够控制狂躁的E，因为E已经让他筋疲力尽，他希望A能加入进来，因为P和A也很亲近。A代表短期效率，P代表短期效益。和E不同，P不会强烈地感受到来自A的威胁。事实上，P似乎还在E背后和A接洽，希望能说服A加入，并承诺各种各样与E对抗的结盟。P急于建立秩序，以便将能量用于公司的正常运行而不是不断创新和发展。E逐渐失去信心，因为P在大声和强烈抱怨E推动舞蹈向太多方向发展。P不再合作，E和P的关系也结束了，E批评P是没有创造力和应变力的舞者。

E和P开始相互怨恨。E因P对自己新舞步的迟缓反应而暴怒，而P则反对E疯狂的节奏。两人都怒气冲天时，会时不时地踩到旁观者的脚趾。他们都希望A参与，却没让A融入他们的舞蹈。

读者们，请注意观察：我已经向你们暗示了可能出现的情况。如果E操控舞蹈，到目前为止，I还并未加入进来。E会将意志坚决地将A开除，然后寻找一个不损害公司E功能的A。在这种情形下，新来的可怜的A一加入就沦为E脚上的灰尘，按照E要求的任何方式随着E舞蹈。A根本无法编排出自己的舞蹈。他就像以前的自己的影子，和在舞台的角落里观看时并无区别。既然A如此顺从，E

会尊重他吗？不可能！E 会把他当成多余的压舱物，忽视他，背着他或者在公开场合批评他效益低下。A 根本无法加入舞蹈。他要么成为 0（可有可无的无用之物），要么退出。

A 还是没有参与到舞蹈中来。

还可能出现另一种情形。A 加入进来，尝试放慢舞蹈的节奏，以便自己能参与进去。要做到这一点，他需要控制 PE 舞蹈中占主导地位的一方，显然是 E。A 一心想压制 E，努力让其退出舞蹈。两人开始争斗。现在没人在跳舞，虽然两人的拳打脚踢在某些人看起来可能像在跳舞。与此同时，P 因为困惑而停下了舞步：E 朝某个方向拉他，希望能向他展示新舞步；而 A 则命令他坚持 A 已经设计好的舞步。毫无头绪的 P 只能坐下来。这样，舞者之间的不和会毁掉整个舞蹈，最终舞蹈结束，跳舞的计划流产。

还有另一种情形，P 因为被 E 搞得太累，也希望 E 退出，最后 A 在 P 的帮助下成功地消灭了 E，现在 P 和 A 就可以共舞了，这段舞跳得不错——代表了短期效益和短期效率的结合。两位舞者都跳得很开心，但舞蹈过于中规中矩，越看越像是行军而不像舞蹈。能量用在了 P 和 A 上面。但因为没有 E，系统就无法吸收新能量，没有新舞步，也没有新前景。舞蹈只能不断重复，以至于最终变得陈腐和过时。观众们会离场，在无人观看的情况下，两位舞者怀念着曾给他们带来能量让他们继续下去的掌声，最后也会停止共舞。

互相踩脚

这一舞蹈描述了公司在青春期时的痛苦。这一时期的公司会发生什么情形，具体取决于 E 和 A 之间谁输谁赢，也就是谁最终成功地把对方挤了出去。如果像上文描述的情形，E 不断逼迫 A 离开，公司就会陷入创始人陷阱。但如果 A 成功将 E 赶走，公司就会过早老化。

如果A成功让E从舞蹈中退出，E离场后就会回家生闷气。E离场后的舞蹈会是什么样？用于舞蹈的能量会不断减少，因为E和内外部环境之间的互动（提出新想法和新目标）是能量的来源。E提供长期效益，没有E，剩下的舞者不再清楚自己为什么要跳舞，他们不能只为了跳舞而跳舞，他们的舞蹈需要目的。目的可能会发生变化，但舞者们需要一个跳舞的原因。最开始，他们的目的可能只是为了赢得掌声；之后他们可能希望在某个节庆活动上演出；再后来，他们可能希望拍摄一部关于自己舞蹈的电影。E就是赋予这个不断变化的长期目标的因素。如果E消失了，目标便不再变化，一旦舞者实现了既定目标，他们就回家了。因为他们没有继续跳舞的理由了。[6]舞蹈结束。想要让舞蹈无限期地延续下去，E必须要跳个不停。如果一个E累了，E群体的另一个成员就要加入，让舞蹈继续下去。

因此，E必须一直跳下去或处于随时准备加入的状态。这样是否也存在问题？如果A将E成功挤出后控制了舞者P，新E就会很难加入。A最不希望看到的，就是有人打乱了自己规整的舞步。I可能加入舞蹈，前提是他必须遵守A的规则。但没有E的存在，每个人最终都会用尽能量，继而一个接一个地离场。

能量为三种必要的目的服务：发展新舞者或功能，协调需要学习共舞的舞者，支持现在的舞蹈。能量下滑时，新功能的发展最早遭遇能量供应不足问题。P首先退出：他怀念E不断贡献新舞步的时光，虽然他跳得也不错，但一段时间之后，他的舞步看起来就像行军一样。P离开后，剩下的能量全部用于运营，只有A留在舞台上独舞，一直到用光能量为止。他停在某一个动作上，就像伫立的雕像一样。这就是过早衰退和死亡，公司在到达壮年期之前就衰亡了。

正如你所见，从短期和长期功能 PE 过渡到短期效率 A 的难度很大。那么，公司应该如何完成这一过渡？哪种方式虽然会伴随痛苦却能保证健康？哪种方式是异常的，可能造成致命问题？

典型路径上的健康舞蹈

我曾在本书上一版中说过，E 应该留下来和 A 共舞，P 应该休息一会。当要求公司这样做时，我知道这一要求难度很大，而且会相当痛苦。我当时认识有限。我以为如果公司削弱 E，就会过早老化，会流失能量。我成为 E 是不可或缺的这一认知的俘虏，被困在了近乎神圣的创业精神里。今天的我经验更丰富，对四种功能的理解也更深入，因此更有勇气挑战已经建立起来的理念。今天再回顾几年前，我发现自己当时错了。我当时要求 P 离场，同时通过强调愿景和战略来强化 E。如果这么做，我们又该从何处获取能量，从而协调 A 和 E 两位劲敌呢？我让 P 退到一边，通过削弱 P 来发展 A。我服务的公司当时强烈反对，据理力争，但是我仍然坚持自己的主张。但这其实是错误的！

我之前的假设到底哪里出了错？我们思考一下，谁应该离场，P 还是 E？特性上更接近 A 的功能应该留在场上。

P 代表	短期		效益	
A 代表	短期			效率
E 代表		长期	效益	
I 代表		长期		效率

如果 A 代表短期效率，那么哪个功能和 A 最相近？代表长期效益的 E 既没有从短期出发也没有从效益出发。所以 E 应该离开舞台，在椅子上等着。P 和 A 一样，都立足于短期。没错，效益和效率虽

然不同，但如果让短期效率和短期效益结合，就可以发展兼具短期效益和效率的系统。[7]我们可以之后再转向长期。这样做有道理吗？

斯图亚特·雷斯尼克是富兰克林铸币厂的总裁。他告诉我："在埋头于任何新想法之前，最好先让原有想法发挥作用。"他和其他公司的管理者都反对我的建议。当时，我建议他们公司保持在 EA 状态，也就是说，他们应该继续扩张自己的愿景和战略，与此同时实现组织制度化。但他们坚持将注意力放在 PA 上，他们是正确的。典型路径上的成功公司都应该这样做，而且事实确实是这样。有些风险投资公司以此赚钱，他们寻找困于创始人陷阱的公司，收购之后再赋予公司 PA 功能来使它组织完善，使它制度化，然后再上市，借此大赚一笔。

加入 I 达到壮年期

这种 PA 形式的舞蹈和前文描述的极不可取的过早衰退 PA 形式有何差别？不同之处在于 E 的心理状态和控制感。在过早衰退的情形下，E 被踢出去之后会直接回家，或者尝试在其他地方跳舞。而在上述健康过渡的情形下，E 主动到椅子上休息一会儿，给 P 和 A 一点时间来了解彼此，它并没有丧失控制权。这个过程需要自我规范，最重要的是，需要 I 的参与。读者们，我现在再给你们一条重要暗示：I 是必不可少的。如果没有 I，E 和 A 就会相互攻击相互伤害。在 I 和自我规范存在，并且 E 知道整个过程的情况下，E 就能短时间退到一旁，在恢复体力之后做好准备，帮助公司焕发新生。

P 和 A 能自如地共舞之后，P 应该休息一会，给老伙伴 E 一个和 A 共舞的机会。因为 A 之前和与 E 相似的 P 一起跳过舞，所以与 E 合舞的难度不大。

这就是典型路径上的健康舞蹈。正常与异常的区别，在于 E 与

A 相互信任与彼此尊重的程度。相互尊重是 I 的功能。如果其中一个把另一个踢出去，这种情形就是异常的，甚至是致命的。各功能需要给彼此空间，按适当的顺序，选择恰当的时机。

接下来会怎么样？P、A、E 已经学会如何成对共舞。现在，就让三者一起跳。让 P 重新加入，我们就看到了 PAE 舞蹈。

到目前为止，为了更好地记住典型路径上健康舞蹈的顺序，总结如图 11—1 所示。

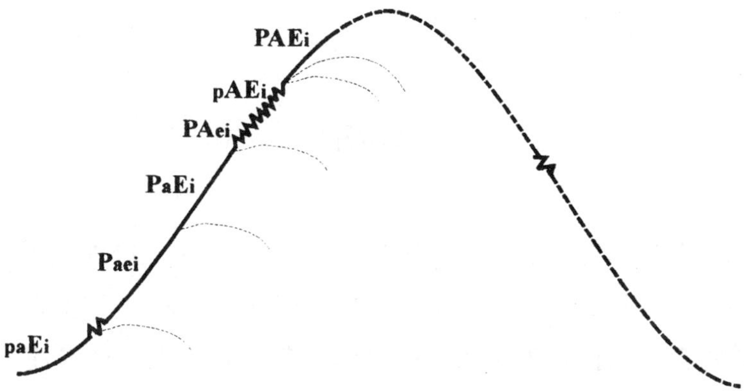

图 11－1　典型路径的顺序

现在不是应该让 I 加入吗？舞蹈已经进行到了最后，再不加入就来不及了。I 加入的时机应该不晚于青春期，这个阶段最需要 I 来调和 E 和 A 之间的生死之争。I 加入得越早，效果就越好。读者们，这就是我给你们的又一个暗示。因为 I 能和任何角色共舞，所以他加入没有任何难度。I 是真正的多语言者，什么语言都会说。或者我应该说，他什么舞都能跳。

我们现在的舞蹈是 PAEI 形式吗？我们进入到这种状态了吗？我们是否已经到达了乐土——壮年期？答案都是肯定的。但你还要照看好这片土地，辛勤地灌溉、施肥、耕种。即便是乐土，也可能因为忽视和无作为而沦为沙漠。但很明确，PAEI 舞蹈完成了任务：四位舞者成功共舞。但舞蹈会渐渐落幕。

在 P、A、E 一起合舞却无法自如配合的后期，I 加入的难度很大，I 很容易受到攻击。而如果没有 I，E 就会走下坡路。在危机四伏充满敌意的环境中，E 无法蓬勃发展。E 需要精心培育，这很有趣，虽然 E 需要整合性的环境，却会撒播分化的种子；虽然 E 讨厌别人对自己咄咄逼人，自己却咄咄逼人地对待别人。如果 I 不足或不稳定，E 就会开始衰退。而随着 E 的衰退，公司就会进入壮年期后期，再进入生命周期的稳定阶段：PAeI。

稳定期

稳定期是如何到来的？E 被代表“形式”的 A 和 I 所包围，P 受 E 驱动，却对 E 没有任何帮助。除非 E 能通过动摇 A 和 I 的坚固联盟而获得额外支持，否则四者的舞蹈看起来就像电影《孤注一掷》[8]所描绘的大萧条时期马拉松舞噩梦一样。E 疲惫之后就退出了。我将在第 14 章中解释 E 下滑的原因，也就是公司衰退的原因。壮年期的长短取决于 A 掌控全局并开始束缚 E 的速度，以及环境变化的速度。观众是否会没完没了地要求看新舞蹈？

哪个功能会随着 E 的下滑而下滑？长期效益下降会影响短期效益，P 是最接近 E 的，E 是 P 的动力，如果 E 完全离开，P 最终也会离开。《塔木德》告诉我们：“如果你不知道自己向哪儿去，走哪条路都可以到达目的地。”因此，如果失去了长期目标，也就失去了前进的动力。P 会觉得孤独，因为身边都是代表“形式”的角色，只有 P 自己孤零零地代表功能。于是，P 做好了退出的准备，认为是时候离开了。这样舞蹈就变成了 pAeI 形式——以形式为主，少有功能。这就是生命周期中的官僚期。

随着 E 和 P 的下滑，功能会持续减弱，公司和外部环境的联系瓦解。外部 I 已经削弱。但竞争激烈的市场环境会让所有错误都得到惩罚，所以公司会因此流失市场份额。最终，分化到了病态的程度，因为生存已经岌岌可危。内部分化接踵而来，内部 I 削弱，公司掀起了一场政治迫害：这是谁造成的？我们能埋怨谁？这就是生命周期中的官僚早期。到 I 完全消失时，就只剩下 00A0 这个树桩，大树已经没了，叶子也没了，只剩下死的树桩，留下了大树曾经存在的记忆，这就是官僚期。因为公司无法服务于任何客户，所以等到剩下的树桩 A 也被挖走时，公司就消亡了，即 0000，如图 11－2 所示。

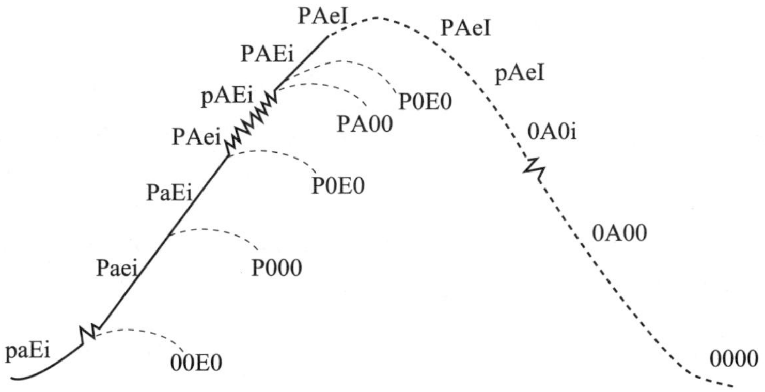

图 11－2 组织生命周期

讲到这里，我们已经借助比喻展示了四种管理功能之间的相互联系。在第 12 章，我们会探讨它们在生命周期的不同阶段的行为表现。

注 释

1. 参阅 J. Schumpeter 的 *Business Cycles*：*A Theoretical*，*Historical and*

Statistical Analysis of the Capitalist Process（New York：McGraw Hill，1939），该书讨论了管理角色（尤其是创业精神）的发展。

2. 对于管理角色（尤其是需求和动机）的发展，可参阅 D. McClelland 的 *Motivating Economic Achievement*（New York：The Free Press，1969）及 *The Achieving Society*（Princeton，NJ：Van Nostrand，1961）。
3. 参阅 G. Bylinsky 的“The High-Flying That Might-Have-Been,” *Fortune* 77，15（1968）：100－103。
4. 参阅 M. Weber 的 *The Protestant Ethic and the Spirit of Capitalism*（London：Unwin，1930）。最近的版本是由位于纽约的 Charles Scribners 出版社于 1958 年出版的。
5. 参阅 J. Diamond 的 *Guns，Germs，and Steel：The Fates of Human Societies*（New York：Norton，1997）。
6. 这一观点是由 D. Bell 在其 *The End of Ideology：On the Exhaustion of Political Ideas in the Fifties*，rev. ed.（New York：The Free Press，1963）一书中提出的。
7. George J. Stigler 给出了数学证明，证明为什么短期效率可能对长期效益是有害的，在他的关于价格理论的数学公式——长短期变量和固定成本的变化曲线——证明了这一点。参阅 G. J. Stigler 的 *Theory of Price*（New York：Macmillan，1966）。
8. I. Winkler，R. Chartoff 和 S. Pollack，prods. 的 *They Shoot Horses，Don't They*?，由 R. E. Thompson 根据 H. McCoy（Palomar Productions，1969）的小说改编。

第 12 章

PAEI 与生命周期的各个阶段

现在，我们研究舞蹈在公司生命周期各个阶段中的表现形式。

孕育期：paEi

在孕育期，准创始人有了创办公司的承诺，这个承诺最终促成公司的诞生。创始人甄别需求，并确定承诺来满足这些需求。在典型路径上，创业精神（E）是该阶段最重要的功能。创业精神为积极行动创造条件，在当下识别未来的需求，形成了愿意承担风险以满足上述需求的意愿。形成承诺的表现是兴奋、激情或与创业想法进入“热恋”。

承诺经受住了考验，公司就会诞生；如果对公司的功能性没有承诺，也就是做任何事情都没有明确其目的时，公司就会死掉。

> 我们可以根据公司中对公司本身及其有效性拥有承诺的人数来衡量这家公司的活力。

因为处于壮年期的公司需要同时具备 PAEI 四种功能，所以壮年期要求每种功能要素都必须具备。

执行（P）、行政管理（A）和整合（I）功能是对孕育期的创业精神（E）这个功能的现实检验。正常和异常孕育期之间的差别，在于另三种功能是否存在。正常孕育期应该是 paEi，异常孕育期则是

00E0，即 P、A 和 I 是不存在的，公司没有经历对承诺的现实检验。现实检验考虑的是：我们要做什么工作。满足什么需求——P；我们如何完成这些工作——A；谁来做、怎么做、和谁做——I。

未通过现实检验的孕育期就是创业空想。在这种情况下，面对现实的考验，孕育期最终失败。因此，四种功能在孕育期就必须都存在，即使有些功能处于休眠的状态。

为什么说执行（P）、行政管理（A）和整合（I）功能可以为创业精神（E）功能提供现实检验呢？执行、行政管理、整合与创业精神不相容，所以小剂量的 P、A、I 对 E 来说就是挑战，这个挑战可以检验现实。

商业计划的形成也是对孕育期的现实检验，每个问题都相当于小剂量的 P、A、I。创始人必须认真回答做什么（what）、如何做（how）、谁来做（who）的问题。因为四个功能的不相容性会破坏具有创业精神的新想法，所以虽然每次 P、A、I 测试的剂量都很温和，为的是避免对 E 造成伤害，但这种测试必须保证足以预示未来。不这样做的话，一旦出现做什么、如何做、谁来做方面的问题，公司承诺就会烟消云散，这样的局面不是健康的孕育期，公司只能以创业空想而告终。这些小剂量的 P、A、I 就像接种疫苗，用以培养对疾病的抵抗力和免疫力。它们能测试出四种功能是否已然存在，等待进一步发展。

如果孕育期没有对创业精神（E）的承诺进行检验会出现什么情况？在之后的婴儿期，公司将直面大量执行（P）方面的需求。如果缺少足够的承诺，公司将以解体告终。

更简单地说，从浪漫的梦想到实际行动并不容易。公司在孕育期内必须模拟在不久的将来以及整个生命周期内将面对的现实，必须确定公司在真正的挑战降临之前能否在模拟中生存下来。

因此，健康的孕育期对应 paEi，而创业空想对应 00E0。

婴儿期：Paei

P 功能在婴儿期得到发展：此时的关注点是现在做什么。为保证有充足的能量发展 P，E 必须进入休眠状态。“我不想再听什么新想法，我要结果，现在就要！”

健康的婴儿期应该是 Paei。P000 的公司无法活过婴儿期，paEi（不断创新却不关注结果）的情况也不是健康的婴儿期状态。

在正常的婴儿期中，P 占主导地位，而 A、E、I 相对较弱，这种情况下允许不走各种工作流程以快速获得可量化的结果。在这种应激环境下，缺少耐心是正常的。但如果缺乏耐心的态度在后续阶段还没有得到控制，就会埋下破坏性的隐患。

创业承诺通过了现实检验，创始人开始承担风险，这时公司就诞生了，P 随之上升到主导地位，A 和 I 仍然在孕育期那样还是处于被压制的状态，但 P 的上升会导致 E 的下降。为什么？

创始人的动力来自哪里？是他们对市场需求的承诺，他们认为自己就是为了满足这些需求而生的，当公司最终开始运营，他们承担了风险后，创始人就会投入巨大的热情。这是个干个不停的阶段，创始人必须要捍卫自己的梦想。

婴儿期的公司必须履行既定职能——它们创办的缘由，如果未能交付这些功能，它们就会很快死掉。而且，婴儿期公司承担的风险必须靠实际行动来弥补。为了承诺而承担风险，努力工作就是为了兑现承诺。

P 是以功能为导向的，这种功能性导向存在于所有婴儿期系统中，包括人类的婴儿期。在生命最初几个月，婴儿只专注于功能性需求——进食、睡觉并保持温暖和干爽。同样的道理，婴儿期公司将重点放在 P，它们必须有资金，即流动性，才能生存。

在婴儿期公司中，A、E和I程度低，即Paei，相当于P独舞，a、e、i旁观。P居主导地位，这是正常的。如果婴儿期公司的管理者是独行侠，从不授权，行事就好像唱独角戏一样，也再正常不过。婴儿期的公司就需要这样。想想新生儿的母亲，她总在给自己的孩子喂奶、哄孩子或者给孩子换尿布，不会有其他行为，比如教孩子说外语，她知道她的孩子首先需要满足的是功能性需求。同样的道理，在婴儿期公司，创始人需要首先并重点满足新生公司的功能性需求。

学步期：PaEi

P功能最终开始稳定下来：供应商名单稳定下来，资金流因为客户开始重复下单而有了保障。P充分发展后，就可以提升E这个功能的地位了，为什么？在孕育期，E强大，并且公司这时形成了愿景。在婴儿期，E功能弱化，因为公司将能量集中用于检验愿景的可行性，这时P功能一定要强大。一旦公司通过了检验，就能腾出能量来支持愿景，由愿景推动公司全力前进：E重回上升轨迹。

在婴儿期的最后，P、E功能都很强大并处于健康状态。这时，公司可将能量用于整合P、E，处理两者之间不相容的问题。P、E功能需要共同发挥作用。学步期文化对应的是PaEi。如果公司文化是P0E0，连最少量的A和刚萌芽的I都没有，两者都有待于发展，这时的公司就陷入了创始人陷阱。公司必须同时具备四种功能，即使有些功能看起来处于休眠状态，但无论如何应该从始至终一直在。典型路径上的公司会在这时发展一种功能，将各功能吸收并整合到公司的行为中去。

注意，顺序很重要。在孕育期，E首先上升。在婴儿期，P功能上升，E功能下降。在学步期，在第三种功能发展起来之前P和E

共同进入稳定状态：在发展“如何做”前，“做什么”和“为什么做”先稳定下来。

如果公司始终以 P 为导向，造成 E 无法发展，就会呈现出婴儿期致命特征。这样的婴儿期公司永远不能摆脱功能性导向，无论过了多少年，都还在专注于满足进食、睡觉和保持干爽等基本需求。

如果公司资金流为负，客户基础不稳定，一直挣扎着求生，公司就无法通过婴儿期的考验，是在不正常的发展，最终公司会死掉，因为发展所需要的能量水平高于维持所需要的能量。

P 和 E 处于高水平时，公司进入学步期。P、E 的高水平状态解释了公司的行为，学步期以“做什么”和“为什么做”为导向，无论从短期还是长期看都以结果为目标。和孕育期一样，公司仍然有梦想，但这时公司会像在婴儿期一样急于实现梦想。正是因为这个，从婴儿期到学步期的转变是从基于危机的管理到基于管理的危机的转变。

学步期公司会迅速向多个不同方向扩张，这种扩张出于直觉并且行动灵活。在很短的时间内，公司可能会发现自己正在过度使用资源，公司可能会花光资金，并不是因为形势所迫，而是因为管理层要做的事情太多了；公司几乎没有什么控制；预算和实际业绩之间差距明显；即使建立起了政策，也没有严格遵守，权力高度集中在创始人手中。

在学步期，A 功能弱小。正是因为这一功能没有得到充分发展，公司才会出现制度、秩序、组织结构欠缺及任务和分工不明确等问题，组织结构以人员而不是待履行的任务为中心。在学步期，公司要调整自身以适应人员，而不是通过调整人员来尽量满足公司的需求。

如果 A 功能无法得到发展，公司就会陷入异常的学步期。接下来必须发展 A 功能。在关注长期“如何做”之前必须先关注短期

“如何做”，然后 I 功能才能发展。如果 I 来源于公司所在社会的社会文化，公司对 A 的需求就不太明显。远东地区就是这种情况，这一地区的创业家族几乎没有多少 A 功能，就能建立庞大的贸易公司，因为他们的 I 功能很强大。

缺少规划流程会导致学步期公司失去控制，而缺乏耐心（从婴儿期遗留下来的问题），以及学步期典型的自负心理，所有这些加在一起会导致公司缺乏包容性，进而导致成员之间缺乏相互尊重。这一问题有可能毁掉青春期的公司：公司不让 I 加入舞蹈，但没有 I 的存在，A、E 之间的战争就会让公司无法运行。

青春期：PAei 或 pAEi

急需 A 功能的危机会加速公司从学步期进入青春期的步伐，在典型路径上，A 在公司经历痛苦时出现，学步期的某个危机事件会触发 A 功能的发展。公司在学步期越自负，就需要更大的危机来触发它向青春期的过渡。公司需要稳定和秩序，需要设定重点，这就意味着学步期决定“要再做些什么”的时期已然结束，现在是决定“不做什么”的时候。公司将重点从“做什么”和“何时做”转向“如何做”。如果公司没有经历这一过渡过程，就会落入创始人陷阱或家庭陷阱，而随着时间的推移，这些异常情形会导致公司的死亡。

AE 之争

很多努力靠自身动态发展的公司会失去 E，因为 A 功能的壮大会威胁到 E 功能。A 和 E 是对立冲突关系，这种冲突可能表现为以下形式：为了让公司更有秩序，创始人也许会聘请一位首席财务官或行政副总裁。这位新领导履行的是 A 角色，他会有对创始人的敌意，因为创始人扮演的是 E 角色，创始人不断改变方向，给公司提供新机会。对于富有创业精神的人来说，每个问题都代表一个机会。但对行政管理者来说，每个机会都代表一个问题。行政管理者关注的是做事的方式以及做这件事的副作用。富于创业精神的人眼中的机会通常被行政管理者视为问题。

最终，行政管理者开始将创始人本身视为公司的问题，认为创始人阻碍了系统的稳定。这时，首席行政官和董事会之间可能开始结成联盟，因为董事会也同样看重行政管理的稳定性。他们为对付创始人形成联盟，认为创始人已经到了不可控的地步，如果同盟成功，他们可能会将创始人从自己一手创立的公司挤走。即使创始人没被解雇，他也可能发现自己的领导得不到大家的支持和热情，整个公司的氛围都变得无可忍受。面对这种情况，创始人可能会决定重新建立一家新公司。苹果公司创始人史蒂夫·乔布斯的经历就是这样的，乔布斯之前的合伙人史蒂夫·沃兹尼亚克是个很有创造力的工程师，他的离职已经预示了创业精神的出走。

合伙制企业中 E 与 A 之间的斗争更加尖锐。作为创始人的合伙人通常是互补团队，对应 PE 或 AI。随着公司进入学步期，承担风险并为公司创造机会的 PE 团队通常是推动公司前进的动力。但在青春期，AI 反对 PE 想要追逐的机会，认为这个机会过大，AI 合伙人开始抵制 PE 合伙人的计划。A 会说：“再多来一个创意，我就要爆发了。”而 E 会想：“我为什么要忍受这种消极、温吞、对风险避之唯恐不及的合伙人？即使没有他，我也能建成这家公司，现在他已经成了公司未来发展的障碍。”

如果 E 型创始人既没有掌握公司的多数股权，也没有控制董事会，那么行政管理型的创始人基本上就已经在争斗中胜出了。为什么？其中一个原因是，具有创业精神的创始人认为他们永远都能在其他地方扎根，并且，他们不喜欢经营过于复杂的公司，和运营相比，他们更享受创建公司的过程，他们憎恶细节。创业精神和行政管理不相容。具有创业精神的人在解决问题时喜欢采用大刀阔斧的方式，但在生命周期的这个阶段，这种方式无法发挥作用。对运营中的公司来说，这种解决方案所产生的副作用，会比最初的问题更严重。

于是，创始人开始怀念过去的好日子，当时他们的公司还很小，行事灵活并且能迅速做出反应。现在公司变大了，难以控制，所以他们就会觉得，重新建立并领导一个令人兴奋的小公司，也很有吸引力。但行政管理者没有其他的去处，而且，他们喜欢系统化管理，他们会尽量买断富有创业精神的那些人的股份。无论董事会还是掌权者，一般都站在行政管理者这边，因为他们认识到维持秩序的必要性，也知道难以预测的创业精神无法保证秩序。因此，行政管理者和董事会组成的联盟会将具有创业精神的人挤出去。

我们知道，这一现象影响的不仅仅是创始人。随着公司中引入制度和控制，听到的“不行”比“可以”更多，其他富有创业精神的人也开始离开公司，E 型人的离职潮伴随着 A 型人的涌入。我将这一现象称为过早衰退，也就是说，公司还没有到达壮年期就已经开始衰退了。

在学步期 PaEi 后，公司就需要发展 A 了。

在 P、E 两种功能中，哪一个应该暂时休眠，给 A 发展的机会？到底谁该让步？

在本书前一版中，我给出的答案是 P。但之后的经验告诉我，我当时错了。在我当时看来代表过早衰退的 PA 组合，才是正确的组合。EA 太容易引发冲突，处于休眠状态的 I 可能受到伤害。如果按照我之前建议的那样，让 P 下降，那么 A 和 E 之间的激烈战争就会延长青春期阵痛。对于那些习惯了婴儿期 P 为主导的模式的公司来说，P 下降所造成的创伤过大。而 E 必须先休息一会儿，它推动公司前进的时间已经够长了。如果回忆“跳舞”的例子，你就会记起，E 休息时，P 和 A 的共舞才更高效。

在健康过渡的情况下，E 应该暂时休息，但不应该丧失控制权或完全消失。E 应该利用自己的权力来促使 PA 发展。公司要健康成长，PA 共舞的时间应该很短。接下来，E 必须重回舞台，以建立 PAEi 型文化，这就是壮年期。

如果公司中的 E 不肯让出主导地位，拒绝低调一段时间，公司就会持续开拓新业务却没有任何成果。PE 型文化可能强势到否决任何发展 A 的尝试，这样，最开始的异常问题就会发展到致命的程度——公司因违反规定而面临诉讼，产品质量下滑到标准以下，延迟交货现象严重到顾客无法忍受的程度。最终，公司会以破产告终。

如果公司无法将“做什么”和“为什么做”制度化，就会重新陷入创始人陷阱——公司没有发展 A 功能，或没能实现对 P 和 E 功能的整合。没有 A 和 I 功能，公司的制度就无法发挥作用。公司会围绕一个人运转，这个人全凭自己喜好制定决策，拒绝依靠制度来缩小选择范围。公司完全依靠一个领导者，导致 E 功能和 I 功能被独占。

P 和 E 的制度化能在保证公司不失去控制的同时进行分权化。公司要想进入壮年期，就必须实现制度化，必须建立规则和制度（A）或者建立健全的价值观 I，或者 A 和 I 都建立。创始人本人也要严格遵守，只有这样，公司才能摆脱对创始人的依赖，成为独立系统。

A 要获得主导地位就必须削弱 P 或 E，P 和 E 之前已经得到了发展，发展 A 功能所需要的能量必须有来源，如果牺牲的是 E 功能，公司发展就会遵循正常轨迹，如果牺牲的是 P 功能，公司就会产生致命问题。

自律

青春期是考验与筛选的阶段。一些公司大步向前，蓬勃发展；也有公司倒下了。成功，只奖励自律者。

整体顺序是从 E 开始的，接着 P 上升 E 下降，之后 P、E 同时上升。这样的顺序很顺畅，就像接受了公司成长动力学的指令，创始人只要顺其自然就好。但到青春期，创始人面临抉择，是应该由管理层主导公司运营还是由事件主导呢？管理层应该领导还是追随呢？

多年来，我注意到，任何活动，包括艺术、体育、商业，甚至是犯罪活动，获胜者靠的不仅仅是才华。当然，有才华是脱颖而出的前提条件，但空有才华也没什么意义，不会产生持续性影响。想要成功，就一定要自律，要能够控制住欲望，不受短期诱惑的牵制。

越有才华，就越要自律。

犹太谚语说："谁是英雄？能战胜欲望的人才是英雄。"

只有自律没才气难免平庸，而有才气却不自律就好像火花不断，却点不着火。想要控制燃烧过程，首先要控制火花。在青春期，公司必须做到自律。

在青春期之前，靠敏锐捕捉市场需求的才气就足以管理好婴儿期或学步期的公司。而在青春期，公司有了规章制度。自律程度是否和才华匹配呢？如果不匹配，公司就会迷失方向。如果因为过度自律而压制了才华的发挥，这样的转变过程显得过于突然，公司就只能原地踏步。

青春期公司必须有意识地决定不做哪件事，以便腾出更多时间完成其他事情。公司员工必须少构建新梦想，以抽出更多时间召开会议，井然有序地将现有梦想变成现实。

这并不像听起来那么简单明了。我曾与很多公司创始人一起工作过，有很多人拒绝建立组织架构。有人曾对我说：“拜托，千万别把我放到盒子里。”他所说的盒子指的是组织架构。这样的人对自律很陌生。他们获得了成功、勇于进行创新，通过打破界限和反抗束缚而发扬创业精神。让富于创业精神的这些人做到自律，是过渡期公司进行治疗的开端。

想有序地配置资源，以便更好地完成更少种类的任务，就需要自律。在过去，投入的更多而不是更好会产生理想的结果。现在创业精神需要靠自律来退居一旁，这一重大的行为变化不会自然发生，像公司从婴儿期过渡到学步期那样。想要成功经历青春期，公司需要放弃对创业精神的惦念。但以创业精神为导向的创始人是否会允许这种情形发生？如果答案是否定的，那么公司就难逃创始人陷阱的厄运。

I 的重要性

我通过观察发现，有 I 功能存在的公司，从 E 转换到 A 的过程更容易些。I 功能越强大，A 功能的出场就更容易，这是因为 I（代表长期“如何做”）对 A（代表短期“如何做”）有支持作用。这些功能彼此支持对方。

整合功能从何而来？“整合”可能来自公司发展所扎根的社会文化，也可能来自公司成员及领导者所秉持的价值观。例如，日本文化就为公司提供了整合力量。公司根本不需要刻意发展整合功能。这就意味着，相较于创业精神较强而整合功能较弱的以色列或希腊公司，日本公司更容易达到壮年期。而从 PAEI 功能的角度来分析预测，也会很容易发现，日本公司由于缺乏创业精神，所以相比以色列或希腊的公司会更快进入衰退期（如果你发现哪家日本公司的领导者是以色列人，我建议你马上买入该公司的股票）。

爱迪思诊断方法的作用是推动公司从学步期进入青春期——从创业管理过渡到职业管理，通过整合帮助公司开发出行政管理制度，整合功能需要培养和保护。

在青春期之前，公司中由领导者个人（多数情况下是创始人）履行整合功能。每个人都向创始人汇报工作，在发生冲突时每个人都会等待创始人做决定。进入青春期后，公司要扭转这一局面，要在这一阶段实现决策流程制度化和管理的专业化，要在E职能分权化前将I职能制度化。我下面详细介绍其中的含义。

在青春期以前，外部整合都是由公司领导者（通常是创始人本人）完成的。之后，公司进入学步期，遇到学步期问题，公司经历外部分化。公司因过度兴奋而错失一些市场或没能实现目标，它设定的目标太多，但成绩却不如预期。内部整合也成为问题，尤其是在引入A时或者是在A应对E所引发的危机时开始坚持己见的情况下。这时整合应该由谁来完成呢？公司的规模和复杂度都已提升，而内部整合却不是大多数创始人的强项。这时，公司需要建立管理制度，召开由固定成员参与的高管会议，并遵循制定和下达决策的行为准则。员工要清楚公司对自己的期望，无权做出决策时要找谁帮忙，以及如何完成决策制定。公司要有清晰的工作流程，这些流程不因领导者在或不在及其情绪而受到影响。

必须将I职能从个人层面转移到公司层面。另外，公司整合不能围绕创业精神进行，虽然创业精神有助于保持公司的兴奋状态，但并不利于决策跟进。公司要通过行政管理来实现整合，要落实细枝末节，如库存管理手册、回款政策、聘任和解聘流程等。阿拉伯人说："细节是恶魔。"如果公司无法处理好细节，恶魔将不止光顾一次。

我一直在留心观察关心社会并致力于环保事业的美国公司。这些有社会意识的公司靠的是 EI 制造的兴奋感——愿景和价值观，这些东西指引公司走向成功。如果这些公司获得成功并发展壮大，仅有 EI 不足以保证长期成功。公司虽然不缺激情和热情，但对供应管理和预算管控等细节的关注却有所欠缺，这会对员工的士气和责任感产生负面影响。公司对愿景的热情，最终会烟消云散。公司应当同时具备四种功能。如今 EI 正流行，但要注意，如果没有 A，I 就会出现问题，最终导致 E 下降。

目标

公司的整体文化不是一个人的问题，而是整个系统的问题。[1]如果建立系统时只图方便，而没有考虑到任务和组织需要，功能就会占主导地位，组织会一直忽视形式，直到无法正常运转。

在青春期之前，功能就是一切，形式并不重要。整合和行政管理功能处于弱势，执行和创业精神功能很强大。组织架构的中心是员工，组织结构图看起来就像幼儿园孩子的绘画作品，线条指向四面八方。最终，公司的规模和复杂程度会发展到无法管理的地步，各种要素之间的相互依存关系，就像是戈尔迪之结一样，你越使劲儿拉，就越难解开。变革是公司的成功之源，但在这一阶段，变革带来的问题比机会还多。

如果围绕人来形成组织架构，功能性的要求就会越来越错综复杂，可控性变革就很难完成。形式必须不断演变，以符合功能需要。驱动力量和被驱动力量对调。在青春期之前，为了满足参与者的需求，妥协的是组织。而在青春期，组织变成驱动力量，为了满足组织的需要，做出妥协的是人。

在青春期，公司将注意力转向内部。决定性目标和约束性目标交换了位置。决定性目标是我们计划实现的目标，而约束性目标则是我们希望维持的条件，我们的目标是不要破坏这些条件。

学步期的是决定性目标是销售增长，约束性目标则是利润，而利润取决于执行的效率。

公司在青春期会经历目标转换。作为效率的结果，利润成了决定性目标，而销售增长则成了约束性目标。“我们希望将利润最大化，年销售额增长率不低于 X 百分点。”代替了“我们希望年销售额增长率至少达到 X 百分点，销售的边际利润率不低于 Y 百分点。”

学步期的利润具有偶发性，而不是预先决定的。学步期公司能解释之前为什么盈利，却无法解释为什么未来必将盈利。即使能解释之前为什么盈利，也不能保证能继续盈利。公司没有足够的控制力保证未来一切都能如愿。

如果公司能安然度过青春前期，避免走上致命性的道路，创业精神就会在青春后期再次登场。因为公司同时也在致力于将行政管理制度化，所以创业精神在这一阶段出现时，已经成了组织行为，而不是个人行为。这时的公司能重塑自我，形成更为专业化的愿景。这一新愿景不再仅仅是满怀热情的创始人自己的梦想，而是以计划和战略为基础的。现在是时候修剪小树了，将能量集中用在积极、有成果的业务方向上。能做到这一点的公司将进入壮年前期。这时P、A、E 都很强大。而转型中不可获取的 I 也得到了发展。

在学步期之前，内外部的整合都是由创始人完成的，因此创始人完全垄断了创业精神功能。公司必须将创业精神功能从个人行为中释放出来。为将 E 制度化，I 必须首先不受个人影响。外部的 I 要求公司能力适应市场机会，公司要制定能得到管理层支持的战略，接下来，公司要依靠内部的 I 来实施反映战略的新架构。

壮年早期：PAEi

制度制定完成后——这属于行政管理的范畴，公司就会以高增长和高利润为导向，它也具备以此为导向的条件。让我们来回顾这个过渡过程。

在婴儿期，公司的目标是赚钱，因为婴儿期公司是功能导向的，为实现它的功能，婴儿期公司需要获得资金，即流动性。婴儿期公司最典型的抱怨是："我们的资金不足。"它发展的速度超过了获得未来增长所需的流动性的能力。

学步期公司的目标是销售量和市场份额。学步期公司认为销售出去得越多，意味着公司获得的资金和利润越多，边际利润是稳定的。只有遭遇危机时，学步期公司才会意识到边际利润其实在下降。为了推高销售量，学步期公司加大力量，投入更多，于是销售成本上升了，利润下降了。在特定的时间点，销售出去得越多意味着情况越差。

在研究客户成本支出的过程中，我不止向一位客户说明，公司为激增的销售业绩支付了销售佣金和客户折扣，再扣除用以支持这些销售业绩的资金成本后，公司剩不下什么利润。事实上，公司还在赔钱。一边赔钱一边发放销售奖金的学步期公司并不少见。这种现象叫局部优化。销售并没有创造更多利润。如果公司所有奖励都以销售量为基准，那么很可能会伤害利润。

为什么公司快破产了还在奖励个人呢？因为它并不知道自己要破产。学步期公司会出现这种现象，是因为大多数学步期公司缺乏成熟的成本会计系统和全面的信息系统。它们依靠的只是组织架构、奖励制度和信息流的松散组合。

学步期公司被机会驱使，而不是主动寻求并把握机会，这一特征是婴儿期的遗留问题，公司在婴儿期时过于急切，想要抓住任何机会来生存下去，这样的机会在学步期会一个接着一个地出现，学步期公司还保留着婴儿期的记忆，它们不愿舍弃任何机会，它们会让机会来引领组织行为。要学会放弃某个机会，公司要足够成熟、有安全感和自信。在没有控制机制的情况下，公司执着于结果，它们奖励那些探索机会的人，也不管这样的风险是否会伤害整个公司。想要理智地评估一个机会，公司需要依靠信息、预算制度和控制系统。在青春期，公司确实会建立上述系统。等到了壮年期，它们就会主动掌控机会，而不是被机会牵着鼻子走。

在壮年期，公司清楚什么该做，什么不该做。它们知道什么时候舍弃机会，为什么舍弃。壮年期公司同时具备了能力、自律、愿景和自我控制，同时关注数量和质量。形式和功能达到平衡，公司盈利持续增长。

进入壮年期很难，留在壮年期更难。壮年期公司开始失去创业精神时，它就开始离开壮年期。为什么创业精神的缺失会导致衰退呢？因为创业精神提供了灵活性，它是引入变革的积极力量。公司如果无法再对环境做出反应，就会死亡。如果缺失了创业精神，就陷入消极被动状态，随后，公司就失去了反应能力。到公司不再致力于满足客户需求时，公司的执行功能就消失了。如果没有外部扶持，公司就会无法运转并衰亡。顺便提一下，罗伯特·索洛于 1987 年获得诺贝尔经济学奖，凭借的是 1956 年的一部著作，该著作表明，一个国家的成功，取决于技术发展，而不是劳动力多寡或物质资源的丰富程度。技术发展是创业精神的函数。

公司在壮年期和稳定期之后的行为方式，可能是由创业精神下降导致的。行政管理者和富有创业精神的人之间的差别在于，对后者而言，一切都有可能，除非是被明令禁止的；而对前者而言，一切都被禁止，除非有明文许可。

做一个行政管理者比做一个富有创业精神的人更简单，风险和难度更低。只习惯遵循和坚守规则的人无法创新和冒险，这类人之前经历的奖励制度不利于激发创造力。公司要引入新的奖励制度，培养另一种风格和文化。

官僚行为就好像捉龙虾的笼子，进去容易出来难。中心化决策容易，分权难。

生命周期图显示，壮年期并不在钟形曲线的顶点，而是位于通往顶点的路上，如图 12－1 所示。为什么？因为在壮年期，公司仍存在创业精神这一灵活性的源泉，灵活性在公司生命周期的各个阶段为公司提供活力。为什么公司会朝曲线顶点运动呢？

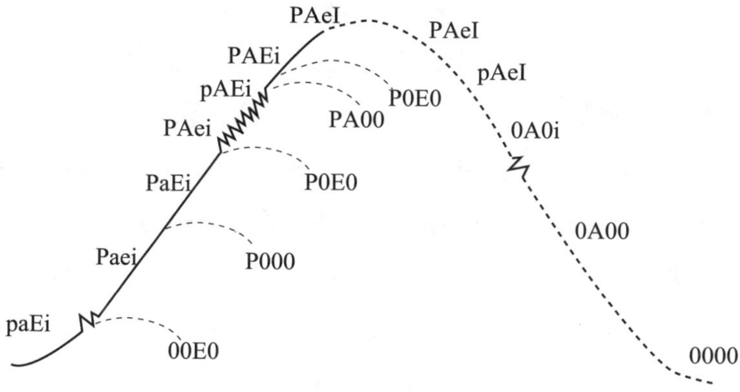

图 12－1 组织生命周期

钟形曲线反映了公司的活力。我将活力定义为公司在长期和短期内实现效益和效率的能力。公司活力虽然会持续上升，但上升速度会逐渐放缓——它在逐渐失去创业精神。年轻时，组织会一直成长；成熟后，就开始走向衰退。

壮年期并不是一个时间点，而是一个过程。朝某个点前进的过程比位于该点更好。从人的角度来讲，重要的不是一个人现在怎样，而是他之前是谁，未来将怎样。一个人当前的状态转瞬即逝。因此我们应该看重过程而不是结果。过程预示结果。

当A得到发展，并且E归来时，P、A、E三个功能要学会同步行动。这就是公司在壮年期所面临的挑战。想要成功，要大力发展I。要让E重新出场，公司要重塑自我，重新界定业务，并建立一个有利于团结的富有潜力的新愿景。为保证I的发展，公司不应该将生成这一功能的过程完全托付给外部顾问，而是应该与推进者共同努力。之前，I功能一直由创始人或富于创业精神的领导者扮演，或者由A功能兼顾。而到了这个阶段，公司要在整个组织内将I制度化。I应该是组织行为，而不是个人行为。同样的道理，公司新的E功能也不应该是个人行为。在领导者带领公司达到整合的过程中，创业精神以及壮年期公司的文化也得到了培育。

如果公司在长短期内都能实现效益和效率，公司就处于壮年期。但重点还是应该放在长期上。任何公司对长期和短期的关注不可能均等，壮年期要更侧重长期的EI而不是短期的pa。因为效益和效率之间也有冲突，所以在壮年期，过程I（形式）和功能E同样重要。

壮年期不是生命周期中的一个点，而是一个区段，因为面对长期和短期之间的冲突以及效益和效率之间的冲突，壮年期公司需要持续追踪和调整。壮年期并不是稳定状态。

公司衰退的过程是什么样的？在本书之前的版本中，我曾说衰退是创业精神的流失所造成的。创业精神是公司成立的原因，而创业精神的流失导致了公司的衰退。

稳定期：PAeI

在稳定期，创业精神减少，随着E的减少，整合功能（人员导向）上升。

“整合”是个不太好理解的概念，我要加以说明。第一种整合，指以人员为导向的整合，我谈到 I 功能时就是这个意思。这一导向并不是以任何个人为导向，而是以人的因素、以人员互动为导向。I 主要强调制定决策的风格。第二种整合是利益的整合，我对 I 功能的定义并不涉及这种整合，它与权力、地位和影响力的集合相关。我们会在第 13 章中讨论并研究这一概念。第三种整合，指的是公司与其外部运营环境之间的关系。第四种整合是内部整合，就是将人员、利益和制度集中在一起，形成一个有凝聚力的整体。第五种整合，就是将外部和内部要素都纳入同一个整体中。

整合这一概念还是很难理解，也是一个待继续探讨的概念。我研究这个领域已经 30 多年了。在这里，只要能说清楚，在生命周期中的稳定期，第一种整合（以人为导向）的上升，牺牲的是负责推动变化的创业精神，就足够了。

为什么？

我认为，随着公司对外部世界失去兴趣，将注意力转向内部，以内部为导向的 I 功能就会不断上升。在专注于实现物质目标的物质社会中，代表与市场整合的外部 I 也很重要。人所经历的过程也是一样的，随着年龄的增长，我们的事业、金钱和资产的重要性下降，家庭（包括小家庭和大家庭）的重要性不断提升。典型路径上的公司是这样的，进行外部整合以追求精神目标的公司不会失去创业精神。在典型路径上，已然失去外部动力的公司，会转而关注内部的人力要素。整合会随着创业精神的下降而上升。到第 14 章，我们再探讨创业精神为什么会下降这个问题。

如前文所述，整合功能在生命周期的成长阶段可以达到很高的水平。我们之后讨论最优路径时会发现，I 在这些成长阶段应该是高水平的，但这种行为方式在现实生活中并不常见。对富于创业精神的人来说，什么最重要？公司的成功最重要，而成功，靠销售量和目标市场对所生产的产品或服务的接受程度来证明。人力因素最不受重视。即使创始人重视人力因素，也只不过视其为达成目标的手段。只有在公司对外部的激情、承诺和野心平静下来后，才能将注意力转向其他目标。因此，成长阶段的公司对人员方面的事情不太感兴趣，认为这是一件奢侈的事情。

我来进一步解释一下。并不是创始人不关心人力要素。相反，我发现，尤其在不那么发达的国家中，初创公司高度关注人力要素。但这种关注是出于商业原因，而不是出于人文关怀——创始人无法依靠专业的管理技巧来帮助自己管控公司，因此，他们要依赖忠诚度和真挚的友谊才能完成任务。在A缺席的情况下，他们只能依靠I。他们会雇用家族成员或者是宗族成员，这种亲缘关系能发挥重大作用，因为创始人并没有其他途径来激励和掌控员工。这种对人员的关注并不是为了人员本身。创始人之所以会培养他们，是为了维护公司的利益。相反，稳定期公司对人的关注是出于对人本身的关怀，这就是公司的目标，即使这样做会损害公司的利益。

考虑一下不同的教育方法。你是希望自己的孩子虽然无知却自我感觉良好呢？还是希望他们经历成长的烦恼？在20世纪90年代，美国加州的教育因舍弃学习而鼓励自尊闻名，孩子们就算不学习也不会不及格。1998年测试结果显示，加州儿童的自我感觉良好，但从学业成绩看，他们在美国50个州里排名第49。于是问题就来了：你是结果导向型的还是过程导向型的？在稳定期，答案肯定是更侧重过程，在这种情况下，我指的是人员互动这类过程。

为什么创业精神会先减少

公司离开壮年期时，为什么创业精神（E）会首先下滑？为什么不是行政管理（A）或执行（P）呢？

为什么是E不是A？行政管理（A）功能的存活率最高。A加入公司不容易，但一旦进去了，想要它离开也同样不容易。有句希伯来谚语："朋友有来有去，敌人不断累积。"重新组织一下："创业精神（E）有来有去，官僚却越来越多。"行政管理（A）功能不会主动减少，只有在 P 不存在以及 A 无任何作用时，A 才会倒下。只有这时，A 才会停止发挥作用。接着，新的 E 上升，为新 P 和新 A 设定目标。那么 E 和 P 谁先走下坡路呢？E 在 P 之前。是 E 推动 P 发展，E 代表长期效益，P 代表短期效益。长期效益的重要性先下降，之后才表现为短期效益的下降。

现在让我们思考公司从壮年期（PAEi）到稳定期（PAeI）的过渡是如何发生的。创业精神（E）的下降并不是由整合（I）的上升导致的。相反，E 的下降为 I 的上升创造了条件。但为什么 E 下降会表现为 I 上升？为什么没有表现为 P 或 A 上升？

I 之所以会随着 E 的下降而上升，是因为这时的公司是成功的，充满了活力，换句话说，公司为了生存而战斗的需求并不迫切。它现在有条件做奢侈的事情了，即将注意力转向内部，关注人员之间的相互依存关系以及引导公司行为的价值观。如前文所述，在生命周期早期阶段中对人员及价值观的关注，并不是公司自身的文化发展，要么是建立在公司运营所在的社会文化的基础上，要么是靠以人为导向的创始人培养的。后面这种情况很少见，因为公司要同时具备出色的 P、E、I 才能实现，但作为公司的创建者，创始人不可能牺牲任何一点的 P 或 E。

贵族期：pAeI

基于对执行和创业精神两者相互依赖关系的讨论，我们可以明显看出，如果创业精神太长时间较弱，执行最终也会衰减，这样公司就会进入贵族期。贵族期对应的是 pAeI，表示公司在长期和短期内都将重点放在“如何做”上，而不是“做什么”和“为什么做”上。

执行下降意味着对功能的关注越来越少，对形式的关注越来越多。正是因为这个，在贵族期公司中，仪式占据极为重要的地位。员工如何工作，比他们取得的成果更重要。员工的着装、谈吐、相互关系，对公司规矩的遵守和未明言的价值观的信守，比他们创造的成果重要得多。贵族期公司能够承受不以功能为导向的状态，它们只能依赖以往的成绩，躺在自己的功勋簿上。将贵族期公司和壮年期公司的资产负债表加以比较，就会发现前者的流动资金更充足，因为它们不愿意承担过多的风险。和壮年期公司相比，它们更看重数字和安全性。

我曾参加过一家贵族期公司的执行委员会会议。财务总监汇报说：“我们有 3 亿美元的现金。”接着，他完全不加掩饰地问道：“对于这笔资金的使用方式，谁有什么建议吗?”

处于生命周期这一阶段的公司拥有 3 亿美元现金并不少见。但真正令人惊讶的是，整个执行委员会没有一位成员站出来对资金用途给出任何建议。我也询问过其他贵族期公司的成员，他们确定这种情况很常见：高管团队坐等指示。没有人愿意给出建议，尤其是在这样做就要承担风险的情况下。

贵族期公司的特点是弥漫着暴风雨前的平静，大家不会冒犯他人或管别人的闲事。每个人似乎都认为，只要自己保持低调并且进入公司的时间足够长，就可能成为公司总裁。火中取栗的事情，还是留给其他人做吧。

官僚早期 0A0i 和官僚期 0A00

公司面对不断变化的世界却没有任何反应的做法一定会造成恶

果。客户不会再次光临，他们找到了其他方式来满足自己的需求。因为贵族公司持续上调价格，产品不仅竞争力大不如前，而且存在定价过高的问题，最终导致销售量下滑，市场份额萎缩及资金流动性下降。

随着流动性下降，公司的警报信号开始响起！公司会急切地努力恢复 P 角色。它会通过降价来刺激销售，但在没有削减管理成本的情况下，这么做相当于在亏本出售。而迅速削减管理成本就像在割除赘肉的同时把好肉也割掉了，为了减少开支，公司解聘员工、停止活动，但这样做更可能的结果是公司正在削弱自己发挥 P 职能的能力。在仓促中采取的任何行动，都注定会是失败的。

在外部无法获得任何成果，公司中的人们开始将注意力转向内部，彼此攻击。随着 P 水平下滑到无法恢复的地步，I 也开始下降。对这种陷入深渊的公司来说，谁才是主导者？答案是 A 功能，而且这一功能在公司中无处不在，就好像是怪异的阴影一样。

情况很糟，人们需要解释、解决方案和希望。他们会如何解释眼前的局面呢？他们坚信，问题就出在领导层。他们会说，在充满活力的新领导团队的引导下，公司会焕发新生。他们四处寻找能带领公司走出困境的人选。

在成长阶段，人们发展出这样一种信念，他们相信新的领导者能改变公司中的行为，进而解决问题。在早期条件下，新的领导者确实能带来大的变化。回过头来看，贵族期公司的管理层会问，过去那些有效的工作方式，现在为什么不管用了呢？更换领导者很容易，与改革组织责任、结构、信息系统和奖励制度相比，解聘总裁再聘请一位新总裁要容易得多。公司选择能够做的，而不是需要做的，自然都会选择简单便捷的处理方式，而不去触碰棘手的难题，于是公司中的人们找到了简单的答案和解决方案：他们开始政治迫害。最先遭殃的是在公司看来造成了当下困局的成员，因为公司的问题正是由无法适应变化而导致的（产品过时），因公司的无知而在祭坛上首先牺牲的就是那些负责提供创业精神的员工，营销、战略规划、研发和工程人员成了替罪羊。

人们很容易混淆因果。在成长阶段，新的领导者会改变组织行为，但这种药方对处于生命周期衰退阶段的公司来说并不管用。在青春期有效的行政管理系统，现在已经成了障碍，形式比功能更强大，形式延伸到公司运营的各个方面，以至于功能没有任何地位了。为将功能从形式中解放出来，公司的系统（具体体现为权责结构、信息流和奖励制度）必须改变。

公司的衰退是由创业精神的不断下降导致的。在官僚早期，创业精神不仅会下降，还会被排斥。主张强化行政管理的群体会驱逐或禁锢具有创业精神的群体，进而加速了公司的毁灭。

死亡：0000

当公司中创业精神消失时，死亡就不远了。创业精神赋予公司生命，它的消失意味着不久公司将死掉。承诺经受住现实的考验时，公司诞生了，如果不再有人为这一承诺付出任何努力，公司就会失去生命。

行政管理功能掌控一切时，公司为了形式而制定规则，就好像形式本身就意味着公司能完成功能一样。公司坚持某些仪式，却根本不知道它们的目的或功能性，就像大家会选择跳舞祈雨，虽然包括巫师在内的每个人都知道祈雨舞蹈无法带来降雨。人们为求安稳而选择留在公司，公司不会通过业绩来评判他们，没有竞争的压力，也无须承担风险。

除非有外部支持，否则公司根本无法生存下去。毕竟，只有迫于法律压力，客户才会花钱购买不好的服务。公司的功能性有限或根本不存在，因此无论短期还是长期都无法保证效益，只能死亡，公司最终会以破产告终，除非有应急措施来救活它们。

即使一些公司的政治重要性迫使外界不得不为它们的生存负责，它们也只能靠人为手段来存活下去。我曾目睹政府将某些企业国有化或为其提供补贴，即使它们无法满足目标需求，在这种情况下，企业的生存是为了满足某些政治目的，如提供就业。

这种公司就像抢夺能量的癌细胞一样。原本能用于支持新兴的婴儿期和学步期公司的资源，被调用来维系不具备任何功能的官僚期公司。外部补贴一中断，企业就会死亡。看起来叱咤风云、难以撼动的官僚期公司，不过是已经死亡的空壳。没有外部的财务支持，它们会因缺少内部支持或存在的理由而崩溃。

外部支持一撤走，死亡就会如期而至。官僚期公司无法借助功能性证明自身存在的合理化。在这个阶段，行政管理显然已经退化到纯粹的形式，不带半点儿功能性。于是新的创业精神出现，一个新的孕育期出现了。

随着企业的衰亡，如果有鼓励措施，另一项事业可能从废墟中诞生。如果没有鼓励措施，就会影响到更大的系统，甚至整个社会可能因此而遭受缓慢的经济下滑。

本章讨论了诸多问题及其出现与存在的原因。我们将在第 13 章中转而关注管理层该如何应对并解决面临的问题。

注　释

1. 参阅 R. Stacey 的 *Managing the Unknowable*：*Strategic Boundaries Between Order and Chaos in Organizations*（San Francisco：Jossey-Bass，1992)：142。他指出："文化是一组人共有的信念和设定，即关于如何看待事物；如何解释事件；对于问题，什么是正当的，什么回答是可以接受的；如何对待别人；如何做事情等的信念和设定。随着这一组人相互交往，文化便发展起来。文化的最主要部分是无意识的，不能从外部强加，即使是高层管理人员也不能。"

第 13 章

预测解决问题的能力

对问题的感知

我们已经分析了公司发展及衰退的原因和方式，为什么公司会出现可预见的问题，如何将正常问题与异常问题以及致命问题区别开来。现在，我们来探讨公司控制并解决问题的能力。

公司解决问题的能力越强，就越年轻。

一旦公司认为自己无能为力了，就会开始衰退，如果公司开始感觉到自己的无能，就已经进入老年状态，将一切交给命运。

为了对症下药，我们首先需要确定问题的成因，问题不一定是事实，也可能是对事实的感知。

不管是事实还是对事实的感知，当某种现象被与其相关的人们认为是违背先前的愿望和预期时，这种现象就是一个问题。[1] 违背先前愿望的事明显是问题，当它出乎预期时更是如此。如果某件事本可以被预见到，也应该被预见到（如现金流为负），但没被预见到，那么它也同样构成问题。如果某件事虽然出乎预期却符合愿望呢？这也算是问题，虽然大多数人会将其归结为好运，我还是坚持将其视为问题，因为这种所谓的“好运”会让公司盲目自满。这种“好运”背后可能隐藏了顽固的问题，如没有进行充分的计划、预测和环境评估，公司并没有意识到这些问题，对问题的忽视最终将造成违背愿望和预期的结果，这时人们才意识到问题的存在。

问题应该由谁负责呢？有时，能控制某一具体问题并且有能力解决的人，恰好是那些对解决方案最不感兴趣的人。同时，受问题困扰的人可能既无法控制也无力改变。所以说，问题应该由谁负责？想找到答案，让我们把逻辑反过来。

问题是违背愿望或预期，或者同时违背两者的结果或过程，我们可以控制或影响它。不要担心下雨，因为你对此无能为力。你应该担心的是如何为应对恶劣天气做好准备：既然下雨了，要到哪儿去找雨伞？或者如何修补好漏雨的屋顶。可控但却违背愿望或预期，或者同时违背两者的事都算问题，因为你可以采取相关措施，也应该采取措施。

例如，银行不应因不可预见的利率变化而担忧，利率波动只能对那些没有相应策略来应对这种波动的银行造成影响。要将重点放在自己能做什么和应该做什么上面，将问题根源和原因的学术讨论放在脑后。能认清困境的原因也很好，但知晓原因并不能带来改变。你要从应对方式（你能做些什么）的角度来定义问题。

因此，问题究竟是问题还是令人不快的事实，取决于你觉得自己是否能控制它。以慢性偏头痛为例，我认为，偏头痛不能算问题，因为你对此无能为力，医学上还没有发现治愈手段。无论它有多讨厌，也不能算问题，除非你能对其采取相应措施。你要接受自己的偏头痛，因此，在医学取得相关突破之前，你的问题并不是偏头痛，而是学会如何在生活中接受偏头痛。

我们来关注问题的可控性。

为实施解决问题的决策，管理者需要某种能量，这种能量来自职权、权力和影响力，如图 13－1 所示。

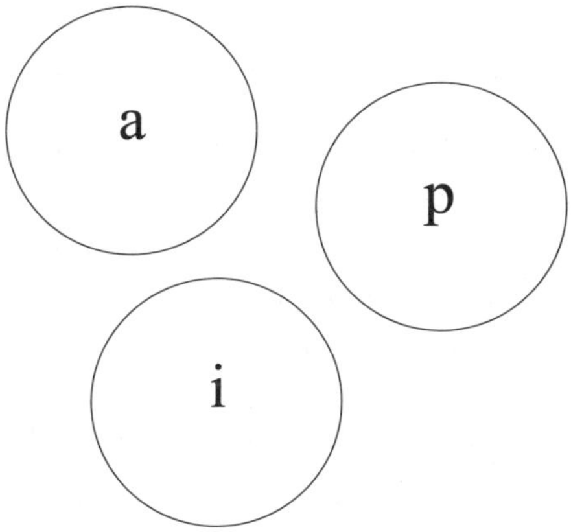

图 13－1　管理能量的来源

注：其中，a＝职权，p＝权力，i＝影响力。

职权

我将职权定义为制定决策的权利，批准与否决变革的权利。这种权利是工作本身赋予的，独立于在位者的人际关系或教育程度。

我将职权定义为批准和否决变革的权利，是经过深思熟虑的。如果我将其定义为批准或否决变革的权利，可能就会被解读为只有批准却没有否决的权利（极为少见），或只有否决却没有批准的权利（更为常见）。

批准权和否决权分离的根源是什么？[2]

从婴儿期到青春期，创始人在公司中一手遮天，掌控着全部决策权。创始人既有批准权，也有否决权。当公司规模扩大到创始人无法单独管理时，创始人就开始放权。之所以用“开始”这个词，是因为创始人并没有完全放权，而只是下放否决权，他们喜欢保留批准权。随着时间的推移，拥有否决权的人员人数和层级越来越多，而批准权仍然保留在组织层级中遥远的角落。如果员工有权否定却无权批准，公司就变得越来越官僚化，无法对环境变化做出反应。“做什么”“如何做”“何时做”“谁来做”都出现了新的要求，公司只有通过改变行为方式才能满足这些要求。如果掌握着批准权的少数几个人在组织层级中高高在上，上述举措就很难推进。有否决权的人很多，几乎无处不在。问题和解决方案要经过这么多否决者的层层过滤，很难进入批准者的视野。高效的顾问深知公司的这一症状，因此会要求直接与高层沟通，因为这是获得批准的唯一途径。

批准权是必要的，但是还不够。在很多国家，有权、有钱也无法买到咖啡。

权力

和职权一样，权力是执行决策所需的管理能量的第二个来源。

我将权力定义为惩罚或奖励的能力。公司中一些任务的完成需要两名以上员工的配合——搬开石头需要彼此依赖。如果执行一项决策时需要某些人的配合，但他们拒绝合作，如果他们拒不合作就会使工作进展受阻，那么这些人就掌握着权力。一个人掌握多少权力，取决于我们有多需要赢得这个人的合作，以及他多大程度独占了我们需要的东西。

影响力

影响力是执行决策和开展工作所需能量的第三种来源。影响力是一个人在不运用职权和权力的前提下促使他人采取行动的能力。影响力通常来自说服他人按预期方式采取行动的信息。当人们独立地认识到决策实施的合理性时，他们就已经受到了影响。受影响力影响的人完全是自愿的：绝不是因为受到他人的施压或恐吓而被迫采取行动的。

权势与 CAPI

职权、权力和影响力三者彼此重叠，形成的不同组合代表了三种能量来源，如图 13－2 所示。职位权力（ap），是惩罚和奖励他人的权利；间接权力（ip），是施令者认为自己在发挥影响力而被施令者则认为他在运用权力的情形。也许主管努力想让员工相信某个新方法有效，而员工并不认为这种新方式是正确的，员工服从，只是因为他觉得自己没能力依据实施自己的独立判断行事，他担心不服从命令会带来失败的结果。专业管理文献将第三种组合，影响力职权（ia），称为被接受的职权或专业职权[3]，在对应情形下，人们接受上级的决定，并采取合作的态度。

这些圆圈的中心部分是 CAPI：职权、权力和影响力的结合。所有可能的组合统称为“权势”：职权、权力、职位权力、间接权力、影响力、影响力职权、CAPI（见图 13－2）。

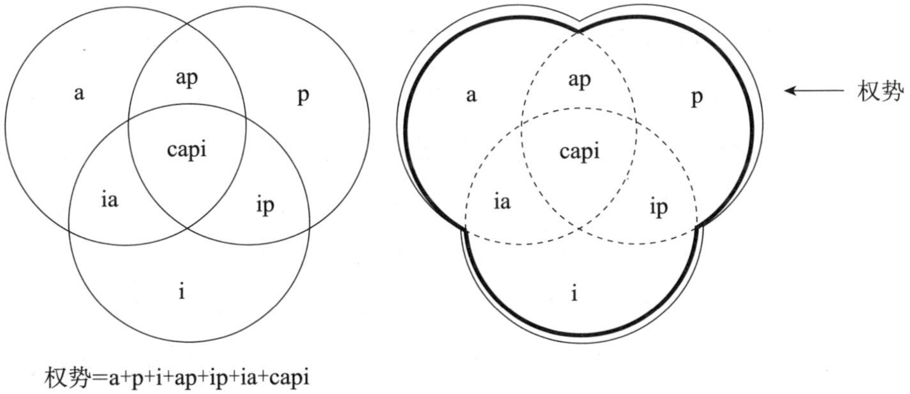

图 13－2　CAPI 与权势

我们来研究这一模型在现实生活中如何发挥作用。

想象一位母亲正努力说服孩子吃菠菜。她运用的是权势的不同组成部分。一开始，她会说："吃吧，对你有好处。大力水手就吃菠菜，你看他多强壮。你也会像大力水手一样强壮的。"这是在运用权势中的影响力。如果孩子仍然拒绝吃菠菜，她可能会提到马上就要到家的父亲，使用间接权力也可能迫使孩子把菠菜吃了，但如果孩子仍然拒绝，母亲可能因为生气而惩罚他。如果根据家庭的价值标准，惩罚是可以被接受的，那么她就在使用职位权力。如果家庭的价值标准不允许惩罚，她就在使用未经授权的权力。孩子可能还不吃。这时，母亲可能会犯典型的管理错误。她可能开始乞求孩子妥协："你为什么就不听妈妈的话呢？为什么我让你干什么你都不配合呢？"她在运用权势的最后一种手段，也就是职权。这种策略是错误的。一旦动用了职权，就没有后手了。母亲如果说："你为什么不听我的话？难道我不是你母亲吗？"这样的表述更滑稽。孩子难道不知道她是自己的母亲吗，她到底想表达什么意思！这样说的结果会和上级用权势压人一样糟糕："马上做！我才是老板！"难道员工不知道你是老板吗？他需要提醒吗？如果你提醒对方注意不应该提及的事情，就一定会陷入麻烦。比如，试试提醒朋友他还欠你钱！

效果比较好的处理方式是运用影响力职权。母亲在孩子面前吃菠菜，为孩子做出表率。这样孩子可能会模仿她的做法。

母亲可能建议："吃点儿菠菜怎么样？"孩子可能马上就吃了，因为他相信这样做对自己有好处，他担心不吃菠菜的后果，他尊重母亲的建议。如果是这种情形，那么母亲具备了 CAPI。

一个人可能并不具备某项工作全部的 CAPI，所需的 CAPI 可能掌握在一群人手中。想要把 CAPI 集中起来，管理者必须为构成 CAPI 的不同利益团体创造一个具有共同利益的环境。

如果 CAPI 在公司中分散在不同人员手中，那么职权通常掌握在管理层手中。董事会授权管理层制定决策。最常见的情形是，权力掌握在下属手中，他们可能很配合，可能不配合。而技术人员，也就是具有决策知识的专业人士，拥有的是影响力。

这三个群体可能存在利益冲突。掌权者可能关注公司增长、市场份额、销售、利润、投资回报率、分红。而拥有权力的人，也就是员工，可能希望得到更多的职业安全感、更好的工作条件或者更高的薪酬。而技术人员可能将注意力放在争取更多研究预算、购买最好的设备，以及发现最精确的解决方案上。

短期看，这些群体的利益无法兼容，因此而引发的冲突可能令原本高效的决策执行过程瘫痪。要解决冲突，就必须建立互利双赢的大环境并发现共同利益，但从操作层面讲，这种乌托邦式的愿景无论在任何时点都无法实现。在任何一个时间点，总是非赢即输。你想看舞台剧，但对方坚持去看电影。你想要听古典音乐，但孩子们坚持听摇滚。生活中一直都有利益冲突，永远如此。

那么，应该怎么做呢?

想要在操作层面上建立短期的共赢环境，共同掌握公司 CAPI 的人员必须首先建立互信以及共赢愿景，这个过程实际上是在建立整合。他们必须相信自己能从长期共赢中获益，即便短期内仍无法扭转非赢即输的局面。只有各方建立互信，才不会让短期利益冲突左右行为，并提升执行效率。

可以通过衡量每个人对决策有多少 CAPI 来预测决策执行的效果。如果所有必需的 CAPI 并未掌握在一个人手中，我们就应该分析共同拥有 CAPI 的人员（也就是执行决策的相关人员）之间的相互信任以及他们对共赢愿景的信念。

预测控制权掌握在谁手中

总结一下，权势囊括了管理层用以促使行为发生的所有能量。它是三种基本要素的组合，这三种要素分别是职权（决策的合法权利）、权力（拒绝以符合他人预期和愿望的方式进行合作的能力）、影响力（通过技巧让他人自发行动的能力）。这几种元素的组合方式包括：职位权力、间接权力、影响力职权和 CAPI，其中 CAPI 是职权、权力和影响力三者的结合，或称为控制权，如图 13－3 所示。

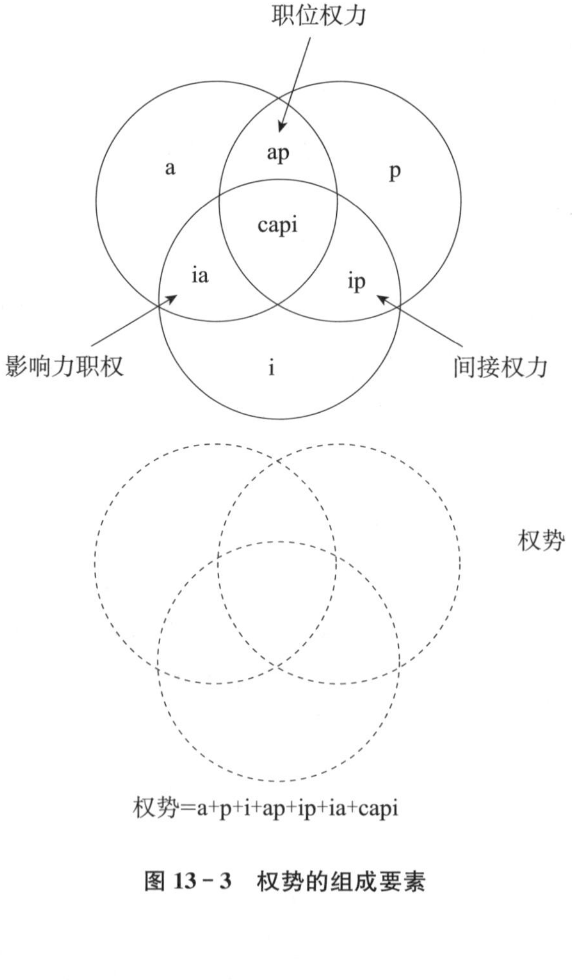

图 13－3　权势的组成要素

下面各节介绍了，在生命周期中，不同控制要素在行为上的变化。

生命周期中的职权

孕育期永远不会出现职权的问题，职权问题和这一阶段几乎没有任何关系。步入婚姻前的恋爱阶段不存在身份赋予的权利的问题，因为情侣并不面对真正的责任。孕育期发生在一个不真实的世界：每个人都小心翼翼地避免把对方吓走。这个阶段的关键词是分享。

孕育期结束后，公司诞生，随之而来的是需要完成的任务和面临的风险。时间像蒸发了一样。“我们需要现在就行动！必须现在就做决定!”

这些包含“现在”的句子意味着，迫于时间压力，只有一个人有制定决策的身份，那就是创始人，因为他是公司中最尽责的人。无论从付出的时间、汗水还是度过的不眠之夜来衡量，创始人都是牺牲最多的。正是这个原因，婴儿期公司的领导力以专制为特征。在股权平均的合伙制公司中，合伙人需要花大量时间决定如何分配职责范围。通常情况下，其中扮演创业精神角色的合伙人，会比其他合伙人有更多的主导权。

在学步期，职权完全垄断在一个人手中。所有的职位，包括首席运营官、首席财务官、首席执行官、创始人、总裁和董事会主席，都由一个人担任。无论是合伙制公司还是上市公司，都是一场独角戏。我在一家客户公司遇到的一位合伙人谈起另一位占据领导地位的对等合伙人时说：“公司出现了一个怪兽。”创始人和下属的沟通越来越少。随着公司迅速壮大，他因自己的成绩而变得自大。没有人挑战这种垄断性的职权——现在还没有。因为没有人敢这样做，没有人质疑他的成功。

受自负情绪影响，创始人觉得公司的成长是他凭借一己之力完成的。他认为公司之所以会成功，是因为自己领导有方、判断准确、时机把握恰当并建立了融洽的客户关系。用一位高管的话说："创始人相信新闻稿中所说的一切溢美之辞。"自负的创始人运用职权的时候越来越多，运用影响力的时候则越来越少。董事会也不会质疑他：在学步期，董事会成员通常是创始人的密友或家庭成员。各方都得到了各自的好处。学步期董事会成员和高管的典型反应是："别打扰他！如果我们知道的比他多，那坐在这个位置上的就是我们了。""相比他需要我们的程度，我们更需要他。"执行委员会完全服从创始人的命令。公司还没有建立参与性机制。

接着，问题开始出现。公司开始在衔接处发生分离，人们开始质疑创始人的职权。首先扛起革命大旗，挑战创始人、总裁或董事长的是行政管理角色——要么是被招聘进公司或任命的行使组织职能的人，要么是负责公司财务的人。

接着，创业精神角色和行政管理角色之间会爆发争夺职权的斗争，董事会在一旁观望。如果创业精神角色最终掌握职权，将行政管理角色开除，那么等到下一位新行政管理角色到来时，又会开启另一回合的职权争夺大战。如果创业精神角色最终没能获得控制权，董事会就会和行政管理角色结成统一战线，成功夺权后将创业精神角色挤出。在壮年期，创业精神功能实现制度化，执行委员会诞生，由董事会掌控全部职权，它将一些职权授权给执行委员会。管理职能分工明确，执行委员会、董事会和各位高管人员的职权范围界定明确。职权分析和下放，与相应的责任匹配。

青春期前后的差异在于，在婴儿期和学步期，职权和个人联系在一起；而在壮年期和之后的阶段中，职权则实现了制度化和系统化。在壮年期以后，制度化和去个人化将发展到最终没人觉得自己真正握有控制权。

这一转变有必要进一步解释。

职权和责任

管理学教材告诉我们，职权与责任必须匹配。乍一看，似乎很有道理。怎么能让一个人对自己无权过问的事情负责呢？怎么能赋予一个人职权而不需要他承担对等的责任呢？确实有道理，是吧？这种表述实际是错误的！我花了 15 年时间才搞清楚为什么说教科书错了。

在与客户公司合作的过程中，我经常听到同样的怨言。人们抱怨自己没有相应的职权来履行职责。几年后，通过与众多公司的合作，我开始思考为什么在遇到的管理者中，没有一位告诉我自己的权责对等。有没有可能这一理论在现实中无法存在？我接着观察，但仍没有一个人对我说："没错！履行职责所需要的所有职权，我都有。"现在，我相信，这种情形只能在死亡的公司中存在，为什么？

只要有变化存在，责任和职权的水平就会起伏波动。因此从定义看，在某一个时间点，某一具体方面，职权可能超出责任；而在另一时间点，另一方面，责任可能超出职权。职权和责任完全对等，并且随着时间的推移仍能保持对等状态，只能发生在没有任何变化的情形下，而这就意味着公司已经死亡。只要公司仍在存续，就意味着要应对不确定性和不明确性。我们是否有职权？我们是否有责任？变化发生的频率越高，不明确性就越大。[4]因此在年轻的公司中，60％的职权和责任是明确的，40％是不明确的。在衰退的公司中，80％或 90％的职权和责任是明确的，20％或 10％是不明确的。如果职权和责任是百分之百明确的，没有不明确的权责，就表明公司处于官僚期。如果对外部权力机构来说，公司成了负债而不是资产，公司的寿命就该终结了。

我们来考虑公司如何应对不确定性。

是否可能准确地定义责任？必须做什么或不做什么，应该如何推进或不该如何推进，什么时候应该或不该采取措施，应该或不该由谁来执行，关于这些问题是否能准确到不留一点存疑的空间。这显然是无法实现的，因为变化总是在发生。没人能事先预测一切或提前决定一切。对每一份责任而言，个人能确定的极限就是：到这一点为止肯定都是我的责任，这一点以外就不属于我的责任。但两点之间的广阔区域都代表不确定性。

人们应该如何应对不确定性？我们来想一想网球赛中的情况。双打时，选手们将球的落点瞄准在两位对手之间的区域。糟糕的双打搭档认为不确定性区域不属于他们两个中的任何一个：每个人都等着对方接球。而优秀的双打搭档认为不确定性区域共同属于两人：他们都会迅速朝球移动，其中一名选手会击到球。

但两个选手都去救球不够高效。想要提升效率，是否应该画一条直线，划定各自负责的球场区域？人们不能这样打双打，因为这样两位选手要等球落地才能判断谁应该做出反应，显然，一旦球落地，任何反应都为时已晚。

官僚期公司如何处理变化及随之而来的不确定性？

如果两位网球选手发现彼此都没有覆盖到某一块场地，并认为两人同时努力对这一需求做出回应的做法没有效率，他们就引入了第三个人来管理中间地带。这主意不错，但之后会发生什么？第三位选手上场后，就会出现不是一块而是两块没人负责的不确定区域。他们再找两个人来处理新产生的不确定区域，就会制造出更多的不确定区域。

最后，球场上的选手太多了，没有人注意球的方向，他们都在观察但还是会踩到彼此的脚，选手们会开始争地盘，每个人都拼尽全力保护自己的地盘，没有人想着击球。

于是，大问题就来了：谁对什么负责？有些选手想要避免卷入地盘争夺战，因此会退回到明显属于自己的区域。有些选手有意识地想要照顾到没人看管的区域，可能会踏入别人的地界，其他选手会谴责他们在建立自己的帝国，强迫他们退出去。与此同时，网球还是从网的另一边不断地飞过来，因为怕打到别人，没有人敢挥拍。所以球不断地飞过，只有看到球正冲自己飞来的人会做出反应。

随着地盘争夺战不断升级，人们感知到的自己的职权逐渐下降，随后人们感知到的责任也逐渐下降。综观整个球场的负责人必须执掌大局，寻找漏洞，指导比赛，发号施令。职权集中化正是这样发生的。人们都想有人告诉自己具体做什么，他们宁愿错得分毫不差，也不愿正确得模棱两可。如果为官僚主义者做无罪辩护的话，他们的这种行为是由政府要求的性质决定的。官僚机构不断接受审查，以检验是否存在浪费和判断不当的现象，这自然就会导致行政管理者认为，以正确的方式做错误的事，比以错误的方式做正确的事要更明智。

一直以正确的方式做正确的事，是圣人才能做到的；而一直以错误的方式做错误的事，是糊涂蛋才会做的。这两个群体都不是管理人才的来源。

以正确的方式做事会吸引行政管理角色，他们躲避风险，重视形式更胜过实质。行政管理角色对官僚化行为感觉最自在。

官僚组织会尽量降低不确定性，但这样做也降低了灵活性。人们为了将不确定性降到最低，就会努力将责任界定清楚。在发生变化的情况下，想让责任更清晰，责任和职权都必须减少，以匹配不断缩小的不确定区域。于是，随着责任和职权向顶层集中，系统就会变得更加集权化。即使是无聊的小问题也要一路上报到首席行政官那里。而这位首席行政官面对不断增加的决策和责任时，就会忽略掉真正的问题。这个过程会导致公司逐渐死亡。

人们越来越觉得自己没有职权或没有责任，当两者都没有时，职权和责任就对等了。完全发展成熟的官僚期就是这种情形：公司对环境变化不再有任何反应。责任、职权都不再有变化，整个公司都失去了生命。我们只有死亡时才处于完全掌控的状态，活着就意味着无法掌控生活中的某些部分。经验丰富的管理者明白，有些事能掌控，有些事不能，还有很多方面，他们也不知道自己能否掌控。图 13－4 展示了生命周期各个阶段的职权与责任变化。

上帝，赐给我们优雅去平静地接受不能改变的事情，

赐给我们勇气去改变可以改变的事情，赐给我们智慧来区分两者。

雷茵霍尔德·尼布尔，《宁静祷文》

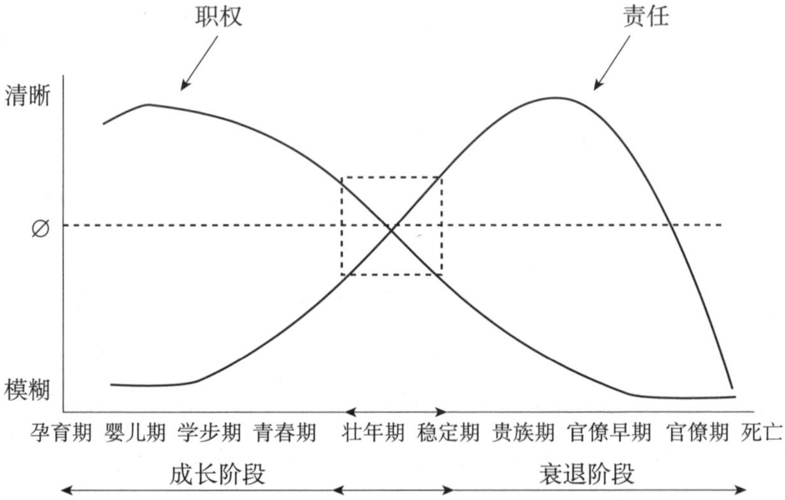

图 13－4　整个生命周期的职权与责任

不管是责任大于职权，还是职权大于责任，这两种现象都很正常。因为责任和职权都会随情况变化而变化，两者无法对等。

青春期之前，职权是个人化的。在青春期，职权变得非个人化

并且通过制度化融入了系统。在壮年期，职权同时具备制度化和个人化的特征。这一时期后，那些承担责任的人失去职权，公司效益逐渐下滑。在处于官僚期的组织中，人们发现自己几乎没有职权来帮助组织做出改变，这就是我们看到官僚组织的人过得很舒服的原因。没有了职权和不确定性，也就没有了风险，每个人只要照章办事就可以了。官僚主义者和处在学步期后期及青春期的员工不同，在学步期后期及青春期，组织的不确定性最高，组织中的员工不那么舒服。

生命周期中的权力行为

在孕育期，权力是有意义的：创始人努力地构建承诺。从定义看，谁的支持对创始人至关重要，谁就拥有权力，创始人努力赢得这些人的支持，在这个过程中做出了许多将来可能兑现不了的诺言。这样，对公司价值很小的一些人却对决策有很大的发言权。

在婴儿期，创始人牢牢把握着自己的公司，他们不希望冒险失去控制权。在这一早期阶段就失去控制权的创始人就像母狼一样，一旦人类碰过它们的幼崽，它们就会抛弃这些幼崽。失去控制权的创始人其承诺烟消云散，任凭一手创办的公司在婴儿期死亡。

公司诞生后，权力发生了转移，从启动公司所需人员的手中转移到维持公司运行所需人员的手中。这一转变很有趣。忠诚发生了变化。在孕育期，掌握权力的是公司外部人员，包括配偶、家庭成员、银行、朋友。公司诞生后，日夜劳作的公司缔造者掌握权力，创始人身边的秘书权力很大，他们为创始人的创业精神和执行力补充了行政管理要素。优秀的常务秘书千金难求，他们能推迟糟糕决策的执行，从而帮助创始人远离麻烦。创始人依靠这些所谓秘书的意见和判断，来掌握最新动态。秘书就是政治标杆，负责向创始人解释什么事在政治上可以接受，什么不可接受。很多创始人会为秘书而和现任配偶离婚，就好像艺术家为经纪人离婚一样，这种现象不难理解。

在初创公司，重要的不是头衔，而是一个人所扮演的角色。

零售—分销连锁店的销售经理和采购经理在初期也是这种拥有权力的角色。会计很弱小，营销几乎不存在，这些功能之所以不强大，是因为创业精神集中在创始人身上，一人制定所有营销、财务决策。小公司甚至也没有人力资源或人事部门。即使在大公司里，人事也远没有销售重要，因为公司生存要仰仗后者。

在青春期，权力和职权分散，难以准确地搞清楚。职权和权力从创始人转移给财务人员，从外部人员转移到内部。从婴儿期到青春期，职权和权力联合在一起。职权赋予的权力集中在创始人手里，他是唯一说了算的。在青春期，职权和权力分离，创始人掌握职权，财务人员掌握权力。之后，权力和职权或开始彼此靠拢或“分道扬镳”。但公司想要达到壮年期，两者必须结合在一起。

在健康过渡的情况下，创始人和职业经理人分享董事会主席、首席执行官、总裁、首席运营官这些头衔。创始人可能出任董事会主席、首席执行官和总裁，而获聘的职业经理人则担任首席运营官。有时候也可能由创始人担任董事会主席，由职业经理人担任首席执行官、总裁和首席运营官。有时也会聘请第三个人来负责运营。在所有这些配置中，职权和权力结合起来，为公司向壮年期发展创造条件。

壮年期后，职权和权力分离，随着公司逐渐进入贵族期，权力沿组织层级下移，而职权上移。组织越来越集中化，组织系统的集中度越高，职权和权力的垂直差距就越大。越来越多的人声称自己有职权而没有真正的权力，还有人在行使权力时声称自己没有职权。

被赋予的权力也可能分离。例如，唱反调的工会被赋予代表员工的权力，但可以运用这种被赋予的权力来对抗管理层。

在官僚早期，地盘争夺战升级，职位权力的边界变得模糊。责任减少了，职权大小也相应调整。

只有将职权和权力永久分开，才会重回平静安宁，这也就意味着权力缺少了职权或者职权缺少了权力。平静安宁实际上反映的是每个人的麻木。工会依赖管理层，管理层依赖政府，而政府又受内部政治的牵制。在职权和权力分离的情况下，想要推进变革几乎是不可能的。

多年来，我曾多次亲眼目睹这一现象。夏威夷的一家邮局需要一台机器将一袋袋邮件从外面的卸货区搬进来。邮局局长按要求提交了申请，这位局长几个月后才等来了华盛顿总部的批复。他惊讶地发现，自己的申请被否决了。为什么？因为总部的官僚主义者认为所申请的设备无法承受邮局大楼外部的降雪天气。

洛杉矶社会服务部给出了另一个因职权集中化而导致无法良好运转的例子。在洛杉矶社会服务部工作的员工有几千名，员工的工资预算高达 15 亿美元，但是部长能自由支配的资金额度只有5 000美元。另外，像将电脑从一个部门搬到另一个部门这种简单的事情，也需要洛杉矶的高级官员批准，所以员工因为嫌麻烦根本就不会去尝试。

1973 年，我当时在设法诊断如何让瑞典的政府机器焕发新生。我让各个部委的领导介绍自己因为缺少恰当的职权而无法解决的问题，他们提到了把一名员工从一个部门调到另一个部门有多艰难。

比如，外交部需要一名新人，而农业部的人员配置过剩。但主要负责人，也就是直接向内阁首相汇报的首席行政管理者，没有资格安排这种调动。为什么？想要知道这个问题的答案，我们必须要追溯历史。大约 200 年前，为限制国王的职权和权力，每个部门几乎都有自治权，内阁是所有部门的中心，而首相只不过是同等级别官员中的首席。首相无权指挥内阁其他成员。内阁内各部还有自己的工会，而工会对人员调动的问题也有发言权，这就让事情变得更加复杂。

我发现，想要修订法律，需要牵涉 120 位高级官员这么庞大的 CAPI，这就是瘫痪状态，这样看，就不难理解为什么政府规模扩大了，但其工作的效果却没有明显提升。

生命周期中的影响力行为

在孕育期，影响力很重要，因为这一阶段没有真正的职权，权力源于拒绝合作。在婴儿期，职权占主导地位，权力转移给内部人员，影响力消失不见。没有讨论的时间，现在是行动的时候！发挥影响力是要花费时间的，而这种宝贵的资源总是处于紧缺状态。在婴儿期公司中，变化的发生是在没有影响力的情况下完成的，是采用独裁的方式运用职位权力完成的。

在学步期，影响力重新登场，但与职权和权力结合在一起。CAPI 集中在创始人手中。成功让人们可以接受一切。

公司经历了失败并发展到青春期时，最好的情况就是影响力向技术人员转移，最差的情况就是完全消失。

在壮年期，CAPI 掌握在执行委员会手中，管理层同时拥有职位权力和影响力。从系统的角度看，公司很成功。

从稳定期开始，影响力变得越来越重要，而职权降低了，因为职权被集中化了。职权集中化意味着公司中较低层级的人员职权减少，他们很快就会发现，要完成一件事情，必须要发挥影响力才行。这种影响力和权力结合，形成了间接权力。人们表现得很友好，但影响力效果显著的原因，不是因为对方被说服，而是因为他担心不配合所带来的后果。这种变化的结果体现在“政治”上，公司中流言四起、含沙射影，人们不得不采取自保的策略。每个人都努力寻找位高权重的保护人、师傅、教练或情人（当然，找情人的策略带有法律风险）当靠山。

到下一次问题大爆发（市场份额流失和资金流为负值使得公司进入官僚早期）时，职权没有了，影响力消失了，权力成了仅有的能量来源。这就是战争，没有沟通的时间。想要生存，任何工具或武器都被认为是合理的。

生命周期中的 CAPI

CAPI 衡量的是组织行为的可控性、优势和可预见性。

CAPI 的行为和位置随着公司生命周期阶段的变化而变化。在孕育期，谁掌握 CAPI 都没关系——热恋中的人不在乎由谁做主。正是这个原因，孕育期的控制权相对混乱。创始人会将股权送给看好他的理念并愿意支持他的公司的人。他们在收买人心，以吸引对方支持自己实现梦想。直到有一天，他们会幡然醒悟，认识到自己混乱的股权分配计划已经威胁到了自己的领导地位。这种情况通常在青春期发生。

一旦公司诞生后，CAPI 就整合到一起，通常情况下掌握在创始人手中。影响力在生命周期中的这一阶段发挥次要作用，如果创始人有影响力，那么加上职位权力他们足以推动解决方案实施。但如果只靠职位权力，创始人很快就会发现，缺少影响力会引发危机。随着公司进入学步期，越成功，创始人就会变得越自负，就会越多地运用权力，同时就越少听取他人意见，也就越脱离大家。他们越这样表现，触发公司进入青春期的错误就越大。

阿克顿勋爵在一个多世纪之前写道：“权力趋向腐败，绝对权力即绝对腐败。”创始人拥有的权力越多，使用的权力就会越多，没人敢挑战他们的决定，最后，他们可能犯下大错，危及公司和自身权力。

在青春期，CAPI是不稳定的。职业经理人和创始人之间、董事会和家庭之间，以及公司和创始人之间，都会爆发权力之争。图13－5展示了在生命周期各阶段的CAPI。

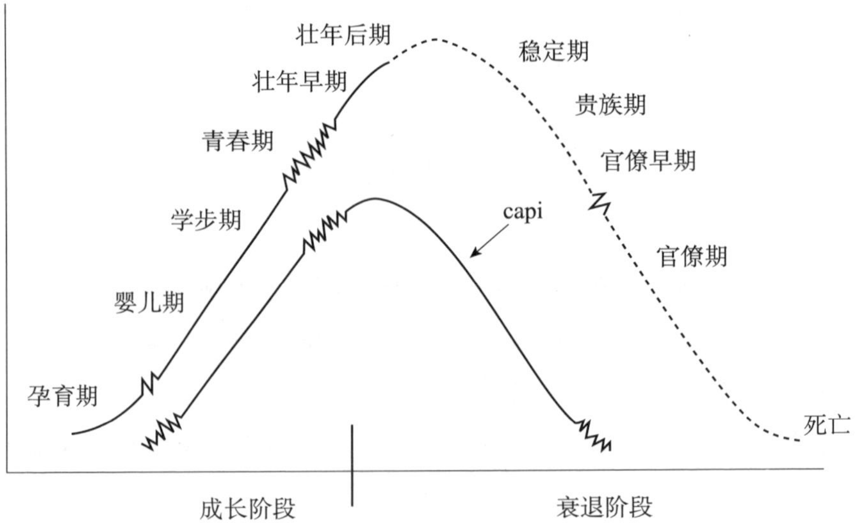

图13－5 生命周期各阶段的CAPI

如果公司安然度过青春期，CAPI就会在治理体系和执行委员会中稳定下来，董事会、执行委员会、创始人、股东和职业经理人之间就会形成特有的运作模式。

贵族期之后，CAPI开始下滑，因为股东、管理层、员工和技术人员之间存在利益冲突。在官僚早期，个人掌握CAPI的情况几乎不存在，除非公司专门指派一位看护者。在官僚期，右手甚至不知道左手在做什么，要完成任何事情，都要组建一个又一个委员会，而这些委员会之间彼此拆台，内部战争不断。最后，即使是委员会也无法同时具备CAPI时，公司就进入了脑死亡状态。

我们将在下一章详细介绍公司衰退的原因，并讨论 CAPI 和控制权如何失灵，为什么失灵。

注　释

1. 参阅 P. Watzlawick，J. H. Weakland 和 R. Fisch 合著的 *Change：Principles of Problem Formation and Problem Resolution*（New York：Norton Books，1974），该书对“问题”给出了类似的定义。
2. 这种分歧（bifurcation）的作用类似于 I. Prigogine 和 I. Stengers 在他们有关生物系统中二阶变化的描述。他们注意到，小的变化随着时间的推移会导致产生分歧，从而在系统中产生质的变化。参阅 *Order Out of Chao：Man's New Dialogue with Nature*（New York：Bantam Books，1984）。
3. 参阅 Chester Barnard 的许多著作，如 *Organization and Management：Selected Papers*（Cambridge，MA：HBS Press，1956），*Elementary Conditions of Business Morals*（Berkeley Committee on Weinstein Lectures：UCB Press，1958），*The Functions of the Executive*（Cambridge，MA：HBS Press，1968），*Philosoph y for Managers. Selected Papers*（Tokyo：Bushido Press，1986）。
4. 在 M. Kossman 和 S. Bullrich 题为“Systematic Chaos：Self-Organizing Systems and the Process of Change,” in F. Masterpasqua and P. Perna，eds.，*The Psychological Meaning of Chaos：Translating Theory into Practice*（Washington，DC：APA，1997）的文章和著作中，他们指出，通过引入更多的模糊性，变化会增加系统中的熵。

第 14 章

公司衰退的原因

造成公司衰退老化的原因是灵活性下降，可控性上升。随着可控性的上升及灵活性的下降，公司越发与环境脱节，跟不上环境变化的速度。[1] 与外部环境脱节也会造成内部的分离。CAPI 之所以会失灵，是因为每个利益群体对变化的反应都不一样，都朝着自己的方向使劲儿。CAPI 失灵会削弱公司的行动能力和应对变化的能力，进而导致公司衰退。

灵活性和控制度是创业精神（Entrepreneurship）和 CAPI 的函数。高 E 和高 CAPI 会让公司更灵活、更具有预见性，低 E 和低 CAPI 则会导致公司僵化而脆弱。

影响创业精神和 CAPI 的因素有哪些?

典型生命周期中的创业精神

在 PAEI 四种角色中，创业精神对典型路径下公司的文化变革最重要。创业精神能预示并决定执行能力，因为它是 P 的长期组成要素。行政管理也应该基于必须要执行的任务，换言之，“如何做”必须与“做什么”相匹配，并且应该源于“为什么做”。

谁来做? 与谁一起做? 如何做? （这里的如何做是指有机的情况，即整合，在典型路径下，它产生的方式与机械的如何做是一样的。）对这几个问题的回答，正如行政管理源自执行一样，整合源自创业精神。

我们来研究创业精神对组织行为的重要影响。

创业精神是公司的牵引力：一旦有了承诺，公司就已在孕育。承诺消失时，即便公司的某些部分还在运转，也已陷入脑死亡状态。

为理解典型路径下的生命周期曲线，我们要将重点放在创业精神上，它是一个重要标志，必须随时监控。图 14－1 追踪的是曲线上的灵活性和自控性行为。

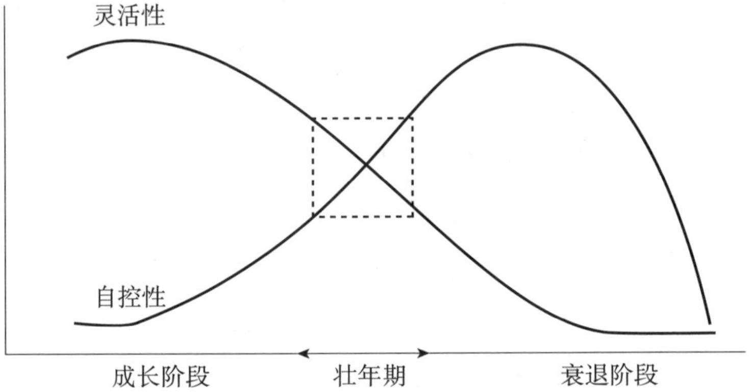

图 14－1　生命周期中的灵活性和自控性

首先，我们应该注意到，在孕育期，创业精神很强大，这个阶段充斥着喧嚣、热情、兴奋、承担风险的意愿、创新活力、想象力和对无尽的可能性的着迷。这种行为能推动公司进入未来，因此是功能性的。如果缺少热爱、激情或兴奋，公司遇到的第一个挑战就可能击碎承诺，导致公司无法诞生。创始人可能会放弃自己的创业想法，如图 14－2 所示。

但同时也应该注意到，只要风险没出现，兴奋度就会居高不下。风险出现后，创业精神会迅速下滑，没有时间思考，也没有时间创造，所有时间都要用来做事。

这种转变也会带来一定程度的醒悟，人们开始质疑到底发生了

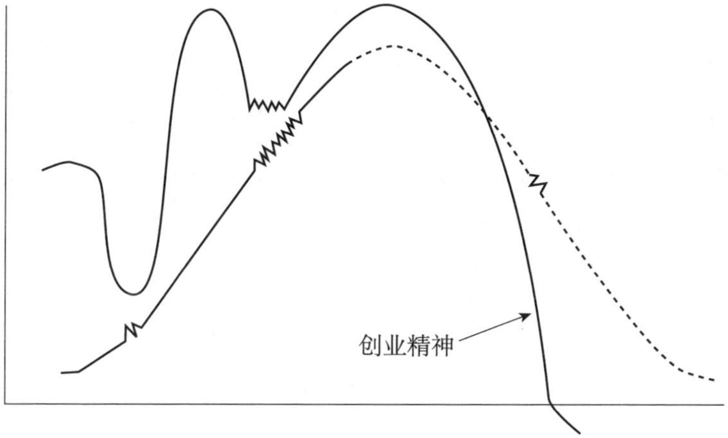

图 14－2　生命周期中的创业精神

什么："公司成立后，我们不再有时间想象、感到兴奋、聚在一起畅谈，每个人都在日复一日地工作。"

需要不断工作的现象很正常，因为公司必须应对风险，还要努力实现对自身和市场的承诺。这是需要交付成果的时候。

如果创业精神太长时间保持休眠的状态，公司就可能死亡。管理层需要愿景来维持兴趣，延续承诺，并在婴儿期经受住困难的检验——这都需要艰苦繁重的工作。如果管理层无法回归梦想，无法定义自己究竟想要实现什么，那么婴儿期公司只不过是辛勤工作的地方，热情终会耗尽。

保持创业精神是必不可少的工作，即使让它保持休眠状态也好。迟早，公司会从资金压力以及满足客户、供应商和银行的迫切需求中解放出来，当人们又有时间去思考时，梦想会重新浮出水面。当人们再次憧憬梦想时，公司就进入了学步期文化。在这一阶段，创业精神上升，公司将时间用在尝试新事物上面。它已经证明了自己，因为它经受住了婴儿期种种挑战的考验。

接下来会发生什么？随着公司开始成长，犯下大错，就会发现行政管理是必要的。当A上升时（公司技术主导化、官僚化、系统化、制度化），由谁何时以什么方式做什么的框架就会影响创业精神。创业精神从引导能量的地位，沦落到被A引导的地位。人们会感受到来自新规定、流程和形式的约束，决定了谁来做、做什么、如何做。

从学步期一直到青春期，E曲线是无规则的，呈现上下起伏的形态。创始人和自己的公司陷入拉锯战，创始人既希望能保持控制权，又希望能减少自己的参与。他们既希望自己能进行中央控制，又希望分权化。为什么学步期公司不能同时做到这些呢？因为这时的公司还没有发展出A角色。

授权就是P沿着层级下移的过程。创始人虽然希望授权，希望推动P向下层移动，但他们讨厌A所设定的限制。如果没有A带来的束缚，P很容易受E影响。创始人最终将权力分散，失去控制，这往往和他们授权的初衷相悖，当他们意识到自己已失去控制时，就会停止授权，重新将权力集中起来。

他们会说："我希望将权力分散，我希望实现领导力制度化，这样大家不需要什么事儿都来问我，但是……"他们接着说："一定要先经过我确认，再做决定。"或者，他们会说："想做什么决定就做什么决定，只要你能确定我也会做出同样的决定即可。"公司就这样陷入了困境，因为实在是难以预测创始人会做出什么样的决定，事实上他本人的想法也经常变化。

除非先建立控制系统，否则无法实现权力分散。没有A存在，授权的结果就是单纯的权力分散，这意味着失去控制，被迫退位。

在青春期公司中，A和E之间的斗争是因为一方想要努力实现制度化、秩序和效率，而另一方拼命追求增长、持续变革和市场份额的增加。这是数量和质量、灵活性和可预见性、功能和形式之间的斗争。A 代表质量、可预见性和形式，而 E 代表数量、灵活性和功能。青春期公司的职权结构反映了这些斗争的存在。创始人希望可以重组公司，以建立制度和秩序。与此同时，他们也希望能主导并控制财务、营销和产品开发这些关键活动。

将自主做决定的权力从创始人转移到公司，将决策过程制度化、专业化，加剧了 E 和 A 之间的斗争。创始人可能说，自己在推进放权，但公司中的其他成员不确定是不是真像创始人说的那样。

如果两位合伙人分别代表 A 和 E 角色，那么两者可能因为无法调和的冲突而分道扬镳。在这种情形下，A 角色通常选择留下来，而 E 角色会选择离开，这会严重威胁到公司的创业精神。

在这种情形下，E 应暂时退到一边，以便 PA 实现制度化。接下来，在青春后期，E 应该以制度化而不是个人化的形式重新登场。这样，公司就进入了壮年期。（提醒：这是复杂的工作，想了解更多信息，建议读者参考本书第 17 章或者阅读我的另两本书[2]）。

E 实现制度化后，公司就能以专业的方式制定创新创业决策。公司将相关信息汇聚起来，讨论其与政策、指导方针和战略的关系，然后在不受任何个人及其风格影响的情况下制定决策。

壮年期之后会发生什么？E 会下滑，具体原因我会在本章和下章中详述。在官僚早期，如果没有 E 存在，成员会开始照顾自身利益。如果创业精神未灭，那么公司成员发挥创业精神的目的不是给公司谋福利，而是为了实现个人利益，即使牺牲公司利益也在所不惜。在这一阶段，公司会抹杀任何 E 迹象的行为，驱逐 E 类型角色。正是这个原因，E 曲线才会跌落到零点以下。

影响生命周期中创业精神的因素

在生命周期中的不同阶段，哪些因素会导致创业精神变化？这些变化为什么会发生？三十多年来，我曾与众多公司合作，它们的规模、技术领域和企业文化各不相同。我的工作就是让处于衰退阶段、不断下滑的公司中的创业精神焕发新生，以及在成长阶段将其制度化。在这一过程中，我发现，几个因素对公司创业精神有显著影响，如果我们能很好地理解这些因素，就能采取具体步骤来应对潜在问题，避免其发展到致命程度，从而威胁到公司的生存。

无论是个人层面还是组织层面的创业精神，都是渴望认知和预期认知之间差距的函数。只要人们对未来怀有比预期更美好、更多的渴望，他们就依然年轻。有一天，如果一个人展望未来时说："我喜欢并接受预期将发生的一切。"如果他能接受预期的和渴望的一致，那么从这天开始，这个人就老了，因为再没有什么能刺激他积极改变。

> 一个人年轻与否，取决于他愿意促成或经历多少变化。

$$创业精神=f\left(\frac{渴望}{预期}\right)$$

三十年来，我发现有四大因素能影响渴望与预期之间的差距，进而影响创业精神。我这么说是有根据的，因为通过控制这些因素，我和同事成功地让处于衰退阶段的公司焕发新生，这些公司的新产品上市时间明显缩短了，市场份额提高了，新服务、新产品或新市场的收入贡献比例也大幅上升了。

这四种因素分别是：

1. 领导者的心理年龄 ⎫
2. 领导风格的功能性 ⎭ 人的因素

3. 感知到的相对市场份额
4. 组织结构的功能性 } 组织因素

这四种内部因素都是公司能直接掌控的。当然，文化、技术、市场状况和政治环境等外部因素也能深度影响创业精神和 CAPI。这些外部因素能加速公司的老化，或者在解除市场管制的情况下，推动公司跨阶段发展。因为本书的目标读者是支持变革的领导者，所以我们只考虑四种内部因素，它们是公司可以控制的。

领导者的心理年龄

第一个因素就是领导者（决策者）的心理年龄，公司的控制权和 CAPI 都掌握在这些人手中。这些决策者不一定是股东。因为通常情况下，掌控公司的是管理层，而不是分散且在董事会席位不足的股东。

什么是心理年龄？在每个人的想法中，渴望和预期之间都有差距。心理年龄不一定和生理年龄相关。有些人已经 50 岁却依然年轻，而有些人只有 25 岁就已经老了。他们是否接受预期的就是渴望的？他们是否渴望实现不同于预期的东西？这种不同不仅体现在数量上，也许他们并不渴望数量增多——只要质量上去就行了。但他们一定渴望得到更多的东西，无论是质量上还是数量上。别无所求的人正在老去了，这种人安于现状，在更糟糕的情形下，他们甚至接受事物的未来发展趋势，而不是积极争取改变。

老人会怎么样？他们也渴望得到更多，他们渴望把青春找回来，这就涉及可控性的问题。渴望得到更多或更好还不够，你必须要相信，你能通过自身努力实现愿望，否则，这一切只不过是痴人说梦而已。有些人有能力做得更多、更好，却不愿意尝试新鲜事物，他们身体年轻，精神却已老。

如果公司领导者的心理年龄已经到了接受预期即渴望的程度，公司就会开始老化。在这种情形下，公司的心理年龄随领导者的心理年龄变化而变化。因为控制权中心缺乏动力和刺激而无法按预期发起变革，那么公司从行为上看已经开始老化。

领导风格的功能性

我所说的领导风格的功能性[①]是什么意思？

公司在沿生命周期前进的过程中需要不同的领导风格。哪种风格符合公司的需要？如果公司需要某种觉悟，哪种类型的领导行为有助于觉悟形成？领导是一个动态过程，就是带领公司从一个觉悟水平过渡到下一个觉悟水平，从生命周期的一个阶段过渡到下一个阶段。换言之，领导者的作用，就是带领公司从一系列问题过渡到下一系列问题，在解决昨天问题的同时，也让公司为应对明天的问题做好准备。

例如，摩西带领希伯来人，从埃及问题过渡到迦南问题。领导的意思不是带领系统从一个有问题的阶段进展到没有问题的阶段，而是进展到下一层级或下一代的问题。公司正是以这种方式不断成长的。你的实力和水平，决定了你面对什么样的问题。图 14－3 展示的是生命周期各阶段的组织风格。

追随者和领导者之间存在互相依赖关系。在成长阶段，领导风格影响了组织文化，领导力是推动因素。而在衰退阶段，组织变成了推动因素，组织文化决定了谁可以被提拔到领导的位置。对衰退阶段的公司而言，“员工所拥有的领导者，是与员工的状态、能力匹

---

① 作者所说的功能性，原文是 functionality，其实是指有效的、能发挥功能和作用的。——译者注

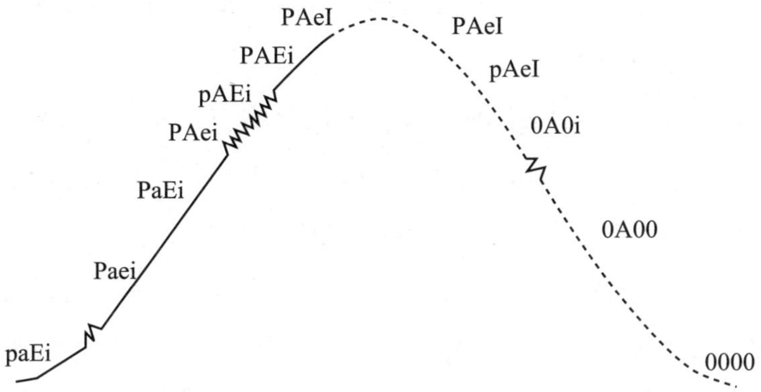

图 14－3　生命周期各阶段的组织风格

配的”这一说法也同样适用。

在探讨什么是期望的领导风格之前，我们先学习如何利用 PAEI 模型来对风格进行界定。

管理风格与冲突的本质

因为 PAEI 四种角色彼此互不相容，所以很少有人能同时出色履行四种角色。

如果有一种或多种角色未被履行，就符合我所说的不当管理风格。如果四种角色都得到了必要的履行，就可归于恰当管理风格，可能仍然存在人员上的缺陷，但这是正常的。[3]

不当管理风格：我故意将管理不当的极端情形拿出来讲。不当管理风格比恰当管理风格更容易判断。两者之间的差别只是程度上的问题。

在 P000 的极端情形下，领导者只具备 P 素质，其他三个都不具备。这种领导者是独行侠，只将注意力集中在手头的任务上，无法履行管理职能，也没有愿景或意愿来有意识地承担风险。他们缺乏创业精神，无论对人、价值观还是公司动态都很迟钝。他们是行动派，但仅此而已。他们会晋升到管理职位，是因为他们勤奋、尽责、努力工作、忠心耿耿。虽然他们缺少行政管理、创业精神和整合能力，但也是有成效的。

这种风格有什么特点呢？他们工作很努力，安排工作时间表时既不是先进先出（First In First Out，FIFO），也不是后进先出（Last In First Out，LIFO）。他们的风格可以概括为FISH（First In Still Here）——先来的工作还堆在那儿没有处理，他们的办公桌杂乱无章，他们采取危机式管理方式。他们既不授权，也不安排培训，更不会制定长期或短期计划。他们的下属就好像勤杂工一样。独行侠只是被动反应，而不会事先准备。他们几乎将全部注意力放在现在做什么上面，不会思考为什么做、如何做、何时做这些问题。

0A00风格是怎样的？我将这种风格的领导者称为官僚主义者。不管是做什么工作，他们都会按时上下班。他们的办公桌很干净，文件也整理得整整齐齐。他们的下属明白，自己取得什么成绩并不重要，只要按时上下班就可以了。官僚主义者的管理方式是照本宣科。独行侠从来不会召开员工会议（因为他们没有时间），而官僚主义者总在开会。但他们主持会议的方式，会让人联想起《凯恩舰事变》中的舰长奎格。[4] 他们关注的不是战争，而是究竟是“谁偷了草莓”。官僚主义者经营的公司井井有条，却如同灾难一般。他们的公司会以破产告终。

00E0风格是怎样的？我将这样风格的人称为纵火犯。他们什么时候来上班？谁知道呢？他们什么时候下班？谁又知道呢？但下属们知道，自己必须得比这些上司来得早，上司下班了自己才能走。因为没有人知道纵火犯们什么时候来什么时候走，所以下属一年365天每天24小时，都得待命。

他们是否会召开员工会议？答案是肯定的，但没人知道会议时间。是否有什么会议议程？没有人事先知道，纵火犯也不会遵循任何固定议程。他们是否要求下属做好准备？绝对如此！所以，成员来开会时，脑海里要装着整个办公室的情况。因为他们也不知道会上将讨论什么内容，也不知道自己会因为什么而遭受指责。谁来发言？纵火犯一个人。那么下属做什么？他们不断地翻白眼（“又来了……”），并祈祷自己的上司会忘记自己提过什么要求。毕竟，上司会频繁地改变想法，没有人知道最终决策指向何方。纵火犯回答下属问题时，经常会说：“你同意得太晚了，我已经改变想法了。”下属只需要静待尘埃落定再开始行动就好。纵火犯越是想激励下属行动，下属就越少付诸行动。

我将 000I 这种风格称作超级追随者。他们不发挥领导作用，只是超级擅长追随。他们会在其他人之前察觉到权力风向的变化，他们知道暗流究竟涌向何方。接着，他们将自己定位为新趋势的领导者。为验证政治环境的变化，超级追随者会采取一些试探行动，他们会说：“我有个建议，但是我也不确定自己是否真正同意这一立场。”或者，“我建议我们公布分红，但是我对这个想法也没有十足的信心。”在墨西哥，人们将这种滑头叫作“涂了肥皂的鱼”。你永远都抓不住他。他们的下属扮演通知者的角色，告知他们当下正发生什么。这些不当管理者经常会召开会议。但谁在发言？除了他们本人之外的其他人。他们认真倾听，将自己的底牌牢牢攥在手里。下属很难判断他们最终会选择什么方向。在等候明确指令的过程中，超级追随者会敏锐地观察环境，试图发现下属们将会有怎样的共识。

公司需要的是 PAEI 风格的领导者——他们应该以任务为导向，尽心尽责，努力工作，井井有条，注重效率，做事周全，谨慎稳健，有创造力，并从全局视角出发勇于承担风险。他们应该是敏锐的、以人为本的团队建造者。

问题是，周围的这种人并不多。这是个珍稀物种，你不一定能找到他们。这种 PAEI 型人才似乎只存在于书中，这也正是整个管理或领导理论的错误之处，因为这些理论的前提是这种人确实存在，而且其他人也能通过训练来效仿他们。

> 我们都是不同程度上的不当管理者，因为没人是完美的。

为保证公司的领导力在长短期内都卓有成效、制度化、积极化，并保证效益和效率，我们需要互补型团队。

其中一种互补型团队是 PaEi-pAeI 团队，这种团队经营的是夫妻店——即便这个夫妻店是几十亿美元级的企业。

哈佛商学院的约翰·科特教授区分了管理者和领导者，并以此闻名。[5] 我按照科特所描述的差异归纳了这两种角色：管理者是 Paei 型，而领导者是 paEI 型。虽然我接受科特划分管理者和领导者的方式，但我不同意他的结论：我们需要更多的领导者，更少的管理者。我认为，两者都需要！

因为管理者和领导者的风格不同，因此两者存在冲突。我们来讨论这一无法逃避的事实。

> 冲突是出色的团队协作中必要的、不可或缺的组成部分。

冲突的性质：禅宗提醒我们“如果众人想法都差不多，就代表没人用心想”。抵触冲突的人不应该当领导者或管理者。哈里·杜鲁门曾说过：“如果经不住炙烤，就应该远离厨房。”想实现长期成功，短期不适是必不可少的。

为什么？

尝试下面的练习。站稳，将重心放在两条腿上，两手相握置于身前。你觉得很舒服，很有掌控感，对吧？如果感觉舒服，就一定是正常状态，对吗？不对！如果长时间保持这种姿势，你一定活不成。因为你不能离开原地去吃饭，不能去卫生间，也不能去睡觉。

想要完成任何上述动作，你都需要改变姿势。

现在再尝试另一种姿势。一条腿站着，另一条腿伸到半空中，就好像在迈步一样，同时一只手向前伸，一只手向后。因为难以保持平衡，所以你会发现长时间保持这一站姿难度很大。想要保持平衡，就需要进行微妙而持续的调整。平衡不是一个状态，而是一个过程。

这个姿势看起来既不舒适也不正常，对吧？确实如此。但这个姿势却是符合期望的，因为你处于中间状态，你可能刚刚拿了吃的回来，现在要去做别的事。这说明短期内看似舒适的行为，可能长期看会带来不适；而短期内看似不适的行为，长期看却是有益的。

短期看，缺少冲突是很舒服的状态。但从长期看，这种状态只会导致死亡。冲突虽然会带来短期不适，但长期看却具有积极的意义，这完全取决于我们如何应对冲突。冲突可能带来增长，也可能带来失败。前一种是建设性的，后一种是破坏性的。[6]

功能性冲突和非功能性冲突有何区别？我们可以从亲身经验中寻找例子。

大多数夫妇离婚的原因和一开始走入婚姻的原因是一样的。他们会结婚，是因为彼此性格互补，两个人因为双方差异而彼此吸引，但如果无法调和差异，这种破坏性冲突就会导致离婚。但冲突也可能意味着发展——让一段婚姻变得更稳固。我们在争吵后变得更亲近。我们因彼此分歧和冲突而紧密团结在一起，它们并不是阻力。

是什么导致了这样的不同？为什么同样的冲突对一段婚姻有破坏作用，在另一段婚姻中却有建设性意义，甚至能起到增强感情的作用？

如果用互相信任与尊重的方式来应对冲突，冲突就是功能性的、建设性的。

我们首先给出定义。“功能性”意味着冲突解决后会带来积极变化。如果我们的脚底踩过地毯所形成的摩擦，是因为我们要走到冰箱去拿冰激凌，那么这种摩擦就是功能性的。而如果双脚没有任何目的地在地毯上摩擦，会产生酸痛感，这种摩擦就是非功能性的。

互相尊重意味着能认识到对方不同立场的合理性。[7] 如果彼此认为双方利益一致，就会建立互信。[8]

在互相信任和尊重的基础上，我们愿意向对方学习。这种学习是个人与婚姻成长的诱因。[9] 如果没有互相信任和尊重，冲突就只能带来痛苦，无法带来收获。

冲突有正常与异常之分。正常冲突能推动公司培养正常运行所需的力量。而异常冲突会导致组织、个人或系统不断重复自己，自我复制，而不是向前发展。它无法推动进化或改变。异常冲突无法促使组织就差异和不同展开探讨；正常冲突下，组织能探讨以问题形式出现的差异，而这一探讨过程能带来变化和增长，让组织焕发生机。

我们已经明确了风格问题和互补的必要性。接下来，我们再回到领导力这个问题上。

领导风格

在成长阶段，领导风格应该能反映生命周期下一阶段的组织风格。领导者的自身风格为组织下一阶段树立了榜样。正是由于这个原因，领导者才称得上领导者，而不是追随者。也正是由于这个原因，领导者通常走在被领导者的前头。这种树立生命周期下一阶段风格的做法，只有在成长阶段才能算是功能性领导行为。

在衰退阶段，除非领导者还按照之前阶段的方式行事，否则领导行为会加速公司的衰退，让治疗变得更加艰难。衰退阶段公司的领导者需要逆流而上，而成长阶段公司的领导者只需要游得比公司中其他成员快就可以了。

也许这就解释了为什么成长阶段公司的领导者不能理解衰退阶段公司的功能性领导者，他们不理解是什么占用了这么长的时间，为什么每个人都如此小心翼翼。在衰退的公司中，领导层必须做出艰难抉择，同时还要经受住政治考验。而在成长阶段，决策不需要如此痛苦。除了青春期之外，领导者面对的政治风险并不高。

生命周期中的领导风格：孕育期需要什么领导力类型？答案是 E，对吗？不全对。本书后续部分将说明，创业者必须具备基本的 I 才能意识到需求。这种意识能启迪有关新投资和新解决方案的构想。典型路径和最优路径之间的差别，是由公司的 I 水平决定的。当然 PA 也必须达到阈值，否则公司会在后续阶段需要发展 PA 时陷入困境。在典型路径上，领导公司进入健康的孕育期需要拥有 paEi 风格。

我们现在来思考，领导公司进入婴儿期并承担风险意味着什么。在这个阶段，公司需要哪种领导风格？强调行政管理的领导风格如何？这种风格肯定不行，对吧？因为 A 总在说“不”。如果使用行政管理领导风格，任何事情都不会发生，虽然公司已经孕育成功，却永远都生不出来，公司会流产。

那么哪种领导风格（执行、行政管理、创业精神、整合）能推动公司诞生、整合、承担风险并完成任务？

一定要有 P 风格的人。拥有这种风格的人会说：“我率先投资 5 000美元，我先来承担风险。我们出发吧！我们动手吧！我已经准备好了。”他是个行动派，因为要促使公司诞生，需要真正地付诸行动，而不只是说说或做梦。要有这么个人来定下行动派的基调，为以行动为导向的公司树立一个行为典范。

只做梦的领导者无法让公司降生，而没有梦想的行动派则无法孕育公司。因此，对一个健康的初创公司而言，如果只有一位领导者，他必须既是梦想者也是实干家，也就是 PaEi 类型。

在社会革命中，如果领导团队是由梦想者和实干家组成的互补团队，会出现什么情形？领导团队中包括思想家、知识分子、受过教育且心存善念的理论者；而追随他们的包括农民和务实的游击战士，他们说得少做得多。革命成功，新国家成形并诞生后，大多数思想家会经历什么？他们会被排挤，被监禁，甚至被处决。如果他们幸运地在革命胜利后很快就自然死亡，那么他们的照片就会被挂到墙上以供瞻仰、怀念。真正的掌权者是讲求实际的行动派。组织想要度过婴儿期，靠的是行动，而不是高谈阔论。因此，婴儿期的领导风格应该是 Paei。孕育期和婴儿期公司需要的领导风格如图 14－4所示。

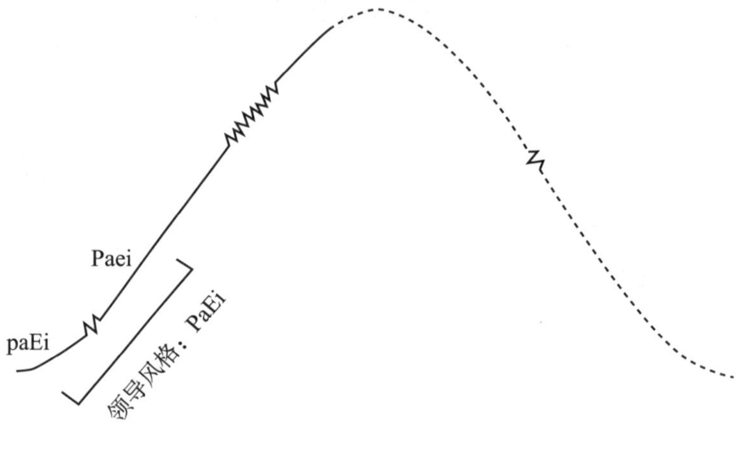

图 14－4　孕育期和婴儿期的领导风格

接下来是哪个时期？学步期。这个阶段需要新愿景和新的可能性。如果行动派无法建立新愿景，整个系统就会处于规模有限且营养不良的状态。新愿景能帮助组织加速结束婴儿期。因此，想从婴儿期进入学步期，我们还要依靠 E，对应的风格应该是 paEi。如果没有互补型团队，那么 PaEi 风格的人就要在推动组织从孕育期发展到学步期的过程中发挥作用。

典型路径上最常见的创始人是 PaEi 类型。这种创始人既是纵火犯，也是消防员。他们自己点把火，然后迅速地控制火势，再在第一把火熄灭之前迅速另点一把火。

创始人以制造难题再解决难题的方式，迫使公司跨越式成长。他们是努力工作的梦想者，在管理危机的环境下能蓬勃发展。

在青春期，公司必须实现条理化、制度化、稳定化。在这一阶段，质量比数量更重要。什么才是理想的领导风格？答案是偏向行政管理的风格。处于这一阶段的公司一般都会经历艰难的领导风格转变。从学步期过渡到青春期，需要将 PaEi 型领导风格转换为 pAEi 型风格，如图 14－5 所示。这会伴随麻烦。首先，A 风格与 PE 风格全然不同。A 是慢性子，做事周全，喜欢分析，讨厌风险。对他们而言，细节很重要。而 PE 是急性子，对细节没有兴趣。两种领导风格是不相容的。E 希望下属比自己早上班晚下班，但因为没人知道这样的上司什么时候来、什么时候走，所以下属的行为也很不稳定。E 风格的人还希望下属能时刻待命。

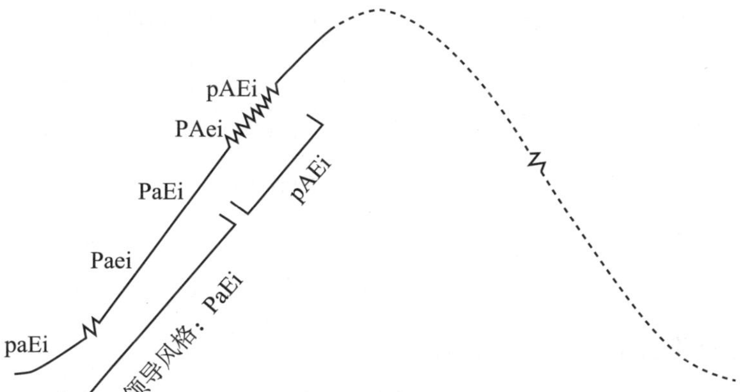

图 14－5　学步期和青春期的领导风格

A 风格的人截然不同。A 会按时上下班，这让 E 类型觉得自己被骗了，他们认为 A 对公司不够忠诚，认为 A 类型还不够努力。E 类型做事鲁莽，而 A 则会深思熟虑。E 先做决定再思考，而 A 是先思考再做决定。A 类型觉得自己必须拿着扫帚跟着 E，以便随时打扫 E 造成的乱象。而 E 类型讨厌远离沙坑[①]，因为他们在那里能随心所欲。

A 和 E 注定会发生冲突。在纵火犯环境 00E0 下，A 的结局可能是木灰（0000）。虽然 A 个人也许能在公司成功保全自己，但公司利益会受到损害。A 成了木灰，因此无法满足公司所需的行政管理职能。

随着公司进入青春期，公司需要过渡到 PAei 状态，这就需要 PAei 风格的领导者。但我们一定要小心，如果公司处于 PA00 状态，就会排挤和驱逐学步期的 PaEi 领导者，于是 PAei 型领导者会使公司过早衰退。一旦生命周期中的 PAei 阶段完成，公司就要召回 E，这就需要引入 pAEi 型领导风格。

要将 E 和 A 联系起来，需要引入新领导风格 AE，也就是 pAEi，而不是 0A00。大多数优秀的顾问都是 AE 型。公司可以聘请顾问来指导组织结构图、预算系统和工作手册的设计工作。随后，公司应该聘请该顾问作为一位首席运营官，扮演公司的行政管理角色。

依靠外部人士来启动变革有诸多好处。首先，创始人得以观察这位外部人士是否为合适人选，这是一场真刀真枪的考验，两个人会留心观察对方，以判断双方是不是即便风格不同也能和平共处。如果双方无法彼此信任与尊重，这对组合就不合适。其次，从外部改变公司文化比从内部更容易，因为这样更容易检验变化。尝试自己教假小子式的女儿来弹钢琴。

如果现任领导者能将自己的风格从 PaEi 转换到 pAEi，就没有必要更换领导者。我发现，这种转换能力并不像看起来那么少见。这取决于 I 的水平，I 越强，领导风格就越灵活。

从婴儿期过渡到青春期的公司难以管理，因为领导者必须转变

---

① sand box，指儿童游戏中的沙坑，类似游戏床。——译者注

风格，否则就要被更换掉。管理公司不是马拉松比赛，而是一场接力赛。如果某一位领导者无法转换风格以适应不断变化的形势，那么领导职位就必须从一个人手中转移到另一个人手中。

领导者更替的现象很普遍。就拿养孩子为例，父母是一个互补性团队。男孩成长过程中有几年会依恋母亲，之后又会开始依恋父亲。再以后，他会希望和父母成为朋友。孩子需要榜样，需要领导，这样他们才能均衡成长。因此，单亲养育孩子并不容易，因为孩子需要阴阳两种能量。

青春期后，公司进入壮年期时，管理者的领导风格应该强调 I。为什么？

在壮年期文化中，P、A、E 角色都由职业经理人高管而不是领导者扮演。壮年期公司领导者的工作就是招聘到合适的人，整合公司中出现的合理冲突，并给出指导。壮年期的公司结构是完美的，并且每个职位上都聘到了恰当的人选。公司领导者将 P 和 A 授权给下层，已制度化的 E 也如此。现在，公司需要的是一位能够将这些要素整合到一起的领导者——这位领导者必须强调 I 角色。图 14－6 展示了青春期和壮年期公司的领导风格。

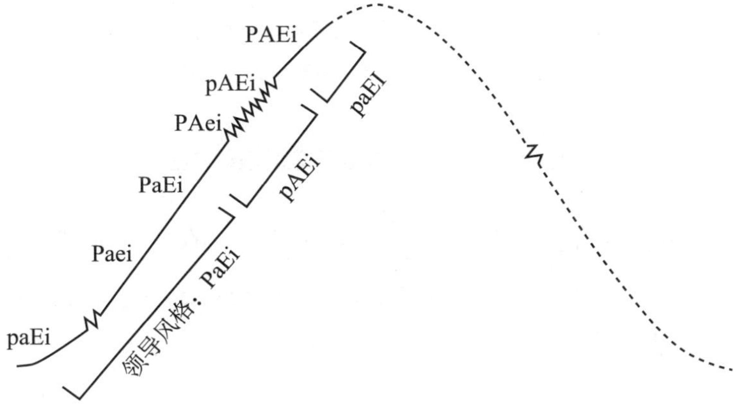

图 14－6　青春期和壮年期的领导风格

在生命周期的任何一个时点，公司所需的领导风格就是能引导它从当前阶段进入下一个阶段的风格。在孕育期，公司文化要求领导者是梦想者，符合 paEi 风格；公司诞生后，领导者就必须是行动派，符合 Paei 风格；要想进入学步期，公司再次需要 E，对应 PaEi 风格；当公司进入青春期后，就需要 A 来冷却学步期的种种倾向，避免公司负载过重，青春期的功能性风格是 pAEi；进入壮年期需要 I，保持在壮年期需要 E，因此，壮年期的理想功能性风格应该是 paEI。图 14－7 总结了生命周期各阶段对应的领导风格。

孕育期	paEi	PaEi	创始人
婴儿期	Paei		
学步期	PaEi		
青春早期	PAei		
青春晚期	pAEi		
壮年期	paEI	PaEi	政治家
稳定期	PaEi		
贵族期	PaEi		
官僚早期	PPPP		
官僚晚期	？（此时公司需要的是PPPP；		
死亡	？ 而拥有的却是000I）		

图 14－7 生命周期各阶段的领导风格

稳定期公司的领导者要延缓公司的衰老。在这一阶段，他们需要逆势而上，朝着上游前进。他们需要的不仅是 E，还有 P。很快，在贵族期，P 开始下滑。贵族期公司必须重新关注基本要素——讲求实际的决定，阻止公司状况继续恶化。因为公司在贵族期 P 会流失，所以延缓状况恶化的功能性风格是 PaEi。

稳定期和贵族期都需要 PaEi 风格，它和初创公司的 PaEi 风格不同。贵族期需要的是具有创业精神的职业经理人，需要职业兵，而不是游击队风格的领导者，他们必须能制定决策，而且清楚公司未来的愿景是什么。这种差别很明显，通常失去灵活性的大公司收购或兼并学步期公司，其明确的目的就是获取学步期的领导层。但是贵族期公司很快就会发现，学步期公司的领导层在政治上不够成熟，无法应对困扰贵族期公司的内部政治。图 14－8 展示了创始人和政治家的对比。

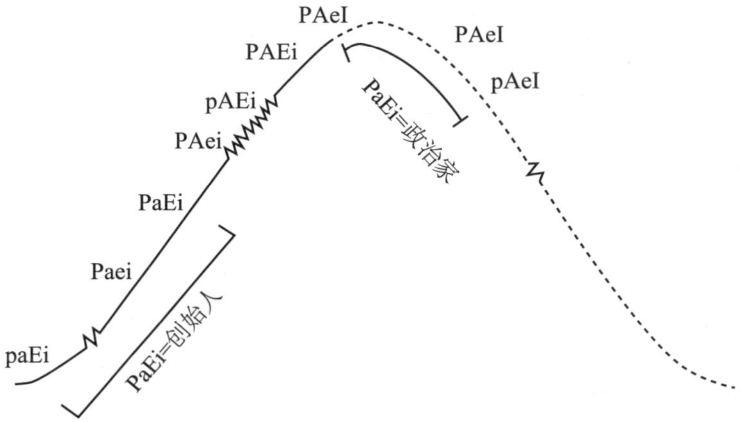

图 14－8　创始人与政治家的对比

贵族期公司必须明确自己所在的行业、对客户的价值，公司必须接近客户，更关注为什么做和做什么，而不是如何做。它必须根据为什么做和做什么来决定如何做，而不是让如何做来决定为什么做、做什么。

很多官僚早期的公司——由政府持有或正经历国有化的那些失败的公司——都会犯下面这种错误。政府没有任命一位执行者的角色来领导公司走出困境，而是指派了一位行政管理者或整合者。为什么？从政治角度讲，国有化的目的不是增加失业率，而是为了保证就业率。公司领导者接到的明确指示就是保就业——而不是拯救公司。会发生什么情形？A和I没能让公司焕发新生，而是形成了更大的官僚体制，进而加速了公司的衰落。如果公司规模足够大，这种做法甚至会加速整个国家的衰落。图14－9反映了公司在贵族期和官僚早期的领导风格。

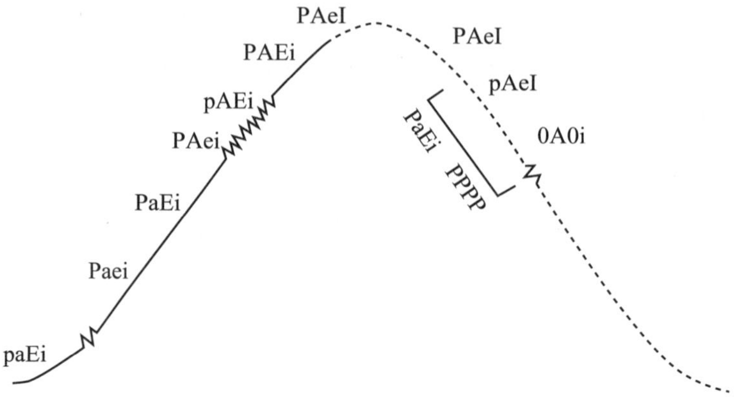

图14－9　贵族期和官僚早期的领导风格

我们从中总结出的规律是：在生命周期中的每个成长阶段，领导风格应该反映公司即将走出的阶段的风格，以及公司即将开启的阶段的风格。读者应该还记得，在成长阶段，公司文化决定了需要哪种领导风格，正是这种风格领导公司进入生命周期的下一个阶段。但壮年期之后，所需领导风格并不是由公司的未来文化决定的；恰恰相反，适当的管理风格应该能延缓发展，或者应该说，延缓衰退。

> 在成长阶段，领导者通过其行为的典范作用反映公司未来的风格；而在衰退阶段，公司会选择能反映其文化的领导者。

在成长阶段，员工有信念，领导者只要做出表率就够了，他知道员工会紧随其后。而想要扭转衰退的态势，就意味着需要做出牺牲，需要经受痛苦。衰退阶段的公司体验的是恐慌，而不是信念。

逐渐衰落的公司选择能强化其文化的人担任领导者，不一定要做出牺牲。这个过程就像是一个彼此一致的动态系统——该过程先推动增长，再加速死亡。对成长阶段的公司来说，领导者应该来自内部；而对衰退阶段的公司而言，领导者人选应该来自外部。如果领导者是一层层提拔上来的，却向培养自己的文化宣战，那就要以牺牲自己的事业为代价。

但领导风格是如何影响公司的衰退的呢？

这取决于领导风格是否具有功能性，能否满足公司需求，并推动其进入下一个成长阶段或延缓其衰退的速度。

从孕育期到青春期，初创公司需要 PaEi 类型的领导者，他们是激进的梦想者兼实干家。但一旦领导者成功，他们的职位就成了铁饭碗，即使在无法满足公司的需求之时，也能牢牢地保住其职位。PaEi 拒绝为 pAEi 让路，而 pAEi 型领导者一旦稳居高位，就会拒绝向下一种必要的领导风格屈服，或无法转变风格。如果领导者的风格未能在恰当的时点及时实现有效的必要转换，就会导致公司的衰退。要更换领导者或转变领导风格，必须首先存在明确的需求——公司必须面临真正的压力。回顾对生命周期的描述，我们会发现，壮年期、稳定期或贵族期都没有变革领导力的压力。壮年期事事顺利，稳定期问题只处于潜伏状态，而贵族期公司的资产负债表良好，流动性充裕，芬齐-康梯芬尼斯综合征使成员无法表达对自满状态的不满。在这段暴风雨前的宁静期，并没有改革领导力的压力。要带领公司走过青春期，A 领导风格是有效的，是必不可少的，但之后，这种风格就无法发挥功能，因为它无法再满足公司需求。但此时，政治条件尚未成熟，无法推动变革发生。可见领导风格和公司需求并不同步。

到生命周期的衰退阶段，阻碍公司焕发新生的原因是，公司所选出的领导者正是强化公司文化的人，而不是改革公司文化的人。

这种领导者自然希望避免激起浪花，因为他们担心会翻船。在衰退阶段，必须要做出牺牲，公司需要的是不关注自己的支持率的领导者。在这个阶段，我们需要一位政治家——不是政客——他要忧心公司的未来，而不是下一次选举。

感知到的相对市场份额

影响创业精神的下一个因素是感知到的相对市场份额。公司的市场份额就是在自身能满足其需求的所有潜在客户中，它能触及到的比例。按照商业用语来解释，就是在能满足同一种需求的相似产品的总销售额中，公司所占的比例。那么，在这一背景下，“感知”又意味着什么？

在收入相同的情况下，一家公司的市场份额可能是100%，也可能是0.001%。市场份额的定义取决于分母，也就是参照的市场。

> 公司的市场份额可以是任何值，这是由它如何定义市场所决定的。

如果只将市场定义为购买其产品的消费者，那么公司的市场份额就可以达到100%。公司很容易就可以在某个领域做到全球最大、最佳、最强，其领导者只需要确定公司在哪方面具有独一无二的优势就可以了。例如，我的一个客户是全球规模最大的私营数字化多媒体警报公司。如果你的定义足够窄，就能成为所处领域的领导者。我想说的是，无论公司认为自己有多大的市场份额，都只是对市场份额的一种感知。

相对市场份额指的是公司市场份额与其最大竞争对手比较得出的数值。我们现在假设公司感知到的相对市场份额是2，这就意味着，如果公司占 35%的市场，紧随其后的竞争对手就占约 17%的市场。知道这一点会让公司更具有竞争意识还是会更自满？

成为某个领域的最大或最佳，就好像成为运动冠军一样。一个人需要时刻面临竞争对手的挑战，才能保持状态。如果公司的领导者认为公司在满足客户需求的过程中不再有竞争对手了，那就意味着它相信客户没有其他选择，这会影响公司的创业精神以及通过自身调整以适应环境变化的意愿和趋向。公司会希望客户能适应自己的产品或服务，而不是自己去适应客户不断变化的需求。公司自认为已经占有了绝大部分市场。决策者会认为："到了！我们成功了！我们已经到顶了！"这种态度会给公司的创造力带来无可挽回的伤害——公司成员忘记了，一旦到达山顶，唯一一条出路就是下山。

成为冠军会导致公司产生自满情绪。想要保持状态，并维持巅峰地位，必须有一位强有力的挑战者存在。达到占据市场主导地位这一目标，庆祝一晚上就可以了。公司要寻求新愿景，重新定义市场，新的定义会引入新的竞争对手。随着公司不断发展，其眼界也应该发生变化，否则成员的眼光就会越放越低，直到最后只能看到自己的脚指头，到这个时候，他们就会完全停止改变。

组织结构的功能性

影响公司衰退的第四个因素是组织结构。近年来，尤其在 20 世纪 90 年代，结构被视作"政治错误"的概念。如今，开放系统、开放架构、非中心化公司、愿景、价值观、文化已经成为备受青睐的概念。很多人都认为，结构等同于官僚主义。

我完全不赞同当下流行的"现代管理"理论和实践。事实上，我的反对立场非常坚决，我将会在下一章用整章的篇幅来讨论这一因素。

注　释

1. Bernal 的试验表明，随着组织的发展，信息会减少［在 Bateson 的 *Mind and Nature*（1979）一书中，信息被定义为“关于差异的消息”］。从根本上看，这些试验表明组织（控制）与信息（灵活性）之间呈现反向关系。
2. 参阅 I. Adizes 的 *The Pursuit of Prime*（Santa Monica：Knowledge Exchange，1996），以及 *Mastering Change*：*The Power of Mutual Trust and Respect in Personal Life*，*Family*，*Business and Society*（Los Angeles：Adizes Institute Publications，1993）。
3. I. Adizes 在 *how to Solve the Mismanagement Crisis*（Bel Air，CA：Adizes Institute Publications，1980［first printing，New York：Dow Jones Irwin，1978］）一书中，对管理和管理不善的表现提供了详细的描述和分析。
4. S. Kramer，Prod.（1954），*The Caine Mutiny*，由 E. Dmytrik 根据 H. Wouk 的小说（Columbia Studios，1954）改编。
5. 哈佛商学院教授 John Kotter 阐述了管理者和领导者之间的区别。参阅 J. Kotter 的 *A Force for Change*：*How Leadership Differs from Management*（New York：The Free Press，1990）。
6. 参阅 *Journal of Social Issues* 50（I，1994）特刊，它专门论述了有建设意义的冲突管理。
7. Sara Cobb 对冲突进行了研究，并表明协商一致本身并不能终止冲突，只有当双方在他们自己的故事中证明对方是合理的时候，冲突才会停止。她把这个“合理化”过程描述为每一方在其故事中向对方提供了一种正面定位的叙事过程。她表明，冲突与是否存在合理化故事直接相关。参阅 S. Cobb 的“Empowerment and Mediation：A Narrative Perspective，”*The Negotiation Journal* 9，3（1993）：245－261；以及她 1994 年的作品“A Narrative Perspective on Mediation：Toward the Materializing of Story Telling，”in J.

Folger and Jones，eds.，*New Directions in Communications Research and Perspective*（Newbury Park，CA：Sage Press，1994）：48－66。

8. 参阅 I. Adizes 的 *Mastering Change：The Power of Mutual Trust and Respect in Personal Life，Family Life，Business and Society*（Bel Air，CA：Adizes Institute Publications，1992）。

9. 这个观点处于调解及其他冲突解决方法的核心地位。参阅 R. Bush and J. Folger，eds.，*The Promise of Mediation：Responding to Conflict through Empowerment and Recognition*（San Francisco：Jossey-Bass，1994）。

第 15 章

公司衰退的结构因素

在我看来，组织结构包括三个子系统，分别是职责结构、职权结构、奖励结构。三个子系统之间相互关联，必须步调一致。如果员工职责过多，履行职责的职权不足，拿不到满意的奖励，那么公司就不会成功。公司员工要知道什么是公司期待的行为，觉得自己能达到公司的期待，并且愿意这么做。

在本章中，我会就其中一部分，也就是关于职责结构和职权结构的内容，讨论它们对公司衰退的影响。职责、职权和奖励三者的统一，是一个复杂的论题。[1]

组织结构的功能性

组织结构的功能性是影响公司创业精神的第四个因素。通常情况下，组织结构会抑制创业精神。下面以一个组织有序的具有基本结构的公司为例，展示结构如何影响行为。

注意，图 15 - 1 中的各部门，与水平线之间的距离是不同的。这种距离差异反映了各部门的导向，距离长代表长期导向，距离短代表短期导向。

PAEI 四种管理角色说明了各部门的基本导向。

从 PAEI 来看，典型销售部门的导向应该是怎样的？销售应该密切关注如何满足客户需求，对应执行角色。高效满足客户需求还

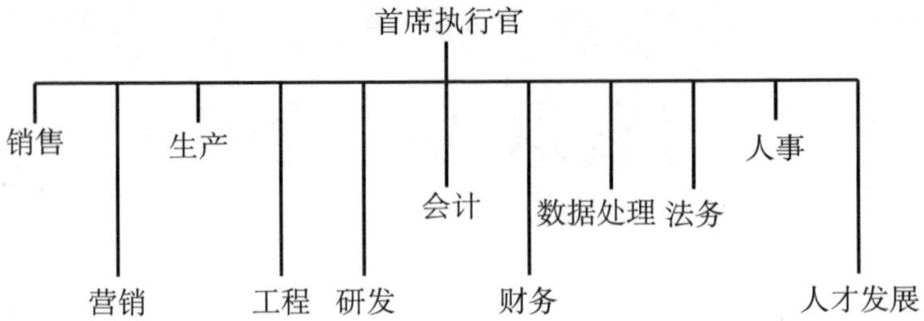

图 15－1　典型功能性组织架构

取决于行政管理。因此，销售部门想要高效满足客户需要，应该符合 PAei 风格。这样的部门应该配备销售排期、配额和销售培训。

营销也应该以客户需求为导向，需要执行角色，但这一导向要以开发创意性解决方案以满足明天的需求或者创新为大背景。因此，营销应该具备 PaEi 导向。

会计部门有所不同。显然，该部门的主要职能是 A，但创业精神 E 也必不可少。为什么不能是 PA？PA 风格要求组织高效提供有效的服务，这是销售的职能，而不是会计的职能。而 AI 类型的会计系统虽然政治上正确，但也不合适。

那么，为什么是 AE？A 就不用解释了，但为什么还要求 E 呢？下面这个笑话就能说明问题。

一家小公司在物色一名会计。三位候选者都被问到了这个问题："2＋2 等于几？"第一位候选者刚刚通过注册会计师考试，和大多数没有实践经验的新人一样，他马上就坚定地回答："4！答案绝对是 4！"

第二位候选人已经在全球最大的一家审计事务所工作多年，他稍微迟疑后答道："我需要首先和总部确认。"

第三位候选人经历过很多挫折和打击，因此很有街头智慧。他半睁着眼，看着面试官问道："你在想什么？你说的是销售还是采购?”

第三位候选人得到了这份工作，确实也理应如此。想要会计发挥信息系统而不是数据系统的作用，首先要让会计清楚管理层的目标。会计应该是 A 或 E 角色，要有助于掌控公司未来方向。“我们是要进入纽约市场，还是要退出纽约市场?”每个问题都需要不同信息。在很多国家，会计和记账没有区别。管理层能拿到数据，却得不到任何信息。如果管理团队不让会计部门参加讨论，就会发生这种情形。会计既不是推动因素，也不是被推动的因素，他们只不过针对已经发生的事情制定报告，却无法告知目前的状况和未来的状态。这让我联想到另一个故事。

两个人坐着热气球飞越郊外，云层开始聚积，一段时间后，两名乘客意识到自己迷路了，他们四处飘转，最后发现云层之间有一个敞口。他们开始下降，看到下方地面上有个人，于是，他们喊道：“你好！你能不能告诉我们，我们到底在哪儿?”对方也以最大声回答道：“在热气球上!”其中一个乘客充满挫败感地对同伴说：“下面那个人绝对是会计。”

同伴问道：“你是怎么知道的?”

“因为他给我们的信息虽然精确无误，却完全没用!”

pAEi 导向也应该用于公司的法务部和信息技术（IT）部。这些部门要妥善履行其职能，必须首先问：“你在想什么?”看法律人士是否会提出这一问题，就能判断出他到底是一名律师，还是拿高薪的法律秘书。

可以采取下述方式。请律师评估一份新起草的合同，判断这份合同到底应不应该签。如果律师说：“好，我明天早上给你电话。”那么你就应该解雇他。任何学过法律的人都能检查合同的合法性，要知晓规定、先例和法条，只要记住了就行。公司需要的律师，不应该只告诉你为什么不行，还要告诉你如何才能实现你的目标。

公司聘请的律师应该把合同放在一边，首先问："在我开始审读之前，我要先知道你的想法。你想要实现什么目标?"如果是这样，你就能肯定，这位律师在检查合同合法性的同时，还会关注它是否能实现你的目标，以及如何实现目标。

同样的原则也适用于 IT 部门。如果 IT 部门的人没有问公司现在及未来用电脑做什么，就告诉你要购买哪种电脑或系统，那么他们只不过是电脑和计算器的销售员。你无法依靠他们来建立公司的 IT 系统。图 15-2 展示了公司各个部门的 PAEI 导向。

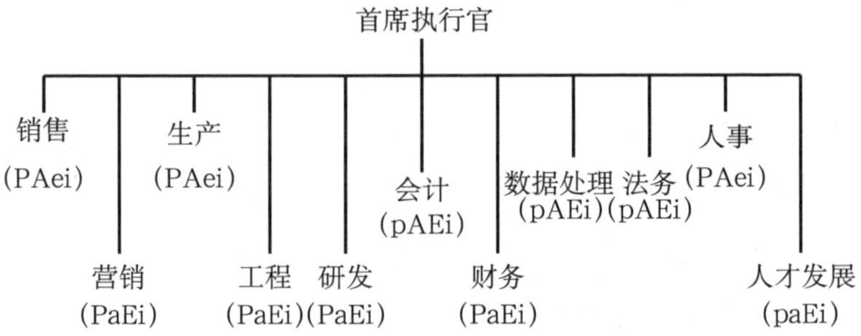

图 15-2　公司各部门的 PAEI 导向

冲突在哪里?

在上述职能结构下，大多数公司的不同部门相处如何? 下面详细罗列了彼此存在（也应该存在）分歧和冲突的部门。

- 销售部与营销部。
- 生产部与研发部、工程部。
- 会计部、法务部、IT 部与每个人。
- 人事部与人才发展部。

大多数专家常犯的错误，就是将产生冲突的原因归结为相关人员的性格。

如果冲突并不是性格问题造成的，为什么这些部门难以融洽相处？冲突的本质是什么？

销售部指责营销部根本不了解真实的市场情况。一方面，销售人员认为自己辛苦地执行某个定价与产品战略，但战略刚开始见到成效，公司营销总部的特权阶层就冒出来把战略给改了。另一方面，营销人员谴责销售人员抵制改变，拖他们的后退。“你知道，干销售的都不太聪明，如果他们真聪明，干嘛还每天到处出差呢！”

生产部和工程部也不和。工程部希望改进技术、更新技术，生产人员会有何反应？他们会说：“明年再改吧。”他们不希望搅乱现有的生产时间表，因为他们的业绩靠生产效率和生产成本来衡量。这些变革虽然长期看能发挥作用，但短期内一定会制造混乱，拖累生产目标的实现。

而工程人员也很沮丧：“生产部的这些目光短浅之辈抗拒改革，他们的目光都放在自己的肚脐眼上。见鬼！要不是我们推动的话，他们现在还用纺车呢！”

通常情况下，公司会忽略这些结构性问题的存在，而是通过更换人员来解决冲突。公司可能将销售人员调到营销部当主管，或者将生产人员调到工程部当主管。这样，“这些人清楚我们面临的真实情况，在制定决策前也会从全局考虑。”

这种解决方式肯定不会成功。如果销售人员在领导营销部时还保持做销售时的 PA 导向，那么公司就会失去 E。同样的道理，将生产人员调到工程部也不能解决问题，如果这些人将自己的导向从 PA 转换为 PE，他们之前的同事就会痛斥他们是叛徒。

另一种错误，就是将冲突归为风格问题，而不是结构问题，想当然地认为问题的出现只是因为相关人员不善于团队合作。有些成员可能会呼吁：“我们需要团队协作者。”走了一位选手后，又来了另一个。会发生什么情形呢？如果新营销人员意识到了前任的进军指令：“要做一个团队协作者。”那么他可能会尝试融入集体。但这样，他就不能通过施压的方式来推进变革了，尽管他的职责正在于此。现在谁说了算？销售人员。

你会发现工程部在上演同样的戏码。但这次，生产部是推动因素。公司有团队协作者，但因为 PA 导向占据主导地位，E 导向流失，工程部最终做的都是维护的工作。

面对上述冲突，最常见的解决方式是将对立部门整合到一起，形成一个精简化的组织，如图 15－3 所示。

图 15－3　精简化的组织

这种结构有什么问题？销售以 P 为导向，注重短期，以结果为主。营销应该以 E 为导向，注重长期，积极创新，审时度势，善于分析。销售与营销合并后，哪种导向会占主导地位？是 P 还是 E？是短期导向还是长期导向？答案很明显：销售部的短期导向会获胜，而营销工作会被限制在对销售情况进行数据分析、准备销售辅助材料上，他们只能无奈地将这些琐事称为营销活动，并没有履行引领变革的责任。他们也没有办法，因为他们的奖金、定位和所属团队，甚至是承受的压力，都基于短期销售而不是长期市场开发。

同样的道理，如果生产部与工艺工程部合并，就会形成他们所说的制造部。无论怎样，工艺或工业工程的员工可能只是做些给生产部的设备保养、上油和修理的工作。E 被 P 压制住了，此时由短期因素主导，而不是由长期因素主导。很明显，公司基本上没剩下什么 E。

所谓的人力资源部门也面临类似问题。它包括了 EI 角色（人力资源真正开发人才潜能的作用）和 PA 角色（人力资源管理的行政功能）。在行政管理角色下，他们解聘和调任人员，完成薪酬管理工作，还要组织人员评估、选拔和劳资谈判事宜。这种行政管理角色是为了保证执行和生产效率。而真正的人才发展职能，与行政管理角色 PA 相互冲突。从预期看，PA 会获胜。人事部门虽然接受的是 I 培训，也一心想为公司提供 I 功能，但总体来说从事的却是 A 的工作，他们帮管理层做些事务性的工作，还负责评估和解聘，因此，员工普遍不认为人才发展部从事的是真正的人才发展工作，他们有这种想法也很正常。员工认为人力资源是管理层的爪牙。因此，当人力资源部门提出扩大和丰富工作内容，或者实施参与性管理等想法时，员工会有何反应？“啊哈！这是他们的新把戏，想让我们多干活儿少拿钱。不必了，省省吧！”

人力资源部门的人也很有挫败感，这些人也希望能培养员工，也希望既讲人情又有干劲。但员工却指责他们爱用手段，总是带着怀疑的眼光看他们，“人力资源部门的人总是带着笑，但他们都没什么立场，就好像是涂了肥皂的鱼一样，你根本抓不住他们，他们会扭动着从你手里滑走。他们毫无用处（甚至是危险的）。”

将人才发展这种 EI 职能放在人事部门，会扼杀掉 EI 职能，因为它将屈服于人事部门的 PA 职能。人才发展部的人员最终会滑落到图腾柱的底部，他们的工作只是确保为培训会议准备的咖啡是热的，确保零食也都准备好了而已，他们失去了 EI 功能。

我们再来审视在所谓的现代管理体系中真正神圣不可撼动的存在：首席财务官。将财务和会计合并到一起是个错误。财务涉及投资分析、财富管理、资源管理、投资人关系和基金的使用，关注的是未来，对应的风格应该是 Ep。而会计的职责是扮演控制者的角色：应收账款、应付账款以及分类账簿记账，关注的是过去，对应的风格应该是 Ae。将两种职能放在一起，公司就会陷入非常危险的境地——滞后反应综合征。公司会心跳暂停、心律不齐。下面我来详细解释。

会计的作用就是制造痛苦。它经常是精准地错，而不是模糊地对，事实上它也应该如此。会计会把申请退回去，就因为签名的位置不对，这种做法实际上是对的。因为会计是法律和秩序的守护者，公司需要保证制度化控制。因此，会计人员的人缘儿都不太好，是吧？人们会批评他们作风官僚，反应迟钝，不愿沟通，心胸狭隘。

现在设想这样的情形：某条产品线表现不佳。执行委员会召开会议分析问题。营销主管会建议放弃这条产品线吗？不太可能。因为投入这条产品线一开始就是营销部门的主意。营销人员反而会要求公司加大广告预算，他们会尽量增加营销活动的预算并许下承诺，以便能让这种产品存续的时间长一点儿。

销售人员会试图扼杀掉这一产品吗？还没到时候。因为他们的激励机制以目标销售额为标准。他们会建议下调价格，会将问题归结为营销支持不足、定价过高，或者激励不足。

生产部门呢？这个部门也不会公开表示反对。因为生产部门的激励机制也包括这条产品线。生产人员可能会说，如果再加一台设备，情况就可能好转。“如果我们有那台机器，产品质量就能上去，销量也就会上升了。”

人事也没兴趣扼杀掉这一产品线，因为砍掉产品会导致公司大幅裁员。

很明显，每个部门都从自己的利益出发来看待公司的问题。每种解决方案都基于其自身导向。

除了首席执行官之外，还有谁不只关心市场份额、销售额或产量（除非这些指标能转化为利润）？这个人应该是财务副总裁，他应该关注投资回报率，仅此而已。如果这条生产线的资本成本率比回报率还要高，财务人员就会说：“我们还是换其他产品吧。”

如果会计和财务并在一个部门，财务副总裁尝试砍掉某条表现不佳的产品线的做法就可能被误读："这些会计对什么都说'不'，这样公司还能推出什么新东西！如果让这些只看数据的人来管理公司，公司很快就会破产！"

等到营销、生产或工程部门不再因为自身利益而维护这条产品线时，可能已经过去几个月甚至几年了。到那时，公司就会有麻烦了，每个人都希望做些什么挽救公司。当公司形成了一个轴心时，首席执行官就很容易做了。我知道我可能讲得有点儿过于夸张了。但根据我的经验，在青春期以后的阶段中，没有哪位首席执行官会完全独立行动，他们都要征询公司高管的想法。而这些高管给首席执行官的建议，会受各自利益的影响，而他们的利益，是由公司结构决定的。

如果组织结构图中设有营销与销售副总裁（通常采用"销售与营销"而不是"营销与销售"的说法，这一称谓真实地反映了部门的导向）、生产与工程副总裁（或者将研发与生产合并，1997 年 IBM 就犯下了这样的错误），以及主管人事与人才发展、财务、会计、法务、IT 的副总裁，称为财务与行政副总裁，同时也担任公司的首席财务官，员工就会抱怨公司遭遇阻碍，对市场变化反应迟钝，并缺少真正意义上的战略展望。所以，公司会聘请一位战略顾问。

图 15－4 展示了我以上所描述的这些内容。

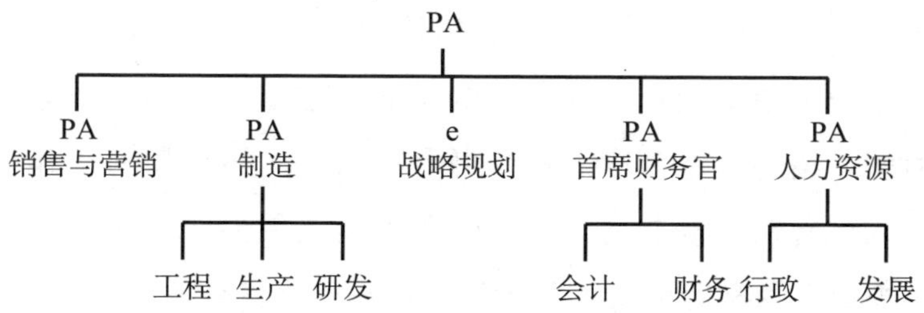

图 15－4　精简化结构中对创业精神的净影响

让一位优秀的飞行员使用潜望镜也无法让潜艇飞起来。

结构决定战略

请注意：

> 结构决定战略，而不是战略决定结构。

这一结论与阿尔弗雷德·钱德勒的著名论文相悖。[2] 在我看来，钱德勒认为战略应该决定结构，这是正确的。但在现实中，我的经验告诉我，当前的结构决定当前的战略。[3] 当前的结构充斥着不同的利益方，到针对变革制定战略决策时，猜猜会怎么样？人们投票时会首先关注自己的利益。如果组织结构会影响短期利益，那么再猜猜，他们会如何投票？

结构决定行为，结构决定战略。要想改变行为，首先必须要改变结构。想要让潜水艇飞起来，制定战略是没用的，必须首先将潜水艇改装成飞机，再为改变其性能制定战略。在新结构建立前，没有任何新战略能得以施行。

我用自己在青春期的一段经历来举例说明。

高中毕业后，我参加了以色列去法国的高中代表团。我们连夜坐着火车从比亚里茨赶往巴黎。和其他青少年一样，我们 20 个人都想在一个原本最多能容纳 8 个人的车厢里睡觉。我们几乎花了两小时的时间，经过大量合作，才让每个人的脚、胳膊和脑袋都有地方放。有人试着在地板上睡，有人坐在其他人的大腿上，还有人靠着别人的肩膀。这种睡姿安排是围绕人的因素来设计的。

就在我们终于快睡着时，有人宣称自己要去洗手间。当时一片混乱。整个团队都受到了影响。有人要挪开一条腿，有人要挪开手，还有人要挪动身体，有人还在尖叫："不要踩到我的脚趾！"

如果公司围绕人的因素而不是任务来设计结构，那么留在原地尿裤子比去洗手间从而引发大规模骚动是更简便的方式。正是这个原因，在围绕人来构建的公司中，变革的难度很大。有一种说法是，在这种公司中想要识别谁是创新者，只要看谁背上插着箭就行了。要推进变革需要太多的争取、批准和安排，这让创新者还没开始就放弃了。最终，不止一个人会被尿湿，很多人都会感到裤子湿了，这时就会有人说："这个公司臭死了！"

新结构应该是怎样的？想建立新结构，需要先制定对应的战略，这是个先有鸡还是先有蛋的问题。我用下述方式来处理这一难题。首先，公司应该先定义其业务，也就是使命感。重点不应该放在战略上，战略侧重的是如何做，而使命感侧重的是做什么和为什么做。我们希望谁成为自己的客户？我们希望满足他们的哪些需求？我们要扮演什么角色？这些问题有助于引导我们建立组织结构。我经常发现，市场细分要求产品差异化并在组织结构上反映这一差异。

以下面这家公司为例。公司在推出一款新型食品棒。这种产品口感好，而且富含维生素，销售额年均增长率达到了 100%。公司结构是按职能设计的：设有销售主管、生产主管、财务总监、行政人员，这是典型的基本结构。我问这些管理者："你们的市场份额有多少？"他们迟疑地答道："这取决于你如何定义市场份额。在运动能量棒板块，我们的市场份额是 X；如果只看零食市场，我们的份额是 Y；如果看减肥食品市场，我们的份额是 Z。"换言之，这家公司用同一种产品、同一套推广方案、同一种包装和定价，借助同一个按职能组建的组织结构来服务不同市场。

战略规划该如何进行呢？如果不同市场细分在组织结构上没有得到体现，那么制定规划时应该针对谁呢？公司应该先重组，由不同的市场细分经理对对应市场的市场份额和对应业务的盈利水平负责。这些经理应该为自己负责的市场制定具体战略。他们可以共用生产、会计、人力资源，甚至是销售团队，但他们需要能反映市场和产品差异的结构性聚焦点。

只有当公司实施了恰当的结构，并且将信息系统和奖励系统协调统一起来时，才能开始进行战略规划。我们设计好战略规划后，如果发现需要更新的结构，就要对结构做出相应调整，以反映新需求。在采用爱迪思方法的公司中，结构总在持续调整与变化。

为什么并不是每家公司都这样做呢？这就是我一直以来所相信的：自身利益决定了所做的决策。把员工送到哈佛培训更简单；聘请一位战略规划师坐下来，一边抽烟、一边写报告更简单；给声名赫赫的顾问公司几百万美元，以换取专业的建议，比让公司成员经历结构重组的痛苦更简单。即使你愿意忍受这份痛苦，也不能经常这样做。把钱花在顾问的建议上不会给管理层带来太多麻烦，他们不必花费自己的时间，不必努力熬过政治纷争，或担心变革可能带来痛苦的政治后果。一旦把妖怪从瓶子里放出来，谁知道谁能活下来呢？因此，公司根本就不重组，或者，它不会按不断变化的市场要求而经常重组。

结构影响战略，因为结构反映相对的自身利益，而利益结构影响现有战略。

结构决定行为。

如果结构压制创业精神，它就成了造成创业精神流失的第四个因素。

成长阶段与衰退阶段公司的差异

上述理论适用于衰退阶段的公司，说明了为什么精简化的职能结构会因为压制了创业精神而导致公司衰退。但这些理论不适用于拥有充足个人化创业精神的成长阶段公司。

每个公司从结构上都应该鼓励并培养在生命周期当前阶段最需要的角色。[4] 成长阶段公司的结构要能保护行政管理角色，提供对抗创业精神的力量。在成长阶段公司中，建议设一个行政副总裁，来监管会计、人事、法律和 IT 工作。

这种结构很不适合衰退阶段的公司，无论它是不是过早衰退。在衰退的公司中，你需要较少的 A。你应该将 A 职能打散，同时为避免公司衰退和 E 的流失，还应该将 E 和负责营销、财务、工程、人才发展的副总裁整合起来。这种多样性该如何管理？首席执行官能否胜任？这种局面对首席执行官来说是个考验。如果现任 CEO 没有能力掌控多部门职能，我们最好早早就察觉到这一缺陷。

公司永远、永远、永远不要从结构上将下述职能合并到一起：营销与销售，生产与工程，财务与会计，人才发展和人事管理。对衰退阶段的公司来说，这种做法有造成致命问题的风险。在成长阶段的公司中，这种做法虽然也不好，但可以忍受，因为职位并不能反映真实发生的一切。销售与营销副总裁虽然头衔如此，但实际上并不从事营销工作，这项工作由创始人来完成。首席财务官也是同样的情形。在现实中，创始人垄断了 E 角色，无论你将这种角色具体称作什么、把这个角色设置成什么职位。当公司真心开始努力找寻组织结构方面的解决方案时，问题才会出现。而之后，就是坏设计导致坏行为。

组织殖民主义

我们已经为一个简单的以利润为中心的公司开出了职能结构的药方。有很多以利润为中心的公司还面临另一挑战——组织殖民主义，这是什么意思？

我们可以用一条生命周期曲线来描述整个公司，但这条曲线不能代表公司中的每个分支机构或部门。

公司是由业务单元、部门和分公司组成的，它们当中的每一个可能都处于生命周期曲线的不同阶段。在一些有多个分公司的公司中，有些利润中心处于婴儿期，有些处于学步期，有些处于壮年期或贵族期，这样的现象很常见。这些实体经常采用图 15－5 所示的层级结构。

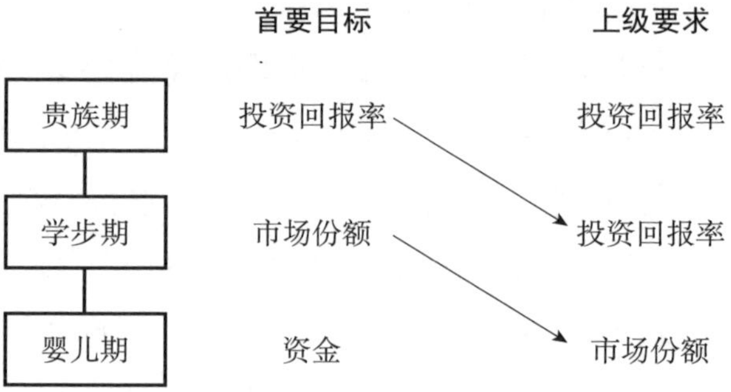

图 15－5　组织殖民主义

因为贵族期公司喜欢收购学步期公司，所以这样的配置形式并不罕见，学步期公司能给贵族期公司带来贵族期公司无法实现的增长。而学步期公司本身喜欢收购婴儿期公司，因为学步期公司很混乱，总是轻易地启动新业务或收购其他业务，但这种结构容易造成问题。

我将婴儿期公司向学步期公司汇报、学步期公司向贵族期公司汇报的现象，称为组织殖民主义。根据各业务单元、部门、分公司的需求以及恰当的业绩衡量标准，分析它们之间的关系，就能发现组织殖民主义造成的问题。

婴儿期公司的目标是什么？是盈亏平衡，有足够的资金来维系生命。婴儿期公司总是在争取资金，总需要更多的资金。而学步期公司要什么？它给向它汇报的公司设定了销售额和销售额增长目标。

此外，因为学步期公司需要资金来支持自身增长，它不愿与人分享。申请资金的做法会惹恼学步期的母公司。面对下属公司持续的资金需求，它会质问："什么？还要钱？我们四个月前才给过。你们什么时候能不再要钱？另外，我们希望知道你们的增速为什么低于预期。我们每年增长 35%，而你们的实际增长率差太多。我们为什么要继续给你们钱？"

贵族期公司要什么？分红，投资回报率。贵族期公司不给予，只索取。它希望小牛的产奶量也能比得上成年奶牛。因此贵族期公司会压榨学步期公司，而学步期公司则因为拒绝提供资源而扼杀婴儿期公司。我之所以称其为殖民主义，是因为处于上级的实体强加给隶属实体的目标，反映的是其自身所处的生命周期阶段。上级实体忽略了从隶属实体本身所处的生命周期阶段出发为其设定适当的目标。

这就造成了有趣的现象。整个公司都在走下坡路。虽然每个能振兴公司并实现增长的组成部分都在，但公司的结构导致了不同实体将不恰当的需求强加给彼此。每个实体都受罪。母公司强加给子公司的目标，从后者所处生命周期来看毫无意义。这种需求只满足了母公司的需要，是母公司利用权力将自身意愿强加给子公司的体现。

总结

总结本章与前章，影响创业精神的要素有四种，分别是领导者的心理年龄、领导风格的功能性、感知到的相对市场份额、组织结构的功能性。

要给公司诊病，我们首先要观察其行为，以判断其所处的生命周期阶段。接着要分析管理角色：创业精神是被领导者本人垄断，还是以制度化的方式存在？如果被个人垄断，公司就处于青春期之前的阶段；如果已实现制度化，公司就处于青春期之后的阶段。

衡量创业精神的指标包括变化的速度和积极回应环境的需求。借助上述指标判断创业精神是否充足，如果公司在衰退，你需要检查四个要素中的哪个导致了创业精神的下滑，以便确认你对公司所处生命周期阶段及其背后原因的假设。

我在前文中提到过，一个人的年龄是由预期和渴望之间的差距决定的。还记得吗？只要你希望在现有基础上有所增长或有所提升，你就有变化的动力，这能让你保持年轻的状态。等到你对任何东西都不再有渴望时，你就老了。

但这并不适用于老年人。虽然他们渴望得到更多，但他们已经老了。他们渴望自己更健康、更年轻，这都是他们已经失去的。这该如何解释？这取决于他们渴望的是否可控。他们的渴望是异想天开，还是有潜在的行动计划？这就引出了对可控性及其对衰退的影响的讨论。

生命周期中的 CAPI

CAPI 在生命周期不同阶段的不同表现方式，受内外部因素的共同作用。

图 15－6 展示的是生命周期各阶段中的 CAPI。

导致 CAPI 出问题的可能是内部原因。在家族企业中，CAPI 出问题可能是因为家族成员之间关系恶化，或其他利益方开始背弃。

前文曾提及，青春期之前，CAPI 掌握在创始人手中，而创始人通常是一位独裁者。但如果创始人能全盘掌控公司，为什么公司的可预见性还如此之低呢？应该比较高才对。公司之所以存在不可预见性，是因为在青春期之前，CAPI 由个人垄断，由创始人这个大 E

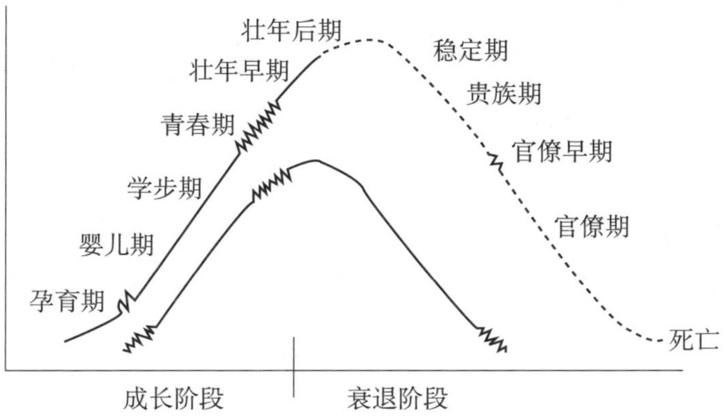

图 15-6　生命周期中的 CAPI

牢牢掌控。这种创始人经常发起变革，而且不会遭遇任何反对意见。可预见的是，他们的公司行为方式也是不可预测的。

因为公司的大事小情都由创始人做主操控，这些创始人变得自负、独裁而专制。他们做决策时不允许他人参与，完全随着自己的本能。创始人不会解释自己的战略，人们也很少能理解他们的决策。因此，虽然创始人完全掌控公司，但他们的公司仍会陷入失控状态。

公司缺少控制是因为缺少 A——制度、规则和政策。A 是维持公司可预见性的主要力量，同时也能控制创始人。这一要素在青春期培养，等到公司行为变得既灵活又可预测，公司就会进入壮年期。

从青春期往后，对公司的控制就制度化了，不再是个人行为。从壮年期开始，制度的力量反超个人的力量，两者不断拉开差距。这也导致创业精神的流失。这就解释了公司可预见性的上升和灵活性的下降。

CAPI 失效，利益群体分裂成不同方向时，公司就会变得陈腐。没有任何一个群体能独自引导组织变革，由于各群体利益不同，所以也难以团结起来推动变革。最后，等到形式变得空洞，无法继续履行既定功能时，故障就会发生。系统会死亡，而灰烬中又会有一个新系统破土新生。

导致CAPI失效的内部因素有哪些？想想个人利益和组织控制之间的相互作用关系。

在健康的成长阶段公司中，创始人控制公司，通常掌握着CA-PI。在婴儿期，他们将重点放在公司的生存上。在学步期，掌控者的目标是享受趣味：学步期公司的领导者希望有自己的沙坑。所有其他利益方，无论是家庭需要还是没有建立工会的公司中员工的需求，最多也只是偶尔被注意一下。这些利益根本没有自我表达的机会，因为在这个阶段，创始人仍然掌控着CAPI。

在创始人陷阱中，创始人的自身利益占主导地位，不惜牺牲公司利益。创始人的控制欲，满足自负心态的欲望，导致公司无法形成自主控制的局面，其他人进入不了创始人的沙坑。CAPI整合在一起，在掌控中，但因为它被个人垄断了，所以对公司发展毫无帮助。这种创始人就像不允许青春期子女自由成熟的家长，他们希望能控制子女，希望子女不要长大。这种情况可能发生在这样的公司中：公司虽由成年人组成，但他们的管理行为并不成熟，公司中的副总裁和执行委员会成员虽然人到中年，但行为上还不够成熟，像青春期的少年一样，他们经常大笑、窃笑、争斗、互相抱怨，依靠“爸爸”来做判断和决策，他们拒绝为自己抱怨的事情承担责任，希望“爸爸”能理解自己，解决自己的问题，但他们最大的抱怨对象是“爸爸”本人，有时候还会夹杂一丝敌意。在学步期，“爸爸”是推动公司成长的力量，“爸爸”和下属之间是爱恨交加的关系，下属希望“爸爸”走人，但与此同时，他们又明白，没有“爸爸”的存在，就无法管理好公司。有些公司面对这种情形会陷入僵局，内部缺少改变的动力，直到创始人去世或把公司卖掉。

陷入家庭陷阱的公司，情况更加糟糕。利益的分歧可能表现为多种形式。

手足之争是陷入家庭陷阱的公司失去 CAPI 的原因之一。如果管理权交给了长女，比长女更激进的次子可能会抵制姐姐的控制行为。我通过观察发现，子女的风格是可以预测的，是由出生次序和父母的风格所决定的。一般而言，在母亲不工作、父亲扮演 E 角色的“传统”家庭中，第一个孩子不会是 E 类型。父亲的风格会导致孩子的 E 行为破灭。E 角色的第一个孩子，大多数具备 A 倾向。第二个孩子很有可能是 I 类型。第三个孩子有条件成为 E 类型。显然，这些规律并不是必然的，在很大程度上取决于家庭风格是传统的还是现代的。

第二个及之后的孩子，可能会反抗由出生顺序决定的领导等级，他们可能辩称：“这又不是皇位世袭，为什么他（她）能当领导？”

家族荣耀能轻易支配理性的管理思考，这是导致 CAPI 失效的另一个原因。想要保持控制权，就不允许家族成员出售股权。例如，附带表决权的股权可能由信托机构掌管，而信托机构会完全听从男性或女性家长的。子女能获得分红，却无法影响公司任何事务。但子女终会长大，家长终会离世，这是不可避免的。这时，没有管理经验的子女就会开始和职业经理人争产，由于没有爸爸管控子女，所以整个公司都会陷入混乱。面对这种情况，管理层再无法以专业的方式行事。有些人会辞职，于是家族成员又开始因为谁来接管领导权而争斗不休。满足自我虚荣和自身利益的心态占了上风，没人关注公司的需求。

大多数情况下，这一分析适用于西方公司。我观察发现，东方文化更能接受长子继承权。从 CAPI 的角度看，东方世界的继承情况更为稳定。

在青春期，利益开始出现分歧。A 躲避风险，E 看重增长。如果 A 在争斗中获胜，躲避风险的势力就会占上风，公司就会进入过早衰退的状态。如果 E 占了上风，公司就会回到学步期。如果 A 和

E通力合作，公司就会跨入壮年期。

在壮年期，各利益方联合在一起。管理层面对的是利益集合体：股东关心投资回报，管理层本身关注增长，员工关注稳定感。公司不是由个人掌控的。公司的计划以及战略将各利益方团结在一起，并反映各方的利益。

壮年期之后，利益再次出现分歧。青春期推动股东和管理层分离是有利的，这样公司才能进入壮年期。但随着时间的流逝，这种分离的负面影响日益明显。管理层越来越关注自身利益，而不是股东利益，其自身利益不仅会影响股东，而且随着时间的推移，还会影响员工。这一点不适用于硅谷的一些新生公司，它们通过股票期权让所有员工都成为公司股东，因此会高度关注股东价值。那么在壮年期之后，CAPI缘何失效呢？这和筒仓综合征有关。每个分公司或每个部门都有自己的目标，根据自身业绩来获得奖励。将各方连接在一起的整体责任，落在了首席执行官身上。但他们做不到，他们的力量无法与整个公司抗衡，靠首席执行官个人力量无法将分离的部分连接到一起。皇帝没穿衣服，即便他还在四处巡视，行使自己的领导权。

在贵族期，公司能应对利益分歧，即使各利益方都在榨取公司的利益。但因为公司很壮硕，所以能挤出很多奶来。可一旦奶被分光了，和平共处的局面就被打破。接着，人们由瓜分公司转为瓜分彼此。

股东是最先遭殃的，他们的投资会逐步缩水。接下来，公司开始解雇员工，员工也开始遭殃。管理者通常是最后蒙难的，但最终高管人员也被驱逐，只能背着金色降落伞飞走。

为验证公司所处的生命周期阶段，要搞清公司中谁掌握着控制权。这种控制权是行为和管理层面上的，和公司所有权无关。组织行为是个人说了算还是制度说了算？如果整个公司运营都是某个人的独秀，公司就尚未达到青春期。如果公司建立了治理系统来行使控制权，公司就已经越过了青春期。如果组成 CAPI 的各方利益一致，公司就处于壮年期。如果组成 CAPI 的各方利益不一致，公司就已经越过了壮年期。长期内斗是否已经开始？如果还没有，公司就处于稳定期或贵族期。如果长期内斗已经拉开序幕，公司就到达了官僚早期。

公司失去控制也可能由外部因素造成。这种因素可能是政治上的，比如，政府参与进来，制定新规并给予指导，影响了公司的控制。例如，很多国家的政府会干预公司，甚至要求公司将权力移交给工人阶层。出于政治原因，政府将工人提高到决策者的地位。管理层发现，之前明明可以自己做主的事情，现在却被迫要与下属协商。决策流程陷入僵局。如果这是全面反创业运动的一部分，管理层就会先将资本外移，然后再离开该国。政府将“做什么”“如何做”的要求形成法规，从根本上改变了游戏规则。在斯堪的纳维亚和德国，工人代表必须在公司的董事会占有一席之地。这一要求可能引导公司越过青春期进入壮年期，但如果管理层没能处理好各种利益关系，公司就可能进入贵族期。

历史上，日本企业可以快速进入壮年期，因为从行为层面而不是法律层面，管理层会努力尽可能地满足员工、股东和管理层的利益。日本奉行相互信任与尊重、尽量遏制内部营销的文化，这决定了日本企业能迅速到达壮年期。因此，有一段时期，是日本在主导全球经济格局。但最终，日本企业会丧失领先地位，因为 A 的不断成长，加上扎根于文化的大 I，会造成组织官僚化。日本的 E 很弱，其教育系统旨在鼓励学生记忆和获取知识，而不是去学习创造。想要脱离下行轨迹及改变教育体制难度很大。或者，日本也可以寻求能补足所缺失的 PAEI 项目的战略合作伙伴。其他亚洲国家和地区（如马来西亚、中国香港、新加坡）的公司还在努力闯过青春期，在这一过程中经常落入家庭陷阱。在这些国家或地区，由出身定等级的制度并不遭人厌恶，家庭陷阱的危害程度也不及西方。因此，CAPI 并未解体。在西方文化中，家族内斗更为常见。但随着亚洲人日益西化，他们可能也会遭遇西方的管理疾病，也就是 CAPI 瓦解。

我们已经结束了关于“为什么”的讨论，也就是本书的分析部分。接下来，我们要解决“做什么”的问题。正如我在本书的前言部分所述，这个部分会相对简短，因为本书前一版出版后，我撰写了《追求鼎盛》一书，这本书专门关注提供给企业的解决方案。

注 释

1. 参阅 I. Adizes 的 *Corporate Lifecycles*，lst ed.（Englewood Cliffs，NJ：Prentice Hall，1988），第 11 章中有关一致性理论的论述。鉴于该问题的复杂性，因此在该书的新版中，已将前一版中的这一章删去了。
2. 参阅 A. D. Chandler 的著名和有影响力的著作 *Strategy and Structure*：*Chapters in the History of Industrial Enterprise*（Cambridge：MIT Press，1962）。
3. 自组织系统包含结构上成对的组成部分，它们彼此配合，形成一个结构，该结构决定了与环境交换哪些资源。参阅 F. Varela，*Principles of Biological Autonomy*（New York：Holland Press，1979）。有关自组织的理论也指出：战略随结构而变化。
4. 参阅 I. Adizes 的 *The Pursuit of Prime*（Santa Monica：Knowledge Exchange，1996）第 2 章中的讨论“每个公司都应当具有能够鼓励和培育它最需要的角色的结构，具体公司最需要什么角色取决于它在生命周期中的位置”。

第 3 篇

培育健康的企业

第 16 章

企业诊疗

根据我做公司咨询顾问和治疗专家的经验，我开发了一套用以预见公司文化变化的理论框架：我成功地理解了变化发生的原因，提出了一套管理公司在生命周期不同阶段之间过渡的规范理论，并通过我的公司在世界各地的分支机构验证了这套理论。

这套理论与实践能给予公司几点明显优势。它能让公司辨别出内部能解决的正常问题和需要外部干预的异常问题。而且，因为生命周期的各阶段可以预见并不断重复，所以了解了公司所处的生命周期阶段，就能采取预防措施来缓解预料中的问题或者完全避免问题出现。

生活和问题的本质

活着就意味着不断解决问题。一个人的生活越充实，他必须解决的问题就越复杂。公司也是同样的道理。成功的管理就是不断地解决问题。现在你们理解了，公司只有在不再变化时，也就是死亡时，才会没有问题。解决问题后没有任何更加复杂的新问题出现，就等同于公司死亡了。

理解生命周期理论的管理者知道有问题很正常。生活中充满问题，对于公司来说，管理伴随着问题。有些人之所以会觉得没有信心，是因为他以为只有自己会碰到问题，这种想法令人丧气。知道自己的问题是正常的并和其他有类似情况的人分享，有助于你明白，问题不是由你造成的，而是由你所处的环境造成的。

有一天，一位一直在听我讲座的高级主管来征求我的意见。他希望和我谈谈他的很多看似无法解决的问题。他提出开车送我去我的下一个目的地，途中，他描述了自己面临的危机。我发现这些问题并不都是那么严重。我甚至主动描述了自己面临的管理问题供他参考。他相当惊讶。

“你竟然也会有问题？你看起来将一切都处理得那么好。”

这下轮到我惊讶了。他为什么会以为我就没有问题呢？我意识到，他把我放在了一个没有问题者的神座上，就像以前我也这么认为别人一样。但实际上我们每个人都有问题。看似轻松处理所有事情的人，就好像鸭子一样：它们表面上看起来镇定自若，实际在水面下疯狂地划水。

问题是存在的，而且问题就摆在那里。并不是所有问题都是正常问题。既然我们一定会有问题，哪些问题是正常的呢？举个例子来回答。假设我对某人的描述如下：他总是哭，在半夜里惊醒，每隔几小时就要喝奶。这种行为属于正常问题吗？大多数人会给出肯定的答案，因为他们想当然地以为我在描述一个新生儿。但如果我告诉你，我描述的对象是一个已经 45 岁的首席执行官呢？你会怎么看？问题正常吗？

正常问题与异常问题

改变越多，事物越保持不变。

阿尔方斯·卡尔，《黄蜂》

我认为上述这句话适用于异常问题。这种问题是长期的。你努力去解决，认为自己已经解决好了，但它们会换个形式卷土重来。你把它们抛出窗外，但在最黑暗的夜里，它们会重新爬回你的脑海。

正常问题是生活的经验教训。每个人都要学习，都要通过解决问题来学习。我们不断遭遇问题，因为没有任何人能知道所有该知道的东西。因为我们永远都无法做到无所不知，所以就要做好准备去应对无穷无尽的正常问题。你要有这样的准备：你余生的每一天，都要面对问题。

问题从何而来？公司不知道的是什么？

我在之前的章节中解释过，公司想要在短期和长期保持效益和效率，必须履行四种管理角色：PAEI。没有任何一家公司一诞生就处于壮年期，因此每家公司都需要培养这些角色。每个公司都会遭遇问题，因为在任何一个时间点，至少有一种角色还没有得到充分发展。即使在所有角色都发展成熟的壮年期，公司也要面对如何保持鼎盛状态的问题，确保所有角色都不被削弱。

大多数公司都会本能地一次发展一种管理角色，它们走的是典型路径，而不是同时妥善地均衡发展所有必要的管理角色，这就是我曾描述的最优路径（见图16-1）。在一次发展一种角色或能力的过程中，公司总会面临这样的风险：如果陷入困境，它将遭遇异常问题，而异常问题最终可能演变成致命问题。

爱迪思方法论是一种诊疗方法，它对不同的问题进行了区分。作为一种干预性方法，兼具了治疗和预防作用，其目的是克服成长阶段和衰退阶段的正常与异常问题，把公司带到壮年期，并通过培养其内在能力保持壮年状态。

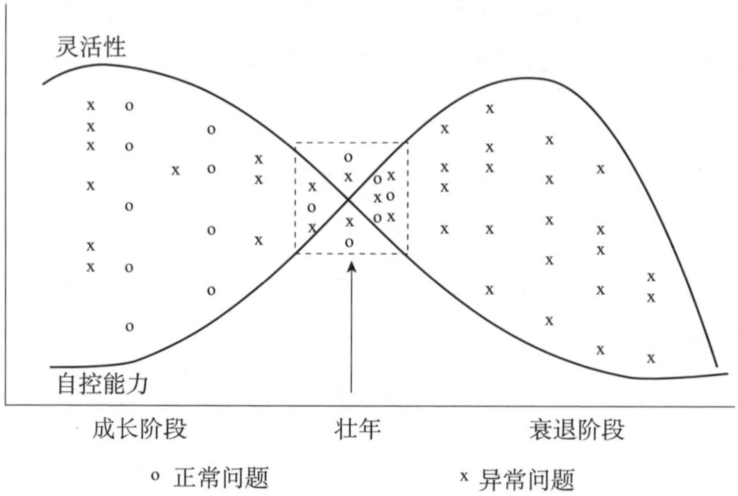

图 16-1 正常问题与异常问题

变化的本质

变化是不可避免的，而且是永恒的。正如前文所述，变化会导致外部和内部分化。如果公司无法适应外部变化，就会和市场脱节，无法继续满足自己为之而存在的需求。在竞争激烈的商业环境下，原来的客户会背叛公司，不再惠顾，业务单元销售量先持平再下滑。公司进入了外部分化状态：它的能力和市场需求不再匹配。

变化也能造成内部分化。公司可能试图采取主动或被动的方式努力适应外部环境变化，但同样会遭遇问题，因为所有公司，就和所有系统一样，是由子系统构成的，而这些子系统的变化却不同步。[1]有些子系统比其他子系统变化速度快，这种不协同会导致公司的分裂，在接缝处断裂，失去原本的凝聚力。即使公司没有为适应外部环境变化而奋斗，它也可能从内部分化。内部分化独立于外部环境而发生，就像随着个人需求不断变化，人本身也会变。因此，分化是无可避免的，无论你是否在分化的起因中起了积极的作用。

万事万物都会走向分离。除非你采取措施，否则混乱会接踵而至。但人类本性无法接受长期的分离，他们会努力重新整合。如果整合行动没有成功，他们就会出现心理上和身体上的崩溃。

最近，有人向我介绍治疗师卡洛斯·斯鲁斯基和莎拉·考博的论著。[2]我拜读后认识到分化并不是一个稳定的状态。[3]人类无法长期忍受分化。[4]他们需要在自己的经历中解决问题、解释问题，并从中找寻意义。我们每个人都通过情境来解释自己的问题：父母让我们的生活一团糟，老师或老板是造成问题的根源，等等。想要问题终结，首先需要把问题解释清楚。人们寻求整合。[5]我们需要“设法”来解释清楚自己的问题，并在这一过程中整合分化的东西。

“整合”的方式可能带来期望的或不想要的结果，正是“设法”二字诱发了更深层次的问题。为了使问题有意义，无论是组织、社会还是个人，都会创造出故事情节，这种叙述性的解释被认作解决方案。很多人简单地以为，只要能知道问题是什么，就相当于找到了解决方案。但我们现在知道，我们找到的“解决方案”通常会制造更多问题。[6]宗教是一种整合力量。无论是哪种形式的宗教，随着变化和分化加速，人们对它的诉求愈发强烈。但并不是所有的宗教解决方式都有团结和治愈的效果。有些宗教对人类是没有价值的，是具有破坏性的。[7]随着变化加速，我们面对的全球范围的宗教战争并没有减少，反而还增多了。

再重复一遍，虽然所有叙述都是为了整合，但并不是所有叙述都具有功能性。[8]故事情节有没有功能性，取决于它对公司有什么作用，以及我们对其如何加以利用。通常情况下，这种解释反而会阻碍公司阐述所面临的挑战的能力。有些故事会妨碍个人、公司或社会保持变化和适应变化的能力。[9]它们虽然有整合作用，但也让现状保持不变。[10]它们就好像是骨折却没有接好的胳膊，虽然治愈了，但动起来既不顺手也不容易。外科医生可能需要把接得不好的手臂弄断，然后再重新接骨，这样才能彻底痊愈。作为组织的领导者或组织治疗专家（过去和现在都被称为顾问），我们的任务就是分析现有整合行为的有效性，如果没有效果，顾问就有责任去除公司现有的整合行为，之后帮助公司建立新的功能性叙述——一个不仅有整合效果还能让公司随环境变化而变化的新框架。[11]公司应该有自我整合的内在能力。如成功建立了一个营销网络的著名创始人玫琳·凯所说："如果你想知道成功的秘密，请看看我膝盖上的疤痕。"

> 衡量成功的标准不是看你摔倒的次数多么少，而是看你爬起来多少次。

治疗专家的作用

如果一切问题都是分化造成的，那么从定义上看，一切问题的疗法应该都是整合。[12]医生或家庭治疗师的工作是整合或治愈，是让系统成为一个健康的整体，能够不断地重组一个完整的自我。[13]（注意，"整体"和"治愈"两个词都由印欧语系中的词根 kailo 衍生而来，意思是完整的、没有受伤的。）

公司的管理层和领导者以及职业顾问，应该扮演组织治疗专家的角色，他们首先引发变革，接着再将因改变而断裂的片段重新整合，以达到治愈的目的。正常问题应该由能干的管理层处理，而异常问题则交由企业顾问来处理。

管理者和管理顾问应该负责引导必要而理想的变革，诊断随之发生的公司分化，然后提供一个过程，在新的层面上将碎片重新整合起来。每一位公司领导者从某个角度讲都是治疗师：引入变革，打破公司中已然失效的旧框架，然后重新整合出一个崭新的具有功能性的整体。当然，新整合的整体也会经历同样的过程，从改变、分化再到重新整合。如果过程过于复杂或者公司领导者本身经验不足，可以寻求外部干预。

成功的管理或咨询，不仅要扫除问题，他们的关注点还应该包括：解决公司在当前生命周期阶段所经历的问题，打好基础，做好准备以迎接下一阶段的问题。处于壮年期的公司也要做到这一点。就好像奥利匹克冠军获得者一样，珍贵的奖牌不是让你停下来的标志。想要保持在壮年期，公司需要持续的培训和竞争。壮年期公司要能预见那些可以避免的正在迫近的衰退诱因。只要公司能不断焕发新生，就能一直保持在壮年期。

整合的类型

有两种相互重叠的整合类型：外部凝聚与内部凝聚。

外部凝聚体现的是公司与外部环境的融合程度，衡量的是公司将自身能力与市场机会相结合的出色程度。例如，产品多元化应该要反映出市场细分。

公司为了创造并维系外部凝聚，将有效精力用来满足客户需求，我将这种活动称为“外部营销”。

内部凝聚反映的是公司内部的合作程度，公司为了实现内部合作做出的努力称为内部整合，用来衡量公司文化中相互信任和尊重的深度。有些公司中根本没有内部整合，没有合作文化，缺乏相互信任和尊重。这种公司的员工想要如期达成目标，就必须花费时间和精力“推销”自己的理念。我将这种公司政治称为“内部营销”。这种浪费精力的行为会造成负面结果。

将精力耗费在外部营销上是正面举措，有助于推动公司与不断变化的环境相融合。内部营销则是出现问题的信号，是在浪费资源，抢占原本应该用于外部营销的精力。以相互信任和尊重为特征的公司，不存在内部营销，即便有也很少。

公司文化必须以相互信任和尊重为特征，并不断发扬光大。如果内部凝聚，公司内部就会安静平和，就能将固定的有限能量都用在外部整合上。[14]

如果公司能实现并保持内外部的整合，就能实现既定的、可持续的、可预见的成果。

物理学告诉我们，在任何一个时间点，稳定系统的能量都是固定的。例如，即便一个人精力再充沛、再有效率，一天也不过就是24小时而已。和人一样，在特定的时间点，公司和国家的能量是固定的。

多年来，我观察过的公司——甚至可以说所有系统——都以可预见的方式分配这些固定的能量：内部营销总是优先于外部营销；可用于及被用于外部营销的精力即便有，也是在满足了所有内部营销的需求后剩余的。

我在讲座时曾举过一个例子。

我问听众："你们中有多少人，愿意在讲座结束后和我一起去洛杉矶？我会告诉你如何在一周之内赚到100万美元（税后）合法收入。你不需要投入任何现金，也完全不必承担任何风险。我在认真地邀请大家。"不用说，所有人听了这番话都举手了。

我接着说："你们之所以会举手，是因为你们假设了一些事情。你们想当然地认为，自己的健康没有问题。如果在刚才休息时，有人递给你一张纸条，告诉你'你的医生刚来电话。你被确诊患了癌症，明天就必须住院，开始化疗或者做手术'。我很想知道，如果真是这样，你还会举手吗？在这种情形下，你不会举手。对于我的邀请，你可能回答说'我真希望你上个月给了我这样的邀请'。"

我又接着说："你们中有多少人，曾因为重感冒或者剧烈的头痛而无法做决定？或者做的决定很糟糕？”又有很多人举手。

“如果你想去探望一位因车祸而住院的朋友会怎么样？医生会不会要求你只能待几分钟？为什么？你觉得是什么原因？因为患者需要将全部精力用在休养上。只有先照顾好自己，他才能把剩下的精力花在你身上。”

发现共同点了吗？所有系统都将固定的有限精力放在“内部营销”上，只有剩余部分才会用于“外部营销”。

内部营销需要多少能量，取决于整个系统内部的相互信任和尊重程度。[15]想象一个受过高等教育的年轻人，拿着哈佛商学院博士学位，还从父母那里继承了 100 万美元。他的人生会成功吗？看起来他既有机会，又有人脉，对吗？但如果我告诉你，这个年轻人既不自重也不自信，你会怎么说？他有限的精力大部分都用来自我怀疑了，根本不知道自己要做什么。人们是否真正认可他？如果不先让自己的心绪平静下来，他就无法应对外部环境。而通常情况下，内心平和只能依靠治疗的帮助。

同样的模式能帮助我们理解公司问题与解决方案。很多衰退中的公司都邀请我帮助他们重新设计战略，以提升竞争力。他们资金充裕，可以说很充裕。他们技术过硬，掌握大多数先进技术。他们希望我能帮忙制定营销方向。但我总是发现，问题并不在于他们不了解营销或战略规划的方法。他们深谙其道。他们能针对营销和战略规划写本书。他们的问题在于，他们无法阐述清楚迅速变化的外部环境所带来的问题，因为公司员工都专注于内部营销：销售部和生产部争斗，工程设计部和营销部争斗，财务部和法律部与所有其他部门争斗。对内部环境的关注，掠夺了所有人的精力。[16]如果有客户给这种公司的人打电话提要求，这位倒霉的客户可能会听到：“明天再打吧，我们今天累死了。”答复很可能比这还短。

显然，如果一个公司将精力放在内部营销上，就势必会牺牲外部营销。这就意味着公司既没有效率也没有效益。长时间一心扑在内部营销上，会导致异常问题，最终演化为致命问题。在这种情况下，公司需要来自外部的新能量：一位公司治疗专家，才能改变其行为。

组织整合

和所有治疗师一样，公司治疗师的职责，也是实现整合。专注于内部整合的，一般叫组织发展引导者、流程顾问，等等。专注于外部整合的，一般叫战略规划师或管理顾问。爱迪思干预流程不同于上述两种方式，提供的是内外部的整合，是一个全面系统化的变革流程。[17]

虽然无论内部整合还是外部整合都是组织健康的必要条件，但单凭任何一种，都不够充分。如果公司只关注内部整合，造成外部整合没有迅速产生成效，就会导致系统自我怀疑，人们觉得自己所做的事情是在“浪费时间”，“所有一切都是为了自我感觉良好”。而只专注于外部整合，通常意味着报告虽然装订精美，汇报也很专业，但几乎没有进入实施环节，内部营销吞噬了支持实施所需要的能量。要协调两种整合过程，本身就是爱迪思方法要解决的难题。

爱迪思方法论

爱迪思方法会给“变革领导者”提示，让他们知道什么时候该把注意力放在外部整合上，什么时候该放在内部整合上，什么时候该同时推进。这一系统性的方法和工具，能支持内部、外部及双管齐下的整合过程。[18]这种系统性干预方法先对公司加以分析，根据其所处的生命周期阶段，来判断哪些问题正常，哪些异常。这种方法为公司提供的疗法视生命周期阶段而定。每个公司的组织结构、领导风格、奖励系统、规划流程、目标等，可能是有效的，也可能具有破坏性，这取决于公司处于生命周期的哪个阶段。[19]

多年来，我一直在努力给自己开发的流程和方法找一个贴切的名字。不能叫顾问，总体来讲，用医学来类比的话，顾问的工作基本上接近于开处方。也不能叫流程顾问，因为流程顾问专注于流程，不一定会将注意力放在外部整合所需的结构和策略上。也不能叫培训项目，因为大多数培训项目只提供解决方案，将识别问题的任务留给客户。

后来，我将自己开发的流程命名为共生协同法（symbergetic™）。这种方法首先涉及一个共生的过程，强调团队对互相依赖性及其好处的认识；同时，这也是个协同的过程，让已然整合并以正确方式互相依存的多元体充满增长的潜力。长期以来，我一直认为“顾问”这个词不足以描述我们的工作。而“组织治疗专家”的称谓又有些吓人，就好像在暗示组织有病一样。我们还曾经尝试将从业人员称为“公司教练”，但很多首席执行官客户都反对，认为这种称谓暗示了指挥与服从的关系。而“整合师”这个头衔显得过于被动，因为它反映的是调解、推动、流程咨询的过程，但我们的工作远远不止这些。因此，在“沙漠中行走”多年后，我欣然向大家介绍共生协同法，将运用共生协同法的从业者称为组织共生协同师（organizational symbergist™）。

你可能想问，为什么我要如此煞费苦心地给自己的理念命名并注册商标。因为我经常看到由于方法使用不当而适得其反的情况。参与式管理、工作生活品质、质量小组、全面质量管理、业务流程再造，这只是近年来因为使用者能力不足而被牺牲的几种方法。有些人读了书，就以为自己掌握了这些方法，开始使用这些方法为企业做咨询。为了避免爱迪思方法以如此不成熟的方式被应用，我注册了商标，并建立了由加利福尼亚州政府颁发牌照的研究所，不仅可以授予学位，还能提供授权和认证培训。

成功整合

公司是否成功，可以用外部营销与内部营销之间的差距来衡量。内部营销越少，能够用于外部营销进而加强公司与外部环境融合的能量就越多。兼具内部整合与外部整合的公司处于壮年期。共生协同师能帮助公司处理仅靠管理层无法解决的异常问题，提供整合的工具。整合不断受到变化的威胁，包括公司所处外部环境的变化，以及因在生命周期中前进或止步所造成的内部变化。

如何实施?[20]下一章将介绍这一主题。

注　释

1. 在 *Principles of Biological Autonomy*（1979）一书中，F. Varela 认为，在自我再制过程中，一个系统中的各个子系统并不是等价的，这或许表明各子系统在系统中的参与度具有不同的水平，并且，各子系统之间的渗透性也是不同的。
2. 在 *Better-formed Stories*：*Managing Change Processes* 一书中，C. Sluzki 和 S. Cobb 认为，那些促使关系瓦解的、有问题的故事所起的作用是使得系统的冲突程度成螺旋形上升，反之，也存在那种能够逐步促进系统整合、增强信任的故事。
3. 参阅 C. Sluzki 的 "Transformations：A Blueprint for Narrating Changes in Therapy," *Family Process* 3，3（1991）：217－230。他指出，问题会随着时间而变得愈发严重，就看你如何处理它们。

4. 参阅 V. Frankl 的 *Man's Search for Meaning*（New York：Harper Colophon，1984），该书对人类生活中意义构建的作用进行了有力的阐述。
5. 参阅 S. Cobb 的 "Empowerment and Mediation：A Narrative Perspective," *The Negotiation Journal*，9，3：245－261，该文阐述了叙事不仅可以起到增强凝聚力的作用，而且可以防止其他故事的干扰，从而起到保护这些故事所创造的团结的作用。
6. 参阅 D. Campbell、T. Coldicutt 和 K. Kinsella 的 *Systematic Work with Organizations：A New Model for Managers and Change Agents*，Systemic Thinking and Practice Series（New York：Brunner/Mazel，1995），该文对这个问题做了很好的阐述，即问题的解决方法常常会使得它们所打算解决的问题变得更加难办。
7. 参考 C. Briggs 的 *Disorderly Discourse：Narrative，Conflict and Inequality*（Oxford：Oxford University Press，1996）。他的看法是，对于社会关系和体系而言，有一些叙事极具破坏作用。
8. 参阅 B. Czarniawska-Joerges 的 "Narrating the Organization：Dramas of Institutional Identity," *Qualitative Research Methods* 43（New York：Sage Press，1997），该书对叙事在适应过程中的作用进行了讨论。
9. 参阅 C. Sluzki 和 S. Cobb 的 *Better-formed Stories：Managing Change Processes*。
10. 参阅 A. Kleinman 的 *The Illness Narratives：Suffering，Healing and the Human Condition*（New York：Basic Books，1988），该书对生病过程中不良叙事的作用进行了很好的阐述，基本上，他的观点是：健康与被告知的叙事类型有关，就如同生病的过程取决于疾病被如何治疗一样。
11. 参阅 D. Barry 的 "Telling Changes：From Narrative Therapy to Organizational Change and Development," *Journal of Organizational Change* 10，1（1997）：30－46，该文对叙事作为促进组织进化过程的一种模式的用途进行了讨论。

12. 参阅 F. Varela，E. Thompson 和 E. Rosch 的 *The Embodied Mind*：*Cognitive Science and Human Experience*（1993）。
13. 在 *Language*，*Structure and Change*：*Frameworks of Meaning in Psychotherapy*（New York：W. W. Norton，1990）一书中，J. Efran、M. Lukens 和 R. Lukens 指出，治疗专家的作用不仅在于推动现有问题的解决，而且还在于促进学习，这种学习将使得系统在出现新问题时，能够保持良好状态。
14. 参阅 I. Adizes 的 *Mastering Change*（1992）。
15. 对于这一问题更深入的论述，请参阅 I. Adizes 的 *Mastering Change*（1992）。
16. 参阅 Mary Parker Follett 在组织流程中关系的作用的文章，尤其是 M. P. Follett 的 *Dynamic Administration*：*The Collected Papers of Mary Parker Follett*（New York：Harper and Brothers，1942）。她有关这一课题的书是在走向科学管理大潮过程中写就的，这使得她关于组织流程的"眼光"更加令人深刻。
17. 罗尔夫按摩治疗法（Rolfing）或所谓的结构整合与爱迪思方法类似。假定存在一种最佳体型，那么，罗尔夫按摩疗法会分析每个患者的体型，设法找出与理想体型的差距。通过几个疗程的肌肉深度按摩治疗，使得患者的体型与其应当有的体型一致起来。罗尔夫疗法的理论基础是：我们的生理和心理经历会在我们的身体上表现出来，从而导致我们的身体偏离最佳状态。罗尔夫认为，正确的身体调整应当从改变行为着手。我相信该理论的正确性。如果我的后背疼痛不已，我就不会去打篮球。而一旦这种疼痛消失，我就会准备去做比打篮球更多的事情。古代希腊人崇尚健康身体里的健康精神，这种对完美的追求与我自己的专业偏好十分契合。如果我的身体变形并疼痛难熬，我就无法清晰地思考。当你在健身时，你的精力就会更加旺盛，你也就能更好地发挥你的智力。有关这一问题，可进一步参阅 I. Rolf 的 *Ida Rolf Talks About Rolfing and Physical Reality*（New York：Harper Colo-

phon Books，1978），以及 *Rolfing*：*The Integration of Human Structures*（New York：Harper & Row，1977）。

18. 参阅 I. Adizes 的 *How to Solve the Mismanagement Crisis*（1982），该书讲述了如何组建互补性团队的问题。
19. 参阅 I. Adizes 的 *The Pursuit of Prime*（1996）。
20. 在本版中，删去了旧版中有关爱迪思方法论 11 个阶段大纲的那一章。因为其中的材料过于复杂，远远不是由 15 页所写就的一章所能包含的。参阅 Adizes 的 *Corporate Lifecycles*（San Francisco：Barrett-Koehler，1988）：303 - 325。

第 17 章
典型路径上的企业治疗：权变方法

对待婴儿期公司的方式

婴儿期会发生什么，应该发生什么？这时的公司把精力放在结果上，把创造力放在次要地位上。在这一阶段，创始人很容易对自己的公司失去激情和热情。除了作为主人的骄傲感，他们觉得自己的努力几乎换不来什么回报。在婴儿期，他们最多能感受到的是掌控感。

对婴儿期公司而言，我强烈建议从内部选出董事会成员，而不是从外部聘请。婴儿期公司的创始人需要大量的情感支持。虽然婴儿期公司一定也需要法律和财务方面的建议，但这些可以很容易从外部买到。最重要的且花钱也买不来的，是情感支持。董事会成员中的会计和律师可能会有太多的现实要求，他们可能利用手中的表决权来检验并强化这一点，这很容易就会抹杀创始人的热情，导致婴儿期公司放弃创新项目，他们会让创始人觉得自己失去了对公司的控制权。律师和会计最好以领取报酬的顾问的身份参与进来。

婴儿期公司需要持续而密切的监护，需要关注、培养、支持和保护。因为婴儿期公司还没有完善的制度，因此很容易陷入麻烦。而且，它们的全部需求几乎要同时得到满足。

组织共生协同师在婴儿期公司中至少要发挥两种作用。首先，他们必须帮助公司认清现实状况；其次，他们必须帮助公司获取让现实发生改变所需要的资源。制定以现实为导向的资金流预测，也是这些治疗师的工作。另外，他们还应该确保创始人不会雇用平庸之辈，不会在不成熟的条件下分配股权。婴儿期公司应该知道公司如何发展以及如何建立对现实的预期。它们没有丰富的经验，通常会做出不切实际的承诺。因为资源有限，所以公司经常用力过度。它们失去了对远大未来的展望，对可能性的预期仅限于它们所接触的有限世界中。因为婴儿期公司经常对并不重要或没有成果的事情过度承诺，所以经常将资源浪费在没有价值的事情上。婴儿期公司的资源很紧张，处于一种朝不保夕的状态。它们经常资金短缺。组织共生协同师应帮助婴儿期公司克服困难，帮助它们战胜每一次危机。与此同时，共生协同师还应该帮助婴儿期公司认识到不做什么，这一点同样重要。

顾问经常建议婴儿期公司分析环境，规划未来资金流需求，预测销售、生产和用工需求。虽然这些工作都是必不可少的，但婴儿期的年轻公司不应过于僵硬地处理这些工作。尝试让婴儿期公司成为一个高度结构化且可预测的组织，是一种有害的行为。大多数婴儿期公司的高管必须亲自完成所有工作，既然这样，为什么还要将时间花在建立标准化运营流程上呢？这样做只能降低公司的灵活性和生产效率，威胁公司在激烈竞争环境下的生存能力。

一些婴儿期公司将太多时间花费在开发系统或购买不必要的信息系统上。还有一些公司即便财力不允许，也会建立昂贵而奢侈的公司总部。我认识的一位创始人在公司成立初期就购买了昂贵的系统，在黄金地段租赁优越的办公场所，并建立了严格的、没有任何改进空间的公司制度。这样的公司不仅无法承担高昂的开支，还会失去竞争优势，包括灵活性和适应性。

共生协同师应给婴儿期公司布置这样的作业——这些作业是为

了帮助婴儿期公司预测未来、分析当前形势并排出工作时间表而设计的。婴儿期公司规模不大，还不必采取团队协作的工作方式，因此，单个的个人要对这些作业负责。交作业的时间期限要尽可能宽松些，因为婴儿期公司中的每个人都处于过度工作的状态。只要公司不偏离正常轨道，就不需要施加时间压力。

一些婴儿期公司没能发展创业精神，因为创始人已经没有心劲儿了。在这种情形下，公司就陷入了创始人陷阱，最终可能走入坟墓。这样的公司，或者会随着创始人的辞世而消亡，或者在新的管理者领导下获得发展。

对于要努力进入到学步期的公司，领导风格应该是 PaEi，共生协同师扮演的角色就是培育这种风格，如果无法实现，就要更换领导者。

婴儿期公司的创始人应该当心，不要放弃所有权和控制权。可以考虑用环环相扣的约束或利用法律框架来控制组织层级的最高层。很多人都可以加入组织层级中，成为不同程度的所有者，但创始人不能丧失控制权。

因为婴儿期公司的资金总是很紧张，所以我建议他们循环制定十六周资金流规划，每周都监控这一指标。根据权责发生制的损益表不能进行足够的控制，因为这种报表会忽略应收账款和库存造成的流动性损失。因此，婴儿期公司必须严密关注库存的周转情况和应收账款，这一点很重要。又一次，变革领导者应发挥作用。无论这位变革领导者是 CEO 还是共生协同师，他们都需要保证在婴儿期公司中刚刚起步的行政管理职能得到有效实施，以保证公司实现内外部的健康发展。

对待学步期公司的方式

什么样的治疗适合学步期公司？这个阶段的创业精神很足，CAPI也很高。公司状况良好，学步期公司觉得自己随时能处理任何问题。当然，这也恰恰是学步期公司陷入麻烦的原因。它做出了不应该做出的决策和承诺，并且涉足了公司完全不了解或者知之甚少的领域。

学步期公司的管理者必须时刻牢记，自己的公司随时站在灾难的边缘。他们应该为即将进入青春期做好准备，为实现创业精神和CAPI制度化做好准备。

在学步期发展团队协作是比较理想的。公司要发展整合职能，以便创立一个有益的环境，即在日后公司能组织有序，不需要太多规章制度就能运行良好。如果公司发展了整合职能，就能降低对行政管理的需求。整合力量（团队协作）能替代技术、官僚和行政解决方案，进而推动公司在青春期决策流程的制度化。

对学步期公司而言，适当的共生协同干预方式可以帮助公司认识到什么事情是不能做的，这很有必要，因为学步期公司会把摊子铺得过大，同时处理过多的业务。共生协同师给学步期公司布置的第一项作业应该是：让管理层把已完成的、进行中的、刚启动的以及计划中的所有项目都列出来。第二项作业是让管理层预估完成各项目所需要的资源和时间。大多数学步期公司会震惊地发现，它计划在一年内完成的项目，实际需要一生才能完成。学步期公司越早意识到取舍的重要性，就能越快地集中注意力，提升自身效率。公司必须学习、经历，并接受资源有限的事实，它还要认识到，在资源有限的世界里，机会成本的法则是普遍存在的。一次只干一件事，意味着不能同时兼顾其他事。因此，做一件事的成本，就是不做另一件事的代价。

这一简单的经济学法则，也叫“黄油和大炮”法则，是由保罗·萨缪尔森提出并推广开来的。[1]这个法则对学步期公司来说令人不快，因为学步期公司的成员总希望能同时得到黄油和大炮。

学步期公司设定项目的优先顺序后，需要确立详细的目标和指导原则。共生协同师必须给予很多帮助，才能助推公司计划的实施。共生协同师必须时刻关注新项目是如何增加进来的，并且让公司意识到当前的做法违背了之前设定的优先顺序。学步期公司总是急躁不安的。

学步期公司不喜欢被摆弄，它总是声称要将共生协同师踢出去。学步期公司的成员不喜欢从火线上撤下来，静下来花时间将问题思考清楚。很显然，这一时期的公司还需要逐步成熟起来。这时的公司成员因自己的创意以及获得的成果感到兴奋，对末日预言没有耐心，不会去想今天的混乱会给明天造成怎样的后果。

学步期公司的成员太忙了，没有时间思考将公司组织得更有序这件事，他们认为在这种活动上花费时间是看不到短期收益的。大多数学步期公司都会奖励执行者，而轻视行政管理的必要性，没有任何邀请外部推动者在公司内实施变革的意愿，如果有也是一点点而已。对于学步期公司，我们只需要看着它按着自己的步伐慢慢成长起来就好了。但是，如果学步期公司未能靠自己实现组织化，也没有寻求外部的帮助，它就会陷入创始人陷阱。

共生协同师应在学步期公司中组建团队，来完成布置给他们的作业，每个团队 2～3 人。共生协同师要花费大量时间布置连续的小任务，因为学步期公司的成员没有耐心等待迟来的满足感。所有任务都必须是小活动，能快速完成。学步期公司如果无法立刻看到成效，很快就会失去兴趣，不再继续接受治疗。

摆脱创始人陷阱或家庭陷阱：E 和 CAPI 的制度化

学步期和壮年期的差异在于，创业精神和 CAPI 在学步期都掌握在个人手中，而在壮年期已经实现制度化，扎根于结构和管理流程之中。换言之，在壮年期，两个要素都处于制度化状态。如果学步期公司能建立相应文化来增强合作、自律、互信、互重，就能避免青春期的问题。

还有一点，每个公司都有四个子系统：客户界面（属于 E 职能）；转型（属于 P 职能）；人力因素（属于 I 职能）；财务要素（属于 A 职能）。每个子系统都有一个发展中的 e 和一个需要维持的 p 要素，如图 17－1 所示。

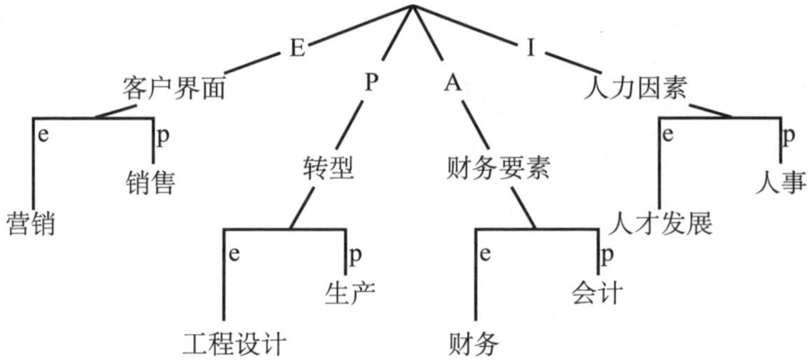

图 17－1　公司的四大子系统

E 职能反映在营销、工程设计、人才发展和财务上。

学步期公司的问题（也就是诱发创始人陷阱的问题），在于领导者垄断了 E。他们独占了制定营销、技术、财务和人力资源决策的所有责任。创始人可能是某个或某几个方面的天才，但很少能同时通晓四个子系统。

例如，创始人自认为是营销领域的行家，而关于财务、高层管理、人力资源或技术方面的决策或变革他也不让任何其他人插手。所有这些领域都与 E 相关，都被创始人一个人全权掌控了。他们只在某一个

E 的子系统中表现出色，却也不让任何人参与其他有关 E 的决策。

在婴儿期，这种垄断与集中行为非常合理，因为从深层次看，营销、技术、财务和人力因素相互关联，在这个阶段，它们几乎是同步的，针对一方面做的决策，对其他几方面会造成即时的影响。在婴儿期，创始人不断试验，试图找到、描述什么是成功。创始人独自掌控四个子系统的做法很正常，对公司发展是有益的。随后，从学步期开始，为了实现 E 的制度化，公司必须将这四个子系统分开，将它们从一个人手中转交给公司的部门——公司的营销部、工程部、财务部和人力资源部。即便创始人因为担心失去控制权而拒绝放权，这个过程也必须发生。

共生协同师（可能由外部治疗师或内部的 CEO 担任）需要领导这一转型过程。从鉴别问题、做出诊断、形成行动方案开始，团队就公司所处生命周期的阶段达成一致后，就应该开始推进 E 和 CAPI 的制度化。

接下来的治疗期间，团队应定义公司的使命和组织的形式，对公司要做什么，不做什么形成一致意见。在这一过程中，团队应进行清晰的沟通，加强彼此之间的信任和尊重。这时就可以启动公司重组了。

首先，在公司的组织结构上，以生产和销售为代表的执行职能（P）应能体现出地域和产品线。在 P 职能稳定下来后，再触及 E 职能领域。然后，代表 E 的四个领域（营销、技术、财务、人力）实现制度化。创始人负责所有代表 P 和 E 的部门，但用不了多久就清楚了，一个人这么做的话要做的事情太多了。创始人可以把 P 或 E 职能授权给别人，大多数创始人会选择授权 P。如果创始人拒绝授权，共生协同师就必须鼓励他这样做。如果他仍然坚持，共生协同师不应该继续下去。在创始人对下属产生信任感之前，他都可以被允许自己管理 P 职能。等到最后创始人愿意授权 P 职能时，就会任命一位首席运营官来负责 P 职能部分，而 E 职能相关的领域还要继续向这个 E 型领导者汇报更长的时间，如图 17－2 所示。

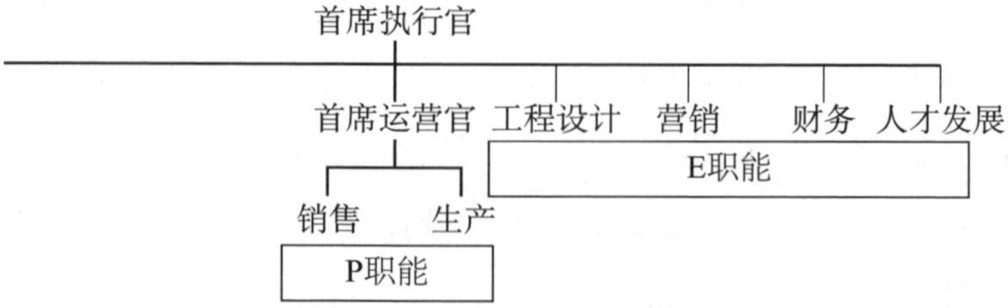

图 17－2　在学步期公司中引入首席运营官

公司必须在下放 E 职能之前实现行政管理职能制度化。会计、质量控制、法律、数据处理这些为了更好地执行而服务的职能，必须从 E 和 P 职能中分离出来，成为独立的部门。在组织结构上统一行政管理职能最好在学步期完成，不要在壮年期之后再去做。之所以在学步期比较好，是因为在这一阶段需要 A 来制衡 E，如图 17－3 所示。

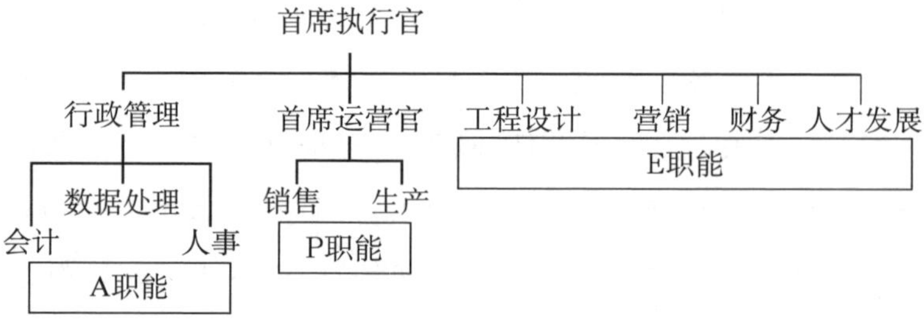

图 17－3　P、A、E 的平衡

到现在这个阶段，创始人还完全掌控着 E。之后随着公司建立责任控制体系，创始人会对 P 和 A 形成信任感，在那之后，公司就准备好进入最核心的问题了——E 职能的分权化。

我们要建立的第一个 E 部门，应该是创始人最不感兴趣的。如果创始人对营销、工程设计或产品开发最有热情，我们就应该把关注点放在财务上。接下来，再将注意力转向创始人不感兴趣的下一个领域，然后逐步推进到整个公司，公司建立起的这些部门，分散了公司的各种活动，尽管如此，所有的部门仍然向创始人汇报，创始人并没有失去控制权，因为公司的 A 职能已经建立起来了——通过组织的结构化实现的。

对待学步期公司的下一步，是创建执行委员会并将其制度化，执行委员会成员包括首席运营官、首席行政官以及代表 E 的四个部门的主管，由总裁担任执行委员会主席。我们要制定全年的日程表，以保证执行委员会会议定期召开。共生协同师应和管理层共同商定会议日程，团队应该建立一套规则，以避免在混乱中仓促地做出决策：所有决策都必须落到纸面上才有效。每次会议都要保留会议记录，并布置任务。针对每个项目，执行委员会都应该明确为什么做、做什么、何时做、谁来做、怎么做，看起来很寻常，但很重要。E 类型的人经常在忙乱中就做出了决定，许多时候，人们甚至都不知道这到底算不算决定，可能，只是个想法而已。为了避免这种不清晰，公司应规定，所有决策都要落在纸面上，否则就只是说说而已。在壮年期之后，公司要再颠倒这一原则，因为太多东西都要以书面形式呈现，人们对书面呈现过于推崇。那时，这条规则应该被废除。

共生协同师应向执行委员会成员传授爱迪思团队的决策流程，通过这种方式，帮助公司发展出制度化的 CAPI 并削弱 E 部门对创始人的绝对依赖。执行委员会要将争议和冲突合理化，并以有效的方式加以疏导。接下来，他们要运用团队流程来制定预算系统、控制系统、战略规划，将公司从过度依赖创始人的状态中解放出来。管理层要将关注点转向描述并制定激励制度上。当公司的组织结构完善起来，公司中的成员作为团队协同工作，进行计划、控制、激励，E 和 CAPI 就实现了制度化，这时公司就进入了壮年期。创始人既如释重负，也没有失去对公司的控制。

学步期公司过早放权的问题

你有多少次听到人们抱怨，公司创始人的问题是他拒绝放权。在学步期，不放权的创始人会落入创始人陷阱，想治疗这一常见问题并不容易。而对婴儿期（创始人在这个阶段比在学步期还要拼命）公司来说，放权不仅让创始人无法接受，对公司的健康也有危害。

在婴儿期，放权是大忌。创始人继续走下去的动力，来自对创造力活动的无尽追求。在公司生命周期的这一早期阶段，要求创始人授权，可能会威胁到他们，导致他们与公司疏离，削弱他们对公司的承诺。另外，还要考虑到对没有实现程序化的决策进行放权是多么困难！没有先例可循。下放决策权，就相当于分权化，对婴儿期公司而言就意味着创始人将控制权让给其他人，这几乎是不可能的，因为婴儿期公司还没有管理结构。如果顾问建议创始人下放职权，大多数创始人的反应难免带着怒火："放权？好！你说放给谁？"

创始人应该在学步期后期自己工作过多时开始下放职权。他们不应该觉得放权就是放弃所有的乐趣（和控制）。另外，随着学步期公司临近青春期，公司应该规划行政系统和实现程序化。健康的学步期公司，需要针对不做什么来制定政策，这就等同于决策的程序化。决策程序化程度越高，创始人就越容易在不失去控制的前提下放权。

对于新创建的小公司繁忙的管理者来说，评估放权建议的合理性非常重要，应该从公司所处生命周期阶段出发来分析自身选择。治疗想要成功，时机永远最重要。

对待青春期公司的方式

要避免公司陷入过早衰退这种异常发展（潜在的致命问题）方

式，公司就要实现 E 的制度化，随着 A 的发展，将 E 融入组织结构。采用这种方式，E 就不会消退，公司也不会提早衰退。但如果 E 掌控在个人手中，E 和 A 之间的不相容性就很容易引发公司过早衰退。管理层应花时间定义组织结构图，明确公司的使命——不仅要涵盖未来要做什么，还要包括将来不做什么。另外，管理层还要开发员工培训项目、薪酬管理系统和激励系统。如果公司能主动地做好这些，这样的重组就能避免公司盲目地进行薪酬管理、招聘和雇佣。有意识地推进 E 的制度化，与此同时发展 A，公司的 E 就不会消退。

要在适当的时机提升 A，这一点很重要。在婴儿期和学步期，公司专注于 P 职能，在婴儿期，没有产出的员工会被开除。公司要想生存下去，就必须以成效为导向，于是产出越多的人得到越快的晋升。在学步期，公司专注于以销售额和市场份额来衡量增长，同样，产出越多的人获得越多的情感和物质回报。

等公司到了青春期，就会将关注点转向内部，公司开始需要更多的制度和秩序。这时，受认可和赏识的人发生了变化。从销售导向转为利润导向并不容易。内部导向的人和外部导向的人之间会发生冲突，外部导向的人很快就会开始斥责内部导向的人为官僚主义者或独行者。

如果管理层能有意识地确定公司运行良好的时期，并选择在这一时期转向内部以推进组织化，公司就能及时地顺利进入青春期。当然，这种自律意识并不常见。那些能做到这一点的公司，就是真正的赢家。公司一切良好的情况下，很少有人会考虑质疑或挑战当下。更常见的情况是，公司在学步期后期遇到麻烦，发生资金损失的情况下才会引入行政管理，这些危机会加快公司过渡到青春期的进程。

我们用家庭来类比公司。有些家长认为，给十几岁的孩子制定严格的规矩和要求，孩子就能远离麻烦。实际上，正是这些规矩和要求才导致了青春期少年的反叛。如果孩子小时候一直被放养，在长到青少年时，就无法接受父母对他们独立性的诸多限制。如果在孩子年幼时的成长阶段，父母就对他们维持低水平的 A 和高水平的 I，孩子就会知道界限的存在，就会形成强烈的家族身份感。而家族身份感、亲密感、仪式感和归属感（都属于 I 的范畴）越强大，就越不需要在孩子青少年时期开始要表现独立时在他们身上强加机械的规矩（A 的范畴）。

20 世纪 80 年代，美国银行的执行副总裁吉姆 · 米丝克尔曾对我说，他儿子在青春期时，每当要出去约会，他的妻子都会说："记住你自己是谁，你代表的是谁。"只有那些缺少价值观体系支持的人，才需要额外的规则和管束。I 要素越高，对 A 要素的需求就越低。同样的道理，我们运用的 A 要素越多，拥有的 I 要素就越少。注意，只有在仅剩很少 A 的情况下，I 才会出现；而如果没有 I，A 就会迅速膨胀。

多一点儿 I 要素，就能缓解孩子从依赖家庭到成为独立个体的转化过程中所经历的痛苦。

结构的意义

青春期是个艰难的阶段。关注点不再是"做好"或者"做更多"，形式和功能之间的争斗开始变得明显。驱动因素和被驱动因素调换了位置。在学步期，组织结构是围绕人的因素来设计的，所有员工被指派的角色都是临时的，每项工作也都是临时的，随着时间的推移，系统会乱成一团。等到了青春期，公司就会将被驱动因素和驱动因素对调。公司结构不再围绕人的因素来设计，而是围绕公司需求来设计。与过去牺牲公司需求来满足员工需求不同，青春期的公司要求员工主动适应公司的需求。

目标描述起来很容易，但实现起来很难。记住，当你身处某个环境中，就无法看到全局。就拿我自己的例子来说。作为组织治疗师，我曾为有 15 万名员工的大公司设计架构，帮政府做过重组。而我未能成功地调整好结构，带领其走出学步期，并摆脱创始人陷阱的公司，就是我自己的公司。其实这种现象并不少见。没有任何一位外科医生会给自己的孩子做手术，就像律师不会在严重的诉讼案件中为自己辩护一样。重组是一项非常严肃的工作，个人偏好总会影响效果，因此要邀请外部人士和公司领导层协作完成。

应如何对待青春期公司呢？想想这个阶段都发生了什么。挑战变得更加复杂：E 和 CAPI 都处于过渡中。形式和功能相互竞争，最终形式胜出。一种可能的危险是创始人或许会放弃自己的公司，任凭其失去创业精神并过早衰退。

什么疗法最适合青春期？要遵循正确的治疗顺序，这一点很重要，否则治疗很可能失败。在完成上述步骤后，首先要做的是开展团队建设，这样才能让公司从创始人的手中解脱出来，要让公司努力摆脱极其严重的依赖症。我们希望无论是创始人还是员工，都能树立“我们能共同努力，能共同制定决策”的信念。同时，员工应该认识到，不能只依靠公司创始人一个人。

当员工能舒服地共事，能共同做出决策，他们就需要定义公司的使命了。公司未来将走向哪里？很多情况下，使命只有创始人自己知道，即便他愿意写下来，可能也只会写在信封的背面。公司中的成员应该理解、分享这一梦想。有些创始人并没有真正地定义使命，或者，他们只是不能清晰地表述出来，他们管理公司全靠无法说清楚的直觉。另外，大多数学步期公司都饱受发散思维的困扰，公司会同时朝多个方向使劲儿，这种趋势因为集中决策而更甚，这意味着公司中每个人都依赖创始人——唯一知道公司在每个时间点的发展方向的人。

在建立团队并营造了相互尊重和信任的氛围后，公司需要表述出公司的使命。团队成员只有知道公司将走向何方，才能对公司进行重组。因为 A 受到威胁，所以公司必须建立强大的 A 结构。任命行政管理副总裁并调整首席执行官的角色就是公司下一步的目标。接着，必须努力实现 E 的制度化，因为一直到这个阶段，大多数创始人还都在垄断着 E，一人掌握营销、技术、财务和人力资源方面的所有决策。但总体而言，创始人不太可能对所有上述领域都擅长，甚至也不会都感兴趣，他们只是希望完全掌控公司的战略决策和那些酌情行事的决策。

公司要在共生协同师的带领下在结构上实现 E 的制度化，这是通过在营销、技术、财务、人力资源四个领域建立职能部门实现的，从创始人最不感兴趣的领域开始。如果创始人是一个营销高手，对财务毫无兴趣，公司就应该从建立财务部门及聘任首席财务官入手，让创始人继续领导其偏爱的领域。

此时，公司中已经建立了团队协作的工作方式，有了使命以及能保护 E 的结构，可以将 E 从创始人手中下放，并让创始人担任董事会主席或首席执行官职务。在这个时点，团队可以引入新的领导者，其职位是首席运营官。

在青春期，公司必须将领导风格从 PE 转换为 AE，并且时机和顺序也很重要。如果公司在还没有建立起组织结构和使命时就早早引入 A，新领导者可能会像鞋里的石子一样讨厌。无论公司要采取什么行动，A 都会否决，没有人知道为什么。

人们去找创始人抱怨："他把事情搞得一团糟。他根本不了解我们的公司，也不了解我们的做事方式。"

创始人会说："我就知道。没有人能做得好，公司需要我！"当然，他会解雇 A。因此，公司要等清楚地知道发展方向并清晰地表达了使命时，再引入 A 角色，这一点很重要。每个人都必须先熟悉公司的方向，而且公司必须先建立完备的组织结构，到时候，因为已经形成团队协作，每个人对创始人都相对独立，新领导者才能很好地开展工作，并和创始人和平共处。

接下来，公司应该更换信息系统。为什么？因为学步期公司的信息系统基本上都是临时系统，是随着时间逐步建立并完善的，是随机人物和随机事件的产物。很少有学步期公司的信息系统能反映公司前进的方向。实际上，它只能反映公司之前的样子。另外，旧的信息系统也无法支持新的组织架构中各个岗位的信息需求。如果这时公司不改变其信息系统，其重组就会被削弱。

为什么？因为结构（包括职权、权力和影响力）与信息相关。

> 如果人们没有信息，就没有做决策所需要的权力和职权。

最终，新的组织结构会被舍弃。除非公司中关于谁向谁汇报、汇报什么、为什么汇报这些问题很明确，否则共生协同师无法对公司进行重构。最后的“为什么汇报”指的是激励机制。公司必须弄清楚这三方面，才能着手改变结构。共生协同师可能会改变公司的使命、责任结构、信息系统、激励机制。疗法与学步期晚期相似，但也有所不同。

青春期公司有些精神分裂。它追求稳定，它渴望摆脱发展引发的混乱、缺乏深度的项目、昂贵却无用的投资带来的绝望。因此，它会设法制定制度、惯例、标准和系统。同时，它又希望能继续拥有不负责任的自由，继续尝试未经检验的方法。

这种公司会让共生协同师进退两难。如果共生协同师在公司中促进稳定和制度化，就会招致部分成员的怨恨；如果共生协同师未能在公司中实现制度化，就会被其他成员怨恨。外部人士不管做什么都无法让整个公司欣然接受。青春期公司的治疗极为棘手，共生协同师必须有很大的耐心。他们需要在灵活性和制度化之间维持微妙的平衡，并选择恰当的时机迅速地转变方向和任务。

例如，一位共生协同师在布置了“规划未来”的任务后，可能紧接着又布置了建立实施该规划所需制度的任务。在结构与流程之间维持最佳张力的同时，共生协同师还应该帮助公司将关注点放在预期成果和实现成果的流程上。因此，从某个角度讲，青春期公司的精神分裂，可以通过同时关注流程和目标成果来解决。

等到青春期公司明确完成上述转变后，就会进入壮年期。那些未能完成这些转型的青春期公司就会变为纵火犯或变得十分僵化。在公司对制度化失去全部兴趣的情况下，公司会成为纵火犯，因为在这种情况下公司参与项目太多，最终一一告吹；失去创业精神的公司会变得僵化，因为它们无法适应环境，也无法产出成果，最终只有消亡。

对待壮年期公司的方式

壮年期公司会做什么？壮年期公司很少寻求外部治疗，因为管理层整体认为没有这个必要。他们觉得公司表现很好。但如果这种想法滋生自满情绪，可能就预示着终结的开始。即使公司在走下坡路，也不会有人注意到。在壮年期，公司中所有人都很自负，就像在学步期一样。当然，在这种情形下，他们的自信是有资本的。事事顺利，公司表现很好，盈利水平不错，市场渗透很好。公司是市场上最优秀的，为什么还要改变呢？壮年期是开始出现下滑的阶段。在这个阶段，管理层必须采取积极的预防措施，否则最终只能被动地采取应对措施。早行动比晚行动的成本少很多。

壮年期公司需要做什么？它们应该担心 E 职能的丧失，壮年期公司绝不能允许形式凌驾于功能之上，形式和功能同等重要。

壮年期公司可以通过分权、成立子公司及创建新生命周期曲线的方式来培育创业精神。壮年期公司通过不断地建立子公司，可以不断地经历新生，这样公司就不会进入稳定期，如图17－4所示。

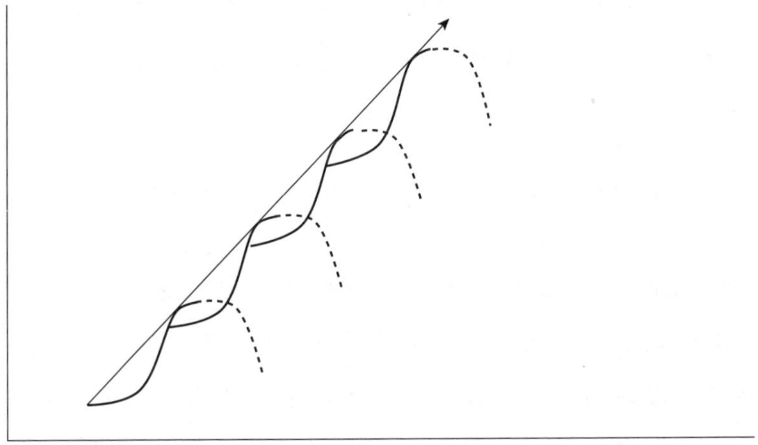

图 17－4　壮年期公司通过成立子公司让自己保持在壮年期

分权对公司意味着什么？如图 17－5 所示。

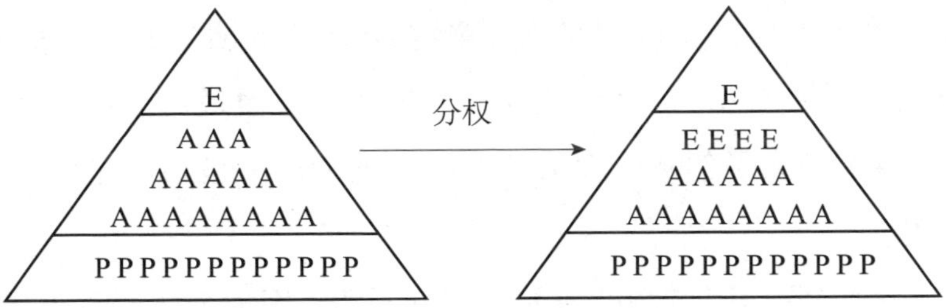

图 17－5　分权的影响

将现代化的公司想象成一个分层的三角形结构。P 角色位于金字塔的底部，他们是为公司产出成果的人，是公司存在的基础。行政管理流程 A 位于中层，由那些监督、确保公司顺利运转和实现既定目标的人组成，这一职能的目标是推进制度化并发现系统缺陷。金字塔的顶端是 E 角色，是为公司设定方向的人。做决定的权力集中在公司顶层。公司进行分权化时，E 和 A 之间的分割线会发生什么变化？这条分割线会下移，昨天的行政管理者必须成为今天的创业者。公司需要将 A 转变为 E。

分权与授权不同。授权是指将一个已经表述清楚并实现制度化的任务移交给其他人。分权不仅是简单的授权，还包括自由决策权力的转移。

> 分权程度越高，越能激发出公司的创业精神。

壮年期是分权的最佳时机。对学步期公司来说，因为还没有建立健全的控制系统和表述清晰的公司使命，分权可能很危险，甚至会导致失去控制的灾难。分权可以从壮年期开始，因为员工在这个阶段知道自己在做什么，已经对自己的工作有了一定程度的把控，而且也有相应的组织结构和制度来确保工作以正确的形式完成。分权是通过激发创业精神而延缓公司衰退的积极手段。

共生协同师应布置如下任务：要求公司识别分权的界限，包括模拟新的组织结构（以便个人对新系统感到舒适）和培训管理层（以便能完成新任务）。负责这些任务的团队应由最可能成为新利润中心领导者的人员组成，完成这些任务的期限不应该太紧张，也不能太宽松。

壮年期公司很少有管理移植带来的不适，因为蛋糕不断变大，员工欢迎新成员加入。因此，壮年期公司很适合收购其他公司或被收购。

如果壮年期公司不分权，就会进入稳定期，这一情形可能随着管理层人员逐渐老去，市场份额逐渐增长，以及结构变得更为复杂而发生。壮年期公司只是变得过于沉重了。

分权及避免组织殖民主义

正如我在分析篇所解释的那样，分权与收购常常带来组织殖民主义的问题，导致婴儿期公司和学步期公司最终成为隶属于贵族期公司的子公司。

与子公司的能力相比，母公司提出的要求是不匹配的、没有效用的。贵族期公司希望从学步期公司获得投资回报率，而学步期公司则希望借助投资提升市场份额。婴儿期公司需要资金，但鉴于其获取市场份额的能力远不及学步期的母公司，所以母公司会限制对婴儿期公司的出资，如图 17－6 所示。正是因为这些不现实的要求，贵族期公司会破坏学步期公司和婴儿期公司的发展潜力。

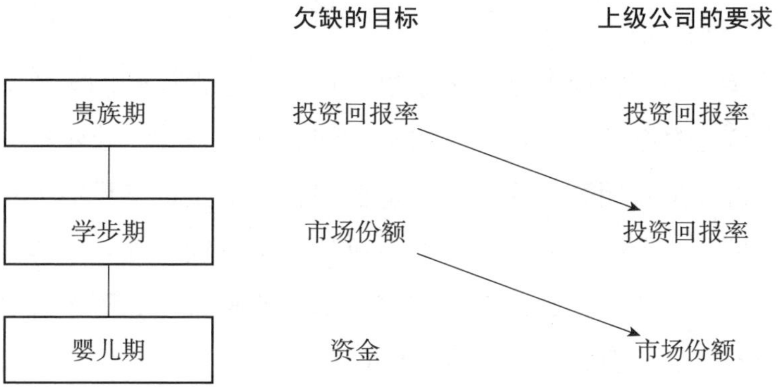

图 17－6　组织殖民主义

公司家族

有效的公司结构应该看起来更像一个大家族。如果我们给大家族拍张全家福，祖父母应该坐在中间，他们的子女站在后排，所有孩子聚在前排。按照这种模式，壮年期公司或者贵族期公司应该位于中间，学步期公司不能在贵族期公司下方，而是应该与它相邻。婴儿期与壮年期公司应该具有独立而相互依赖的关系。只要不将自己的要求强加于他人，就可以保护各个公司的独立性。每个公司的目标都不同，壮年期公司的目标是创建新的婴儿期公司，贵族期公司的目标是投资婴儿期公司，学步期公司的目标则是自己养活自己。现在，一个大家族就形成了，如图 17－7 所示。

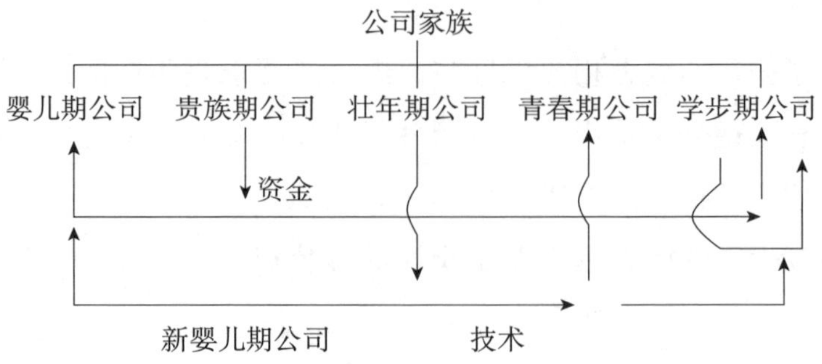

图 17-7 公司家族

我所说的“家族”是什么意思？在一个正常运转的家族里，每个成员都有自己的目标，但各成员之间又相互依存。壮年期公司创建新公司；贵族期公司为这些新创公司提供资金；学步期公司靠自己独立发展。最终，婴儿期公司会成长为学步期公司，学步期公司发展为壮年期公司，壮年期公司演变为贵族期公司。每个成员公司都在成长变老，但公司整体却没有变老。

公司应该以业务单元组合的形式存在，类似于产品组合或股票组合。健康的公司应该由业务单元组合而成，每个业务单元都处于不同的生命周期阶段。一些业务单元衰老了，其他新的业务单元出生了。各单元之间的相互依存关系能保证整个家族顺畅运转。

这种家族和各个业务单元应该采取哪种领导风格？

领导风格应该匹配业务单元所处的生命周期阶段。婴儿期公司需要具备很强的 P 风格和 E 风格的管理者。随着公司从婴儿期进入学步期，公司不需要转变领导风格。同一种风格能带领公司从婴儿期进入学步期再一直发展到青春期。青春期公司则先需要 PA 领导风格，之后需要 AE 领导风格。

贵族期公司则是另一种情形。贵族期公司到了这样一个阶段：它需要 PA 类型的领导者，来从贵族期公司中挤出资金保障发展，这些资金用来支持年轻的子公司。这种说法的前提假设是，面对的是一家在所在市场上已经衰老过气无法满足市场需求的贵族期公司。公司要想焕发新生，需要的就是 PE 型领导者，而不是 PA 型。

壮年期公司需要 E 风格和 I 风格都比较强的领导者，因为公司家族整体是处于壮年期，所以整体上需要 EI 领导风格。

有了公司组合和领导者组合，壮年期公司就有了一马厩的赛马，赛马师可以骑着它们去参加不同的比赛。有人要负责领导公司从婴儿期发展到学步期，等到了青春期，这位领导者或者改换自身风格，或者将公司交给另一位有不同风格的领导者，自己重新领导另一家婴儿期公司。也有人带领公司从青春期发展到壮年期，之后，这个领导者就会将公司转交给另一位领导者，或者改变自己的风格。

大公司需要不同领导者来掌舵不同的单元，这就是为什么那些结构严谨、员工素质高、拥有各种不同风格的领导者的大公司往往比小公司表现出色。因为小公司中只有一种风格的领导者、一个利润中心，所以公司会比较脆弱。

家族结构不仅应该包含处于生命周期不同阶段的公司，每个成员公司还应该有不同的目标。婴儿期公司的目标是实现盈亏平衡；学步期公司要尽可能提高市场渗透率；贵族期公司应该实现更高的投资回报率；壮年期公司则要创建新的婴儿期公司。

> 公司应对不同活动进行不同方式的奖励，对每种管理风格进行不同方式的激励。我把这称为组织的多元性[2]。

优秀的公司应该是多元化的，应包容公司中的创业精神，并支持其发展壮大。

我一再目睹公司选择了错误的人来领导的例子。很多公司从贵族期公司这个发展最完善的单元中选拔领导者，但其实这不是好的做法。这种做法会带来身份感的问题。领导者的风格会带来职能性殖民主义（而非结构性殖民主义）。虽然公司已经转换为家族结构，但从行为与预期来看，公司并不会按照所设计的结构来运行，贵族期公司仍然通过领导者的行为主导着公司家族。因为这位领导者有责任整合、引导多元化的公司家族，所以他需要有很强的 EI 特性，需要比壮年期公司更强大的 EI 特性，如图 17－8 所示。

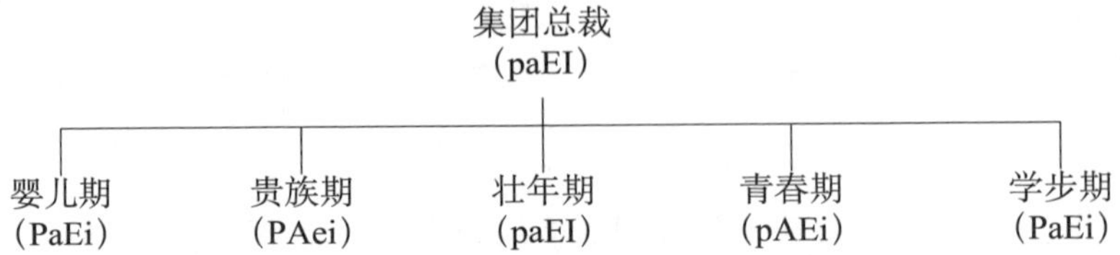

图 17－8　公司家族结构中的领导风格

在多元结构中，每个单元都有自己独特的目标和生存所需的领导风格。多元化公司应避免贵族期公司文化带来的无效性。贵族期公司希望每个成员有相近的行为方式，他们把自己的孩子打扮得像要去参加葬礼的成人。孩子应该有孩子的行为方式，成人不能像孩子那样行事，同样，孩子也不能像成人一样行事。领导者必须从结果的可预见性、规则的有效性以及希望公司遵守规则的程度出发，认同各子公司的不同行为方式，并承认其合理性。

另外，公司必须区分公司家族内的不同领导风格，应根据各自特征来奖励不同个体与风格。因为各子公司工作和完成任务的方式不同，所以奖励系统应该能反映这些差异。殖民主义的危险在于，它只认同一套规则、一种风格、一种行为和一套激励机制。

同质化会造成官僚化。

对待稳定期公司的方式

稳定期适合什么疗法？在壮年期，公司已实现分权，稳定期和贵族期的疗法是一样的，不同之处在于，在稳定期治疗的过程中不需要设定太多时间压力。稳定期是末日的开始，但此时问题还不像贵族期那样明显，所以共生协同师不需要有压力而进行快速的干预。

在稳定期，要清楚形式是否已发展得比功能强大，这一点很重要。“如何做”是否变得比“做什么”更重要？公司是否强调员工的外表、着装和谈吐？他们做事的方式是否比他们具体做什么更重要？注意，此时创业精神开始下滑，CAPI 受到质疑，但这些信号仍然很微弱，还停留在表面上。那么该采取什么措施应对呢？

稳定期的公司要提升对自身状况的认知，公司中的每个人都应意识到，公司中的创业精神开始减少了。

共生协同师布置的任务要求管理层引导公司、预测未来、分析环境、评估风险与机遇，并在设定目标时具有延展性。一旦稳定期公司的成员能再次看到未来，就要迅速行动以推进分权，这一点很重要。分权能刺激并稳定创业精神。如果能在不破坏 I 或影响 A 的前提下提升 E，就可以形成 PAEI 型公司。公司要定期重复上述做法，因为变化是永恒的，公司会一次又一次地脱离平衡状态。

在稳定期，一个由不同专业背景的人组成的团队接受共生协同师的任务，并且严格按照共生协同师的时间要求完成任务，目的是让团队及公司清醒认识到他们所处的形势，从而维持公司中的创业精神。

对于稳定期公司及其他处于生命周期后期阶段的公司来说，管理移植的问题凸显出来。稳定期公司的行事方式已根深蒂固，因此很难接受新的管理风格。公司越老，就越抵触新的管理风格。而稳定期公司需要创业精神，如果引入一位 paEi 型的管理者，这位管理者可能会经受考验，因为他的风格与公司习惯的方式不同，但这种困难还不足以妨碍整合。

在公司发展到稳定期的过程中，可能导致创业精神丧失的因素包括：心理年龄、感知的相对市场份额、领导风格、结构。

如果导致公司衰退的因素，或者说导致创业精神流失的因素，是心理年龄，我们建议高管团队重新洗牌，起用心理年龄较小的人。

如果衰退是由感知的相对市场份额造成的，解决方式就是重新定义使命。如果公司在某个市场的份额占到35%，就需要重新界定市场范围了，把市场的范围定义得更宽泛之后，公司的市场份额会一下子跌落到3%，这样公司会发现自己正面临一个激励人心的挑战。爬山者到达山顶后，应该将注意力转向下一座山，将另一座山的山顶作为自己的目标。从刚刚爬过的山上下来的过程中，他并不是在一直往下走。他往下走的目的，只是为了再次攀登顶峰。如果稳定期公司在涂料市场占35%的市场份额，就应该将面对的市场扩大为墙壁保护与装饰服务市场，在这个包含了壁纸业务的市场中，公司的市场份额就会降到3%。

商业的本质就是这样，必须不断重新定义，视野也应该不断变化。

如果稳定期公司的衰退是由组织结构的有效性造成的，公司就必须调整结构以强化创业精神。公司应该分权，形成新的利润中心，并且对员工和部门结构也做出正确调整。

对待贵族期公司的方式

治疗贵族期公司的过程中所面临的困难，是在其他生命周期阶段从未遇到过的。贵族期公司要从芬齐-康梯芬尼斯综合征中清醒过来。共生协同师应该从一个团队诊断会议开始，采用协同参与的诊断方法。这种诊断方法是一种深度的意识唤醒会议，会上所有参与者一起讨论公司面临的问题，在这样的环境中，公司面临的问题看起来十分艰巨，变革的必要性显而易见。对公司不同层面进行诊断是很有必要的，这样可以让公司中每一个人都清楚公司当前的形势，以及当前状态与理想状态的差距。共生协同师必须不断提醒公司成员注意芬齐-康梯芬尼斯综合征的表现。

大多数顾问在与贵族期公司合作时，一上来就会说："我们先来定义公司目标。"于是，公司成员试着定义目标，但同时他们觉得自己根本没有能力实现这些目标，其实他们只是在做一项无效的练习。首先，他们必须有信心公司能引入变革；其次，他们必须觉得彼此间能通力协作；最后，他们会说："没错！我们有这个能力！"做到这些之后，他们才能开始定义前进的方向。

学步期公司已经有足够的能量，因此引入诊断反而会降低公司的生产力。但在贵族期公司中，每个人都处于温吞甚至是相对被动的状态中，有些自满情绪，在这种情况下，如果大家把所有问题都拿出来讨论，就会认同变革的必要性，进而激发动力。一旦大家对变革有了承诺，公司就能迅速采取行动，解决异常问题。

对贵族期公司而言，定义使命是很重要的，因为有了使命就会发现新的视野。定义使命必须是一个团队合作的过程，并重视发散思维。其实公司能做的事情比现在正在做的多很多，公司面临的机会也超乎想象，公司并没有真的被困住，他们有能力改变未来。这个过程使团队成员得以分析公司的技术、政治、经济、法律、社会和自然环境，教会他们分析市场、产品范围和价值。所有这些，都能帮助他们识别公司面临的机会和威胁。

在分析希望未来是什么样子的过程中，公司被迫要设计出能实现这个目标的组织结构。他们会设计分权式组织架构，以实施其战略，这个战略在使命中会体现出来。公司将所有隐藏在贵族期公司中的潜在婴儿期和学步期公司都挖掘出来，然后进行横向重组，形成家族结构，而不是典型的殖民结构。

完善结构后，公司要转而进行信息系统的重新设计，以支持分权式问责制。这之后就是资源分配、激励机制的重新设计，以提升盈利水平，使公司重回业绩导向。

贵族期公司可能也需要更换领导层。但贵族期公司在时机尚未成熟时就引入具有强烈 E 特性的领导者是错误的做法。贵族期公司的成员是一个相互仰慕的群体，他们注重细节和维持现状，而不是增长。在这样的背景下，具有强烈 E 特性的领导者在展现自己，用极具创造力的方式领导公司时会遇到麻烦。如果公司等到完成重组后再进行这种管理移植，成功的可能性更大。

如果必须在重组完成前就引入 E，或者重组过程本身需要 E，共生协同师就必须采用迂回方法。贵族期公司成员不欢迎任何风格与自身不同的新成员。A 之所以排斥 E，是因为后者带来的混乱是 A 无法控制的，最终，公司要么拒绝 E 的加入，要么将 E 变得温和些再将其吸收进公司。在后一种情况下，E 失去了其价值。换句话说，贵族期公司对奇特的、陌生的或不一样的人或事物产生了免疫力。它们抗拒对公司生存和发展都极为重要的多元文化。

要使贵族期公司找回创业精神，共生协同师首先要做的是在公司内部找出具有创业精神的人。这种人很容易找到，就是那些不停抱怨的人，也恰恰是公司努力想要舍弃的人。共生协同师应该坚持尽可能久地留住这些人，因为在一定程度上，这种做法能抑制创业精神的流失。

接下来，共生协同师应该建立一个由“公司叛逆者”组成的工作小组，并且由新聘请的 E 角色来领导该工作小组。工作小组的任务是一个开发项目，可以开发新产品、新市场、新制度，但要在短时间内完成。因为工作小组是由来自公司各部门和各层级的具有创业精神的人组成的，所以就相当于绕过了公司中的 A 渠道——他们是使公司变得僵化的那些人。当“叛逆者”完成任务后，就形成了 P，能在一定程度上让公司焕发新生。在建立了几个这样的工作小组之后，新进入公司的 E 角色领导者很快就会觉得在公司中很舒服了。相应地，公司结构也在发生变化，权力中心逐渐转移，对业绩的期望提升了。

如果公司已经进入官僚早期，恢复公司活力的难度就会高很多。E 已经被 0 所取代，公司要么完全抗拒并仇视变化，要么竭力争取变化，愿意为之付出任何代价（有时候可能会导致独裁者掌权）。公司处于破产的边缘。对这种公司而言，唯一可行的解决方式就是做手术（管理层的调整）。但只靠手术还不够，之后还需要休养和复检（组织治疗）。

对待官僚早期公司的方式

在官僚早期公司中，人们喜欢背后中伤他人，这一特点要求公司必须尽快进行手术治疗。除了替换掉态度消极的人（这些人要么破坏了公司的气氛，要么完全没有任何业绩），没有其他选择。但手术只能做一次，不能滥用。如果接连进行几次手术干预，整个公司都可能因恐惧而陷入瘫痪状态。在生命周期的这个阶段，管理层会表现出很强的猜疑心和偏执情绪，在这种情况下，对公司的治疗不但没有效果，反而会加重病情。

公司应该出售亏损部门，遏制负资金流，专注于公司的生存。为实现这一目标，CAPI 必须集中起来，掌握在某一个人手中。在贵族期和稳定期，因为有足够的时间容许大家以团队的形式协作工作，所以 CAPI 集中在团队手中。而在官僚早期，时间紧迫，因此必须有一个人咬紧牙关承担起责任，将公司剥离到只剩下盈利的核心部门。公司必须采用和婴儿期公司一样的方法：准备 16 周的滚动资金流预测，展开成本核算以发现影响盈利水平的真实漏洞，每周提交库存周转报告和应收账款报告。

手术后，就可以采用给贵族期公司开的治疗处方了，但剂量要明显加大。公司必须削弱对“如何做”的关注，提升对“做什么”的关注。

对待官僚期公司的方式

通常情况下，官僚期公司会向电脑顾问和审计师求助，以提升在公司中已经占主导地位的 A，并希望解决管理问题。显然，官僚期公司所需要的并不是更多的 A 或不同类型的 A。官僚期公司可能需要一种迂回手术来提升 E，之后再进行长期的修复。让官僚期公司接受 E 可能会遭遇顽固的抵制。

想让公司中重现行动力和执行力，修复过程是很必要的。不建议采用休克疗法（包括解雇的威胁、不切实际的要求等），因为这种疗法只能让员工害怕，导致员工以不讲求效益的狂乱方式来完成自己的工作。这样的效果无法持续，公司很快会重新回到麻木的状态。事实上，接连几次这种治疗，会导致还留在公司的优秀管理者离职，造成公司陷入昏迷。

在这种情况下，我们建议在整个公司从最高管理层开始自上而下地采用多重手段，并同时推进全方位治疗。当然，共生协同师应该密切关注这些干预措施的整合。

时机不当与不必要的手术

手术——更换高管人员——是推动变革的最快方式，但也是痛感最强烈、风险最大的治疗方式。公司之所以会选择这种解决方式，是因为可以在短时间内完成。另外，高管猎头公司也能从中得到丰厚回报。遗憾的是，很少有为公司治疗的“外科医生”能在公司待足够长的时间以观察治疗的效果，他们不会对手术后的并发症负责。

成功的外科医生，不是看他的手术有多快，而是看他对手术后并发症情况的监控。很多顾问会提出新的组织架构图，帮忙物色人员来填补空缺职位，收钱时认为自己的工作已经完成了。但实际上，他们的工作还没做完。只有在实施新架构后，公司才会开始感受到适应新架构的痛苦。虽然痛感很强烈，但管理者还是犹豫着不敢公开抱怨自己的问题，因为他们担心自己的抱怨会招致又一轮手术治疗。他们宁愿默默忍受，也不愿意再经历一次手术。

要获得长期成功，组织变革是必不可少的。但在错误时间引入变革作为治疗手段，可能会造成持续的旧病复发。公司可能会拒绝顾问的方案。如果手术痛感强烈、没有效果且只作为暂时的治疗手段，那么公司可能会拒绝接受以预防为目的的手术——尤其在问题尚不明显的情况下。例如，在官僚早期，通常只有危机爆发了才会推行重组。到了这个阶段，手术是不可避免的。但如果公司处于壮年期，也就是公司氛围有利于在公司中推行变革时，治疗的痛感会小很多，因为在这一阶段，公司在不断发展，对未来有积极的预期，因此在公司成员的感知中，变革带来的威胁不大，并且有可能被控制在最小的程度。在官僚初期，公司业绩不佳，公司氛围因为猜疑而被破坏，这时候推行变革不仅不会消除恐惧，反而会加深恐惧。

对于处于贵族期的公司，我建议不要解雇员工。很多 E 型成员为了生存而像 A 型成员一样行事，经历了六个月的变革后，公司氛围开始反映出外部发展的机会，而 E 型成员也将浮出水面，没必要另找 E 型人员，因为他们已经在公司里了。

内部顾问能否完成这项工作

大公司培养自己的顾问部门（组织发展部）已是一种流行的行为。

组织发展部在生命周期的早期阶段能发挥作用，但对老公司——已然进入稳定期及后续阶段的公司来说，组织发展部不会太有效。在年轻的公司中，A 和 I 必不可少，公司内部很容易就能提供这些职能，内部顾问也不用担心丢掉工作。但随着公司发展接近顶峰，就需要更多的 E，内部顾问可能没有意愿也没有能力在公司中掀起浪潮激发人们变革的意识和意愿。

组织发展专家只接受过 I 职能的培训，所以倾向于在公司中实施 I 职能。最常见的情形是，他们属于 000I 型，最好的情况是 paeI 型。这种风格对急需治疗和恢复活力的公司来说毫无帮助。无论是 paeI 还是 000I 风格，都只能使公司维持现状。有些组织发展专家是当权派的代理人，他们努力地让现在的状况看起来更诱人。他们不是努力让公司有一番新景象的变革派的代理人。

共生协同师应该培训、开发内部整合者，让他们成为变革的代理人。至少在治疗初期，有必要由外部专家来掌控节奏，以便为变革设定方向、制造动力，同时使公司对短期的负面反应有一个缓冲。而对于已经处于稳定期及后续阶段的公司，需要的不是简单的建议，而是更有效的药物治疗。大多数情况下，只有外部专家能担负起这一职责。

想详细了解这一主题，建议读者阅读我的另两本著作——《追求鼎盛》和《把握变革》。[3]

注 释

1. 参阅 P. A. Samuelson 的 *Economics*（New York：McGraw Hill，1985）。

2. “多元性”不仅作为减少种族歧视和增加少数民族选择权的一项政治战略而一直得到广泛拥护，它也一直被当作新时期的商业战略而得到提倡。参阅 R. Stacey 的 *Complexity and Creativity in Organizations*（San Francisco：Barrett-Koehler，1996）。

3. 参阅 I. Adizes 的 *The Pursuit of Prime*（Santa Monica：Knowledge Exchange，1996），*Mastering Change：The Power of Mutual Trust and Respect in Personal Life，Family，Business and Society*（Los Angeles：Adizes Institute，1993）。

第 18 章
最优路径

典型路径与最优路径

正如前文所述，如果 PAEI 角色有一个或几个发展不充分，就会有问题存在。在解决问题的过程中，建立起缺失的角色，从 E 开始一次一个逐步完善。某种角色缺失，就意味着无法继续前进，直到建立起该角色。这种逐步建立四种角色以进入壮年期的轨迹，就是典型路径。

是否有更快的途径通往壮年期？是否有什么路径可以绕过典型路径上的全部或者是大部分问题？对组织而言，是否也能“另辟蹊径”？[1]

答案是肯定的，我已经在与初创公司的合作中检验了这一路径，证明它是有效的。

我清醒地注意到，下面关于最优路径的“演讲”，会让我看起来像站在讲道坛上的传教士，这种身份让我不太舒服。但我觉得自己有义务告诉大家，最优路径真实存在；公司之所以会忽略它，或者是因为无知，或者是被自身文化和经历所禁锢。

什么是最优路径？

母亲是否曾告诉你，在洗完热水澡之后，晚上风大就别出门了，她大喊：“你会感冒的！”都有这种经历吧？

我一直不明白自己为什么吹点儿风就能感冒。我从书上读到，在俄罗斯，人们会在冰雪覆盖的河道上砸洞，然后跳进去游泳。在芬兰，当地人会先坐在桑拿房中发汗，然后再跳出来在雪地上打滚。但我敢肯定，如果自己这样尝试，一定会因肺炎而丧命。他们的秘诀是什么？

我之所以会得感冒，既不是因为风也不是因为雪。而是因为我的身体太弱了，经不起变化。实际上，我只要想到下一次旅行需要穿越时区，就已经开始流鼻涕，觉得嗓子疼了。俄罗斯人一直有冬泳的传统。芬兰人从孩童时期，就已经开始经历这种从桑拿房到雪地的“仪式”。他们强化自身身体素质，所以这种极端的变化不会让身体生病，反而会让他们更有活力。变化让他们更强大。他们的健康状态，反映了在逐渐适应温度变化的过程中身心变强的过程。

如何才能提升公司应对变化的能力？让所有人每天都跳到冰水里吗？

不久之前，医学研究人员报告了一项有趣的发现。和不太参与社交的人相比，拥有多种亲密个人关系的人更不容易感冒。[2] 实际上，如果你的亲友关系网很庞大，受到疾病侵袭的可能性就更低。有数据表明，已婚人士的寿命更长，尽管围绕婚姻有很多负面的声音。[3] 这究竟是怎么回事？

正如前文所述，整合是延缓衰老的要素，这就是背后的原因。身体整合程度越高，就越强健。整合先从内部开始，再延伸到外部。瑜伽修行者之所以健康，是因为他们每天都让身体经历疼痛，而冥思让身体和精神统一。瑜伽修行者不断训练自己的身体，即使变化是痛苦的，经历变化时也要保持身心合一。即使变化不期而至，他们也能从容应对，因为他们已经习惯了变化。巧合的是，瑜伽这个词本身就是统一、完全整合的意思。我们需要的，就是类似于针对公司的像瑜伽这样的东西：我们要让公司不断应对变化，并教会公司成员如何在痛苦中放松并保持“统一”。

你希望院子里能有一棵成年的大树，但找到这样现成的院子可能很不容易。即使你愿意买一棵树，你可能也明白，大多数树木一旦移位后就会死亡。我发现有一家苗圃发明了一种方法，保证树木移位后依旧能茁壮成长。怎么做？苗圃的工人每年都会小心地将树移到新的树坑里，长此以往，树木就会开始习惯每年一次的变化，它们的树根不会往深扎。所以成年后被卖掉时，树木可能会以为这次移位只不过是一年一次的变化——没什么大不了的。

变化不应该成为异常情况。公司应该对变化有预期、有期盼、有规划，并不断经历变化。

我观察的一家公司，在养牛能实现避税时进入了养牛行业。当时很多人都大举投资养牛事业。养牛行业规模越来越大，直到国会修改了税法。公司本来是会破产的，因为在旧税法下，这家大规模的公司原本享有优势，但税法改革后就遭遇了严重问题。但是，管理层没有申请破产，而是通过一系列循序渐进的变革，推动公司逐渐转型为采矿公司。养牛和采矿公司有共同之处吗？有啊！管理品质！优秀的管理层总能以可控的方式实现有效的变革。[4] 养牛业务虽然消亡，但公司并没有。

如果公司能以有计划且可控的方式不断变化，并在变化过程中保持整合，公司就永远不会消亡。公司业务会发生变化，这样的公司会一直生存下去。衰老并不是不可避免的，它是可以被扭转的，也是应该被扭转的。

这一切都取决于公司在发起变革、经历变革的过程中整合并保持整合的能力。

我们已经认识到，公司要在短期与长期内都实现效益与效率，就需要四种角色——P、A、E、I。

本书第 11 章中用方块舞的例子说明了在典型路径下，如何按固定的顺序逐一开发四个角色，并将所有角色融合到一起。

认识到生命周期的原理和规律后，我给自己提出了几个问题：

1. 是否有更快的路径通往壮年期？我所观察到的路径，也就是典型路径，是否为公司发展的唯一途径？

2. 如果有更快、更好的方式，公司为什么不选择另一条路呢？

3. 如果最优路径是存在的，沿循这一路径的公司和走典型路径的公司在行为上有何不同？

4. 想走上最优路径，领导者的做法和走典型路径有何不同？

最佳舞蹈：更快的路径

是否有更快、更好的路径通往壮年期呢？

当然！

回到舞蹈的比喻上。两条路径的差异从一开始第一位舞者上场时就有所体现。[5]

让E先跳是典型路径。我的朋友，已故的查尔斯·克里斯托弗·马克曾说："中国人错了，不是'千里之行始于足下'，应该是第一步就走错了，才需要走千里。"

那么应该让谁先跳？

请回想第10章所说的"石头"比喻。在本书的第10章，我曾表示，沿着山路前行的一组人，在遇到石头或决定出去散步之前，就已经构成组织了。换言之，在任务出现之前，就已经有事情发生了——不管具体是什么事情。这听起来很新鲜，对吗？对我而言是新的，在本书前一版中，我坚持认为这组人在路上遇到大石头之前，既不存在组织，也不存在任务：应该是有了任务（也就是目标）之后，才有了组织。

我为什么会改变想法呢？

几年来我一直在思考，为什么组织会走上这条路。假设这组人前一天晚上一起喝啤酒，忽然有人说："我们明天去湖区吧！"所有人都赞成。第二天，他们发现路被石块堵住了。在这组人喝酒决定步行去湖区时，或者遇到岩石时，组织是否已经诞生？或者，组织的诞生时间是否更早？他们一开始为什么会聚在一起喝酒？

总而言之，只要人与人之间存在亲近感，就有事情发生，当然这时还不存在管理流程、规划、员工配置、激励等。但真的有事情发生：因为亲近感是存在的。这种情感，就是我们在异国他乡遇到来自故乡并且是高中校友时的感受。即使彼此之前很久没有见过面，我们也会激动不已。除了意识到彼此有共同的背景、经历和成长环境，我们激动的心情并没有其他理由。但我们仍很高兴遇见彼此。如果你孤身一人被困在岛上多年，即便来者不是你的高中密友，你也会激动万分。人类需要亲近感。因此，禁闭无疑是一种严厉的刑罚。

人们需要归属感。[6] 一群青少年，无所事事地站在街角，脑海中没有任何目的，也没有具体任务。但观察者能感觉到，针对任何能吸引注意的目标，这些孩子会随时释放能量。只要有了目标，这伙人，这个社会实体，就会充满能量。目标，让他们的原始能量有了宣泄的焦点。但没有任务之前，他们不会采取行动，可见任务是实现互依性、亲近感和归属感的条件。

我注意到，因为人类需要亲近感，所以亲近感可以被理解成有目的的互动。请思考下述定义。

我将目标定义为一个人在一段时间内想要实现的成果或过程。任务则是一个人为实现长期目标在短期内需要实现的成果或执行的过程。

频繁且持续的需求，既不是目标也不是任务。我们旅行前并没有抱着寻找来自家乡的校友这样的意图。我们也没有在路上闲逛，抱着想要找一个亲近的人的意图。我们并没有这种目的。但遇上后，我们可能计划着一起完成之后的旅行。在这个时间点，出现了新现象——一个一开始并不存在的目标，这个目标就是已然存在的亲近感的结果。

如读者所见，这种亲近感，这种归属感，这种对他人的意识，与目标出现有关。亲近感是常量，而目标是亲近感存在的结果。

仔细想想，人类以及自然界中的所有生物，都希望与他人发生关联。[7] 而像岩石这种天然的存在，虽然也受到日晒、冷风和暴雨的影响，但并不能察觉到影响自身的因素的存在。这种知觉的缺失，恰恰是它们没有生命的原因。

对彼此的意识（我们相对于万物的位置和身份，即便是我们所踩的石头）不需要目标。这种意识是自发的，不涉及“为什么做”“如何做”“做什么”。自然界的所有生物，都能意识到自己生活的环境。对老鼠和某些生物来说，知觉范围只是方圆几米。而对于精神世界丰富的人来说，知觉可能涵盖整个宇宙，甚至是宇宙之外。

说明了什么呢？就在那里的亲近感，是共同目标出现的前提条件。而共同目标，显然能形成对互依性的新意识。如果每个人都能独立实现自己的目标，那么亲近感就不会再产生新的目标。

正是这种对互依性的意识，才催生了意义。

动物虽然也有生命，能察觉到自己所处的环境，也有紧急目标（如觅食），但不会赋予这种知觉或目标意义，例如，它们没有象征意义。你有没有见过一只狗或一条鱼建造神龛来供奉神灵？人类与所有其他动物的区别，就在于意识，而不是知觉。在我看来，知觉和意识的差别在于，意识是有意义的。推动我们前进的力量，不是知觉。我们努力寻找知觉背后的意义，人类战争是为了某种意义，动物之间的相互攻击不会赋予知觉意义。

人类的特点，在于我们赋予意识以意义。[8] 我们希望理解广袤宇宙中广阔的互依关系，并与之建立联系。

活的生命体有意识，依靠互依关系来实现目标，进而赋予生命意义。我们的意识越强烈，对自身和周围一切互依关系的知觉就越强烈，我们的人生就越有意义。另外，“周围的一切”可以绵延数千里，甚至涉及遥远国家发生的暴行。我们的意识越强烈，就越能认识到互依关系，就越能在生活中意识到彼此目标的一致性。我们越是融入环境，就越会觉得人类是一个整体，我们的生活也会越完满。生存，意味着服务和被服务，意识上相互依存，成为整体的一部分。整体越强大，我们本身也就“越强大”。

现在我们已经有了共同目标，也意识到彼此的互依性，以及互依性存在的意义。这一过程还孕育了其他要素，也就是整合的需求。整合程度越高，实现共同目标的能力就越强。

我认为整合需求发展的顺序如下：

亲近的感觉——→推动
——→目标出现——→创造
——→对互依性的意识→赋予人类意义
——→指向——→对整合的需求

亲近感能催生多种目标。有时候目标是聚在一起喝啤酒，有时候是去湖边，有时候是搬开大石头。但想要完成任何目标，都必须有亲近的需求，都必须能察觉到互依关系。除非我们感受到彼此，为彼此着想，否则无法发现共同目标。有自卑症的人永远不会有团队协作的愿望。

缺少对外界的知觉是情感自闭，而情感自闭不是我们所定义的生活。这样的生活状态没有学习、收获、服务与被服务，只是简单的存在而已。就好像从土中拔出来摆在货架上的蔬菜，只有走向死亡。

还有什么先于知觉和意识出现吗？是否存在小意识、小知觉？没错，确实存在小意识，之前是更小的意识，依次类推，一直追溯到内核，也就是知觉或意识的最小种子。[9] 告诉我意识的大小，我就能告诉你目标的大小。小人物的共同目标也很小，例如，他们只在一起聊八卦。而意识中有大格局的人，秉持的意义能激励自我改变世界。

你的意识有多大？

好消息是，人的意识能发展。我认为，我的意识就比我在写上一本书时有所长进。

现在，我们将上述类比和 PAEI 及最佳舞蹈结合起来。

知觉、对真实或潜在互依性的意识、亲近感、互依感、整合，都是 I 的不同层级。我知道上述定义并不严密，但这是我现在能达到的最高水平。这里所说的现在，并不意味着今晚。这个定义，是过去十年中我能想到的最好的。多年来，我还是没能充分理解 I 角色。我知道自己距离透彻理解还有不短的距离，但我安慰自己，每本书都相当于一次进度报告，不是吗？

我的结论是，I 并不是被创造出来的，而是作为一个常量一直存在的。E 作为目标，来自 I。I 越强大，E 越强大。[10] 决定去湖边（目标），是出现的现象 E。没错，一组人中的每个个体，都能自己走去湖边。但这一次，他们想要结伴而行。这一目标来自他们的亲密感。搬开挡路的大石头是 P，也就是他们实现目标 E（去湖边）时需要完成的任务。聚在一起喝啤酒、去湖边，还有搬开石头的过程中要保证效率，就是 A 职能。

注意，E 可能变化。假如成员不去湖边，而是决定去野餐；或者决定不去野餐，而是决定去打垒球呢？P 会随 E 的变化而变化。如果成员改变想法，没去湖边，而是去野餐，他们就没有搬开大石头的理由。如果想野餐，他们只需要拾柴；如果想打垒球，他们只需要标出垒线。随着 E 和 P 的变化，A 也会相应变化。但 I 永远都存在。如果某个人不想加入这组人，可能就会加入另一组人。如果不想与人交往，可能就会和宠物或者收藏的石头建立联系。

如果团队成员之前从未见过，又会是怎样的情形？假如每个人都独自远足，奔向不同的目的地，现在每个人都发现路被石头挡住了。如果每个人都不能自己搬开石头，又必须要经过这里才能到达目的地，那么把石头从路上搬走还是 P，每个人都有个人独立的 E，但除非每个人都察觉到彼此的存在和对彼此的需要，否则没人能搬开大石头。如果这种知觉不存在，那么每个人都会努力把石头搬开，石头对其他人形成干扰。因此，知觉必须首先存在，之后出现目标，再往后认识到互依性，最后认识到整合的必要性。

如果知觉因为某种原因下降了，会发生什么情形？你能想象为努力搬开大石头所投入的能量下降吗？如果出现这种情况，去湖边的需求就会消失。我希望读者能明白我要传达的中心思想。公司诞生依靠的并不是创业精神和能量，而是想要创办公司的意识。而公司的衰退，也不是因为生产线落后，而是因为创新、创造和冒险意识下降。只有在意识开始下滑时，公司才开始衰退。老人如果无法意识到周围环境太冷，可能会被活活冻死。

那么什么是亲近感、意识以及对互依性的察觉？我现在描述的是整合的条件和程度，我将整合定义为推动组织意识从机械式转变为有机式的过程。有机式意识意味着内部相互依存。每个组成部分都注意到，自己存在的目的是为了服务整体中的其他部分，以达成共同目标或履行共同职能。

I（意识到潜在互依性和亲近感）在目标 E 之前出现，而 E 在任务 P 以及过程与流程 A 之前出现。

公司是什么时候诞生的？在本书上一版中，我采用了以下分析模型：一位创业者在一个炎热的夏日午后走在热闹的大街上，忽然有冲动要吃冰淇淋。在街上没找到冰淇淋店，他忽然想到自己可以开家冰淇淋店。这个念头形成时，公司已经开始孕育；等到他签署租约并支付租金时，也就是开始承担风险时，公司诞生了。

这是我当时的想法。十年后，答案看起来并不像之前那么简单。

在创业者形成想法前（公司孕育前），首先要有条件能让他在脑海中形成想法。他察觉并意识到周围的环境，并与环境建立联系、互依性，最终融入环境。他意识到自己所处的位置以及自身感受。他察觉到自己很热，察觉到自己的味蕾想要品尝美食，察觉到这种美食就是冰淇淋，察觉到整条街都没有冰淇淋店。另外，他还要有足够的同理心，才能想到其他人也可能在炎炎夏日想要吃个冰淇淋。如果他自闭、冷漠，无论是自身还是与周围环境都尚未实现整合，那么他可能根本不会形成人们需要冰淇淋或其他产品的想法。

因此，I 在 E 之前出现，并且是 E 存在的前提。I 第一个出现！哇！我花了多少页的篇幅来说服读者相信这一点？这让我想到一个故事。一位老师曾抱怨自己的学生。她说："想想，我给他们解释了一遍，他们不明白。再解释一遍，还是不明白。等讲到第三遍，我自己的理解也更深刻了。"

我们接着往下说。在最优路径上，I 第一个跳舞，他可以跳每一支舞。[11]他只需要四处走动，让其他人知道自己存在并且等待互动，就可以了。I 催生了对互依性的察觉：他们要共同完成舞蹈。他们产生共舞的愿望，是一种自然的演进，但需要分工或协调。正如第 10 章解释过的，每个系统的目的，都是在短期和长期内实现效益与效率。这是天然的，你可以称之为组织转变定律。

现在，第二条定律开始发挥作用：能量守恒定律。能量是固定的，必须以最有效的方式加以应用。而 I 不需要太多能量，因为 I 没有什么要学的，存在就是 I 的目的。它不需要尝试任何事情，做自己就可以了。所以，我们不需要花费有限的能量来发展 I 的舞步。

能量可以用来给其他舞者热身，让他们做好共舞的准备，形成共舞的意愿。在一段时间内，这种活动将消耗能量。

所以说，典型路径和最优路径之间的差别是什么？按照我们目前的讨论进展，即使在典型路径上，I 也会存在，体现为对周围环境和需求的意识。如果 I 不存在，创业者就不会产生开一家冰淇淋店的想法。那么，两者的差别体现在哪儿？

在典型路径上，I 既存在，也不存在。I 站在自己的角落，虽然能被注意到，却一直很安静。舞台上的主角是 E。正是这个原因，在典型路径上要紧密监控 E，因为 E 是一个重要标志，能告诉我们公司是在成长、衰退，还是已然死亡。

最优路径用的是不同的“舞伴卡”，重要标志是 I。如果 I 很少，公司可能仍然处于孕育期或刚出生，它也会成长，但十分艰难，因为很多精力都被浪费在内部营销、内部斗争和办公室政治上。公司也能盈利，但在 I 缺位的情况下，公司永远无法达到最佳状态。公司会秉承“对通用公司有益的也会给美国带来益处”的观点。我们知道，这种追求利润最大化的方式，可能导致增长不可持续，最终伤害社会福祉。

I 能催生精神追求，让公司目标不局限于利润。公司存在的目的是服务目标客户、员工、管理层和社会。以美体小铺（Body Shop）为例，这家公司努力想要改变世界，它的目标不仅是出售不涉及动物实验而且功效不会被广告过分夸大的化妆品。每个美体小铺的门店，实际上都是社会价值观的窗口。每个窗口，都会摆放有关原住民人权的宣传单和其他材料。公司创始人安妮塔·罗迪克没有给这些生活在贫穷中且濒临灭亡的人捐钱，而是发起了“做生意，不捐款”的活动。秉持这一传统，公司从亚马逊流域刚被发现的仍生活在石器时代的部落采购巴西胡桃。

巴西胡桃很贵，公司的这项投资一直处于亏损状态，但这都不是问题，因为公司认为自身存在的意义，不仅仅是靠卖肥皂和洗发水赚钱。公司管理层高度关注太平洋地区的核试验，所以，美体小铺向法国政府递交了数十万人的签名，这些反对核试验的签名，是从全球各地的美体小铺门店中征集的。

有些公司会给业绩突出的员工奖励加勒比海豪华假期，但美体小铺只会资助去罗马尼亚孤儿院当义工的员工。一家化妆品公司和罗马尼亚孤儿院之间有什么关系？他们根本没有进入罗马尼亚市场。而美国市场或全球其他市场的消费者，会因为美体小铺公司援助罗马尼亚孤儿院而愿意购买他们的洗发水产品吗？

很明显，美体小铺开展这些活动，并不是为了赚钱，公司之所以会资助这些活动，是因为他们意识到我们人类的责任和义务。无论是罗马尼亚、阿尔巴尼亚还是波斯尼亚和黑塞哥维那婴儿的一声啼哭，在我们听起来，都像自己的孩子在家里啼哭一样，令人伤心，他们都需要被抚慰。

这就是I。

I是精神层面的。有了爱，我们（人类以及公司）才能活得更长久。

我希望自己能清楚地阐述这一观点：有精神动力的公司才是优秀的公司。无论对公司本身、公司领导、员工还是其他人而言，精神追求都是积极因素。本杰瑞冰淇淋公司（Ben&Jerry's）也是一家有社会责任感的公司。[12]虽然公司努力控制规模，年增长率还是接近100%。尽管管理层和员工薪酬都低于市场水平，但每个人都比竞争对手的工作时长更长。公司的增长曲线和典型路径上的很多公司都很不一样。

在典型路径上，很多公司都力保增长，但仍然规模有限，而且管理层通常享有高薪，紧握控制权，并想方设法地让员工多干活，尽可能压低工资。但这些管控措施的效果，却不如有社会责任感的公司。这到底是为什么？如果人们能在工作中秉持信念，就会更努力工作，所以战争时期的生产效率高得惊人。

1988 年，本杰瑞冰淇淋公司起草了一份名叫企业“使命声明”的文件，全文引述如下。

> 本杰瑞致力于创建并展现荣辱与共的新型经营理念。我们的使命包括三个相互关联的组成部分：
>
> 产品使命。生产、分销并出售品质最上乘的纯天然冰激凌及相关产品，以佛蒙特州的乳制品为原料，推出不同创新口味。
>
> 社会使命。公司的运营方式，要能积极秉承企业在社会结构中所扮演的核心角色，率先采取创新方式来提升广泛社区中人们的生活品质，包括本地、全国及世界各地。
>
> 经济使命。公司运营以财务稳健和利润增长为前提，提升股东价值并为员工创造职业机会和财务回报。
>
> 本杰瑞公司使命的背后，体现的是公司寻求以创新的方式实践上述三大使命的决心，并高度尊重公司内外个体及其所属社会。
>
> 公司力争在日常业务决策中尽可能秉承这一使命声明，在保证公司实现盈利的同时，让各界都能因本杰瑞的经营方式而受益。
>
> 本杰瑞拿出 7.5％的税前利润，支持以下三件事情：本杰瑞基金、公司在佛蒙特州基地的五大员工社团行动小组、企业赞助。公司支持社会变革典范项目，也就是能创造性解决问题并传递希望的项目。基金会由九名员工所组成的委员会管理，会考虑与儿童和家庭、弱势群体、环境相关的提案。

注意多个目标的整合性，公司的意识不应局限在佛蒙特州，而是放眼全球。公司的目标，是同时回报投资者和员工。公司致力于打造一个舒适的工作环境，让所有员工都能体验愉悦，而不是单纯地不停工作。公司还心系全人类、社区以及我们生活的地球。

像美体小铺和本杰瑞这样的公司处于壮年期吗？答案是否定的。我相信，两家公司都已经陷入创始人陷阱，都在努力寻找继任领导者。他们物色的对象，不仅要价值观与公司一致，而且还要有能力领导公司前进。在我看来，两家公司都在垄断 E，并且低估了 A 的重要性。

他们之所以会打压 A 的重要性，是因为他们对 I 的重视程度。这也没什么好惊讶的。A 和 I 能彼此替代。一种是机械式的“组织黏合剂”，另一种是“有机黏合剂”。依靠 A 就会少用 I，而信奉 I 则会对 A 怀有强烈的恐惧感。

但如果没有 A 来提供最低剂量的基础设施，原本只是标准运营程序的决策流程，每次都要从头来过，就会产生混乱，滋生失落情绪并打击士气。I 最终会下降，也有下降的必要。如果没有 A，安排新的领导者难度很大，或几乎不可能。不管怎样，这两家公司，以及其他很多来自社会创业网络的公司，都展示了另一种成功运营公司的方式。这些公司不仅构建了 EI，而且构建了真正的 PAEI，无论从财务还是政治层面来讲，这些公司都会取得更大的成功。如果这样的公司数量足够多，它们可能会改变世界。

> 精神追求并不是奢愿，它不是理想主义者的专属，而是最现实的存在。

精神追求能推动公司加速进入壮年期，将问题降低到最低水平。即使创始人并没有以增长为目标，公司也会实现增长。精神追求，是促进而不是抑制公司盈利能力的因素。

但企业精神不一定是精神层面的追求。以西南航空为例。[13] 我认为这家公司的目标并不是改变世界或拯救世界，管理层只想让每位员工都能愉快地工作，每位员工在工作时都能满怀热情。如果你曾经乘坐过西南航空的航班，就一定能感受到公司上下的企业精神。这种精神是一种促进团结的文化。

有这种企业精神的公司还有哪些？我马上就想到了两家连锁酒店：四季酒店和丽思卡尔顿酒店。这两家公司的企业精神，和拯救世界以及享受快乐都没有关系，而是来自自豪感。我有一次不小心走到了其中一家酒店的厨房，我注意到每位服务生上菜时都需要穿过一道门，门上有一句提醒性的标志：“如果没有自豪感，就别上菜了。”

如果你幸运地在自然环境下见证过狮子的荣耀感，你一定会注意到它们的行走方式。每一头狮子，都能展现出万兽之王的荣耀。同样的道理，上述两家连锁酒店品牌旗下的任何一家酒店的员工，无论在全球哪个地区，无论在一天中的哪个时段，都会流露出这种自豪感。他们如何秉持这种企业精神？肯定需要训练，也需要招聘合适的人。但仅靠这些远远不够，他们还需要自上而下地建立一种文化，一种真正地追求卓越和专业度的文化。每位员工都应该认识到，自己必须追求最好的。而最好的服务，体现在门口处的鲜花、顾客枕头上的巧克力、叫早服务，等等。

公司的目标各种各样，可能包括拯救世界、服务社区、打造更好的工作环境、对自己的工作产生自豪感。共同之处，就是超越利益追逐的目的。

> 重点不是你从事什么工作，而是你是谁。

你的坚守定义了你是谁，你是谁代表了你存在的意义。我们必须自问，我们坚守并且毕生追求的东西，是否有意义？

扩张的速度不要过快，不要丢掉了自己坚守的东西，也不要让增长超越公司的文化。

在最优路径上，先要问自己坚守的是什么，然后再分析市场，思考市场是否需要你的产品。你的愿景，会给全人类带来什么影响？如何福泽子孙后代？建立一种真正意义上的价值感。任何公司，都有潜力造就不同。

美体小铺送货车和员工制服上都印着这样一句话："别说自己渺小而平凡。你试过和蚊子一起睡觉吗？"没有任何一个人是无关紧要的。你是谁，你从事什么工作，都能造就不凡。你的精神和你的笑容一样有感染力，一样能激发热情。就拿炼油厂为例。在当前法律法规以及严厉惩罚措施的约束下，炼油厂不再污染空气，至少，它们对空气的污染程度比法律实施前小了很多。我们现在假设一家炼油厂在现有技术条件允许的范围内竭尽所能地降低对空气的污染，这样做就够了吗？答案是否定的。它只是因为行政管理原因（遵守法律）才采取行动，如果这家工厂有I，就会用心主动采取行动，即便法律没有要求，他们也会出于人文情怀而采取行动。例如，他们的炼油设备可能不会使用普通的防锈涂料。管理层可能会邀请艺术家来创作，在炼油设备上作画，使之转化为能美化世界的艺术品。或者，工厂可以通过本地艺术家比赛来择优选用他们的方案。公司需要的，只是一种意识。

每个人、每家公司都能通过行动让这个世界更加美好。将走失儿童的照片印在牛奶盒上；向为饥饿者提供食物的餐厅捐献食物，并号召员工去做义工；邀请弱势群体儿童参观企业，让他们明白，只要努力学习和工作，就能改善自己的生活。寻找人生的意义，不要只是铺砖而已。

这就是I。如果想要走上最优路径，你必须从I开始。但利润和投资回报率怎么办？公司有财力来支持这种高尚情怀吗？

我的意思并不是说，公司应该为了助人为乐而搞到破产。公司至少应该保证最低水平的工作环境，也应该明确规定公司必须实现的最低利润水平。对自己的目标进行优化，实现这些目标后，不断提升到更高的水准。不要困在一条路上，公司有很多利益相关者，包含方方面面，而你的任务是优化和整合，不是降低标准或进行分裂活动。

现在读者已经理解了什么是价值观并设定了价值观目标。我们再来思考愿景。

下一个跳舞的角色是谁？答案是 E。亲近感和互依性使目标出现了，而目标可以利用这种知觉。

现在，E 和 I 共舞，舞蹈是 EI 型。这和典型舞蹈有何不同？典型舞蹈是 paEi 型，而最佳舞蹈是 paEI 型。我现在描述的只是程度上的差异，但积少成多，小差异也会产生大不同。这和我十年前的想法截然不同。

paEI 型舞蹈代表了一种整合的愿景，它不是供他人观察甚至崇拜的个人愿景。这种愿景是所有人共同的，所有人都为之努力的。即使第一个提出愿景的人去世，愿景还是会存在下去。为了共同愿景，人们走向战场，做好了牺牲或杀戮的准备。美国内战实际上是关于各州权利的，关于《人权法案》的第十次修订。对南方来说，这是最重要的事情，但北方很少有人愿意为之献出生命。将奴隶制问题作为战争的焦点后，北方也有了人们愿意为之牺牲的愿景。愿意在越南战争中流血牺牲的那些人是为了商业利益吗？不可能。参战的人相信，他们是为了捍卫民主而战。

接下来跳舞的是谁？惊讶吧！A 是下一个起跳的。开店之前，要先规划制度、预算、商业计划、成本控制、表格、手册。等到开业时要一切准备就绪。只有做好了这些准备，店铺才能开业销售，才能提供 P。公司的准备是否充分，可以通过难以置信的、迅速增加的加盟活动来检验。授权商提供的是 E——理念、方向、构想，另外还有 A——落实到最小细节的制度。新进入者不需要实验，如果授权商（如美体小铺）很出色，就能提供价值观和激励员工工作的理念，也就是I。而加盟商剩下的就只有P：动手去做。

我们再回到舞蹈的例子，看看怎样展示最佳的进入顺序，并克服不同角色之间的不相容性。

P A

E I

首先，I已经在场上，他没有站在角落等待别人的邀请，也没有创建自己的舞蹈，因为I存在的目的，只是随时为其他要素服务，他愿意和任何人共舞。他跳的是通用的舞步，和其他任何舞种都相称。他甚至在跳方块舞的过程中随着自己的转动模仿其他舞者的动作，他以这种方式让其他舞者知道，没错，他们是被欢迎的，每个人都有自己的空间。这种舞蹈能营造一种热情的氛围——洋溢着合作和善意的气氛，能让未来的舞蹈整合简单很多。

等到E跳舞时，I是否需要退场？当然不需要，I能轻松适应，能和任何人共舞。所以E和I就开始了具有长期效益和效率的舞蹈。在这段舞蹈中，我们看到公司运营的环境[14]形成了：EI型舞蹈能建立愿景和价值观，为公司提供发展的方向，为公司设定运行的界限。

注意，对最佳舞蹈而言，精神追求（价值观和愿景）是不可缺少的前提条件。这种整合要素可以很人性化，但也可能像纳粹运动一样充满兽性。令人遗憾的是，即使是这种充满兽性的运动，也有强大的愿景和价值观。最优路径的意思就是公司具有很好的精神追求，以任何方式都可以，不然公司就得退而求其次，走上进展更缓慢的典型路径。如果领导者和下属有共同的信仰和价值观，即使是某触犯法律的价值观，也能走上最优路径。在这种情况下，他们相当于走在自己的最优路径上，尽管这条路会割裂整个社会，让社会离最优路径越来越远。只有整合性的活动，才能让公司和社会都能沿着最优路径前进。

现在轮到 A 加入了。A 不能自己跳舞，不能在 E 和 I 缺席的情况下就开始设计自己的舞步，这样会沦为为了形式而形式，无法满足必须为 E 和 P 提供的服务。因此，A 必须和另一种角色一起开发舞步。EI 舞者中应该有人退场吗？我们思考一下，I 能和任何人共舞，因此，A 只需要学会和舞台上的 E 一起共舞就可以了。但这种组合难道不是难度最大的吗？在典型路径上，大多数问题都是这种组合造成的。你可能已经猜到，区别在于 I 是否存在。在典型路径上，I 要么不存在，要么很弱小。I 越是弱小，E 和 A 之间的斗争就越麻烦。I 的出场就像润滑剂一样——能抚平困难。这样，就可以开始 pAEI 型舞蹈了。

只靠两步就进展到 pAEI 型舞蹈了，进度不错！相对那些走上典型路径的人，你已经领先一步了。

接着 P 加入。没错，确实应该在另外两种角色旁观时，由一个角色教会他怎么跳。但在 I 的参与下，AEI 舞蹈实际上是二人共舞，而不是三个人。P 实际上只需要加入 A 和 E 就可以了。

如果形式和功能已经在一起跳舞，而且跳得还不错，那么 P 加入进来也应该不太难。最开始，P 加入时，E 暂时休息一会儿，让短期效益代替长期效益，也就是 PAeI 型舞蹈。在短时间内，不要有什么新想法，注意力应该放在如何让现有想法实现成效上面，一旦完成了这一目标，寻找新想法的时候就到了。E 在充电后重新登场，准备好开发新市场或新产品。这种情形接近于典型路径，但因为 I 是一位活跃的领舞，E 的回归难度并不大（假设 A 已经被照料得很好）。这样，公司到达了壮年期，也能保持在鼎盛状态，这个时期对应的是 pAEI。

在最优路径上，过渡都更简单。发展长期 EI 后，短期 A（制度）就能反映长期目标和真实的互依关系了。价值观、愿景和制度就位后，等到 P 加入时，一切元素都已经准备就绪。P 不需要思考为什么做、要做什么以及怎么做的问题，因为一切都已经安排好了，只要放手去做就可以。正如前文所述，开一家加盟快餐厅比独立的非快餐性餐厅更简单。因为授权商已经为加盟商准备好了一切，所有都已经安排妥当，只要动手去做就可以了。

典型路径和最优路径的比较

那么，为什么典型路径不以 I 为起点呢？事实上，典型路径也是从 I 开始的，如果没有 I，就不会有创造。差别不是绝对的，只是体现在现象的程度和深度上。在典型路径上，创始人对自己以及自己创造的对象有认知，但认知仅限于此。而在最优路径上，I 很强大，而 I 越强大，所走的路径效率和效益就越好。在最优路径上，公司具有政治上的意识，有人情的视角和意识。公司关心的不仅仅是销售化妆品，而且关注尼日利亚奥贡尼民族的命运，还关心生产女性用乳液时做实验所使用的动物经历的痛苦。告诉我你担心的是什么，我就能判断出你的“格局”有多大。一家公司要想走上最优路径，就必须有“大格局”。

但为什么常见的情况是 I 总是很小？为什么公司沿循的是典型路径而不是最优路径？[15]在西方国家，公司发展经历的典型路径都是从 E 开始的吗？[16]

公司是否真正从 E 角色开始？公司的孕育从 E 开始，出生始于 P，但想要孕育变为现实，I 是必不可少的。

我通过观察发现，所有创新者都在一定程度上和自己的创新融合在一起。创新设计工程师会告诉你，自己的新机器缺少某一个特别的零件，他怎么知道？他会回答：“我感觉到的。”一个人的创造力越突出，和创造作品之间的共鸣就越强烈，他几乎能通过身体感觉到。他并没有发明什么，而是将某项发明从内心中分离出来。这就是直觉的作用。而直觉就是靠着一种非常原始的本能去感受、探知和熟悉市场或者客户到底需要什么。创新者就像一位艺术家，他就是知道一幅画作如果中央不添一个红点，就显得不完整。他是怎么知道的？这就好像他就是画作本身一样。他知道是因为他和这幅画有共鸣。

艺术家什么时候会创造力枯竭？他对艺术不再有感觉，他和艺术的联系已经断裂、破裂时。亚历山大·伊萨耶维奇·索尔仁尼琴说："如果诗人和人民分离，连狗都不会喜欢他的。"

为什么如果领导者的表现像海鸥一样，学步期公司就会陷入麻烦？因为领导者离开后，就没有人来整合了。

公司陷入创始人陷阱的原因是什么？首先，创始人觉得转换 I 角色很困难；其次，他希望垄断 E，这就导致公司出现由一个人一手遮天的问题。我从经验中发现，在学步期，创始人撒播的是分化而不是整合的种子。他们会和约翰说比尔有什么问题，会向比尔抱怨苏珊的问题，会和苏珊悄悄说比尔和约翰两个人让自己多无奈。受这种分化行为的影响，实现 E 的制度化所需要的属于整个团队的 E 无法获得发展。

几年的痛苦经历后，我发现想要让 E 从一个人手中转移到几个人手中，然后再转交给结构（实现 E 的制度化），需要团队的凝聚力。有必要在团队中形成互依性，以便成员能实现成果、有所作为。他们需要合作。如果公司中默认没有 I 不会有什么影响，那么创造性的流程就会沦落为一个人的事情。团队的 E 需要团队的 I，只有 I 存在，E 才能得以生根。创业精神不是自发的，而是有意识的行为，首先要能察觉到自身和周围发生了什么，这种意识必须在我们将创业精神付诸行动之前，就得到发展。

如何在将 E 分权化之前就建立 I？这是另一本书的主题。我承认作为一名新手，我在这个方面可能并不擅长。在观察许多精神领袖后，我对他们十分敬仰。他们所拥有的，恰恰是公司所需要的。我曾向很多客户建议，如果能任命精神领袖来担任董事会职位，效果一定不错。

公司的人力资源经理，可能并不一定受过产业心理学培训。你是否应该考虑有心理学背景的人选？如果让销售经理或生产经理负责在公司内部培养 I 意识会怎么样？为什么不让人力资源经理这个职位成为轮岗职位？

E 是孕育的起点。如果 E 集中在个人手中，公司也能创立起来，但可能在之后的青年期遭遇困境。如果生命周期以 EI 团队开始，公司就能在整个成长期间得到蓬勃发展，青春期就会相对容易。从最开始阶段就拥有 EI 的公司，就像在充满爱和支持的家庭中长大的孩子，他们的父母不必严格约束他们，就能让他们远离动荡的青春期。

这些说明了什么？

这就是最优的生命周期的顺序，如图 18－1 所示。

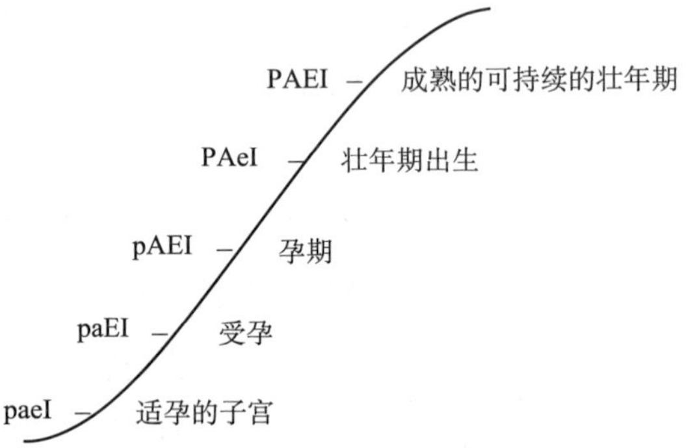

图 18－1　最优路径

到底要遵循典型路径还是最优路径？选择权在自己手中。最优路径对谁来说算是最优？对个人？对公司？还是对整个社会？提到社会，是哪个社会？只是我们周围的社区、种族或者信条吗？我们谈论的只是我们的国家，还是全球社会？或者，我们是否还关心地球这颗行星上除了人类以外的生物，包括花鸟鱼，甚至是青苔？爱到底有没有界限？到底应不应该有界限？

举目远眺，方能高瞻远瞩！

深吸一口气，让自己的心灵充盈。唤醒自己的精神，浇灌自己对万物的热爱！注意是对万物的热爱。因为万物才包括所有的存在！

注 释

1. 参阅 M. S. Peck 的 *The Road Less Traveled*（New York：Simon and Schuster Touchstone，1978）。
2. 参阅 D. Ornish 的 *Love and Survival：The Scientific Basis for the Healing Power of Intimacy*（New York：HarperCollins，1998）。
3. 参阅 L. S. Berger 和 L. Syne 的“The Social Networks，Cost Resistance and Mortality：A Nine Year Follow-up Study of Alameda County Residents，” *American Journal of Epidemiology* 109，2（1979）：186－204。
4. 有一个探索将混沌理论运用于组织流程的学术团体，在这方面，广泛的共识是：均衡状态不利于产生创新，或者说，要想实现创造，就必须对组织加以变革。这些理论家始终在鼓吹组织必须在远离均衡的状态中才能开发其竞争能力。参阅 R. Stacey 的 *Complexity and Creativity in Organizations*（San Francisco：Barrett —Koehler，1996）。
5. 流程依赖于初始条件这种见解是混沌理论的核心原则。参阅 R. Stacey，*Complexity and Creativity in Organizations*，该书讨论了这个见解，并应用于组织问题中。
6. 心理学和精神病学的最新成果把这种现象称为“依恋”。参阅 J. Bowlby 的 *A Secure Base：Parent-Child Attachment and Healthy Human Development*（New York：Basic Books，1988）。
7. 在 *Mind and Nature：A Necessary Unity*（New York：Dutton，1979）一书中，G. Bateson 把这种相互依赖称为“联系模式。”参阅 R. Donaldson

所编辑的 Bateson 的著作中的 *A Sacred Unity: Further Steps to an Ecology of Mind*（New York：HarperCollins，1991）。还可参阅那些有关使用盖亚理论（Gaia Theory）来进行系统计划和分析的著作，该理论将生命和非生命系统的基本整合视作理所当然。请特别参阅 S. Schneider 和 P. Boston 的 *Scientists on Gaia*（Cambridge：MIT Press，1991）。

8. 参阅 V. Frankl 的 *Man's Search for Meaning*（New York：Harper Colophon，1984）。
9. 理解组织进化的系统与东方哲学之间存在着真实的联系，东方哲学教导人们整合是一切同情心和神圣感的来源。参阅 S. Rinpoche 的 *The Tibetan Book of Living and Dying*（San Francisco：Harper Books，1994）。
10. 这里有一个假设。假定 I 的能量是固定的，假定一个人具有多种特质，他使用这些能量来整合生活的各个方面。现在假定，无论什么原因，这个人无法对某些方面加以组合。如果这个人把所有的能量都使用于一个方面，那么，I 将会十分巨大，从而会出现不可思议的 E。我相信，这就是那些非常有创造性、真正具有才华的人身上所发生的事情。他们的创造力超群，但是，在生活的其他方面却表现得十分拙劣。例如，某些具有创造性的人，就存在与他人交往方面的问题。
11. 在 I 是没有目的性的这一观点与自生或自组织系统中的无目的性概念之间，有着很有趣的联系。F. Varela 在其 *Principles of Biological Autonomy*（New York：Holland Press，1979）一书中，把系统描述为无目的的，甚至论证说，那些由有意识的目的所驱动的系统对生命是有害的。这个看法导致了两类系统理论家的辩论，一类系统理论家把系统比作生物过程；另一类则把系统比作社会或符号系统。后一类理论家认为，人类系统是有目的的系统。参阅 F. Capra 的 *The Web of Life*。
12. 参阅 E. Larson 的"Forever Young," *INC. Magazine* 10，8 (1988)：50 - 62。
13. 参阅 K. Freiberg 和 J. Freiberg 的 *Nuts!: Southwest Airlines' Crazy Recipe for Business and Personal Success*（Austin，TX：Bard Press，1996）。

14. 然而，先 I 后 E 的顺序表明，需要重新思考“愿景”和“价值观”的作用。当前，许多专家认为，共同的愿景和价值观是团结一致的源泉。因此，有许多力图通过在组织中植入新价值观来强化文化变革的顾问，希望将这些新的价值观融入到新的组织文化中去。但是，如果我们理解了 I 领先于 E，我们就能知道，愿景和价值观的出现是 IE 舞蹈的有机体现，因此就不能强加到当前文化中去。从这个角度来看，要想使愿景和价值观发挥作用，就需要重新激发 IE 舞蹈和关系。

15. 可以考虑把 M. Weber 的 *The Protestant Ethic and the Spirit of Capitalism*（London：Unwin，1930）作为一个例子。

16. 奥地利著名经济学家 J. Schumpeter 的著作论述了创业者对经济增长的重要性，他对这个研究十分痴迷，而研究印度社区的哈佛大学心理学教授 D. McClelland 也是如此。他报告说，那些具有创业精神的印度村庄经济状况更好。我认为他发现了他正在寻找的东西。参阅 J. Schumpeter 的 *Business Cycles*：*A Theoretical Historical and Statistical Analysis of the Capitalist Process*（New York，McGraw-Hill，1939），以及 D. McClelland 的“Need Achievement and Entrepreneurship——A Longitudinal Study，” *Journal of Personality and Social Psychology* 1 (1965)：389 - 392。

总结

企业变革法则

整本书可以概括为变革法则。本书的精华，在于展现这些法则，并解释这些法则成立的原因。

因此，我认为有必要将这些约束公司如何变化和为什么变化的法则，总结成一份清单。这些规则也就是本书的结语。

1. 所有有生命的系统，都会追求短期与长期的效益和效率。

2. 所有有生命的系统，都会追求短期与长期的效益和效率，它们会尽可能以最高效的方式来使用固定量的能量。

3. 决定短期和长期效益、效率的因素，以可预见的模式发展并融合，这种模式，就是生命周期。

4. 生命周期将沿循更长还是更短的轨迹，取决于系统中整合 I 的量。系统中的整合要素越多，所需的能量就越少。根据第二条法则，系统中的 I 越多，通向壮年期的轨迹就越短。

5. 只要有变化，就会产生问题。

6. 所有问题都是分化所造成的。

7. 任何系统的子系统，如果不能同步变化，就会出现分化。

8. 公司中领导者的作用是引领变革，通过整合来解决变革产生的问题，并让系统做好准备，应对由下一次变革导致的下一次分化。

9. 整合必然引发发展，而公司缺少整合也必然会进入衰败。

10. 总结法则永远不要超过十条。

期待在下一版中与读者重逢！

谨上，

伊查克·爱迪思

附录 A
案例分析

以下案例都基于真实的客户历史记录，但我隐去了有关人士和公司的名字。

RR 公司：开始之前

以下来自我拜访 RR 公司的实际工作笔记，该公司是我们的潜在客户。

基本情况

约翰是公司副董事长兼总裁，55 岁；戴维是他的哥哥，担任公司董事长和 CEO，58 岁。公司由有物理学教育背景的戴维在 28 年前成立，几年后约翰也加入该公司，他们将公司一分为二：工程与生产，由戴维领导；销售与营销，由约翰主管。这两部分甚至在地理上也是分开的，约翰留在了美国东海岸，而戴维则搬到了硅谷。

三年前，他们又将公司合并在一起。约翰仍然留在东海岸，但每个月，他有一周时间待在西海岸，一周时间出差，两周留在东海岸，因为公司在那里有一个工厂。公司主管销售的副总裁和主管战略联盟的副总裁也在东海岸。

直到三年前，约翰和戴维都是一起领导该公司。那时，XYZ 公司的咨询师对公司进行了重组，并建议由一个人来领导公司。于是戴维变成了董事长，而约翰，到目前为止，我只能说是“被冷落于西伯利亚”。那些咨询师设立了典型的职能式组织结构，顶层是利润中心。RR 公司有 1 000 名员工，其年销售额（不包括日本分公司）为 1.58 亿美元。在日本，公司对其一家分公司拥有 50%的股份，其年销售额为 7 500 万美元。

公司的业务是为制造业提供各种耗材，1997 年，该市场的总规模为 5 亿美元，2000年，约为 10 亿美元。

按照战略规划师的划分，RR 公司主要有四大市场，如表 A－1 所示。

表 A－1　　RR 公司的四大市场

	1997 年			2000 年			
					公司规模		公司收入
市场	市场规模（百万美元）	市场份额	公司收入（百万美元）	市场规模（百万美元）	过去的市场份额（百万美元）	新增市场份额（百万美元）	新增市场份额为公司带来的收入（百万美元）
D	150	33%	50	200	70	50%	100
S	200	25%	50	300	75	20%	60
C	120	50%	60	400	200	100%	400
PG	?	?	?	?	?	?	
	500		160	1 000	350		560

表 A-1 中的数据是销售副总裁给我的，而对于约翰来说，这些数字使他感到吃惊，为什么？是因为他被排除在外了吗？

生命周期上的位置

公司处于正常的青春期。之所以正常，是因为在 CAPI 组合中有着良好的相互信任和尊敬。

戴维和约翰都是 E，他们需要 A。他们解雇了首席运营官，因为他们认为他没有足够的 A。但是，按照与我交谈的人的看法，这是一场经典的斗争：无论是戴维还是约翰，都不同意前首席运营官在公司中提升 A。于是公司雇用了他们原先的咨询师吉姆，来担任首席运营官，吉姆 62 岁，属于 PA 风格，但没有 I。

经典错误：引入 A，但公司的组织结构没有做好准备。此外，还过早地丢弃了 E，并且，他们把钥匙放弃，也就是说，他们对自己的公司失去了控制，并因此而不快乐。

现在的组织结构如图 A-1 所示。

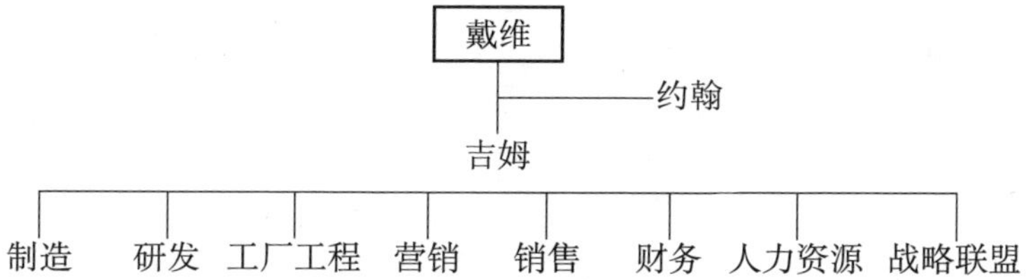

图 A-1　RR 公司重组后的组织结构

随着吉姆进入公司，PA 进入，E 出局，并增加了 A，该公司正在转为内向化。新产品的开发迟缓、被动，且慢于市场的需求。对于其核心市场 D 和 S，研发工作的资金投入不足。公司没有真正的营销部门，有的只是销售支持。它只有一个利润中心，没有培养接班人的制度。吉姆已经 62 岁了，再过 3 年就必须退休了，但其内部却没有准备接他班的领导者。

我认为，我们应当采取的方向如下所述。

我们希望的组织结构如图 A-2 所示。

流程：公司需要同时加强几方面的工艺设计。

财务资源：用于扩大市场的资金不足。兄弟俩曾经将公司 25% 的股权卖了出去，后来又买了回来。按照回购协议的条款，公司在××××年之前不得上市。

私募资金为××美元。

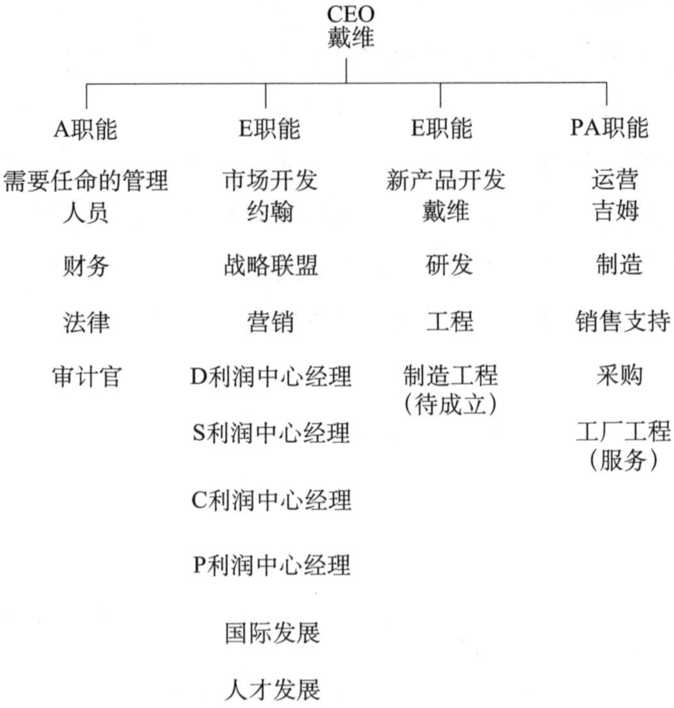

图 A－2　期望的组织结构

当前的问题：市场在增长，但公司依然资金不足，并且受限于在股票市场上募集的资本金。此外，由于公司没有股票期权计划，因此在吸引专业人才方面遇到了麻烦。

总体来看：A 取代了 E 和 I。

E 下降了：创始人已经离开，组织结构不支持 E 的培育，也没有吸引和保留 E 的制度。

表现：

- 创新方面十分保守。
- 新产品开发处于二流水平。
- 没有营销工作。
- 无法吸引和留住人才，直到现在才开始股票期权计划。

- 没有接班人计划。
- 各部门在地理上远离其领导者。
- 缺乏连接，更加注重内部而不是外部问题。
- 从文化上看，公司具有很强的 I。

实施的阻碍： 随后的一系列会议表明，我原先认为应当起作用的组织结构是不合适的，这是因为无论是约翰还是戴维，都不想在公司中更加积极主动。我们面临的情况是：兄弟俩既不想干脆退出，也不打算全力投入。至于吉姆，自从上次见面后，动了一次大手术。于是，那些正常的问题现在变成了异常问题，并且很快将变成致命问题。

行动计划

如果戴维和约翰同意再继续投入地工作一年，以便有时间使得 E 得以系统地发展结构，那么我们将接受该任务。在这一年当中，公司的最高层应当补充人才、引入股票期权计划、增加几个利润中心、建立一个真正的营销部门、增加研发投入、将工作重心放在核心竞争力上、同时开发新的市场。在财务上应当借贷，或寻找战略合作伙伴。让吉姆负责公司的运营工作，他可以保留首席运营官的头衔。应当继续加强 A。

达到壮年：ZZ 公司的案例

现在让我们看看深陷贵族期的 ZZ 公司的案例。对我来说，已经没有必要再来描述 ZZ 公司的问题了，因为这些问题与本书贵族期那一章所描述的问题如出一辙。

ZZ 公司之所以处于衰退过程，是因为其功能失调的组织结构和功能失调的领导风格。该公司的衰退不是因为所感知的市场份额引起的，实际上它正在失去市场份额，但其领导者的精神年龄却依然年轻，充满活力。

在我们访问 ZZ 公司之前，发生了一系列不同寻常的事件。由于管理层对公司的信息系统不满意，因此指派了一个研究团队，其成员来自公司内部的不同部门。有一次，该团队中的一个成员去逛书店，碰巧看到了本书前一版。在阅读本书的过程中，他认识到，自己的公司已经有了不少衰退阶段的症状。于是他买了几本，并分送给团队内的其他几个人。不久之后，这个团队便邀请我去做一个报告。

通过一天的访问，我列出了该团队应该解决的问题清单。显然，团队成员不可能解决信息流问题，除非他们建立起正确的组织结构。该团队聘请我来帮助他们处理结构上的问题。我没用多长时间就发现，该团队缺乏解决组织结构问题的 CAPI，而那个拥有职权（CAPI 的一部分）的领导者属于 PA 风格。所以我采取了这样一个办法：从解决一个小问题开始，对于这个问题，他们已经具备了 CAPI。逐渐地，并且在适当的时候，我们再扩大问题的范围。为了始终保持 CAPI，团队需要增加一些新成员，而其他一些成员则要退出。事实上，这个办法能使得我们通过逐步扩大问题范围来沿着组织层级不断上升。我们从那些团队具有 CAPI 的问题下手，而把那些需要更高 CAPI 的问题先放在一边。我们的办法使得团队具有解决问题的力量感，并逐步升级，达到能解决结构问题的水平。大约一个月后，该团队进行了重组，成为最高层的执行团队，并被委派来审核整个公司的组织结构问题。

我们一致认识到，组织结构之所以缺乏 E，是由于以下设计所造成的。第一，营销部门实际上是在向销售部门请示汇报工作。这样一来，营销部门就无法有效地体现其职能。部门的名字也混淆不清，销售部被叫作营销部，而归属于销售部的那些原本应当由营销部承担的工作，却被称为销售支持工作。因此，P 占据了支配地位，而在客户沟通子系统中缺乏 E。引起衰退的第二个结构上的原因，是研发和制造两个部门都向同一个副总裁报告工作。第三，所有利润中心都由一个中央计划部门来管理，我把它称为“克里姆林宫”，这本来是一个参谋部门，没有人向它汇报工作，但它对于影响利润的所有要素——价格、预算、战略等——却具有完全的权威。在“克里姆林宫”之外，没有任何人（除了最高层领导）负有利润责任。在开会时，不是由负责制造的副总裁来报告制造的成本结构问题，而是由“克里姆林宫”的计划人员来报告。按照本书的说法，这是典型的权力和责任分离。

你可以预料到，在这样一家公司内，每个决策都要经过许多委员会的讨论，以至于没有人搞得清谁应当真正对最后的结果负责。

除了结构上的原因，衰退的第二个因素是领导风格的有效性。处于组织结构最高层的那个人，专断、强硬，难以接近，属于 PAe0 型。幸好，配合我们工作的那个人属于 paEI 型，他完全承担了对付大老板的工作。你可以想象到，在 PAe0 老板和 paEI 下属之间，没有什么好感，而这使得治疗工作愈发复杂了。我们不得不与一个大型团队一起工作，而不是通过 PAei 或 paEI 型领导者获得来自 EI 的支持，同时保证 PA 知情（这样不会让他感觉失去控制感）。

通过与 ZZ 公司高层管理团队的合作，我们建立起一个具有多个利润中心的分权化组织结构。我们拆散了“克里姆林宫”，把责任和职权统一起来。然后我们设计了一个预算责任系统，该系统基于公司为什么花这个钱，而不是钱是如何花出去的这样的逻辑。通过这个新的预算责任系统，我们得以重新设计了服务于公司的信息系统——引起公司变革的最初任务。

公司的 PA 型领导者是怎么接受这些改革的？通过 CAPI 团队成员不断主动及时地呈报描述改革好处的各种简报。

当到了实施新的组织结构这个当口，我们遇到了一个问题：新的薪酬结构没有体现出利润中心导向。显然，我们必须改变这一点，但要实施改变，我们必须确保得到法律和人力资源部门的配合，而这些部门具有非常强的 A。由于他们担心改变奖励制度，所以花了整整一年的时间才得到他们的配合来实施改革。

我们到达了这样的程度，就是我们可以使组织、预算及关键绩效的指标都达到它们的极限。我们制定了一个每个人都认同的使命，创建了能够实现该使命的组织结构，以及一个信息系统，以便及时汇报所希望的事情是否真的发生了。在仅仅一年的时间里，公司就通过削减不必要的成本和增加收入，增加了几百万美元净利润。

在我与 ZZ 公司合作的大约一年半时间里，这个以往业绩落在业内其他公司后面的公司，从贵族期进入了壮年期，成为行业内的领先者。

BB 公司：或许已经到了壮年期

下面这个案例是一个我们无法提供治疗的情况。我之所以给出这个案例，是为了说明运用本方法时的复杂性。

大约 12 年前，肯尼斯和保拉·福林德利，也就是 BB 公司的创始人，开了他们的第一家商店。从那时起，夫妻俩对于社会责任的热情推动着他们事业的发展。他们决心使公司产生的废物降至最少，并且不造成任何污染。此外，公司还应当成为社会变革的平台。他们发誓要向顾客提供可能的最大价值，不大肆宣传，不搞营销活动，不弄虚作假。他们的事业以极高的 I 方式起步，不久之后，人们公认该公司是自觉承担社会责任方面的领先者。

公司通过特许加盟的方式迅速扩张，人们争先恐后地申请连锁加入，但肯尼斯和保拉只给那些与他们有相同价值观的人以特许权。

每个商店不仅仅是BB公司产品的销售点，还是宣传这对夫妻社会价值观的窗口。这些商店为顾客散发关于时事热点问题的小册子：这个月，BB公司号召反对虐待儿童；下个月，它又为战争孤儿提供帮助；始终不变的则是号召保护环境。随着公司的发展，它的使命受到人们的注意，肯尼斯成为环境保护运动的重要人物，在各种会议上，常常可以看到他的身影，他的发言也大受欢迎。

肯尼斯支持、认可新产品和具有创新性的营销方式。他在公司起到了EI方面的作用。

保拉·福林德利尽管也被看作新商业行为的领导者，但她主要负责公司行政及财务的管理工作。她更注意公司的PA方面。

BB公司有一个特别的愿景和价值观部，它的工作就是促进社会意识的觉醒，并且确保公司不会偏离自己的愿景和价值观。

总体来看，BB公司的文化属于很强的EI风格，它具备一个公司达到壮年期的某些要素。公司的加盟商和员工对于其价值观的认可程度几乎达到宗教般的热忱。员工自觉关掉办公室的电灯，为的是节约电能；为了保护森林，他们节约用纸，充分利用每一张纸。这是一个我所见到的最有奉献精神的团体。公司在大踏步前进，快速地扩张着。

那么，问题是什么呢？

一位双方共同的朋友将我介绍给了BB公司，BB公司打电话给我，请求我给予帮助。原因在于他们担心后继领导者的问题。他们想要确保，公司里接班的领导者将具有同样的价值观体系："我们该如何将作为公司发展驱动力的社会认知保持下去？"

但是我们的诊断表明，还有另外一些他们必须加以处理的问题。BB公司过于依赖肯尼斯了，他的日程排得满满的，全世界到处都在邀请他出席各种会议并发表演讲。全公司的人都无法应对由于他的缺席而造成的真空。没有肯尼斯，任何有关产品开发、营销、社会和政治议程以及战略性雇用人才的大事，都无法做出决定。如果没有保拉，公司早就全面遭受海鸥综合征的折磨了。是她将各种想法加以筛选，并且不时地引导肯尼斯周期性地爆发出关于公司的创造性想法。

除了具有个性化和垄断性的 E 在下降外，该公司在 A 和 P 方面也比较弱。

A 方面的不足

供应工作混乱无序。首先，BB 公司三个工厂的生产不够协调。该公司对于物流、生产计划和采购等工作缺乏统一的规划。其次，公司几乎没有正规的组织结构，例如，BB 公司曾经指定一个加盟商作为它在全世界的销售经理，但是这个人只是兼职从事这项工作，并且这位所谓的销售经理还生活在距离 BB 公司几小时飞行路程的地方。公司也没有专职的营销副总裁。

公司董事会成员，无一例外都是公司内部人员，这引发了另一个问题：董事会和执行委员会之间在操作上没有区别，因此公司治理职能很薄弱，也没有被明确授权的对战略决策加以审核的机构。执行委员会负责处理经营问题，但由于战略问题与经营工作之间千丝万缕的联系，使得战略问题无法得到充分讨论和评估。

E 方面的不足

BB 公司起步时拥有一个很好的创新愿景，是市场真正需要的：产品可靠、推广宣传不作假、生产过程无污染，以及对人文关怀的承诺。对于竞争对手来说，复制上述的愿景很容易。诚然，那些大吹大擂多于实际行动的竞争对手缺乏 BB 公司的精神基础，但不管怎样，这些竞争对手还是能提升自己负责任的形象。BB 公司的 I 是其最大的资产，它的热情、对加盟商的承诺，以及它为整个行业带来的创新和承担社会责任的态度，是公司成功的主要原因。但是，由于其环境意识和负责任的生产工艺已经被竞争对手学到手，因此 BB 公司也承担了损失。几家依葫芦画瓢的连锁店业已开张，而 BB 公司反过度营销的做法正在搬起石头砸自己的脚，与竞争对手强大的营销技巧相比，自己显得十分落伍。对于那些想花钱又精明老道的顾客来说，公司店铺的社会责任宣传工作已经失去吸引力，这是因为 BB 公司在销售方式方面没有创新，而正是在这一领域，竞争对手超过了它。

P 方面的不足之处

对于 BB 公司究竟是成为一家拥有许多加盟商的零售商，还是成为一家向各个独立商店出售货物的批发商，BB 公司的管理层没有真正做出决定。对于 BB 公司究竟要做什么，以及谁是它真正的客户，也都不清楚。这种模糊不清使得一些加盟商各行其道，违背公司在营销宣传和销售方面的原则。这种混乱也表现在它的组织结构图上，从组织结构图中可以看出，区域经理更像协调员，其工作是听取各个加盟商的要求和接受订单，而不是管理这些加盟商，并监督它们的工作。

我们的诊断结论是：BB 公司深陷于不正常的学步期，并且已经被创始人陷阱套牢。它需要恢复 E 方面的活力（该公司需要对自己加以彻底改造，找出使得自己有别于其他公司的战略，因为它失去的正是它在市场上的独特性），它还需要使 E 制度化，找出 P 的焦点和 A 结构。

事情的确很棘手。

保拉是请求帮助的那个人。回想起来，从我们一开始介入该公司就犯了错误。我们与保拉合作，她是共同创始人，是她想要一个解决方法，但我们却没有与肯尼斯合作，而肯尼斯的参与是解决 BB 公司问题的关键所在。肯尼斯从来没有真正地参与进来。他最感兴趣的是I和价值观，而对销售和营销则一点兴趣也没有，对于他来说，这是老生常谈的事。他一门心思地想要改变世界，做一些标新立异的事情。对他而言，组织结构和正规的会议是令人厌恶的，因为他相信表达和创新的自由。他是新管理思想学派的信徒，按照这个学派的说法，愿景和价值观才是推动组织发展的动力，并且他笃信，公司需要更好的愿景和价值观，而肯定不是更好的组织结构。按照他的看法，组织结构只会导致官僚主义。

我们的问题——从一开始到我们在BB公司工作结束——就在于我们的行动计划只被保拉采纳，而没有获得肯尼斯的首肯。

我们之所以坚持认为是结构上的问题是有理由的。BB公司必须重新决定自己的市场定位问题，它需要一个新战略，它需要有一定的组织结构来产生战略，并且组织一批人来实施该战略。但是我们需要有人来参与制定新战略。正如我说过的那样，该公司没有人负责销售，它缺少一个关于销售的结构来实现公司战略。我们需要一流人才还有一个原因，如果创始人真的想要退出，如果他们真的想找一个接班人，他们就需要从外面找一个人进入领导层。鉴于BB公司所信奉的价值观，不太可能从外面输入几个人，并由他们来接替领导工作。一个真正的接班人要成为公司价值体系的一部分，展现出领导力和对公司的承诺，才能将“公司的钥匙”交给他。我的计划是安排几个营销和销售方面的一流人才，两年后，我们就会知道其中哪一位能挑起CEO的担子。我们需要一种组织结构来将E制度化，借助于一种新的、能再次体现出公司差异化的战略来使E重新焕发活力，公司还需要一种能够解决接班人问题的组织结构。

说起来容易，做起来难。肯尼斯觉得，营销工作根本就不重要，对他来说，传统的营销方法让人讨厌。有人向他推荐了一位来自一家领先零售商的高级副总裁，认为他或许可以担任公司的营销副总裁。我们希望，这个人经过锻炼，最终可以担任BB公司CEO，但肯尼斯否决了这个人选。后来，我们花了很多时间和精力，设法让那个人进入董事会，这是BB公司第一位外来的董事。我们的希望是，经过一段时间，肯尼斯会习惯那个人，学会尊重他，接受他进入某个高管位置。

所有建立一个真正营销组织的努力都失败了。不得已，保拉很不情愿地承担起了领导营销工作的重任。这样一来，就创建了一个营销负责人的位置，以后可以由其他人来填补这个位置。保拉不久便不再承担这个职务。肯尼斯是一个具有创造力、专断和固执己见的人，别人很难与他相处。这不是说肯尼斯不好；相反，他是该领域内最棒的人，但他并不总是那么好接近，并且他说自己想退休了。

不仅仅是营销存在问题，我在BB公司工作的三年时间里，始终无法让公司聘请一位销售副总裁。公司迫切需要一个人来担任那个职务，但是，对于BB公司的定位问题——究竟是做一家批发商，还是做一家拥有许多特许加盟连锁店的零售商——管理层一直没能做出决策，因此也就无法知道应当雇用谁去做什么，所以一些最有能力的候选人撤回了应聘简历。

我们无法仅仅凭给出一个解决方案就解决这个问题。公司需要确定它的利润中心是什么。作为批发商，它就只有一个利润中心——总部。但是如果公司打算成为一家拥有许多特许加盟商的零售商，那么，每个地区都应当成为一个利润中心。如果决定选择后者，就需要重新配备各地区的领导团队。一直以来，这些地区所配备的人员是一些行政管理人员和协调者，只负责回答加盟商提出的问题，而不是管理它们。

BB公司还需要对其财务和预算系统做出变革，但财务和会计部门提出反对，这些部门的人不想改变信息流和预算制度，他们认为没有必要。从他们的角度来看，这是对的，因为他们正在编制预算，并且将继续这么做，所以没有必要来改变这种体制。但为了改变公司的性质——让产品经理和市场经理对其所属地区范围的盈利状况负责，通过这种方式提升 E——变革势在必行。

我无法让每个人都向前推进。保拉支持我们的改革方向，但财务和会计部门的人在没完没了地扯后腿。他们从来不说不，但也从来不按我说的办。

我一直打算使 E 制度化，办法是：组建营销部，依据产品线进行分权化管理（这样就可以有不止一人能从战略高度领导公司），同时成立店面规划和销售管理部。正如我说的那样，我们的努力成效不大。我们的倡议进展缓慢，简直是太慢了。但，我们还是在 BB 公司构建了 A，对制造部门进行了重组，组织和协调了供应部门，对销售部门进行组织，以便无论今后谁来领导它，都能按部就班地开展工作。

随着我们加紧开展 A 方面的工作，肯尼斯却变得越来越较劲，并厌恶我们的努力。他感到，我们正在使公司变得官僚化。保拉是负责 A 方面工作的，她理解我们的建议的价值，并支持我们。于是，我们被夹在了两人之间，而这也越来越成为一个大问题，因为他们是夫妻，他们的个人生活和工作纠缠在一起。

鉴于我们在稳定和制度化 E 方面始终遇到那么多困难，于是我们越来越多地将工作方向转向 A，同时，由于认识到我们需要自由的空间，我们还关注 I。然而，这也有问题，因为，我们的办法是通过合乎规范的关系来构建相互尊重和信任的氛围，也就是 I。也就是说，我们是用 A 的方式来构建 I，但是肯尼斯憎恨把重点放在 A 上。在某种程度上说，他是完全正确的。正在我们努力帮助公司吸收外部成员加入董事会，希望通过创建战略性的 E 来使 E 不再被个人所垄断时，我们发现保拉已经答应让法律副总裁、财务副总裁和供应副总裁进入董事会。于是，董事会有了从外部来的新成员，同时也有了来自内部的新成员，而这些来自内部的董事会成员，每个人都具有A的作用和风格。由于公司没有营销和销售方面的领导者，因此也就没有来自内部的E角色加入董事会。拥有很强E风格的创始人肯尼斯自然无法接受越来越强调A的董事会，他理所当然地指责我们使公司变得官僚化了。

执行委员会继续像董事会那样行事。毕竟，除了少数几个外来者外，所有执行委员会的成员都是董事会成员。每个人都不清楚是谁在决定什么。我们打算规范组织结构和厘清各个角色的努力，肯尼斯抱有一种敌意。他发自内心地认为，对于他的公司来说，我们所有关于组织结构和角色的谈论都是很官僚主义的东西。

我们无法使得BB公司的E制度化或重新焕发活力。直到我们离开时，P也依然没有得到妥善处理。我们找不到适合接替创始人的销售副总裁。A方面的任务也没有全部完成，我们无法说服财务人员，让他们重新对信息加以组织整理，以便能构建期望的组织结构，并培育和增强E。

保拉，这位BB公司的联合创始人，最终认为生活比事业更重要，并在实际上减少了对公司工作的介入。随着这位支持者的退出，我们也退出了。

这是彻头彻尾的失败吗?

按照我的标准，我们失败了，我们没能使BB公司从创始人陷阱中解脱出来。

有什么好消息吗？我们在一定程度上增强了A。我们帮助BB公司厘清了角色，并向管理层表明，应当如何开会以及如何进行团队合作以高效解决问题。此外，我们还帮助该公司组织和整合了供应职能。

我的一个安慰是，如果没有我们的介入——尽管只取得了有限的成功——BB公司的情况会糟糕得多。我相信，我们的干预延长了BB公司的生命。我感到很可惜的是，这家具有I的公司原本是可以通过最优路径进入壮年期的，却没能克服它的问题。但是，这种介入和失望的结果却验证了我的理论：尽管 I 是令人兴奋的，但仅有 I 是不够的。尽管单独看，I 要比 A 好，但一个健康的组织应该有全面的 PAEI。

长期前景如何？我认为，对于肯尼斯和保拉来说，他们能做的和应该做的事情是，最好把公司卖掉。但是我觉得，从感情上看，他们不会那么做。那么我的预言是什么？典型路径过程中的各种事件意味着，公司最终会将拥有 E 的创始人肯尼斯孤立起来，从而使得 BB 公司失去它的市场主导地位，达到它可能达到的壮年期。

我们能从这个案例中学到什么？可以确定的是，如果关键领导者看不到问题所在，并且也不认可行动计划，那么我们的干预肯定不会成功。肯尼斯从没有按照我们的方式来看待问题，而保拉的承诺又不够。如果你需要与之合作的那些人不同意你对问题的看法，也不同意你的治疗方案，那么问题是不可能得到解决的。肯尼斯是一个有着极强的 E 而实际上又没有 A 的人，他对于有条理的组织结构和工作流程所能带来的好处，完全视而不见。他全身心关注的是方法和文化、愿景和价值观。他想用一种积极的文化来取代管理方法。没有他对治疗方法的信任和尊重，我们注定失败。

很简单，是吗？为什么当时我们却看不到这一点呢？我们本来应当做些什么？我们原本应当推掉这项工作的，事情就是这么简单。在爱迪思学院，对于我们应当做些什么，有着不同的看法。一些人感到，放弃是不专业的做法，并且，由于我们和保拉的关系处得很好，这让我们觉得，如果我们退出，那是一种类似叛变的行为。如今，我们大家能够达成一致的事情是：从一开始我们就不应该接受 BB 公司的案子，除非我们确信肯尼斯同意我们所指出的问题和治疗方案，我们失败的原因就在这里。如果有人问肯尼斯，他会同意：我们失败了。但是保拉却认为，我们的成功超过了她的预期，她认为，如果没有我们的干预，公司会糟糕得多。

CC公司：最优路径上的行为表现

paeI——有生育能力的子宫

请看我在这里称之为CC公司的案例。几位创始人彼此已经认识多年，并且，随着他们大学毕业后各自职业生涯的推进，他们也尊重彼此所取得的成绩。乔考取了哈佛大学念MBA，毕业后，他进入了一家有良好声誉的咨询公司工作。他接连得到提拔，没用多长时间，就成了这家公司的合伙人。比尔在一所一流大学学习工程学，毕业后，他一连开办了好几家公司，最后把它们都卖了。两个人梦想着有一天能一起合作，但他们不知道哪个行业对他们最合适。

paEI——孕育

当互联网刚刚兴起的时候，他们看到了很多机会。他们唯一的问题是，对于所有这些机会，应当抓住哪一个。花费了一些精力对三种可能性进行研究，他们最终决定全都不要，而是去探索别的想法。两个人都没有放弃自己的工作，但是在周末和深夜，他们讨论并建立“如果……那么……”场景。

最后，他们获得了一个让两人都异常兴奋的好主意。它具有巨大的市场潜力，两人都愿意把时间花在这个主意上。他们对这个主意抱有极大的热情，但他们也认识到潜在的陷阱。毕竟，比尔所开办的公司并不全都那么成功，而乔在咨询公司工作期间，也有好几个梦想最终变成了噩梦。

两人知道，新的冒险需要花费他们大量的时间，同时，他们还想确保他们是在为真正喜欢的事情奋斗。此外，他们还知道，在此后至少几年时间里，他们会没有那么多精力照顾家庭，所以乔和比尔还要确保两人妻子的支持。他们对各自的妻子谈了他们的想法，询问她们是否愿意忍受事业获得成功所需承担的那些问题。两个女人的要求是，无论如何，每个周末有一个晚上，她们的丈夫要回家来与全家一起吃晚饭；另外，无论如何，每个周末有一个白天，他们必须陪陪孩子。他们就这两条要求达成了一致。

pAEI——怀孕

乔准备了一份商业计划书，包括市场调研、竞争分析、预期的收入报表、未来三年的组织结构、市场进入战略、对于现金需求的财务预测、潜在投资人名单、说服投资人的说辞、投资人可预期的回报。乔和比尔深入地研究了这个商业计划书，并请一些顾问、风险投资专家、营销专家对其进行了评估。

两人对他们在公司中的角色也达成了一致意见，并将他们的岗位说明形成了文字。乔将担任 CEO，而比尔将担任工程师和董事会主席，不参加日常的管理工作，他有许多其他方面的兴趣。乔认识到，没有比尔的全职投入，他会有大量事务需要处理。所以他们一起决定邀请一个第三者来担任首席运营官。他们选中了另一个朋友——一个曾在一家互联网公司工作的人——来负责销售工作。如果他答应加入，他们会让他持股。同时，他们决定公司的每个员工都将获得股票期权。

尽管他们三人都没有辞掉原来的工作，但他们拟定并一致同意了三人的责任说明书。比尔担任董事会主席，并负责技术和产品开发；乔因为在咨询公司工作，所以负责融资和财务管理；第三个人戴夫则负责销售。他们制定了薪酬计划、预算以及愿景和价值观声明，以此作为公司的基础。他们决心要使公司所面向的社区更加美好，并为客户提供超出他们预期的服务。

下一步就是要设计公司制度，依此对工作进展进行监督，确保不偏离计划。他们确定了召开全体会议的频率，制定了规则，他们将依据这些规则来达成有约束力的决策。例如，在头三年，对于任何超过一万美元的支出，或者管理职务的任命，都需要他们三人一致同意。他们还列出了一份今后可能进入董事会的人员名单。会后，三位创始人一起吃了一顿简单的晚餐，而这也逐步成为该公司的一个传统。每个星期三的下午，执行委员会碰一次头，时间从三点到六点，中间他们会停下来吃晚饭，晚饭也是执行委员会事先准备好的，饭后，一起收拾完继续开会。“成员在一起吃面包的公司是不会打架的。”比尔坚持这一点。

PAeI——在壮年期诞生

最后，公司开业的那一天来了，三个人都对他们的计划信心满满。他们通知同事，他们要离职去开办一家公司，但新公司不会成为原公司的竞争对手。他们租了一间仓库，以便进一步发展。这个空闲仓库的主人同意，只要他们需要，可以把仓库改为办公室，而改造所花的投资可以用来抵扣他们的租金。在他们辞职之前，他们已经按照那份商业计划书搞到了启动资金。他们的投资人了解他们的背景，并且认可他们的计划。尽管还没有销售，但是他们的预算预留了招聘人手的资金，因为他们有可靠的融资渠道。他们按照计划招聘了足够的员工，制定了预期的资金流，严格监督费用支出。他们按照计划召开高管会议，并将会议决策记录在案，以供实施和监控。

在执行委员会同意之后，有关财务和重大人事任命的决定将提交董事会批准。在早期，三位创始人是董事会仅有的公司内部人员，外面的董事则由投资人代表和两家大型高科技公司的总裁组成。他们还聘请了一名律师作为法律顾问，雇用了一家公关公司来帮助开展营销工作，请了一家投资人关系公司来为上市做准备。三位创始人的薪酬则由现金、股票和股票期权组合而成。

在最早雇用员工时，公司的人力资源经理会预测所需要的人手，并且在真正需要他们之前进行招聘并严加筛选。这样一来，公司就避免了快速发展所带来的人员压力。公司还对销售人员进行培训，这样他们上岗时已具备了相应的能力。最初的投资能支持各项支出，因为他们已经将这些支出列入商业计划书中。他们还雇用了一个年轻的政治学毕业生来担任与社区的联络员，她负责安排公司为社区的学校和儿童提供免费服务，组织商会的人来公司访问，还组建了一个来自社区的支持网络。

公司还筹集到了额外的资金——过渡性融资，来向市场推出一款经过改良的产品，同时这笔过渡性融资也用于公司的扩张。在任何时候，即使是在产品开发截止日期迫近或销售额未完成的危机时期，他们也从没有互相指责。

公司尊重每一个人。那些没有达到管理层要求的员工会被告知，公司将为他们推荐其他工作。那些能力不符合公司要求的人，以及那些对工作有意见和表现不好的人，会被邀请去见总裁，总裁会认真倾听他们对公司情况的印象，搞清楚他们的意见是否有道理，如果他们的要求是合理的，就考虑能否通过组织来加以解决。如果属于个人问题，而公司又无法满足这个人的愿望，这个人就会拿着一笔离职金走人，公司会帮他寻找其他工作。

管理层在雇人时非常小心，工作的前六个月为试用期，那些没有获得同事信任和尊重的新员工会被炒鱿鱼。公司在雇人方面有过多次失败，尽管公司努力挑选最优秀的人才，但他们对最优秀人才的标准太高，因此只有很少的人能通过考验。那些留下来的员工，都有资格享有慷慨的股票期权。在公司上市之前很久，公司就雇用了律师，让他与一家会计师事务所合作，共同制定了股票估值计划。

公司的气氛是开放的，总裁和 CEO 共用一个办公场所和秘书。

他们的办公场所与其他的开放场所没有任何不同。由于他们的办公地点位于房子的一端，距离电梯最远，因此，CEO和总裁每次走到或离开他们的办公桌时，都会经过所有其他员工的办公桌。这样一来，每当他们走进和走出时，就有机会和每个人交谈，而不必事先准备或预约。当然，来拜访CEO的客人也要经过同样的路线，从而会看到公司积极工作的情景。开放的工作场所还能督促每个人保持工作场所的整洁和专业形象。有几个封闭的房间，那是会议室，任何人，包括CEO和总裁，如果想使用这些封闭空间，都必须事先预订。停车场是一个问题，由于附近的停车位不够，所以即使是高管也会急急忙忙寻找车位。由于没有专门保留的车位，所以他们没有层级上的差别。

随着公司的发展，管理层希望与有营销能力的当地公司结成战略联盟。公司打算与成熟完善的公司合作，拒绝那些天上掉下来的机会。高管层放眼长远，坚守他们的计划，尽管几家有进取心的公司曾经给出过一些很好的邀约。

PAEI——成熟、持续的壮年期

仅仅五年后，该公司已经准备上市了，IPO被超额认购。公司发展到有2 000名员工，它的两次重组也进展顺利，没有引起任何波澜，这使得它的投资者更加放心。高管层始终能实现他们的预期，财务报告也总是及时而准确地被披露，公司的损益表表明其收入在持续和稳定地增长。这是一家公众、员工、投资者和顾客都认为可以信赖的公司。

在一个市场和一个产品线成功的基础上，创始人认为到了加以扩张的时候。他们又一次进行了重组，让每一条产品线都成为一个利润中心，并由一位经理对其盈利情况负责。公司对财务系统进行了改革，以便对每个产品线进行利润跟踪。销售部门仍然负责销售公司的所有产品，但每个产品线公平承担销售成本，以支持相应的销售力量。同样，各利润中心也分担财务和办公服务的成本。制造和营销部门起着提供内部支持服务的作用。执行委员会扩大到 15 人，包括各个产品经理和部门经理。

如今，该公司最初的使命——多年前乔、比尔和戴夫在梦想和计划阶段所写下的那个使命——张贴在公司前门旁边的荣誉墙上。

Managing Corporate Lifecycles

Published by: The Adizes Institute Publications 1212 Mark Avenue, Carpinteria, Santa Barbara County, California 93013

tel: (805) 565-2901, fax: (805) 565-0741, www. adizes. com

图书在版编目（CIP）数据

企业生命周期/伊查克·爱迪思（Ichak Adizes）著；王玥译. —北京：中国人民大学出版社，2017. 10

书名原文：Managing Corporate Lifecycles

ISBN 978-7-300-24515-7

Ⅰ. ①企… Ⅱ. ①伊… ②王… Ⅲ. ①企业管理-研究 Ⅳ. ①F270

中国版本图书馆 CIP 数据核字（2017）第 123502 号

企业生命周期

伊查克·爱迪思（Ichak Adizes ） 著

王 玥 译

Qiye Shengming Zhouqi

出版发行	中国人民大学出版社		
社　　址	北京中关村大街 31 号	**邮政编码**	100080
电　　话	010－62511242（总编室）		010－62511770（质管部）
	010－82501766（邮购部）		010－62514148（门市部）
	010－62515195（发行公司）		010－62515275（盗版举报）
网　　址	http://www.crup.com.cn		
	http://www.ttrnet.com(人大教研网)		
经　　销	新华书店		
印　　刷	北京昌联印刷有限公司		
规　　格	160 mm×235 mm　16 开本	**版　　次**	2017 年 10 月第 1 版
印　　张	29.5 插页 2	**印　　次**	2025 年 8 月第 21 次印刷
字　　数	373 000	**定　　价**	68.00 元